COMENTÁRIOS À LEI DE ACESSO À INFORMAÇÃO
LEI Nº 12.527/2011

JULIANO HEINEN

COMENTÁRIOS À LEI DE ACESSO À INFORMAÇÃO
LEI Nº 12.527/2011

3ª edição revista e atualizada

Belo Horizonte

FÓRUM
CONHECIMENTO JURÍDICO

2023

© 2013 Editora Fórum Ltda.
2015 2ª edição
2023 3ª edição

É proibida a reprodução total ou parcial desta obra, por qualquer meio eletrônico, inclusive por processos xerográficos, sem autorização expressa do Editor.

Conselho Editorial

Adilson Abreu Dallari
Alécia Paolucci Nogueira Bicalho
Alexandre Coutinho Pagliarini
André Ramos Tavares
Carlos Ayres Britto
Carlos Mário da Silva Velloso
Cármen Lúcia Antunes Rocha
Cesar Augusto Guimarães Pereira
Clovis Beznos
Cristiana Fortini
Dinorá Adelaide Musetti Grotti
Diogo de Figueiredo Moreira Neto (in memoriam)
Egon Bockmann Moreira
Emerson Gabardo
Fabrício Motta
Fernando Rossi
Flávio Henrique Unes Pereira

Floriano de Azevedo Marques Neto
Gustavo Justino de Oliveira
Inês Virgínia Prado Soares
Jorge Ulisses Jacoby Fernandes
Juarez Freitas
Luciano Ferraz
Lúcio Delfino
Marcia Carla Pereira Ribeiro
Márcio Cammarosano
Marcos Ehrhardt Jr.
Maria Sylvia Zanella Di Pietro
Ney José de Freitas
Oswaldo Othon de Pontes Saraiva Filho
Paulo Modesto
Romeu Felipe Bacellar Filho
Sérgio Guerra
Walber de Moura Agra

FÓRUM
CONHECIMENTO JURÍDICO

Luís Cláudio Rodrigues Ferreira
Presidente e Editor

Coordenação editorial: Leonardo Eustáquio Siqueira Araújo
Aline Sobreira de Oliveira

Rua Paulo Ribeiro Bastos, 211 – Jardim Atlântico – CEP 31710-430
Belo Horizonte – Minas Gerais – Tel.: (31) 99412.0131
www.editoraforum.com.br – editoraforum@editoraforum.com.br

Técnica. Empenho. Zelo. Esses foram alguns dos cuidados aplicados na edição desta obra. No entanto, podem ocorrer erros de impressão, digitação ou mesmo restar alguma dúvida conceitual. Caso se constate algo assim, solicitamos a gentileza de nos comunicar através do *e-mail* editorial@editoraforum.com.br para que possamos esclarecer, no que couber. A sua contribuição é muito importante para mantermos a excelência editorial. A Editora Fórum agradece a sua contribuição.

Dados Internacionais de Catalogação na Publicação (CIP) de acordo com ISBD

J468c   Heinen, Juliano

       Comentários à Lei de acesso à informação: Lei nº 12.527/2011 / Juliano Heinen. 3. ed. rev. e atual. – Belo Horizonte: Fórum, 2023.

       409 p. ; 14,5cm x 21,5cm
       Inclui bibliografia.
       ISBN: 978-65-5518-476-1

       1. Direito Administrativo 2. Direito Constitucional. I. Título. II. Heinen, Juliano.

                                                        CDD 342.06
                                                        CDU 342.9

Elaborado por Odilio Hilario Moreira Junior - CRB-8/9949

Informação bibliográfica deste livro, conforme a NBR 6023:2018 da Associação Brasileira de Normas Técnicas (ABNT):

HEINEN, Juliano. *Comentários à Lei de Acesso à Informação*: Lei nº 12.527/2011. 3. ed. rev. e atual. Belo Horizonte: Fórum, 2023. 409 p. ISBN 978-65-5518-476-1.

SUMÁRIO

LISTA DE ABREVIATURAS 9
APRESENTAÇÃO DA TERCEIRA EDIÇÃO 11
APRESENTAÇÃO DA SEGUNDA EDIÇÃO 15
INTRODUÇÃO 17

CAPÍTULO 1
PARÂMETROS NORMATIVOS E DOGMÁTICOS AO
ACESSO À INFORMAÇÃO PÚBLICA 21

1.1   O direito constitucional da transparência das informações
e dos documentos públicos 29
1.2   Princípio da publicidade administrativa 48
1.3   Antecedentes e subsequentes normativos referentes ao
acesso à informação 56

CAPÍTULO 2
LEI DE ACESSO À INFORMAÇÃO – LEI Nº 12.527/2011 77

2.1   Introdução à Lei de Acesso à Informação (LAI) 77
2.2   Breves considerações sobre o acesso à informação no direito
comparado 79
2.3   Tipos de transparência 93
2.4   O problema da divulgação da remuneração nominal dos
agentes estatais 94
2.5   Tratamento dos dados públicos 107
2.6   Transparência digital 115
2.7   Interoperabilidade de dados entre órgãos públicos 119

CAPÍTULO 3
LEI Nº 12.527, DE 18 DE NOVEMBRO DE 2011,
COMENTADA, ARTIGO POR ARTIGO 123

Artigo 1º	125
Artigo 2º	147
Artigo 3º	158
Artigo 4º	166
Artigo 5º	172
Artigo 6º	174
Artigo 7º	177
Artigo 8º	188
Artigo 9º	201
Artigo 10	204
Artigo 11	225
Artigo 12	235
Artigo 13	238
Artigo 14	240
Artigo 15	241
Artigo 16	243
Artigo 17	247
Artigo 18	251
Artigo 19	253
Artigo 20	259
Artigo 21	261
Artigo 22	274
Artigo 23	286
Artigo 24	305
Artigo 25	310
Artigo 26	314
Artigo 27	315
Artigo 28	320
Artigo 29	325
Artigo 30	328
Artigo 31	330
Artigo 32	347
Artigo 33	354
Artigo 34	357
Artigo 35	362
Artigo 36	367
Artigo 37	373
Artigo 38	378
Artigo 39	382

Artigo 40 386
Artigo 41 388
Artigo 42 390
Artigo 43 394
Artigo 44 397
Artigo 45 398
Artigo 46 399
Artigo 47 400

REFERÊNCIAS..401

LISTA DE ABREVIATURAS

ABIN	Agência Brasileira de Inteligência
ADCT	Ato das Disposições Constitucionais Transitórias
ADI	Ação Direta de Inconstitucionalidade
ADPF	Arguição de Descumprimento de Preceito Fundamental
BVerfGE	*Entscheidungen des Bundesverfassungsgerichts, amtliche Sammlung* – Decisões do Tribunal Constitucional Federal. Coletânea Oficial
CADA	*Commission d'accès aux documents administratifs*
CE	Conselho de Estado (francês)
CEIS	Cadastro Nacional de Empresas Inidôneas e Suspensas
CF	Constituição Federal
CF/1988	Constituição da República Federativa do Brasil de 1988
CGU	Controladoria-Geral da União
CIDH	Comissão Interamericana de Direitos Humanos
CIDIC	Código de Indexação de Documento que contém Informação Classificada
CNJ	Conselho Nacional de Justiça
CNMP	Conselho Nacional do Ministério Público
CorteIDH	Corte Interamericana de Direitos Humanos
CP	Código Penal
CPC	Código de Processo Civil
CPM	Código Penal Militar
CPP	Código de Processo Penal
CTN	Código Tributário Nacional
EC	Emenda Constitucional
FOIA	*Freedom of Information Act*
LAI	Lei de Acesso à Informação
LC	Lei Complementar
LGPD	Lei Geral de Proteção de Dados
LRF	Lei de Responsabilidade Fiscal
NSC	Núcleo de Segurança e Credenciamento
OEA	Organização dos Estados Americanos
ONG	Organização Não Governamental
ONU	Organização das Nações Unidas
OS	Organizações Sociais
OSCIP	Organização da Sociedade Civil de Interesse Público
PPP	Parceria Público-Privada
RDC	Regime diferenciado de contratação
RE	Recurso Extraordinário
SAC	Serviço de atendimento ao cidadão
SIC	Serviço de Informação ao Cidadão
SPE	Sociedade de Propósito Específico
STF	Supremo Tribunal Federal
STJ	Superior Tribunal de Justiça

LISTA DE ABREVIATURAS

TCI   Termo de Classificação de Informação
TCMS   Termo de Compromisso de Manutenção de Sigilo
TCU   Tribunal de Contas da União

APRESENTAÇÃO DA TERCEIRA EDIÇÃO

Tempos depois de publicada a 2ª edição destes comentários à Lei de Acesso, um colega meu, Procurador do Estado, procurou-me para debater uma tese sua que pretendia dispor na contestação de uma ação judicial movida contra o Estado do Rio Grande do Sul. Muito gentil, explicou-me o caso: certo edital que inaugurava um concurso público não mencionava a Lei nº 12.527/2011 nas matérias passíveis de serem questionadas nos testes (e nem pudera, porque o tal edital havia sido publicado antes da edição da referida legislação). Mas, nas provas orais, ocorridas ao final de 2012, ou seja, já quando a lei era vigente, o examinador questionou o candidato justamente sobre o conteúdo da LAI. O colega – um dos maiores entendidos em matéria de pessoal da Procuradoria –, sabia que conseguiria defender a tese de que é possível cobrar em provas de concurso a atualização legislativa, até porque já havia precedente do STF no tema. Contudo, isto só seria possível se o tema estivesse mencionado no edital – e aqui estava o ponto! O referido instrumento convocatório daquele concurso não mencionava uma linha sobre o tema. Então, o combativo Procurador do Estado me pergunta se não poderia defender que a atualização legislativa poderia estar inserida no tópico do edital "publicidade dos atos administrativos". Ao que eu respondi, sem qualquer dúvida, que infelizmente considerava essa uma tese pouco viável, para desapontamento do interlocutor. Expliquei as diferenças de ambos os institutos, e indiquei tópico específico da nossa obra em que fazemos esta discriminação.

Enfim, transparência é um avanço em relação à publicidade dos atos administrativos. Essa passagem dá conta de que houve uma séria e intensa mudança de paradigma na Administração Pública. A *Lei de Acesso à Informação* pauta sua atuação por um critério já previsto na CF/88, mas dinamizado por esta legislação. Em palavras bastante simples: transparência é direito de acesso, o que se torna diferente e mais amplo do que a simples ciência dos atos administrativos conferida pela publicidade.

Ah! Tempos depois, soube que a tese do colega não foi acolhida pelo Poder Judiciário, e a prova oral daquele candidato, naquele tema, foi anulada.

Quando recebi da Editora Fórum o desafio de atualizar e ampliar a 3ª edição destes *Comentários à Lei de Acesso à Informação – Lei nº 12.527/2011*, já tinham se passado mais de dez anos da sua vigência. E quanta coisa mudou neste meio tempo. O mais curioso – na minha compreensão ao menos – é perceber que a jurisprudência apreendeu bem o uso da lei sem maiores inflexões extensivas ou restritivas do texto, ao contrário do restante do sistema jurídico, que empreendeu larga previsão normativa de incidência do texto da lei de acesso.

Em outras palavras, foi o texto normativo, a fonte primeira do direito nacional, quem se ocupou sistematicamente de ampliar substancialmente o âmbito de proteção da Lei nº 12.527/2011. Podemos citar, a título de exemplo, a *Lei das Empresas Estatais* (Lei nº 13.303/2016), determinando, sem mais qualquer dúvida, a incidência da Lei de Acesso às referidas pessoas jurídicas; a *Lei do Governo Digital* (Lei nº 14.129/2021) empreendeu larga atualização da forma de acesso e de fornecimento dos dados públicos; a *Lei Geral de Licitações e Contratos* (Lei nº 14.133/2021) remodelou – ou assim pretendeu – os processos de aquisições feitos pelo Poder Público, mencionando no seu texto como a *Lei de Acesso à Informação* poderia incidir.

Mas foi a *Lei Geral de Proteção de Dados* (Lei nº 13.709/2018) quem implantou um panorama original no tema da transparência. Ousamos dizer que um texto normativo não pode ser lido sem o outro, o que nos trouxe um enorme desafio ao estruturar a nova edição deste livro. Neste ponto, inserimos no Capítulo 2 um tópico específico sobre o tema, a fim de trazer ao leitor os principais pontos de interlocução de ambas as legislações. Depois, os comentários aos artigos da Lei nº 12.527/2011, dispostos no Capítulo 3, ficaram ampliados com a correlação com as regras da LGPD.

Agradeço mais uma vez à Editora Fórum pela fé no projeto, externando aqui minha admiração pelo grandioso e virtuoso trabalho que vem sendo feito pelo Luis Cláudio e Maria Amélia na dispersão do conhecimento jurídico pelo Brasil inteiro. Por fim, uma palavra final ao leitor: obrigado pela acolhida e pela generosidade para com esta obra, pensada sempre e sempre em fornecer respostas aos problemas cotidianos. Afinal, livros são feitos pela vida e para a vida.

Boa leitura a todo(as)!

Juliano Heinen
Gramado, inverno de 2022.

APRESENTAÇÃO DA SEGUNDA EDIÇÃO

Esta obra, mesmo tendo sido publicada na primeira metade de 2014, chegou ao final do ano esgotada, o que reforça o prestígio da Lei nº 12.527/11 na sociedade brasileira. A *Lei de Acesso à Informação*, que carinhosamente apelidamos de "LAI", ganhou um espaço considerável no dia a dia das pessoas, como se fizesse parte do cotidiano de cada um, ávidos por querer saber, conhecer, enfim, acessar dados de caráter público. Não tardou, assim, para que as cortes nacionais fossem chamadas a se manifestarem sobre este tema e, principalmente, sobre a interpretação conferida à LAI.

Para tanto, esta 2ª Edição traz um texto atual, acrescido dos principais julgados do Supremo Tribunal Federal e do Superior Tribunal de Justiça, pertinentes à aplicação da Lei de Acesso à Informação. Da mesma maneira, a produção doutrinária que nesse meio tempo surgiu, acabou por ser também incorporada ao livro. Além dessas, algumas outras adaptações foram feitas, a fim de deixar a obra ainda mais objetiva e versátil. De qualquer sorte, não restam dúvidas de que muito ainda há a ser dito sobre a Lei nº 12.527/11, tendo em vista que ela continua pulsante como um instrumento sobressaliente na sociedade brasileira.

Por outro lado, estamos certos de que uma lei ou um livro são apenas abstrações que pretendem servir ao concreto de cada um. Evidentemente, será este mundo concreto (meu, teu, nosso) que tornará qualquer coisa viva, palpável e, mais importante ainda, útil. Eis o desafio que se coloca à frente da Lei nº 12.527/11.

Desejo uma ótima leitura a todos.

Cordialmente,

Juliano Heinen.

INTRODUÇÃO

Não temos dúvida de que a Lei nº 12.527/2011, denominada *Lei de Acesso à Informação*, produziu um intenso câmbio na relação jurídico-administrativa estabelecida entre o administrado e a Administração Pública. É a típica "lei viva", no sentido mais pragmático da expressão, porque atinge generalizadamente toda a sociedade, independentemente do gênero, do padrão econômico, da função desempenhada, de ser ou não eleitor etc. Mais ainda, estabelece um novo *status* ao administrado, tendo em vista que fornece ferramentas concretas a este acesso.

Esse diploma normativo, assim, eleva a transparência a um patamar jamais alcançado, formatando, realçando, assim, o próprio princípio da publicidade. Tal princípio traz a sua importância no próprio nome dado ao ato de administrar, uma vez que a publicidade é inerente à própria noção de "público". Apesar disso, a lei de acesso é muito mais do que um dos tantos mecanismos que garantem efetividade a este princípio constitucional, porque alcança o cidadão muito mais que o simples conhecimento dos dados depositados em arquivos públicos. Permite que o poder, agora "desnudo", possa ser controlado pelo indivíduo comum, destinatário das políticas públicas. Logo, a partir de agora, não se pode imaginar mais uma Administração sem transparência, característica esta que traduz a essência do princípio democrático.

Dessa forma, na obra que se apresenta, procurou-se justamente abordar o "espírito da Lei nº 12.527/11", em uma interpretação abrangente dos antecedentes e do contexto normativo e social em que está inserida. Aliado a isto, este autor procurou enfrentar lógica e sistematicamente os pontos mais candentes que já provocam debates, apesar de se ter uma vigência prematura da referida legislação. A cada momento foi fornecido o entendimento pessoal no que se refere a eventuais incongruências ou divergências encontradas no texto normativo ora sob foco.

Então, a partir de um estudo dos pressupostos teóricos e dos antecedentes normativos – nacionais e internacionais, constitucionais ou infraconstitucionais – passou-se ao debate dos elementos dogmáticos que dão base à Lei de Acesso, como o princípio democrático e da publicidade administrativa, tipos de transparência, a questão que envolve a divulgação nominal da remuneração dos agentes estatais. E, por último, foram analisados e comentados todos os dispositivos da Lei nº 12.527/11, pontuando, especialmente, aquilo que pode ser alvo de debate ou os aspectos inacabados deste ato normativo, que devem ser refinados, invariavelmente, pelo intérprete.

Ao longo dos anos, a *Lei de Acesso à Informação* passou a ser referida por uma série de outros diplomas normativos, tornando-a um eixo central nos temas de transparência pública. Então, os comentários a seguir dispostos procuram demonstrar como se processam estes diálogos, conferindo a necessária sistematicidade e visão de completude.

Outro ponto merecedor de atenção é o plano material da Lei nº 12.527/2011: seu conteúdo tutela essencialmente o direito à transparência, em suma, como acessar dados que não são considerados sigilosos. E, claro, tratou de disciplinar a forma e as hipóteses em que se pode negar acesso a tais informações de caráter público. Complementa esta legislação a *Lei Geral de Proteção de Dados* (Lei nº 13.709/2018), a qual se ocupa essencialmente do tratamento dos dados, ou seja, como as informações de terceiros são armazenadas e empregadas a múltiplos fins. São duas legislações que devem ser lidas complementarmente, o que demandou um novo esforço de sistematização dos comentários ora apresentados.

Ainda, é relevante notar que a *Lei do Governo Digital* (Lei nº 14.129/2021) impactou sensivelmente o direito ao acesso aos dados públicos, na medida em que ampliou a forma do acesso, ou seja, facilitou a transparência ativa e passiva. A leitura de ambas as legislações é imprescindível, a fim de perceber como o sistema de acesso deve ser operado. Na prática, aquele que formula um pedido, ou aquele que faz a gestão das solicitações deve ler ambas as legislações conjuntamente. E por isto os presentes comentários procuraram sistematizar com bastante objetividade os temas intercambiáveis.

No *direito ambiental*, a transparência pode ser considerada um instituto central. Ele é regido, entre outros, pelo acordo regional sobre acesso à informação, participação pública e acesso à justiça em assuntos ambientais na América Latina e no Caribe (chamado "Acordo de Escazú"). O tema é tão candente na seara do meio ambiente, ao ponto de o STJ fixar as seguintes teses no assunto:

> Tese A) O direito de acesso à informação no Direito Ambiental brasileiro compreende: i) o dever de publicação, na internet, dos documentos ambientais detidos pela Administração não sujeitos a sigilo (transparência ativa); ii) o direito de qualquer pessoa e entidade de requerer acesso a informações ambientais específicas não publicadas (transparência passiva); e iii) direito a requerer a produção de informação ambiental não disponível para a Administração (transparência reativa);
> Tese B) Presume-se a obrigação do Estado em favor da transparência ambiental, sendo ônus da Administração justificar seu descumprimento, sempre sujeita a controle judicial, nos seguintes termos: i) na transparência ativa, demonstrando razões administrativas adequadas para a opção de não publicar; ii) na transparência passiva, de enquadramento da informação nas razões legais e taxativas de sigilo; e iii) na transparência ambiental reativa, da irrazoabilidade da pretensão de produção da informação inexistente;
> Tese C) O regime registral brasileiro admite a averbação de informações facultativas sobre o imóvel, de interesse público, inclusive as ambientais;
> Tese D) O Ministério Público pode requisitar diretamente ao oficial de registro competente a averbação de informações alusivas a suas funções institucionais.[1]

Assim, entende-se que foi cumprida a missão de trazer a público uma radiografia da *Lei de Acesso à Informação*. Apesar da certeza de que será a realidade, o cotidiano, a vivência que (des)escreverá o sucesso deste diploma normativo. Será a dinâmica da vida, com suas idiossincrasias, suas (in)compreensões e seus (des)acertos que pautará a aplicação da Lei nº 12.527/11. Daí por que o presente trabalho pretende, minimamente, contribuir para o debate de tão importante texto legal, aprimorando o estudo dogmático e empírico de seus componentes.

---

[1] STJ, REsp nº 1.857.098-MS, Rel. Min. Og Fernandes, 1ª Seção, j. 11.05.2022.

CAPÍTULO 1

PARÂMETROS NORMATIVOS E DOGMÁTICOS AO ACESSO À INFORMAÇÃO PÚBLICA

Para dar conta de cumprir a agenda de prestações a que se propôs, a Constituição da República Federativa do Brasil de 1988 (CF/1988) estabeleceu uma espécie de "reserva de justiça", tributando inúmeras ferramentas para o cumprimento destes misteres. Contudo, claramente, não se está dando conta de cumprir com essa agenda, situação que reclama um câmbio quem sabe radical de postura, de cultura e de percepção. Para dar conta desses deveres, acreditamos que, por exemplo, deve-se ter por base um direito constitucional interdependente do direito administrativo, enfim, que se relacione intensamente com ele. E há, pois, uma revolução silenciosa sendo praticada nesse sentido, porque há movimentos sociais sendo promovidos em nome da Constituição, e não contra ela.

Em termos concretos, tem-se, então, uma necessidade de quebrar as assimetrias nas relações jurídicas, equalizando os polos que nelas estão inseridos, seja pela via da inserção de medidas de desigualdade propositais e prospectiva aos desiguais, seja por meio da visualização igualitária dos polos que se mostram iguais. Essa visão deve dar cabo de tributar uma composição harmônica de interesses entre os sujeitos privados e, da mesma forma, na relação entre o Poder Público e os administrados.

Para tanto, deve-se ter atenção especial no que se refere ao intenso autoritarismo e à falta de profissionalismo por vezes inseridos naqueles que se colocam e são sujeitos de relações jurídico-administrativas, como se o cidadão, por exemplo, fosse apenas um destinatário de medidas administrativas e legislativas, herança dos anos de clientelismo, do cordialismo,[2] do paternalismo etc. Tornam-se, nesse caso, não mais sujeitos de direito, mas sim destinatários de direito. Diante da ineficiência crônica dos serviços públicos, a sociedade desenvolveu um modelo misto de Estado, sendo este regulador e provedor.[3] Deve, então, essa instituição ser um ente promotor da harmonia dos interesses em jogo, o que, como dito, obriga que um ato unilateral deva ser antecedido, o mais possível, da consensualidade.[4] E essa concepção parte da premissa de que é possível e necessário estabelecer uma cidadania ativa, que impõe um espaço de consenso entre o administrado e o ente público ao campo decisório estatal.[5] Mais recentemente, esse consenso vem sendo estabelecido em muito pela ideia da *processualidade administrativa*.[6]

No cenário nacional, mais recentemente, pode-se perceber que o direito administrativo vem ganhando um prestígio de intensidade

---

[2] O *cordialismo* tem como característica estabelecer relações não orientadas pela impessoalidade, mas pela seletividade, violando os mais comezinhos princípios de direito administrativo, em um subjetivismo completamente arbitrário.

[3] Aliás, foi justamente diante da importância dada ao estudo e à normatização dos serviços públicos que se formataram premissas importantes sobre a transparência das informações públicas, a tal ponto de, em França, ter se estruturado a *loi de transparence*. Ela determina que, na prestação do serviço, exista um direito de acesso às respectivas informações a ele relativas. Deve-se pontuar, por oportuno, que estas "leis dos serviços públicos" francesas tornaram-se princípios jurídico-administrativos no Brasil. Assim, este manancial de regras gerais francesas sobre serviços públicos transformaram-se, aqui, em *princípios administrativos* do serviço público. Veja que, o que lá se conhece por *lei de igualdade (loi d'egalité)*, aqui se tronou o *princípio da igualdade* nos serviços públicos. Assim, como viraram princípios administrativos brasileiros a *lei de continuidade (loi de continuité)*, a *lei de mutabilidade* ou *de adaptabilidade (loi de changement)* etc. Logo, este seria um argumento a considerar a transparência um *princípio administrativo*.

[4] Muitos entendem que o direito administrativo seria um direito libertário, sendo considerado reverso ao liberalismo. Mas, em verdade, tal ramo da ciência jurídica foi utilizado, outrora, justamente para legitimar o poder, muitas vezes autoritário. Interesse público, supremacia etc. seriam típicos institutos utilizados para legitimar este poder. Por isso que no período contemporâneo passou-se a conceber a ideia de que a imperatividade deu (ou deve dar) lugar à consensualidade; e um exemplo disso é a edição da Lei nº 12.529/2011.

[5] Sobre o consenso e o constitucionalismo no Brasil: SOUZA JÚNIOR. *Consenso e constitucionalismo no Brasil*.

[6] A processualidade da atuação da Administração Pública é uma tendência contemporânea irreversível, sendo o processo administrativo elevado a uma das categorias centrais deste regime jurídico. Tal fenômeno tem por uma de suas bases e por um dos seus fins concretizar e/ou garantir a presença proeminente dos direitos fundamentais, especialmente no que se refere ao contraditório e à ampla defesa. Para tanto, conferir: MESQUITA. A processualidade do direito administrativo contemporâneo. *Revista da Procuradoria-Geral do Estado*, p. 221; SILVA. *Em busca do acto administrativo perdido*, p. 307; BINENBOJM. *Uma teoria do direito administrativo*: direitos fundamentais, democracia e constitucionalização, p. 77-78.

sem precedentes. Esse crescimento é ainda mais vertiginoso nas cortes nacionais, o que pode ser facilmente notado a partir da produção jurisprudencial cada vez aprofundada e mais abrangente sobre esta especialidade do direito, a tal ponto que passa a ser concebido como um *direito extraestatal*, ou seja, que se insere para além da relação intersubjetiva *Administração Pública* v. *administrado*.[7] Logo, entendemos que deva ser considerado um *direito administrativo do cidadão*, um direito vivenciado no cotidiano da sociedade, um "direito vivo" em cada um de nós.

Dessa forma, a *Lei de Acesso à Informação (LAI)* pode ser considerada mais um pilar na construção desse espaço de consenso, dando vazão a um constitucionalismo emancipatório. A LAI anseia compor a preservação concomitante da autonomia privada e pública, associando republicanismo e democracia[8] em uma ação democrática e dialógica que pressupõe um amplo acesso à informação, em uma compreensão qualitativa e quantitativa dos dados públicos.[9] Tal ato normativo, então, impõe a denominada "cultura da transparência" como um (novo) paradigma que pautará a atuação do gestor público.[10] É certo que a democracia representativa se fragiliza sobremaneira quando não possui instâncias de controle e

---

[7] Uma abordagem interessante sobre a "relação de administração" pode ser conferida em: LIMA. *Princípios de direito administrativo*, p. 105-109.

[8] Para José Eduardo Faria: "[...] democracia é o regime dos sistemas abertos, ou seja, aqueles que procuram garantir a manutenção das regras do jogo, a sobrevivência dos textos constitucionais, a impessoalidade e o rodízio do poder, e a ação dos diferentes grupos sociais, sem a eliminação das partes descontentes e da maneira menos coercitiva possível" (*Poder e legitimidade*, p. 62). No mesmo sentido, e trazendo uma importante perspectiva histórica: BONAVIDES. Teoria constitucional da democracia participativa. *In*: GRAU; GUERRA FILHO (Org.). *Direito constitucional*: estudos em homenagem a Paulo Bonavides, p. 25 *et seq*. No mesmo sentido, "a ideia subjacente é a de que a transparência dos atos administrativos constitui o modo republicano de governo; sujeita a *res publica* à visibilidade de todos, o poder se autolimita ou é limitado pelo controle social, este uma das diretrizes que informaram a Lei nº 12.527, de 18 de novembro de 2011 [...]."(STJ, MS 16.179-DF, Rel. Min. Ari Pargendler, 1ª Seção, j. 9.4.2014).

[9] Sobre a democracia participativa, importante trazer à tona a seguinte advertência "[...] tais processos que se inserem no âmbito da denominada democracia participativa, não têm por condão suplantar o modelo institucional de representação, mas complementá-lo, visando a canais permanentes e estáveis de participação dos administrados no processo de tomada de decisão da Administração Pública" (MIRAGEM. *A nova Administração Pública e o direito administrativo*, p. 55-56).

[10] "Ao fomentar a 'cultura de transparência', aumenta-se a gestão democrática e, consequentemente, o controle social" (MOTA JÚNIOR. A Lei de Acesso à Informação (LAI) e a cultura da transparência. *Boletim de Direito Administrativo – BDA*, p. 1046).

de participação cidadã. Quanto maior o *accountability social*, mais sólido será este regime.[11]

A democracia deve ser construída porque ela não está pronta. Foi a partir das constituições italiana e alemã que a palavra "democracia" acabou sendo prevista no arcabouço normativo constitucional, conferindo-se, pois, um viés prático e (in)formador do Estado. A partir desse fato, pode-se compreender que o consenso passa, assim, a ter primazia em relação à força. Não que a força deixe de existir, ao contrário, ela passa não mais a ser preferível, porque o consenso mostra ser uma alternativa prática, especialmente na procedimentalização do Estado. Logo, rompe-se com a natural resistência. O poder de coerção acaba por ser considerado como sendo a última *ratio*, ou seja, somente será aplicável quando realmente indispensável. E esse contexto nos faz concluir que a democracia é um direito cívico constitucionalizado que tem por condição a transparência das instituições de Estado.

Veja que a tendência do sigilo na relação entre o cidadão e o Estado fomenta a incompreensão entre os atores desta conexão, o que era visto ainda em décadas recentes, quando o nosso País experimentava um Poder Público que tolhia as liberdades mínimas do cidadão, dentre elas, o direito ao acesso às informações públicas. E não é à toa que, justamente nesse período, a democracia foi fragilizada consideravelmente, tornando-se, por assim dizer, mínima.

Pode-se compreender, portanto, que, sem democracia, a informação pública torna-se uma mera aparência. Finge-se que se sabe ou sabe-se aquilo que não é verdadeiro. O acesso à informação é um resultado da nossa forma democrática e republicana de governo, garantida pela CF/1988.[12] É uma expressão do direito de liberdade, ainda que visto de forma indireta e larga. As leis ou

---

[11] Quando nesse tópico se está a falar sobre democracia, está-se a referir acerca da *democracia material*, que se realiza não apenas pela satisfação das formalidades do procedimento de escolha dos governantes, mas por se adotar, neste contexto, novos instrumentos de participação para seleção das políticas públicas a serem implementadas, bem como se elas estão sendo executadas a contento [MOREIRA NETO. Juridicidade, pluralidade normativa, democracia e controle social. In: ÁVILA (Org.). *Fundamentos do Estado de direito*: estudos em homenagem ao Professor Almiro do Couto e Silva, p. 109].

[12] Sobre o princípio republicano ligado à LAI, consultar: BELLINI, Leonardo. Inovações republicanas da lei de acesso à informação. *Revista digital de direito público*, São Paulo, USP, v. 2, n. 1, 2013, p. 2-3.

os regulamentos, nesse sentido, podem contribuir ou distanciar os administrados da realidade das coisas, abrindo ensanchas para uma maior ou menor apropriação da informação, ou, ainda, para se deter uma informação fantasiosa.

Assim, a LAI introduz um novo contorno nas relações jurídico-administrativas, sejam internas, sejam externas, porque reforça a ideia de que os direitos subjetivos dos administrados, no segundo caso, por exemplo, não podem ser compreendidos diante de atos estatais sigilosos. Seria uma situação completamente paradoxal. O comportamento dos polos dessa relação será e é profundamente alterado, não se tendo dúvidas no sentido de a lei de acesso pautar com afinco esse câmbio. A atuação administrativa, quando oxigenada pela transparência, formata um modelo prestacional efetivo na satisfação das necessidades coletivas, porque bem pode coletar subsídios para focar naquilo que a população realmente anseia do aparato estatal.

É bom que se diga que a transparência possui uma identidade notória com a democracia. Quando se está a falar desta, em algum momento, tem-se que se discursar sobre aquela.[13] Seria a democracia, assim, o principal fundamento político da transparência.[14]

Aliás, o Supremo Tribunal Federal (STF) já deixou assentado, mesmo antes da edição e vigência da Lei nº 12.527/11, que a democracia brasileira deve, necessariamente, conviver com o direito de informação em caráter maximizado, ou seja, com seu âmbito de proteção mais alargado e com a necessária transparência do poder.[15] Outro antecedente importante que disserta sobre o tema

---

[13] HOMERCHER. O princípio da transparência: uma análise de seus fundamentos. *Interesse Público – IP*, p. 283.

[14] Essa ligação fica muito clara na exposição feita por Konrad Hesse, em uma passagem que se tornou clássica: "Em tudo, democracia é, segundo seu princípio fundamental, um assunto de cidadãos emancipados, informados, não de uma massa ignorante, apática, dirigida apenas por emoções e desejos irracionais que, por governantes bem-intencionados ou mal-intencionados, sobre a questão do próprio destino, é deixada na obscuridade" (*Elementos de direito constitucional da República Federal da Alemanha*, p. 133).

[15] Disse, nos termos do julgamento da ADPF nº 130/DF (Medida Cautelar) que: "[...] o princípio constitucional de maior densidade axiológica e mais elevada estatura sistêmica, a democracia avulta como síntese dos fundamentos da República Federativa brasileira. Democracia que, segundo a Constituição Federal, se apoia em dois dos mais vistosos pilares: a) o da informação em plenitude e de máxima qualidade; b) o da transparência ou visibilidade do Poder, seja ele político, seja econômico, seja religioso (art. 220 da CF/1988)" (STF, ADPF nº 130/DF – MC, Rel. Min. Ayres Britto, Pleno, j. 27.02.2008). Em complemento ao julgado, pode-se, ainda, refletir

é o Recurso Ordinário em Habeas Data nº 22, julgado pelo STF em 19 de setembro de 1991.[16] O que se observa, a partir do julgado, é que a própria Suprema Corte confere, a partir de uma interpretação dos dispositivos constitucionais, um entendimento de que o sigilo deve ser considerado exceção. Antecipa, pois, muito do que a LAI pôs em prática por meio dos seus dispositivos.

É importante notar que o debate acerca do acesso às informações voltou a ser trazido à tona, ainda que em *obter dictum*, pela Suprema Corte nacional, quando do julgamento da Arguição de Descumprimento de Preceito Fundamental (ADPF) nº 153, que questionava a *Lei de Anistia*. A improcedência da ação, segundo se reconheceu, não impunha qualquer óbice à busca da verdade e à preservação da memória histórica em torno dos fatos ocorridos no período em que o País foi dominado pelo regime militar.[17] Um governo desse jaez compadece-se com a subversão dos direitos mais básicos do cidadão, não compreendendo o mais essencial do humano.[18]

Em outro momento, a Suprema Corte nacional declarou inconstitucional o art. 78-B da Lei nº 10.233/2001, que estabelecia sigilo em processos administrativos sancionadores instaurados pela

---

que: "Assegurar o acesso a informações públicas é fazer uma democracia mais eficiente, por incentivar e facilitar a participação social, conhecer da *res publica*, aumentar o controle e melhorar o processo decisório da gestão pública. Diminui-se a corrupção, monitora-se a gestão pública e eleva-se a *accountability*" (MOTA JÚNIOR, *op. cit.*, p. 1050).

[16] Nesse julgamento, o Min. Celso de Mello foi enfático: "[...] o sigilo dos atos estatais conflita com a natureza pública ou ostensiva do exercício do poder. Vedando o poder que oculta e o poder que se oculta, o ordenamento jurídico constitucional pretende dar legitimidade ao poder, de modo que a publicidade dos atos estatais como princípio constitucional desampara no plano normativo qualquer pretensão de sigilo, salvo situações de interesse público" (STF, RHD 22, Rel. Min. Celso de Mello, Pleno, j. 19.09.91).

[17] "Lei 6.683/1979, a chamada 'Lei de Anistia'. Art. 5º, *caput*, III e XXXIII, da CB [...]. Circunstâncias históricas. [...] Acesso a documentos históricos como forma de exercício do direito fundamental à verdade. [...] Impõe-se o desembaraço dos mecanismos que ainda dificultam o conhecimento do quanto ocorreu no Brasil durante as décadas sombrias da ditadura" (STF, ADPF nº 153/DF, Rel. Min. Eros Grau, Pleno, j. 29.04.2010).

[18] Aliás, no Mandado de Injunção nº 284/DF, muito da discussão acerca da necessidade de constituir a cultura da transparência no País foi plasmada no voto do Ministro-Relator: "[...] não há, nos modelos políticos que consagram a democracia, espaço possível reservado ao mistério. O novo estatuto político brasileiro – que rejeita o poder que oculta e não tolera o poder que se oculta – consagrou a publicidade dos atos e das atividades estatais como valor constitucionalmente assegurado, disciplinando-o, com expressa ressalva para as situações de interesse público, entre os direitos e garantias fundamentais. A Carta Federal, ao proclamar os direitos e deveres individuais e coletivos (art. 5º), enunciou preceitos básicos, cuja compreensão e essencial a caracterização da ordem democrática como um regime do poder visível" (STF, MI nº 284/DF, Rel. Min. Marco Aurélio, Rel. para o acórdão Min. Celso de Mello, Pleno, j. 22.11.92).

Agência Nacional de Transportes Terrestres – ANTT e pela Agência Nacional de Transportes Aquaviários – Antaq. Esse dispositivo era frontalmente contrário ao art. 5º, inc. XXXIII, e art. 37, §3º, ambos da CF/88. Então, fixou-se a seguinte tese de julgamento:

> Os processos administrativos sancionadores instaurados por agências reguladoras contra concessionárias de serviço público devem obedecer ao princípio da publicidade durante toda a sua tramitação, ressalvados eventuais atos que se enquadrem nas hipóteses de sigilo previstas em lei e na Constituição.[19]

Veja que a lei de acesso acaba por aumentar o número de dados que devem ser disponibilizados ao público em geral. Ainda, permite que um maior número de pessoas acesse essas informações, porque impõe mecanismos específicos e concretos neste sentido, como a utilização de ferramentas de tecnologia de informação, manutenção de centrais de atendimento, determinação de que se implemente um intenso processo pedagógico de assimilação desta legislação etc. Além disso, em uma ótica qualitativa, os dados públicos podem ser conhecidos com uma facilidade nunca antes vista, porque a lei de acesso impõe que as informações sejam viabilizadas despidas, na maior medida possível, de entraves tecnológicos, com uma linguagem de fácil compreensão, por meio de técnicas de busca eficientes, acompanhadas por ferramentas de acessibilidade que permitam a compreensão das informações pelos portadores de necessidades especiais etc.

Enfim, pode-se dizer que o acesso à informação, como um direito fundamental, é uma prática claramente democrática, que reclama um Estado aberto.[20] Assim, tal direito pode ser considerado como a faculdade que um indivíduo possui de ter acesso a uma informação, um dado, documento etc., de caráter público, a ser entregue de maneira completa, verdadeira, adequada e oportuna e que estejam em poder de instituições estatais ou de quem lhe faça as vezes.

---

[19] STF, ADI nº 5.371-DF, Rel. Min. Roberto Barroso, Pleno, j. 02.03.2022.
[20] Então, para vivermos em um Estado Social de Direito, lapidado por princípios democráticos, é relevante que a Constituição, além de fomentar a organização estatal, seja torneada de direitos fundamentais, atingindo efetivamente os fins sociais, para assumir o papel de guia da sociedade (HEINEN. Os níveis de relativização dos direitos fundamentais: uma abordagem sobre as causas eficazes e instrumentais harmonizadas pelo princípio da proporcionalidade. *Revista do Ministério Público do Rio Grande do Sul*, p. 154-155). No mesmo sentido: GARCIA-PELAYO. *Las transformaciones del estado contemporáneo*, p. 18.

É evidente que a transparência permite que o cidadão ativo possa acompanhar projetos, metas, indicadores propostos etc., avaliando, pois, se há eficiência dos serviços prestados, se a execução dos contratos está a contento etc.[21] No caso brasileiro, a administração concertada sofre um câmbio especialmente a partir da metade dos anos noventa, ampliando-se à noção de "Administração Pública gerencial" ou "Estado gerencial", voltada para o atingimento de metas e de resultados na busca por uma eficiência pragmática.[22] Dá-se vazão, portanto, à *Administração Pública de resultados*.[23]

De outro lado, podemos pensar que a negativa ao acesso às informações públicas relativiza ou minimiza substancialmente o próprio *direito de expressão* e *difusão do pensamento*. A lógica dessa perspectiva parte da ideia de que o reconhecimento do direito de liberdade de expressão e de pensamento inclui o dever de acesso à informação pública, tal como indica o senso comum, ou seja, a falta de informação limita o pensamento e a liberdade. Dessa forma, a negativa de acesso aos dados estatais acaba por violar, ainda que de forma indireta, outro direito fundamental, de acordo com o que foi exposto.[24] E essa perspectiva ficou plasmada em vários julgados da *Corte Interamericana de Direitos Humanos (CorteIDH)*.[25] Assim, a negativa de acesso à informação acaba por prejudicar

---

[21] "Vivemos um momento sem precedentes, em que se tenta transformar o Estado em instrumento eficiente para o exercício e a realização da cidadania, bem como configurar modelo de Administração Pública Gerencial em substituição ao antigo modelo burocrático e criar a consciência de que o objetivo do Estado deve ser sempre o de proporcionar o bem-estar do cidadão, oferecendo-lhe pleno conhecimento e controle sobre os resultados do estado" (TCU, Acórdão nº 1.050/2012, j. 02.05.2012). No mesmo sentido: LIMBERGER. Transparência administrativa e novas tecnologias: o dever de publicidade, o direito a ser informado e o princípio democrático. *Interesse Público – IP*, p. 67, e MARTINS JÚNIOR. *Transparência administrativa*: publicidade, motivação e participação popular, p. 38.

[22] Esse câmbio apontado foi sentido muito claramente a partir das leis de reforma do Estado e das Emendas Constitucionais nº 19 e 20, ambas de 1998.

[23] Como exemplo de mecanismos pragmáticos da, podemos citar o *framework document*, oriundo da Inglaterra, ou os *contratos-programa*, *empresa de plano* (com metas e objetivos pré-definidos), da França – institutos similares ao *accordo di programma* italiano ou ao *performance plan* norte-americano. Para um estudo aprofundado sobre as experiências do direito comparado, consultar: OLIVEIRA. *Contrato de gestão*.

[24] E essa ligação entre o direito de transparência e o direito à livre expressão do pensamento, ou de ideias, ficou exposta nas razões de decidir, do julgamento da ADPF nº 130, quando o STF declarou inconstitucionais vários dispositivos da então vigente *Lei de Imprensa* (Lei nº 5.250/67).

[25] Conferir o Caso Claude Reyes e outros (CorteIDH, nº 12.108, *Marcel Claude Reyes y otros v. Chile*, mar. 2006).

o desenvolvimento pessoal do ser humano, bem como tende a minimizar o maior alcance do sentimento coletivo de democracia.

A informação serve como aposta no constitucionalismo emancipatório e, portanto, democrático.[26] A publicidade, nesse contexto, não é uma opção do administrador. Ela pressupõe um espaço público que tenha franco trânsito de ideias livres a influir, ainda que em um nível potencial, nos desígnios do Estado.[27]

No limiar da democracia participativa, o voto, assim, ganha cada vez menos importância no cenário de inserção política. A tendência exposta conduz a uma *associação* cada vez maior entre o cidadão e o Poder Público.[28] Esse é um dos pontos nodais na transformação da Administração Pública contemporânea, deixando de lado a visão "clássica", fechada, autoritária e unilateral.

Afinal, o poder que oculta corrompe, o poder que transparece tolera, o poder que é invisível não legitima.[29]

1.1 O direito constitucional da transparência das informações e dos documentos públicos

A invisibilidade do poder sempre foi associada a uma situação de potencial injustiça, deturpação e destemperança. Portanto, é certo que o poder que traz consigo a custódia do conchavo e da penumbra de suas ações não pode se conformar em servir ao certo, ao justo e ao

---

[26] Como exemplo, pode-se citar o art. 71, §4º, CF/1988, determinando que o Tribunal de Contas envie relatórios de suas atividades ao Congresso Nacional.

[27] Celso Ribeiro Bastos, quando comenta o instituto da ação popular, afirma que o cidadão é alçado a um controlador da atividade administrativa: "Dá-se, na verdade, a consagração de um direito político, de matiz nitidamente democrático, com a ajuda do qual o cidadão ascende à condição de controlador da legalidade administrativa" (*Comentários à Constituição do Brasil*: promulgada em 5 de outubro de 1988, v. 2, p. 9)

[28] AMORIM; GONÇALVES; OLIVEIRA. *Código de procedimento administrativo comentado*, p. 123.

[29] E essas noções podem ser consideradas como sendo paradigmas à LAI. Já, desde a sua gênese, são alocadas como pressupostos: "Um dos pontos de honra da moderna democracia é o compromisso de transparência da Administração Pública. Verifica-se, por isso, uma tendência crescente para que os estados modernos busquem o estabelecimento de leis que garantam ao cidadão o pleno conhecimento das ações do governo, da estrutura, missão e objetivos de seus órgãos, e sobre qual é o resultado final da equação representativa da aplicação de recursos públicos em confronto com os benefícios reais advindos à comunidade" (*Exposição de Motivos do Projeto de Lei nº 219, de 2003*, que deu origem à Lei nº 12.527/2011).

lícito. E esse contexto há muito foi explorado por Platão, na obra *A República* (Livro II),[30] quando abordou o "Mito de Giges". Giges era um pastor de ovelhas e, certa vez, após um tremor que sucedeu a uma grande tempestade, a terra se abriu, revelando um cavalo de bronze. Dentro dele, havia um cadáver que carregava um anel. Ao prová-lo, o pastor percebia que ele se tornava invisível. Ao visitar o rei, Giges coloca o anel e, agora sem ser visto, seduz a esposa do soberano, mata-o e assenhora-se do poder. A partir dessa passagem, o filósofo grego questiona até que ponto um homem pode ser justo quando invisível, porque não haveria ninguém tão inabalável ao ponto de não cometer atos de que está proibido, seja legal ou moralmente.

É exposto, dessa forma, que o poder deve ser transparente para ser praticado de forma justa e temperada. E essa talvez seja uma das primeiras passagens da história que aborda, com muita propriedade, que é imprescindível se ter a maior transparência possível no manejo da coisa pública, que o ser humano, quando invisível, ou seja, no momento que age em segredo, tem a potencialidade de cometer injustiças e ilegalidades. Em outras palavras, a república precisa de um poder nu. Portanto, o Mito de Giges pode ser considerado uma passagem muito apropriada para refletirmos sobre a importância da transparência nas relações estabelecidas pelos Poderes Públicos.

Assim, agora sob a perspectiva contemporânea, pode-se dizer que o princípio constitucional da transparência pode ser concebido como um baluarte do *Estado Democrático de Direito*,[31] na medida em que impõe um dever de "pureza" das relações entre o Estado e a sociedade.[32] A transparência alcança inúmeros ramos do direito que

---

[30] PLATÃO. *A república*, p. 56-58.
[31] Sobre os princípios candentes do Estado Democrático de Direito, conferir: BVerfGE 44, 125 (*Öffentlichkeitsarbeit*).
[32] Norberto Bobbio, ao discorrer sobre o Estado Democrático de Direito, traz a lume elucidativas palavras sobre o papel da *publicidade* e da *transparência* neste contexto: "'Não existe nada de secreto no Governo Democrático? Todas as operações dos governantes devem ser conhecidas pelo Povo Soberano, exceto algumas medidas de segurança pública, que ele deve conhecer apenas quando cessar o perigo.' Este trecho é exemplar porque enuncia em poucas linhas um dos princípios fundamentais do estado constitucional: o caráter público é a regra, o segredo a exceção, e mesmo assim é uma exceção que não deve fazer a regra valer menos, já que o segredo é justificável apenas se limitado no tempo, não diferindo neste aspecto de todas as medidas de exceção (aquelas, para nos entendermos, que podiam ser tomadas pelo ditador romano). Que todas as decisões e mais em geral os atos dos governantes devam ser conhecidas pelo povo soberano sempre foi considerado um dos eixos do regime democrático, definido como o governo direto

não só o administrativo, como o processo penal, processo civil etc. Aliás, ela chega ao ponto de ser considerada como um dever da Administração Pública.[33]

Há uma tendência de se firmar uma "cultura da ética". Para tanto, o grupo de indivíduos que intenta malbrandar a coisa pública precisa ser desestimulado, o que reforça a necessidade de que os meios de controle devam ser percebidos pela população, sendo que esta ideia deve ficar presente na coletividade. E, nesse particular, a arquitetura normativa e institucional é franca e muito abrangente, mas, no mais das vezes, inoperante.

É preciso tornar real a ideia de moralidade, de probidade etc. Nesse sentido, o controle social mais efetivo pode ser praticado a partir da LAI, ainda que seja impossível ser ele absoluto, porque incidirá em momentos diversos do exercício das funções administrativas. O certo é que esse controle causa, inexoravelmente, um ambiente de cooperação entre os órgãos controladores e controlados. O aumento do nível de transparência das relações administrativas acaba por, rigorosamente, maximizar o consenso nestas mesmas relações.[34]

A noção de controle está ligada, essencialmente, à noção de república e de democracia. Ela já vinha plasmada, pela via da transparência, em inúmeros dispositivos de cartas de direitos transnacionais, as quais autorizam que todo o cidadão possa pedir para qualquer autoridade pública a prestação das contas de seus atos.[35]

---

do povo ou controlado pelo povo (e como poderia ser controlado se se mantivesse escondido?). [...] o caráter público do poder, entendido como não secreto, como aberto ao 'público', permaneceu como um dos critérios fundamentais para distinguir o estado constitucional do estado absoluto e, assim, para assinalar o nascimento ou o renascimento do poder público em público" (BOBBIO. *O futuro da democracia*, p. 86-87).

[33] O princípio da publicidade está encartado em um instituto ainda maior: o *dever de transparência* dos atos praticados pelo Estado (visto em sentido lato). E são inúmeros os direitos fundamentais que impõe esta obrigação: art. 5º, incisos XXXIII, XXXIV, XXXV, art. 93, inciso IX, todos da CF/1988.

[34] No direito anglo-saxão, a participação popular é franqueada a partir das fórmulas jurídicas do *right to a fair hearing* e do *right to a consultation*.

[35] A construção da cidadania passa pelo "[...] exercício mais claro e sistemático da prestação de contas" como sendo uma condição "[...] da governança bem desenvolvida". E Vanice Regina Lírio do Valle arremata: "[...] o processo tende a ser retroalimentador: a decisão construída democraticamente, que é objeto da devida prestação de contas em relação a seus efeitos, fortalece a confiança no sistema e induz ao incremento da participação nas deliberações futuras" (*Direito fundamental à boa administração e governança*, p. 143).

A *ética da sustentabilidade* nos espaços públicos, por exemplo, procura compor um controle em rede, imiscuindo moral e direito. Deixa-se de lado o culto à pessoa do governante, muitas vezes visto na publicidade estatal. Esse tipo de ética combate a corrupção a ser posta em prática de forma sistêmica. Assim, há uma correlação entre a boa governança e a baixa corrupção.

Além disso – e este é sem dúvida um dos efeitos marcantes da LAI –, o presente arcabouço normativo acaba por pautar pragmaticamente uma importante ferramenta de crescimento e relevo à democracia. Não é demais lembrar que a democracia deve ser construída, porque ela não está pronta.[36] Deve ser (re)construída a partir de mecanismos concretos que permitam o acesso, o controle, a participação, a transparência, a proatividade etc.[37]

Então, o conceito moderno de democracia exige a ampla participação do cidadão, conduzindo ao fomento da legitimidade, perspectiva esta garantida pela transparência de dados e de informações públicas.[38] O problema da participação é uma questão que se liga à necessidade de se democratizar a sociedade, intensificando o *status* ativo dos homens.[39] Isso se dá, não raramente, por meio de

---

[36] Foi a partir das Constituições italiana e alemã que a palavra "democracia" acabou sendo plasmada com mais afinco no arcabouço normativo constitucional, além do que, ganha, pela via destes diplomas normativos, um viés pratico e formador do Estado. A partir desse fato, pode-se compreender que o consenso passa, assim, a ter primazia em relação à força. Não que a força deixe de existir. Ao contrário. Ela passa, a partir de então, não mais a ser preferível, porque o consenso mostra ser uma alternativa prática, especialmente na procedimentalização do Estado. Logo, rompe-se com a natural resistência. O poder de coerção acaba por ser considerado como sendo a última *ratio*, ou seja, somente será aplicável quando realmente indispensável. E este contexto nos faz concluir que a democracia é um direito cívico constitucionalizado. A partir disso, entende-se que o texto constitucional permitiu um arranjo normativo que congrega os dois tipos de democracia: a concepção *formal* (que reduz o termo à regra da maioria, respeitando os direitos das minorias) e o *conceito material de democracia* (ou seja, a possibilidade de se ter poderes contramajoritários, porque se deve limitar o poder em salvaguarda aos direitos fundamentais). Neste último viés, têm relevo, efetivamente, os valores. E as funções essenciais à justiça justamente atuam para dar funcionalidade ao texto constitucional e aos valores democráticos. Repita-se, outrossim, que a conjugação destas ideias deve ser feita por meio do texto constitucional.

[37] "[...] revela-se fundamental para a efetivação deste modelo democrático a institucionalização de processos e condições de comunicação que permitam um discurso entre cidadãos livres e iguais" (OLIVEIRA. Democratização da Administração Pública e o princípio da participação administrativa. *Boletim de Direito Administrativo – BDA*, p. 914).

[38] *V.g.* art. 18, §4º, da CF/1988, que determina que a criação, a incorporação ou a fusão de municípios sejam precedidas de ampla participação popular.

[39] Sobre o *princípio da participação*, consultar: CANOTILHO. *Direito constitucional e teoria da Constituição*, p. 301.

uma participação processual (*Verfahrensteilhabe*). Dessa forma, pode-se dizer que a LAI cumpre um papel fundamental nesse sentido.[40] A legitimidade dos atos administrativos praticados, dentre tantas outras maneiras, deve ser vista em vários patamares da ação administrativa, como no *acesso* à *decisão*. Assim, é certo que a transparência administrativa cumpre um papel fundamental, porque conduz a uma maior legitimidade do processo decisório encontrado no limiar da Administração Pública.[41]

Esse mencionado câmbio pode ser percebido a partir do momento em que o constituinte originário abre espaço à participação popular junto aos organismos estatais. Entre tantos exemplos, pode-se visualizar o disposto no art. 37, §3º, I a III, da CF/1988.[42] Tais regras constitucionais disciplinam a participação do usuário dos serviços públicos na Administração Pública direta e indireta, franqueando que ele possa controlar a qualidade da atuação administrativa neste sentido. A negligência ou o abuso, no contexto em questão, pode ser coibido e fiscalizado, sendo que o acesso aos registros de dados deve ter um mecanismo articulador neste cenário. O direito individual ao acesso à informação pública está interligado com o exercício da cidadania em fiscalizar os atos governamentais.[43]

---

[40] Não é à toa que se considera que o princípio da transparência seja um instrumento da participação e do fomento da impessoalidade (MOREIRA NETO. *Mutações do direito administrativo*, p. 30-36). A título de ilustração, considera-se justamente o contrário, que participação é instrumento da transparência.

[41] "Assim, e aqui o ponto nodal para a correta interpretação e aplicação de seu conteúdo, a lei tem por escopo a concretização do direito fundamental à informação, marcado pelos valores da transparência, decorrente da república e da democracia. São esses os valores que a lei pretende proteger e atingir, e que, portanto, devem ser considerados como base inafastável de interpretação e aplicação. As informações públicas pertencem ao cidadão, e não ao Estado. Somente esse eixo axiológico-estruturante de interpretação e aplicação da lei é capaz de potencializar a concretização dos direitos fundamentais na leitura do Estado Constitucional" [SILVEIRA. Lei de Acesso a Informações públicas (Lei nº 12.527/2011): democracia, república e transparência no Estado constitucional. *Revista da Procuradoria-Geral do Estado*, p. 243].

[42] Mas outros poderiam ser visualizados, como bem anotado pelo STF: "Além das modalidades explícitas, mas espasmódicas, de democracia direta – o plebiscito, o referendo e a iniciativa popular (art. 14) – a CR aventa oportunidades tópicas de participação popular na Administração Pública (*v.g.*, art. 5º, XXXVIII e LXXIII; art. 29, XII e XIII; art. 37, §3º; art. 74, §2º; art. 187; art. 194, parágrafo único, VII; art. 204, II; art. 206, VI; art. 224). A Constituição não abriu ensanchas, contudo, à interferência popular na gestão da segurança pública [...]" (STF, ADI nº 244/DF, Rel. Min. Sepúlveda Pertence, Pleno, j. 11.09.02).

[43] Outros dispositivos ressaltam um padrão democrático na Administração Pública, como os arts. 34, 42 e 45, todos da Lei nº 9.472/1997, os quais fornecem inúmeros mecanismos de participação popular na seara das telecomunicações.

Inúmeros são os dispositivos normativos, constitucionais ou não, que franqueiam a participação do administrado nos desígnios administrativos, dando vazão a um padrão democrático no que se refere às funções administrativas. Poderíamos citar alguns dispositivos que albergam a participação do usuário, como art. 37, §2º, art. 198, III, art. 204, II, todos da CF/1988, entre outros. Na França, ao seu turno, isso ficou marcado a partir de mecanismos que permitiram uma maior participação do usuário nas políticas atinentes ao serviço público, o que ali se denominou de *loi de participation*.

Esse direito de participação do usuário lhe confere, a reboque, o *direito de fiscalizar* a prestação dos serviços públicos, sob todos os aspectos (qualitativo, quantitativo etc.). Aliás, mostra-se fundamental que se implemente um controle da prestação dos serviços públicos por parte da população, o qual só será conseguido com a efetiva transparência neste sentido.[44]

---

[44] Em nível infraconstitucional, a própria lei que regula as concessões e as permissões de serviço público (Lei nº 8.987/1995) possui uma série de regras que permitem a participação do usuário na prestação dos serviços públicos, bem como a fiscalização destes: "art. 3º. As concessões e permissões sujeitar-se-ão à fiscalização pelo poder concedente responsável pela delegação, com a cooperação dos usuários"; "art. 7º. Sem prejuízo do disposto na Lei nº 8.078, de 11 de setembro de 1990, são direitos e obrigações dos usuários: [...] IV – levar ao conhecimento do poder público e da concessionária as irregularidades de que tenham conhecimento, referentes ao serviço prestado; V – comunicar às autoridades competentes os atos ilícitos praticados pela concessionária na prestação do serviço; VI – contribuir para a permanência das boas condições dos bens públicos através dos quais lhes são prestados os serviços"; o art. 29 firma que incumbe ao poder concedente: "[...] VII – zelar pela boa qualidade do serviço, receber, apurar e solucionar queixas e reclamações dos usuários, que serão cientificados, em até trinta dias, das providências tomadas; [...] XII – estimular a formação de associações de usuários para defesa de interesses relativos ao serviço;" art. 30, parágrafo único: "A fiscalização do serviço será feita por intermédio de órgão técnico do poder concedente ou por entidade com ele conveniada, e, periodicamente, conforme previsto em norma regulamentar, por comissão composta de representantes do poder concedente, da concessionária e dos usuários"; art. 31, III "Incumbe à concessionária: [...] prestar contas da gestão do serviço ao poder concedente e aos usuários, nos termos definidos no contrato". Ainda, a título exemplificativo e no que se refere ao serviço de energia elétrica, conferir o art. 33, da Lei nº 9.074/1995: "Art. 33. Em cada modalidade de serviço público, o respectivo regulamento determinará que o poder concedente, observado o disposto nos arts. 3º e 30 da Lei nº 8.987, de 1995, estabeleça forma de participação dos usuários na fiscalização e torne disponível ao público, periodicamente, relatório sobre os serviços prestados", e art. 4º, §§1º e 3º, da Lei nº 9.427/1996: "§1º O decreto de constituição da ANEEL indicará qual dos diretores da autarquia terá a incumbência de, na qualidade de ouvidor, zelar pela qualidade do serviço público de energia elétrica, receber, apurar e solucionar as reclamações dos usuários.[...] §3º O processo decisório que implicar afetação de direitos dos agentes econômicos do setor elétrico ou dos consumidores, mediante iniciativa de projeto de lei ou, quando possível, por via administrativa, será precedido de audiência pública convocada pela ANEEL".

Para outros doutrinadores, a transparência estaria configurada a partir de uma interação com princípio da publicidade (art. 37, *caput*), conjugado com o direito à informação (art. 5º, XXXIII) e com o princípio democrático.[45] Logo, para esse entendimento, a transparência deveria ser considerada como sendo um *princípio implícito*, produto da conjugação de vários institutos constitucionalmente previstos. O constituinte de 1988 reforçou, em vários dispositivos, o seu compromisso com a transparência, repudiando a sacralização do segredo. Esse compromisso veio a ser ratificado pelo legislador infraconstitucional que se seguiu e, em maior ou menor medida, é certo. A transparência, assim, passa a ser elemento essencial no contexto jurídico-político nacional, qualificando-se como um instrumento a potencializar o controle social.[46]

Como se percebeu, o texto constitucional atual reconheceu com muita clareza o direito ao acesso a informações depositadas em banco de dados de estatal.[47] Se pensarmos que os agentes políticos exercem um mandato em nome do povo (representando-o), podemos pensar que as informações produzidas neste âmbito são constituídas em nome da população. Então, esses dados acumulados durante a gestão do governo pertencem a quem detém, em última análise, a soberania de outorgar o mandato político referido. Esse seria um fundamento ontológico para compreender que as informações públicas, na sua maioria, devem ser disponibilizadas ao cidadão. Por isso que nossa Constituição prevê expressamente a obrigação de expor e fornecer informações, quando solicitadas pelos representantes.[48]

---

[45] LIMBERGER, *op. cit.*, p. 70. No mesmo sentido: "O direito de informação é a mais expressiva manifestação do direito subjetivo público de acesso no ordenamento jurídico brasileiro, como pedra fundamental da transparência administrativa em proveito de seus plurais fins e medida de ampliação da atividade participativa do cidadão no aspecto do controle popular da Administração Pública" (MARTINS JÚNIOR, *op. cit.*, p. 120-121).

[46] "Num Estado de direito com administração aberta é lógico que se exija o cumprimento do princípio do arquivo aberto e o direito de obter informações sobre os procedimentos em que estamos interessados" (CANOTILHO, José Joaquim Gomes. *Estado de direito*. Cadernos democráticos. Lisboa: Gradiva, 1999, p. 71).

[47] "Não se confundem, portanto, o direito à informação, o direito à liberdade e, pois, direito de defesa, com o direito ao acesso à informação, direito à ação estatal positiva." (MARTINS, Ricardo Marcondes. Direito fundamental de acesso à informação. *A&C – Revista de Direito Administrativo & Constitucional*. Belo Horizonte//ão Paulo: Fórum, ano 14, n. 56, abr./jun. 2014, p. 134).

[48] Veja que o STF (ADPF nº 509, Rel. Min. Marco Aurélio, Pleno, j. 16.09.2020) declarou que deve ser considerado público o cadastro de empregadores violadores de política de

Contudo, tal dispositivo constitucional necessitava ser complementado.[49] Enfim, ele carecia de um detalhamento, a fim de apontar os prazos para a liberação das informações, as penalidades para o descumprimento dos deveres em cumprir com o direito de acesso, bem como as exceções que podem impedir as instituições públicas de liberar os dados.

A partir do texto constitucional, conclui-se que a referência feita à *publicidade* não pode ser tomada como uma tarefa de simples divulgação dos atos administrativos, mas sim como um dever de trazer ao conhecimento de todos um "poder desnudo". Tudo deve vir a lume.[50] Daí porque a transparência e a publicidade dos atos estatais servem de base à probidade administrativa.

O certo é que nunca, antes no limiar da história brasileira, deu-se tanta ênfase à publicidade dos atos estatais. E isso é perceptível a partir de vários dispositivos da CF/1988.[51] Em síntese, tal direito fundamental fixa a possibilidade de qualquer sujeito requerer do Poder Público informações de caráter individual, geral ou coletivo.[52] Assim, de plano, pode-se perceber que o dispositivo não determina que o pedido de acesso se refira necessariamente a dados de cunho pessoal. O interessado pode demonstrar que seu pedido tem pertinência para com um dos temas de natureza geral ou de relevância coletiva. Logo, o objeto das pretensões de acesso não está vinculado a dados e informações ligadas ao sujeito solicitante.

Esse dever não aporta somente uma conduta passiva do Estado, mas sim impõe ser ele protagonista na divulgação dos seus comportamentos,[53] salvo se outro direito constitucionalmente

---

combate ao trabalho escravo (art. 4º da Lei nº 9.882/1999). No caso, foi editada portaria divulgando o cadastro de empregadores que tenham submetido trabalhadores à condição análoga à de escravo, e a Suprema Corte considerou que este banco de dados era de caráter público.

[49] Não que ele não fosse autoaplicável.
[50] Certa feita, disse um juiz americano que "a luz solar é o melhor remédio para a cura dos males".
[51] Não obstante, nesta obra, será dada uma maior ênfase ao art. 5º, inciso XXXIII, CF/1988: "[...] todos têm direito a receber dos órgãos públicos informações de seu interesse particular, ou de interesse coletivo ou geral, que serão prestadas no prazo da lei, sob pena de responsabilidade, ressalvadas aquelas cujo sigilo seja imprescindível à segurança da sociedade e do Estado".
[52] MOREIRA. *Processo administrativo*: princípios constitucionais e a Lei 9.784/1999, p. 135.
[53] VALADÃO. Dimensões do princípio da publicidade. *Revista de Direito da Procuradoria Geral*

aceito dimanar ordem em sentido oposto. *Vide* a parte final do art. 5º, XXXIII, da CF/1988, que afirma que o sigilo pode ser verificado quando "[...] imprescindível à segurança da sociedade e do Estado".[54] Fixou-se, portanto, o direito de qualquer cidadão receber, do Poder Público, duas categorias de informações, que podem, em verdade, ser transformadas em três:

(a) *interesse particular*: trata-se de interesse que é útil ou vantajoso ao sujeito interessado – seja ele moral, social ou materialmente relevante. Relaciona-se a um indivíduo visto singularmente.[55] E não é por outro motivo que consideramos que deve ser indeferido pedido de informação que não seja útil a pessoa do sujeito interessado (como aquela que se refira a terceiros) ou catalogada nas duas hipóteses a seguir apresentadas ("b.1" e "b.2"). A mera curiosidade de se saber acerca da vida de terceiros não pode permitir acesso a informações constantes, por exemplo, em banco de dados estatal (defesa feita neste sentido a partir da letra da Constituição Federal – não se baseando na letra da Lei nº 12.527/11, cuide-se).[56] A interpretação consolidada do dispositivo em pauta infere que as informações devam estar ligadas à pessoa que as solicita, como corolário inerente à proteção do direito de personalidade. Ex.: pedido de um administrado para ter acesso ao expediente que indeferiu a renovação da sua Carteira Nacional de Habilitação, ao local em que se encontram

---

do *Estado do Rio de Janeiro*, p. 220-238; ZYMLER. Princípio da publicidade nos contratos administrativos. *Fórum de Contratação e Gestão Pública – FCGP*, p. 7899-7900. E isto pode ser percebido a partir da noção de *transparência ativa*, a seguir detalhado – item "2.3" do capítulo 2.

[54] Em um texto um tanto antigo, Celso Antônio Bandeira de Mello (*Elementos de direito administrativo*, p. 61) defende que esta seria a única hipótese de sigilo exigido pela Constituição Federal. Não se concorda com este posicionamento, uma vez que a lei pode estabelecer (como o faz em inúmeros casos) outras hipóteses de vedação de acesso. Ou mesmo o direito fundamental à intimidade (art. 5º, inciso X, CF/1988) pode exigir que certas questões sejam de acesso restrito. E, por fim, a própria Constituição Federal prevê outros casos de sigilo (por exemplo, o art. 93, IX, parte final, CF/1988). Portanto, não seria aquela a única forma de sigilo admitida em nosso País.

[55] CORSO. *Maunale di diritto ammninistrativo*, p. 171.

[56] Entendimento referendado por Egon Bockmann Moreira (*op. cit.*, p. 135).

os documentos e aos motivos para a prática de tal ato administrativo ablativo;

(b.1) *interesse geral*: um termo de complexa estruturação conceitual, dado que é polissêmico. Pode-se ligá-lo ao *interesse público em sentido amplo* ou que diga respeito a todo o corpo social. Apesar disso, consideramos que se trata de interesses comuns, que digam respeito a situações vivenciadas por toda a comunidade, sendo esta a diferença básica estabelecida para com os interesses coletivos, porque, nestes, os interessados são determinados ou determináveis.[57] O interesse geral é aquele que resguarda o indivíduo como membro de um grupo social. O interessado é tratado de maneira igual aos outros, frente à norma que a todos toca. A pessoa não vem a ser considerada pela sua situação pessoal, pelo papel que desempenha na sociedade (econômico, político, religioso etc.).[58] Aliás, o interesse geral, nesse aspecto, liga-se a uma comunidade maior, sem operar distinções casuísticas. Ex.: pedido para ter acesso a informações sobre a degradação de determinada área de preservação ambiental;

(b.2) *interesse coletivo*: aqui há uma referência clara aos *direitos de terceira geração* (*dimensão*), ou seja, liga-se aos denominados "direitos transindividuais". Trata-se de dados relativos a um grupo de indivíduos ligados por uma relação jurídica comum e própria, cujo direito dela derivado somente pode ser exercido uniformemente. A diferença para com o item "a" mencionado – interesse privado – consiste, essencialmente, no fato de a informação referir-se, indistintamente, a todos os sujeitos dessa coletividade, e não a um indivíduo especificamente.[59] Apesar disso, o acesso à informação por um singular interessado acaba beneficiando a todos

---

[57] MOREIRA, *op. cit.*, p. 137.
[58] CORSO, *op. cit.*, p. 172.
[59] CORSO, *op. cit.*, p. 171. Segundo o autor, tal interesse normalmente é parcial, porque corresponde a uma determinada coletividade que faz parte de uma comunidade maior, que bem pode se contrapor a uma outra coletividade (por exemplo, coletividade de empregados em oposição a uma outra coletividade, p. ex., a dos empregadores).

individualmente, ainda que de forma indireta.⁶⁰ O interesse acaba sendo solidificado pelo maior número de interessados que detêm ligação para com ele. Ex.: determinado sindicato de servidores públicos formula pedido para ter acesso às informações relativas a um desconto em folha de pagamento desta carreira que tal entidade representa.

Dessa forma, a partir da conjugação desses três paradigmas, conclui-se que um terceiro não pode pleitear o acesso a informações que pertencem, *com exclusividade*, a um sujeito ou a um grupo determinado deles. Essa legitimidade não transbordaria do espectro pessoal de cada indivíduo, esbarrando, pois, na própria vedação do art. 31 da Lei nº 12.527/11 – a seguir interpretado com maior detalhamento.⁶¹ A questão é: qual informação que se pode ser reputada como exclusiva? A resposta a essa pergunta é complexa e visualizada casuisticamente.

De se ver que o parlamentar pode pedir acesso a informações de posse ou domínio inclusive de outros poderes. Essa foi a tese em repercussão geral fixada pelo STF: "[...] o parlamentar, na condição de cidadão, pode exercer plenamente seu direito fundamental de *acesso a informações* de interesse pessoal ou coletivo, nos termos do art. 5º, inciso XXXIII, da CF e das normas de regência desse direito".⁶² É dizer: o parlamentar não se despe de sua condição de cidadão no exercício do direito de *acesso a informações* de interesse pessoal ou coletivo.

---

[60] Interesses coletivos *lato sensu* são "[...] aqueles pertencentes a grupos, categorias ou classes de pessoas determináveis, ligadas entre si ou com a parte contrária por uma relação jurídica base. 3.1. A indeterminidade é a característica fundamental dos interesses difusos e a determinidade a daqueles interesses que envolvem os coletivos. 4. Direitos ou interesses homogêneos são os que têm a mesma origem comum (art. 81, III, da Lei nº 8.078, de 11 de setembro de 1990), constituindo-se em subespécie de direitos coletivos. 4.1. Quer se afirme interesses coletivos ou particularmente interesses homogêneos, *stricto sensu*, ambos estão cingidos a uma mesma base jurídica, sendo coletivos, explicitamente dizendo, porque são relativos a grupos, categorias ou classes de pessoas, que conquanto digam respeito às pessoas isoladamente, não se classificam como direitos individuais para o fim de ser vedada a sua defesa em ação civil pública, porque sua concepção finalística destina-se à proteção desses grupos, categorias ou classe de pessoas" (STF, 163.231/SP, Rel. Min. Maurício Corrêa, Pleno, j. 26.02.1997).

[61] Em idêntico sentido: STJ, EDcl no ROMS nº 9.716/RS, Rel. Min. Félix Fischer, 5ª Turma, j. 14.12.1997.

[62] STF, RE nº 865.401, Rel. Min. Dias Toffoli, Pleno, j. 25.04.2018.

Para efetivar esse direito fundamental, muitos mecanismos judiciais foram ofertados, como o *direito de petição* (art. 5º, XXXIV, "a", da CF/1988),[63] a ação constitucional do *habeas data* (art. 5º, LXXII, da CF/1988[64] e Lei nº 9.507/1997), o direito de obter certidões (art. 5, XXXIV, "b", da CF/1988[65]) etc. Além disso, não raras vezes, são impetrados mandados de segurança para se proporcionar acesso a informações quando o caso não comporta o remédio constitucional do *habeas data*.

Ainda, o art. 5º, inciso XIV,[66] pode ser considerado outro dispositivo constitucional que consagra o direito fundamental à informação. A diferença substancial entre o art. 5º, XXXIII (direito de acesso a informações), e o direito disciplinado no art. 5º, XIV, ambos da CF/1988, consiste no fato de que o primeiro se refere somente às informações de posse dos organismos estatais; e o segundo, às informações detidas por instituições públicas e privadas.

Assim, a "publicização" dos atos oficiais pode ser imposta pela lei ou mesmo advir espontaneamente, como é feito pelos canais televisivos *TV Senado, TV Câmara, TV Justiça*, ou pela via da conhecida *Voz do Brasil*, programa radiofônico que noticia os principais atos e acontecimentos relacionados aos poderes públicos federais, especialmente.[67] Logo, esses veículos de comunicação cumprem o papel de noticiar os atos estatais praticados. Administrar não se resume à busca pelo interesse público, mas, na mesma medida, à procura de esclarecer e de informar os cidadãos das ações do Estado. Afinal, aquela atividade não pode ser pensada sem esse

---

[63] Muito similar ao instituto catalogado na Lei Fundamental alemã (*Grundgesetz*): "Artigo 17 (Direito de petição) Todos têm o direito de, individual ou coletivamente, apresentar por escrito petições com requerimentos ou reclamações às autoridades competentes e à representação popular".

[64] CF/1988, art. 5º, LXXII: "Conceder-se-á 'habeas-data': a) para assegurar o conhecimento de informações relativas à pessoa do impetrante, constantes de registros ou bancos de dados de entidades governamentais ou de caráter público; b) para a retificação de dados, quando não se prefira fazê-lo por processo sigiloso, judicial ou administrativo".

[65] CF/1988, art. 5º, XXXIV: "São a todos assegurados, independentemente do pagamento de taxas: [...] b) a obtenção de certidões em repartições públicas, para defesa de direitos e esclarecimento de situações de interesse pessoal".

[66] CF/1988, art. 5º, XIV: "[...] é assegurado a todos o acesso à informação e resguardado o sigilo da fonte, quando necessário ao exercício profissional".

[67] Conferir Tema nº 1039 do STF: "Obrigatoriedade de retransmissão do programa 'A Voz do Brasil' em horário impositivo".

viés,⁶⁸ porque possui o *objetivo* de assegurar que as informações ou os dados transmitidos sejam compreendidos pelo receptor de forma *oportuna* e *apropriada*.

Tão amplo o sentido da transparência que o legislador nacional erigiu este instituto como um princípio central das licitações e contratos administrativos, a partir da edição da Lei nº 14.133/2021 – *Lei Geral de Licitações e Contratos Administrativos* (art. 5º). De modo que o tema deve ser pensado a partir da lógica dos artigos constitucionais citados e da Lei nº 12.527/2011. E é bastante coerente esta opção, na medida em que as compras públicas pressupõem que se amplie o espaço de competição, salvo os casos de contratação direta previstos em lei. Assim, a inserção do *princípio da transparência* como uma norma reitora das licitações e contratos públicos impõe que se dê ampla publicidade aos atos e contratos, como permite o amplo acesso aos dados que compõem os certames e negócios públicos – salvo os casos de sigilo admitidos em lei (por exemplo, no caso das licitações, o modo de disputa fechado pressupõe sigilo das propostas; ou o caso do orçamento sigiloso do art. 24 da Lei nº 14.133/2021 etc.). Em resumo, a interpretação do tema deverá ser sempre pró-acesso.

Não é à toa que o STF declarou inconstitucional o art. 6º-B da Lei nº 13.979/2020, incluído pelo art. 1º da Medida Provisória nº 928/2020, que pretendia dificultar o acesso à informação no cenário da pandemia causada pela Covid-19 (coronavírus), notadamente nos anos de 2020 e 2021. O §1º do mencionado art. 6º-B pretendia suspender os prazos de resposta a pedidos de acesso à informação e impedia o conhecimento de recursos interpostos contra esta negativa de resposta. E o §2º do mesmo dispositivo determinava que, depois de passado o prazo de suspensão por conta da calamidade pública, o pedido de acesso deveria ser reiterado pelo solicitante. O STF⁶⁹ considerou que a referida medida provisória violava o direito ao

---

68 A comunicação é todo o processo que envolve a transmissão de dados ou de informações de um sujeito a outro, no caso, entre a Administração Pública e os administrados. Se faz por meio do uso de símbolos (verbais, não verbais, gráficos etc.) que são de compreensão mútua entre o locutor e o seu interlocutor. A comunicação inefetiva causa sérios problemas práticos para a atuação do Poder Público, sem falar na possibilidade de, como será visto, prejudicar a eficácia e, quiçá, a validade do ato administrativo.

69 STF, ADI-MC Ref nº 6.347-DF, Rel. Min. Alexandre de Moraes, Pleno, j. 30.04.2020.

acesso à informação (art. 5º, inciso XXXIII, da CF/88) e transformava esse mesmo direito em exceção, quando deveria ser a regra. Em outro julgado, o STF entendeu que se deve dar transparência aos dados relativos aos *financiamentos de campanha*, seja em relação aos valores, seja em relação às pessoas. Em um estado democrático e republicano, é essencial saber quais são as forças econômicas que atuam para eventualmente desequilibrar o processo de escolha dos governantes, permitindo-se, assim, o controle social.[70] Excepcionalmente, certos atos admitem sigilo, ou seja, não precisam ou não devem ser "publicizados", não incidindo, à espécie, o dever de transparência. Por exemplo, admitem-se sessões que não são acessíveis ao público em geral, no âmbito dos Poderes Judiciário e Legislativo. Assim, diante do caso concreto, permite-se a ponderação entre a *transparência* e outro bem juridicamente protegido que aponta à vedação de acesso. E, pelo fio da *razoabilidade*, saber-se-á qual dos bens em jogo possui mais densidade à espécie, ou seja, tem maior relevância ao caso concreto. Por vezes, o postulado não apontará a publicidade como bem jurídico prevalente ao caso posto em foco.[71]

O que é certo é que, nem todas as informações devem ser acessíveis de maneira irrestrita e por todos os cidadãos, sendo esta, claro, uma opção por deveras excepcional, como visto. Normas que regulamentam o acesso à informação não representam o contorno da área de proteção da liberdade de informação (seu limite), mas devem ser, enquanto limites de um direito fundamental, controladas no que tange à sua constitucionalidade.[72]

---

[70] STF, ADI nº 5.394, Rel. Min. Alexandre de Moraes, Pleno, j. 22.03.2018. Em outro julgado, a Suprema Corte assim decidiu: "Sem as informações necessárias, dentre elas a identificação dos particulares que contribuíram originariamente para legendas e candidatos, o processo de prestação de contas perde sua capacidade de documentar 'a real movimentação financeira, os dispêndios e recursos aplicados nas campanhas eleitorais' (art. 34, caput, da Lei 9.096/95), obstruindo o cumprimento, pela Justiça Eleitoral, da relevantíssima competência estabelecida no art. 17, III, da CF" (STF, ADI nº 5.394-MC, Rel. Min. Teori Zavascki, Pleno j. 12.11.2015).

[71] Esse ponto será retomado com maior detalhamento no capítulo 3, quando dos comentários aos arts. 22, 23 e 31, principalmente, momento em que serão abordadas as espécies e as formas de sigilo. Antecipando um exemplo: a razoabilidade justamente foi a premissa reitora para se saber se era ou não sigiloso o procedimento que visava a apurar os antecedentes e a conduta ilibada de candidato que concorria a cargo público. Decidiu-se que era razoável, no caso, restringir o acesso, justamente para privilegiar a segurança da sociedade e a intimidade do indivíduo (STF, RE nº 125.655/PA, Rel. Min. Carlos Velloso, Pleno, j. 27.03.92).

[72] Como bem refere Jürgen Schwabe (*Cinqüenta anos de jurisprudência do Tribunal Constitucional Federal alemão*, p. 432), quando comenta a decisão (*Beschluss*) do Primeiro Senado, datada

Dessa forma, importa pensar o *princípio da transparência*[73] como um fio condutor:
a) à *eficácia* do ato administrativo. Caso ausente a publicidade necessária ao ato, este não produzirá efeitos. Há entendimentos, inclusive, no sentido de que a publicidade poderia conduzir à invalidade do ato administrativo;[74]
b) ao *dever de dar conhecimento dos atos administrativos*, permitindo ao administrado tomar ciência da atividade prestada pelo Poder Público;
c) à *criação de um espaço democrático*, aumentando a possibilidade da maior participação do administrado no exercício das funções públicas;
d) ao *fomento de um maior controle dos atos administrativos*.[75]

Além disso, é importante mencionar que a transparência dos atos administrativos pode ser ligada a outras premissas. Roberto Dromi,[76] por exemplo, afirma que o princípio da transparência é uma faceta da *ética* nas relações jurídico-administrativas. Lucia Valle Figueiredo,[77] ao seu turno, pensa que a transparência pode permitir que se conquiste a *isonomia* nas relações travadas pela Administração Pública, porque, por esta via, permitir-se-á que se

---

de 9 de fevereiro de 1994 (1 BvR 1687/92). Muito embora tal julgado trate do direito fundamental do cidadão de receber informações por qualquer meio, inclusive por mídias de massa, sua fundamentação pode ser aplicada ao presente caso.

[73] O princípio da transparência é concebido como um *princípio implícito*, não deixando de ter, contudo, centralidade na arquitetura constitucional formatada pelo constituinte originário de 1988 (BRITTO. *Teoria da Constituição*, p. 186).

[74] "[...] os procedimentos licitatórios discricionários que não atenderem aos princípios constitucionais da publicidade, isonomia, igualdade, imparcialidade e implicarem restrição ao caráter competitivo, ao serem apreciados pelo Tribunal, poderão resultar em multas, responsabilidade solidária dos administradores por danos causados ao erário, *anulação dos certames licitatórios* e respectivos contratos, bem como o julgamento pela irregularidade das contas" (TCU, Acórdão nº 1429/2003, Ata nº 37/2003 Pleno, *DOU*, 03 out. 2003). No mesmo sentido: SANTOS. Princípio da publicidade, de magnitude constitucional, nas licitações públicas. *Boletim de Licitações e Contratos – BLC*, p. 651-657; PEDROMO. *Derecho administrativo*, p. 140.

[75] O controle está presente na perspectiva interna e externa. Três são os tipos de controle: (a) de legalidade; (b) de mérito; ou (c) contábil-financeiro. Acerca do controle dos atos administrativos, conferir: DIEZ. *Manual de derecho administrativo*, t. 2, p. 471-476; TÁCITO. Os novos instrumentos de controle jurisdicinais da Administração. In: TÁCITO. *Temas de direito público*: estudos e pareceres, v. 1, p. 973.

[76] *Derecho administrativo*, p. 227-228.

[77] *Curso de direito administrativo*, p. 62. No mesmo sentido: MEDAUAR. *Direito administrativo moderno*, p. 147.

saiba se o Poder Público está tratando os cidadãos de forma igual.[78] Essa noção é muito presente na Lei nº 12.527/11 (Lei de Acesso à Informação), na medida em que procura equalizar, sem qualquer requisito ou discriminação, o acesso a dados, informações ou documentos públicos.

Compreende-se que o *princípio da transparência* é, na essência, o fundamento-base ao estado democrático de direito. Explica-se: é um princípio fundamental e estruturante dessa concepção de estado, tendo valor imprescindível, ainda que à míngua de uma positivação jurídico-constitucional. Só para ficar com um dos produtos dessa premissa, destaca-se que o aumento do grau de transparência no estado democrático de direito, além de ser, como dito, vetor estruturante, acresce significativamente o grau de vigilância sobre a atuação dos organismos públicos. Pode ser ainda concebido como *garantia da informação*, na medida em que: "[...] todos têm direito a receber dos órgãos públicos informações de seu interesse particular, ou de interesse coletivo ou geral, que serão prestadas no prazo da lei, sob pena de responsabilidade, ressalvadas aquelas cujo sigilo seja imprescindível à segurança da sociedade e do Estado".[79]

Essa premissa confere o direito de o titular exigir que lhe sejam fornecidas as informações relativas à sua pessoa. Mas não só isso. Quando as informações relativas a um indivíduo são coletadas pelo Poder Público, devem ser tomadas três precauções:

(a) se os dados derivam de fontes de acesso público irrestrito, o Poder Público não precisa notificar o indivíduo, podendo coletá-los sem maiores formalidades;

(b) caso as informações não estejam disponibilizadas em banco de dados de acesso comum, o ente público, quando da coleta, necessita:

(b.1) munir-se de mandado judicial, caso a Constituição ou a lei assim exigirem;

---

[78] "Ofensa ao princípio da publicidade, ao não trazer o nome dos candidatos e os respectivos números de inscrição. *Fumus boni iuris* e *periculum in mora* configurados. Suspensão de itens do edital. Liminar deferida" (STF, ADI nº 2.206/MC, Rel. Min. Nelson Jobim, Pleno, j. 08.11.2000).

[79] Art. 5º, XXXIIII, CF/1988. Este dispositivo é complementado, entre outros, pelo inciso LX do mesmo artigo: "[...] a lei só poderá restringir a publicidade dos atos processuais quando a defesa da intimidade ou o interesse social o exigirem".

(b.2) do consentimento expresso do indivíduo para a coleta dos dados pessoais, caso assim esteja previsto expressamente em ato normativo;

(b.3) notificar o sujeito referido pelos dados coletados.[80]

Ainda, cabe destacar que a *transparência* não se confunde com a *publicidade* e com a *publicação*, sendo aquela mais abrangente do que estas. Além disso, enfatiza-se que a publicação está inserida em um conceito maior, denominado de "publicidade", e esta, por consequência, em um conceito maior ainda, chamado de "transparência". Só para se ter uma ideia, a *publicação é uma forma do exercício da publicidade*.

A prova desta diferença fica patente nos textos normativos que tratam do tema. Veja que o legislador já deixou claro que transparência não se confunde com publicidade, ao citar ambos os institutos como princípios que regem as licitações e contratos públicos (cf. art. 5º da Lei nº 14.133/2021). E repetiu esta mesma distinção ao mencionar que o registro cadastral de fornecedores visa a tutelar os princípios da transparência e da publicidade (art. 88, §4º, da Lei nº 14.133/2021). Ora, se o legislador considerasse que ambos os institutos fossem similares, não teria tido o cuidado de fazer esta discriminação.

De maneira didática, essa classificação pode assim ser disposta, a partir dos seguintes elementos gráficos:

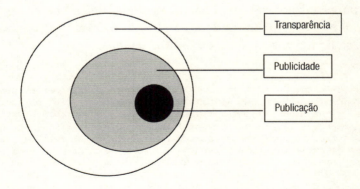

---

[80] CASTRO. *Direito da informática, privacidade e dados pessoais*, p. 244. Conferir, ainda, o capítulo II da obra de Raquel Carvalho (CARVALHO, *O direito à informação administrativa procedimental*, 1999).

Veja que a publicidade ainda é menos abrangente que a transparência. Afinal, a primeira deixa mostrar algo. A segunda reclama algo a mais do que simplesmente mostrar, implica deixar ver algo. Eis porque é a transparência o princípio administrativo reitor do acesso à informação pública.[81]

A transparência, dessa forma, impõe a necessidade de que as funções exercidas pelo Poder Público sejam claras, ou melhor, vistas dessa maneira pelos administrados, porque o Governo, em última análise, representa a vontade do povo, sendo que, assim, tem este direito de saber o que se faz em seu nome. Logo, ainda mais neste início de século XXI, é oportuno que se queira uma Administração Pública aberta ao acesso à informação, ao controle democrático de seus atos, à participação etc. Então, a transparência irá associar aquilo que pode (deve) ser visível ou acessível.

Por tudo isso, compreendemos que a publicidade é um dos meios pelo qual se alcança a transparência. Claro que meios também servem a esse propósito, como a necessidade de motivação dos atos administrativos,[82] as consultas populares etc.[83] Assim, cada Estado terá um grau de transparência proporcional aos mecanismos que a implementam. Mais especificamente, o princípio da transparência tem seu âmbito de proteção mais ou menos alargado proporcionalmente às possibilidades maiores ou menores de controle, de acesso, de participação etc. Para tanto, a LAI cumpre um papel substancial (para não dizer protagonista) nesse sentido, retirando o administrado de uma posição meramente passiva, ou seja, como mero destinatário dos atos estatais.

---

[81] Bem por isso que Carlos E. Delpiazzo (Triple dimensión del principio de transparencia en la contratación administrativa. *Revista Trimestral de Direito Público – RTDP*, p. 6) continua a ideia referida, dizendo que a Administração Pública deve se deixar ver como um cristal.

[82] O *princípio da motivação* dos atos administrativos abre espaço para que se tome conhecimento das razões pelas quais uma determinada atividade administrativa foi praticada, e o porquê ela foi feita de uma ou de outra maneira. Tributa-se, assim, uma maior facilidade ao controle destes atos administrativos, como expressão do caráter público da decisão (ANDRADE. *O dever de fundamentação expressa dos actos administrativos*, p. 65-80).

[83] MARTINS JÚNIOR, *op. cit.*, p. 36-37. Muito embora há quem considere que o princípio da publicidade, inserido no art. 37, *caput*, da Constituição Federal, seja o signo que o constituinte escolheu para tratar da transparência. Logo, seriam sinônimos (NALINI. Anotações sobre corrupção e honestidade. *Revista dos Tribunais*, p. 439-456). De acordo com aquilo que se expôs no limiar desta obra, considera-se que a transparência seja um instituto muito mais abrangente, compreendendo, a partir de uma interpretação unitária do texto constitucional, outros subprodutos que não somente a publicidade.

Assim, por ser considerada um *princípio constitucional*, a transparência deve ser ponderada com os demais valores retirados da carta fundamental de direitos. Um maior ou menor nível operar-se-á *a partir da maior ou menor exigência legal* e, em casos de omissão normativa nesse sentido, deve-se se socorrer da *razoabilidade*, ou seja, do dito *balanceamento de bens*, percebendo-se, diante do caso concreto, qual o nível de divulgação merece ser aplicado a uma informação.

Um exemplo interessante pode ser dado: há casos em que a lei menciona expressamente que determinados dados devem receber *publicidade zero*, ou seja, serem mantidos em segredo, ao menos por determinado tempo, a fim de que se guarneça um bem maior. É o caso da imposição de a Administração Pública guardar sigilo das propostas apresentadas pelos licitantes até a data aprazada para o julgamento (art. 3º, §3º, e art. 94, ambos da Lei nº 8.666/1993). Aqui, *têm mais peso*, ou seja, possuem maior densidade axiológica os princípios da *isonomia* (entre os participantes do certame) – garantido pelo sigilo das propostas –, da *moralidade* – porque se dificulta a combinação de propostas –, do *interesse público* – porque assim se fomenta um ambiente propício a se conseguir a proposta mais vantajosa – etc., todos eles em detrimento da mencionada transparência administrativa.

Aliás, com o advento da referida lei, que trata do acesso à informação, muitas das discussões travadas sobre o tema perderam sentido, justamente porque são definidas, agora, com muita precisão no direito positivo. Claro que não se eliminam eventuais discussões sobre a interpretação desse direito positivo. Para se ter uma ideia da importância do direito de acesso como corolário do dever de transparência dos atos, das informações e dos documentos estatais, o STJ[84] considerou que este direito poderia ser considerado como tendo natureza *difusa* ou *coletiva "stricto sensu"*. De modo que não considerou se tratar de direito meramente individual heterogêneo, o que, no caso, permitiu a sua tutela jurisdicional por meio de ação civil pública a ser proposta pelo Ministério Público.

Assim, pode-se resumir este tópico afirmando que a transparência pode ser concretizada por vários institutos jurídicos, sendo eles: necessidade de motivação dos atos administrativos, publicida-

---

[84] STJ, REsp 1.283.206-PR, Rel. Min. Mauro Campbell Marques, 2ª Turma, j. 11.12.2012; STJ, AgRg no RMS nº 29.489-RJ, Rel. Min. Rogerio Schietti Cruz, 6ª Turma, j. 19.03.2015.

de destes (que se dá por meio de notificações, publicações, comunicações etc.), audiências e consultas públicas, participação popular nos processos administrativos, integração dos administrados em órgãos deliberativo, direito de petição etc. Muitas dessas discussões, mesmo antes do advento da LAI, já haviam sido antecipadas pelo STF, por exemplo, a partir da interpretação que fez dos dispositivos constitucionais vigentes.

1.2 Princípio da publicidade administrativa

A *publicidade administrativa* pode ser considerada um *elemento dogmático* importante na constituição do ato administrativo, ganhando tamanha notoriedade ao ponto de ser considerada um princípio, ou seja, uma diretriz, da atuação do Poder Público, conforme art. 37, *caput*, da CF/1988. Logo, ao mesmo tempo em que é considerada como um elemento do ato administrativo, é compreendida como um vetor importantíssimo da função pública.[85] Assim, as funções desempenhadas pelos aparelhos de Estado devem ter como norte o referido primado, que apoia, sensivelmente, a eficiência, o controle e a transparência pública.[86]

A comunicação dos atos administrativos teve, ao longo dos tempos, um marco histórico que pode ser considerado um parâmetro normativo importante, que é o Decreto nº 572, de 18 de julho de 1890, tendo esta norma sido reiterada pelo Decreto nº 84.555, de 12 de março de 1980. Aporta-se, assim, como sendo um importante antecedente jurídico do princípio da publicidade no nosso País (apesar de os regramentos focarem muito mais na publicação dos atos e não propriamente na publicidade). Tais normas, por exemplo, obrigaram que os atos administrativos fossem publicados em órgão oficial, além de

---

[85] Como bem definido na Suspensão de Segurança nº 3.902/SP, julgada pelo STF, a prevalência do princípio da publicidade administrativa outra coisa não é senão um dos mais altaneiros modos do concretizar a República, porque tanto a cidadania como o próprio Estado devem ver este princípio ser concretizado (STF, SS nº 3.902-AgR, Rel. Min. Ayres Britto, Pleno, j. 09.06.2011).

[86] "Inquérito. Publicidade. Norteia a Administração Pública – gênero – o princípio da publicidade no que deságua na busca da eficiência, ante o acompanhamento pela sociedade. Estando em jogo valores, há de ser observado o coletivo em detrimento, até mesmo, do individual" (STF, HC nº 102.819, Rel. Min. Marco Aurélio, 1ª Turma, j. 05.04.11).

disciplinarem critérios mínimos sobre a forma desta publicidade. Cabe referir, contudo, que esses diplomas normativos se aplicam, a princípio, apenas no âmbito federal, podendo cada Estado membro indicar, por meio de lei, a forma de publicidade dos atos editados por cada um.

Em verdade, na prática, acaba sendo, por vezes, uma etapa importante na formação do ato administrativo, porque, por exemplo, condiciona sua produção de efeitos, bem como a possibilidade de terceiros ou dos próprios destinatários oporem-se ao ato. Essa escala é fundamental para que esse ato tenha plena eficácia.[87] Por isso que a publicidade atinge toda a atuação estatal, e não somente a divulgação oficial dos atos administrativos, propiciando, dentre outras possibilidades, o conhecimento da conduta interna de seus agentes.[88] A publicidade, então, deve atingir os atos concluídos e em formação, os processos em andamento, os pareceres dos órgãos técnicos e jurídicos, as atas de julgamento de licitações, os despachos intermediários e finais, os contratos de quaisquer interessados etc. Não devem ficar de fora desse princípio as prestações de contas submetidas aos órgãos competentes e os comprovantes de despesas. Todos esses dados podem ser acessados pelo interessado, desde que não acobertados por um caso legal de sigilo.

Percebe-se, com muita clareza, que a publicidade é um típico *elemento do ato administrativo* que, quando ausente, pode gerar efeitos em um ou outro plano do ato administrativo, tudo a depender do *grau de essencialidade* que ela assume. Ela consegue, pois, originar tanto a invalidade do ato administrativo ou, alternativamente, a sua ineficácia. Neste último caso, a publicidade não integra a formação do ato administrativo, impedindo apenas que este gere efeitos. A publicação posterior, nesse caso, acaba implementado esse plano do ato jurídico.[89] Quanto à sua finalidade e natureza, muitos autores

---

[87] Destaca-se, por oportuno, que a publicidade não garante por si só a produção plena de efeitos, porque ao ato administrativo pode ter imposto um termo, um encargo ou uma condição que, por um ínterim, podem impedir a produção plena de efeitos. Mas a publicidade administrativa é condição sem a qual não há, ou seja, ela é pressuposto inerente ao plano da eficácia.

[88] MEIRELLES. *Direito administrativo brasileiro*, p. 93.

[89] O art. 61, da Lei nº 8.666/1993, dispõe que a publicidade do contrato administrativo lhe confere *eficácia*. Da mesma forma, os atos normativos editados pela Agência Nacional de Telecomunicações somente ganham eficácia a partir da publicação no diário oficial (Lei nº 9.472/1997, art. 41).

consideram que a publicidade do ato administrativo não constitui um elemento formativo deste, mas sim um requisito de eficácia e/ou de validade, conforme for determinado pelo legislador.[90] Casos como a nomeação de um servidor, a abertura do certame licitatório por edital, a aplicação da pena de demissão são atos administrativos que, invariavelmente, reclamam a publicidade como elemento de formação. Logo, caso não se dê conhecimento desses atos pelas formas impostas pela lei, a validade deles será substancialmente afetada.[91] Assim, uma maior ou menor publicidade ou mesmo sua incidência no plano da validade ou da eficácia dependerá da estrutura e finalidade do ato administrativo.[92] Ou, ainda, a publicidade pode ser considerada apenas como uma mera irregularidade do ato.[93]

Perceba que toda a questão envolvendo esse instituto será balizada pela lei e, claro, pelos princípios administrativos (*v.g.* legalidade, moralidade, impessoalidade, eficiência etc.). Serão os atos normativos incidentes à espécie que exigirão a maneira com que o ato deve ser publicado.[94] Eles que conferirão uma maior ou menor essencialidade a este instituto. Deve, igualmente, ser considerado se a ausência da publicidade afeta direitos fundamentais ou valores, como a segurança e estabilidade das relações jurídicas.[95]

---

[90] Hely Lopes Meirelles (*Direito administrativo brasileiro*, p. 92) considera ser a publicidade um *elemento de eficácia do ato administrativo*, porque "[...] a publicidade é a divulgação oficial do ato para conhecimento público e início de seus efeitos externos". No mesmo sentido, Agustín Gordillo (*Princípios gerais do direito público*, t. 1, p. X-35 *et seq.*) defende que a publicidade não integra o ato administrativo em si, mas se aperfeiçoa quando da sua emissão, constituindo-se numa condição para sua eficácia, podendo ocorrer, inclusive, tempos depois daquela produção.

[91] A ausência da publicação de atos relativos a concurso público causa a nulidade do certame (STJ, RMS nº 1.128/PR, Rel. Min. Demócrito Reinaldo, 1ª Turma, j. 1º.03.93).

[92] Em muitos casos, o desrespeito estrito a determinada maneira de publicar o ato administrativo pode ocasionar a nulidade deste ato (VEDEL. *Droit administratif*, p. 160-161).

[93] Aliás, uma maior ou menor publicidade será proporcional e diretamente concatenada com uma maior ou menor presunção de conhecimento do ato a ser conferida pela lei. Explica-se: uma regra poderá prever que o conhecimento de um ato administrativo poderá ser presumido com a mera publicidade em diário oficial, mesmo que o administrado efetivamente dele não tome qualquer ciência.

[94] Já se entendeu que é válida a publicidade de atos normativos de entes que não possuem imprensa oficial simplesmente afixando-se cópia dos documentos no átrio da repartição, desde que em local de livre acesso do público (STJ, RMS nº 5.164/SP, Rel. Min. Fernando Gonçalves, 6ª Turma, j. 15.08.99).

[95] Em muitas oportunidades, o Supremo Tribunal Federal considera que a publicação pela via inadequada, ou feita de maneira insuficiente, pode acarretar a nulidade do

A publicidade, assim, garante que uma decisão administrativa tomada seja conhecida pelos seus destinatários,[96] não se confundindo com a *perfeição*, que informa se o ciclo de formação do ato administrativo foi ultimado. Contudo, mesmo completo, não necessariamente produzirá efeitos, porque o ato administrativo pode não ser eficaz – no caso, por exemplo, de atos administrativos *pendentes*.

A evolução do Estado e a sua inter-relação com a sociedade, bem como o desenvolvimento dos meios de comunicação, passaram a remodelar substancialmente as formas de publicidade administrativa, rompendo-se com as formas clássicas (publicação na imprensa oficial, afixação dos atos nos átrios etc.).[97] A partir dessa diversidade, a classificação das formas de publicidade foi pautada por inúmeros critérios. Exemplificativamente, pode-se dizer que a publicidade foi vista sob as seguintes perspectivas:

(a) pelo *conteúdo da publicidade*: que pode ser geral (publicação no *Diário Oficial*) ou individual (por meio da entrega de um atestado);

(b) de maneira *subjetiva*: que pode ser difusa e impessoal (anúncio de um edital de concurso público em jornal de grande circulação) ou individual e pessoal (notificação de um servidor para comparecer à junta médica para avaliação de suas condições de saúde);

(c) de acordo com a *iniciativa*: pode ser *de ofício* (quando a Administração Pública dá conhecimento do ato administrativo, sem que, para tanto, tenha sido provocada a este mister) ou provocada;

(d) conforme a *finalidade*: como visto, a publicidade pode ser considerada um elemento de eficácia ou de validade;

(e) quanto à *abrangência em relação ao conteúdo do ato administrativo*: a publicidade pode ser total ou parcial.

---

processo administrativo, quando a providência for considerada essencial ao exercício do direito de defesa ou contraditório (STF, MS nº 22.164/SP, Rel. Min. Celso de Mello, Pleno, j. 30.10.95).

[96] GONDOUIN; INSEGRGUET-BRISSET; VAN LANG. *Dictionnaire de droit administratif*, p. 345.

[97] MARTINS JÚNIOR, *op. cit.*, p. 81.

O direito administrativo distingue, ainda, duas formas básicas de publicidade: a *publicação* e a *notificação*[98] (não que, contemporaneamente, não se admitam outras formas):

(a) a *publicação*, assim, é uma *forma de publicidade impessoal*, remetendo uma informação ao conhecimento geral. A publicação pode ser praticada de várias maneiras. As mais corriqueiras são aquelas dispostas em boletins ou diários oficiais, ou na imprensa nacional, regional ou local, ou, ainda, dispondo as informações em local de acesso público, como no átrio de uma repartição.[99] Mesmo quando não se tenha uma determinação legal especificando a forma da publicidade, uma premissa básica pode gerar um parâmetro específico a respeito: *será o objeto da publicidade que fornecerá uma ou outra forma da publicidade, ou seja, ela deve se adaptar ao objeto do ato administrativo*.[100] Assim, para se saber se a publicidade foi alcançada, deve-se partir do objeto do ato administrativo. Será esse elemento dogmático que dará o paradigma para se saber se a publicidade foi ou não cumprida;[101]

(b) a *notificação* (ou *comunicação*[102]), ao seu turno, é um *modo de publicidade pessoal*, aplicável aos *atos administrativos individuais*. Normalmente, a notificação materializa-se pelo envio de uma correspondência ao destinatário, acoplada de aviso de recebimento, ou pela via de um telegrama, ou mesmo quando se toma termo nos autos do

---

[98] Que, para Oswaldo Antônio Aranha Bandeira de Mello (*Princípios gerais do direito administrativo*, v. 1, p. 592), são espécies do ato administrativo "participação".

[99] Agustín Gordillo se manifesta sobre o tema dizendo que: "La *publicación* es la especie de publicidad requerida para los reglamentos y se efectúa mediante la inserción de la declaración en un boletín oficial, o su colocación en un lugar visible (pizarra, murales, etc.) y accesible al público" (*Tratado de derecho administrativo*, t. 3, p. X-34, 35). Ainda: MARTINS JÚNIOR, *op. cit.*, p. 90-99; VEDEL, *op. cit.*, p. 161.

[100] A título ilustrativo, em França, exige-se expressamente que os decretos e as ordenações sejam publicadas em jornal oficial – *Ordonnance* de 20 de fevereiro de 2004, que replica o *Décret* de 05 de novembro de 1870.

[101] CE, 25 jan. 1974, Jean *et. al. Sobre a publicação de atos administrativos coletivos*, consultar CE, 23 jul. 1978, *Dme Poujade*.

[102] A título ilustrativo, Oswaldo Aranha Bandeira de Mello (*Princípios gerais do direito administrativo*, v. 1, p. 594) diferencia os signos comunicação e notificação, sendo este último, ato que informa um prazo em processo administrativo.

processo administrativo, em que conste a ciência pessoal do notificado.[103]

Dúvida existe se a notificação pode ser realizada por meio de terceiros. Nesse caso, não há como se ter uma solução *prima facie*, ou seja, uniforme a todos os casos. A validade desse tipo de comunicação que se faz por meio de um intermediário irá depender, inexoravelmente, *do nível de publicidade exigida e da existência de poderes para receber essa notificação na pessoa deste terceiro*.[104]

Cabe referir que, em certas situações, a publicação pode substituir a notificação, especialmente quando esta última foi frustrada. Ainda, não raro certos atos normativos exigem as duas formas de publicidade, cumulando um nível de transparência individual e difusa.

As notificações são importantíssimas, especialmente quando se quer dar ciência ao administrado da restrição ou ampliação de direitos.[105] Nesses casos, o administrado necessita da ciência pessoal e inequívoca (enfim, não presumida) de que sua situação jurídica foi alterada. Típicos são os casos em que se notifica ou intima de (ou para) atos de instrução de um processo administrativo, de decisões, para interpor recursos querendo etc.

Contudo, destaca-se que o direito administrativo não tem como meta estabelecer um exacerbado formalismo.[106] Compreende-se, nesse caso, que seja suficiente que o destinatário tenha exata ciência do conteúdo do ato. Claro que a legislação pode fixar um padrão de publicidade específico, ou seja, uma determinada forma de publicidade e/ou um determinado grau de publicidade. Neste último caso, a legislação pode determinar que o ato administrativo somente tenha eficácia a partir do *conhecimento real* do seu conteúdo por parte do

---

[103] A doutrina estabelece diferenças conceituais entre a *notificação* e a *intimação*. Para muitos, a notificação se prestaria a dar conhecimento de atos ou acontecimentos a ocorrer, enquanto a intimação teria a finalidade de cientificar atos ou fatos que já aconteceram – utiliza-se, aqui, o *critério temporal* como marco distintivo. Outros entendem que a notificação se presta à transmissão do conhecimento de decisões ou de atos praticados, enquanto a intimação dá ciência de que o interessado deve praticar certa conduta (ROCHA. *Princípios constitucionais da Administração Pública*, p. 248).
[104] CE, 15 out. 1982, *Assouline*.
[105] Como bem previu a Lei francesa de 17 de julho de 1978, art. 8º.
[106] Lei nº 9.784/99, art. 22: "Os atos do processo administrativo não dependem de forma determinada senão quando a lei expressamente a exigir".

destinatário – o que se conhece por *sistema da recepção* – ou o sistema jurídico pode optar pelo *sistema da emissão*, prevendo que o *conhecimento do ato seja presumido*, ou seja, basta a sua publicação.[107] Ainda, será a lei quem dirá se as formas de publicidade são excludentes, alternativas ou cumulativas (*v.g.* quando é necessária mais de uma publicação do ato por mais de uma maneira).

Em resumo, o princípio da publicidade não estará atendido caso não seja respeitada a forma expressamente exigida para tal mister, bem como não seja fixado o número de repetições que por ventura se tenha imposto como suficiente ao ato normativo.[108] E a repetição deve se dar da maneira determinada pela lei, ou seja, ou em dias alternados, ou em dias consecutivos etc. Por exemplo, um determinado ato deve ser "publicizado" pela alocação de seu conteúdo no *Diário Oficial* pelo menos uma vez em duas semanas consecutivas. Na hipótese, a publicidade não estará implementada caso assim não seja feito.

Cabe referir, por oportuno, que a rede mundial de computadores remodelou a forma com que todos os seres humanos têm acesso à informação. Dessa maneira, impõe-se repensar as formas com que a publicidade dos atos estatais devem ser pautadas, quando inseridas nesse contexto contemporâneo.[109] Então, a alteração da dinâmica da transparência dos atos administrativos ganhou um vivo espaço de acesso, como quando do surgimento dos inúmeros *portais de transparência* inseridos em específicos sítios virtuais, consistindo em um depósito de importantíssimas informações da dinâmica do Estado.[110] Esses canais virtuais têm proporcionado à sociedade uma

---

[107] BANDEIRA DE MELLO. *Princípios gerais do direito administrativo*, v. 1, p. 593.
[108] Sobre a forma da publicidade dos atos administrativos, conferir: DAËL. *Contentieux administratif*, p. 113. Ainda, sobre o desrespeito à forma da publicidade, conferir o caso-líder francês: CE Sect., 27 jul. 2005, *M. Millon*.
[109] CE, 09 nov. 2005, *Meyet*. Tal julgado do Conselho de Estado francês decidiu que a publicação em jornal eletrônico garante a publicidade de um ato normativo, permitindo que ele entre em vigor.
[110] O Decreto Federal nº 5.482/2005 justamente dispõe sobre a divulgação de dados e informações pelos órgãos e entidades da Administração Pública Federal, por meio da rede mundial de computadores (*internet*). Um estudo abrangente sobre a efetividade e consulta dos portais de transparência nos Estados-federados pode ser obtido em: SALES. Acesso á informação, controle social das finanças públicas e democracia: análise dos Portais de Transparência dos Estados brasileiros antes e após o advento da Lei nº 12.527/2011. *Direito Público*, p. 41-47.

nova dinâmica na relação administrado x Poder Público, bem como potencializado o exercício do controle social dos gastos públicos. Aliás, desconhece-se um órgão público que não tenha um espaço reservado na internet, local onde informa sua estrutura orgânica, sua diretoria, suas atividades, noticia muitos de seus atos e, o que é ainda mais benéfico, permite que o cidadão tenha acesso a serviços públicos com a agilidade que a tecnologia da informação permite.

E não é somente isso, as *redes sociais* estão sendo um canal ainda mais intenso de propagação instantânea dos atos estatais. Por meio delas, o Estado vem perfazendo uma comunicação intensa com os mais variados segmentos sociais. A sociedade civil organizada ou mesmo com cada um dos indivíduos que migra ao mundo virtual e acessa cada uma das redes de comunicação de massa passa a tomar ciência do conteúdo dos atos administrativos, ainda que sob forma de notícias, fotos, postagens, *links* etc. Cabe ao direito, neste contexto, avaliar e (in)deferir a validade jurídica desses tipos de comunicação. Eis o desafio.

Portanto, a publicidade dos atos estatais ganha novas formas. Atualmente, vários entes ou órgãos já nem mesmo imprimem os diários oficiais ou estes somente podem ser acessados virtualmente. Como exemplo, o Instituto Nacional de Propriedade Industrial (INPI), ainda em 2005, passou a publicar os seus atos somente por meio de sua *Revista Eletrônica de Propriedade Industrial* (Resolução nº 117, daquele ano).[111] Segundo o art. 1º, esse periódico passou a ser o único veículo para aquela entidade publicar seus atos, despachos e suas decisões relacionadas à autarquia.[112]

Afinal, a finalidade da publicação é a divulgação dos atos administrativos, que, como dito, pode se efetivar por meio de variadas maneiras, sendo o modo mais corriqueiro, aquele que é praticado pela publicação nos meios oficialmente determinados, o

---

[111] Uma análise acerca da supressão da revista oficial do INPI na versão impressa pode ser consultada em: BINENBOJM. O princípio da publicidade administrativa e a eficácia da divulgação de atos do poder público pela internet: o caso da supressão da revista oficial impressa do INPI, substituída por versão eletrônica. *Revista de Direito do Estado*, p. 411-430.

[112] Essa também é uma providência adotada em França, onde se autoriza que se simplifique a forma com que se publicam os textos legais. Ordenanças ou decretos podem ser publicados de maneira eletrônica, sendo esta forma referendada pelo Conselho de Estado (CE, 09 nov. 2008, *Meyet*).

que podemos denominar de publicidade "clássica". Somente depois de cumprida a etapa de dar a todos ou aos interessados ciência do conteúdo do ato administrativo é que ele, em regra, poderá ser cumprido, enfim, ser exigido para com (ou pelos) cidadãos. É a partir desse momento que o ato pode introduzir modificações no universo jurídico.

A abertura da Administra Pública às várias formas de publicidade tributa um passo importante à sua maior transparência. É uma administração que ganha em eficiência e se pauta pela economicidade, especialmente quando não se contenta com as formas "clássicas" de publicidade. Sabemos, com muita clareza, que há canais de comunicação com uma potencialidade intensa a dar conhecimento do conteúdo de um ato administrativo, o que reclama sua inserção no limiar da atuação administrativa.

1.3 Antecedentes e subsequentes normativos referentes ao acesso à informação

De início, pode-se dizer que a "cultura do segredo", a "prática do conchavo" ou a "noção do secreto", nas relações públicas, teve uma reviravolta já com a vigência da CF/1988.[113] E essa opção é natural no momento em que se escolhe estabelecer um padrão democrático à nação brasileira.[114] O Estado que se mostra "invisível" é típica característica dos Estados absolutos, onde vigorava o *arcana imperii*. Em um Estado constitucional, o poder deve estar desnudo, visível, perceptível pelo cidadão e por todos os demais órgãos de poder.[115] Então, desde 1988, o acesso à informação era a regra, e o sigilo, a exceção. A LAI, portanto, não inova em termos de concepção do tema, enfim, não traz um paradigma novo, mas reafirma um velho paramento axiológico de forma detalhada, potencializada e

---

[113] "As decisões sobre remoção de magistrados não podem ser secretas e devem ser fundamentadas" (STF, MS nº 25747/SC, Rel. Min. Gilmar Mendes, Pleno j. 17.05.2012).
[114] Jean Waline (*Droit administratif*, v. 1, p. 404-405) alerta que, na França, p. ex., o *princípio do segredo* tradicionalmente dominou a Administração Pública, o que acabou por se tornar inaceitável por quem pretende estabelecer um padrão democrático.
[115] "O segredo não é compatível com as liberdades e direitos do homem" (CANOTILHO, *op. cit.*, p. 514).

abrangente.[116] Assim, é uma regra reacionária em termos de princípio geral da máxima divulgação, norteador da própria legislação.

Na Constituição Federal, a preocupação com a transparência foi posta em destaque em inúmeros dispositivos, conforme se mencionou no limiar dos outros tópicos deste capítulo. Essa preocupação da constituinte de 1988 veio a reboque da superação de um período ditatorial, em que o sigilo muitas vezes foi pretexto para o conchavo, para os abusos, para os desvios etc.[117]

Assim, um exemplo desse esforço, no sentido de conseguir a maior transparência possível, já pode ser visto a partir do texto do §3º do art. 31 da Constituição Federal. Ele determina que "[...] as contas dos Municípios ficarão, durante sessenta dias, anualmente, à disposição de qualquer contribuinte, para exame e apreciação, o qual poderá questionar-lhes a legitimidade, nos termos da lei". Dessa forma, pode-se pensar que o dispositivo fixa um determinado nível de transparência das contas públicas, ainda que, no nosso ver, mitigado. No caso específico do art. 31, a minimização mencionada pode ser percebida na prática, na medida em que poucos são os cidadãos que se debruçam sobre essas informações, possivelmente porque os dados normalmente são dispostos em linguagem de difícil compreensão para o cidadão comum. A maneira de se apresentar essa prestação de contas é normalmente redigida em termos técnicos, fato que, sem sombra de dúvidas, não cativa qualquer pessoa a se debruçar sobre essas informações.[118]

---

[116] Só para se ter uma ideia desse câmbio cultural, enfim, desta mudança de postura que de falávamos, já nas semanas seguintes à entrada em vigor da Lei nº 12.527/2011, o Banco Central passou a disponibilizar, na íntegra, os votos do Comitê de Política Monetária (COPOM); o Ministério da Defesa, igualmente, passou a dar acesso, sem qualquer provocação, a variados dados de que dispunha; o Arquivo Nacional agiu da mesma forma; o Instituto Brasileiro do Meio Ambiente e dos Recursos Naturais Renováveis (IBAMA), após a entrada em vigor da LAI, passou a deixar disponível quais eram os imóveis que haviam sido autuados pela mencionada autarquia federal. Sem contar a profusão de pedidos de acesso protocolados por todo o tipo de segmento da sociedade civil, como se esta mesma sociedade estivesse aguardando a lei de acesso.

[117] Quando rompida a amarga experiência ditatorial ocorrida em outros países, da mesma forma, acabou por gerar cartas constitucionais sensivelmente preocupadas com a transparência dos dados e informações estatais. É o caso da Constituição da África do Sul de 1996. Em seu art. 195, dispõe, na alínea "g", que um dos princípios norteadores da *Public Administration* é: "Transparency must be fostered by providing the pubilc with tirnely, accessible and accurate information".

[118] Assim, a LAI, p. ex., no art. 5º, tentar superar este problema, na medida em que impõe que os dados públicos sejam divulgados em linguagem acessível ao cidadão comum.

O próprio art. 37, §1º, da Constituição Federal consagra outro bom exemplo[119] de tentativa constitucional de dar maior impessoalidade e acesso às informações públicas. Em verdade, o referido dispositivo procura conferir uma verdadeira "função social" à publicidade dos atos administrativos.[120] Aliás, o STF, na Ação Direita de Inconstitucionalidade (ADI) nº 2.472-MC, fixou importantes linhas hermenêuticas à regra constitucional em pauta.[121]

Mais especificamente, a LAI possui fundamento constitucional também no inciso II do §3º do art. 37 e no §2º do art. 216 da Constituição da República Federativa do Brasil. Complementam tais regras o inciso LX do art. 5º, que trata da publicidade dos atos processuais, e o art. 93, inciso IX, ambos da CF/1988, que disciplina que, em regra, serão públicos os julgamentos do Poder Judiciário.[122]

Além disso, também os vencimentos e subsídios dos servidores públicos devem ser "publicizados" anualmente, conforme determinação do art. 39, §6º, da CF/1988, sendo também um antecedente importante da LAI. A grande polêmica envolvendo essa matéria reside na possibilidade ou não de divulgação dos

---

[119] CF/1988, art. 37, §1º: "A publicidade dos atos, programas, obras, serviços e campanhas dos órgãos públicos deverá ter caráter educativo, informativo ou de orientação social, dela não podendo constar nomes, símbolos ou imagens que caracterizem promoção pessoal de autoridades ou servidores públicos".

[120] Nesse sentido: "Publicação custeada pela Prefeitura de São Paulo. Ausência de conteúdo educativo, informativo ou orientação social que tivesse como alvo a utilidade da população, de modo a não se ter o acórdão recorrido como ofensivo ao disposto no §1º do art. 37 da Constituição Federal. Recurso extraordinário de que, em conseqüência, por maioria, não se conhece" (STF, RE nº 208.114, Rel. Min. Octavio Gallotti, 1ª Turma, j. em 27.04.98).

[121] "Ação direta de inconstitucionalidade. Medida cautelar. Lei 11.601, de 11 de abril de 2001, do Estado do Rio Grande do Sul. Publicidade dos atos e obras realizados pelo Poder Executivo. Iniciativa Parlamentar. [...] Norma de reprodução de dispositivo constitucional, que se aplica genericamente à Administração Pública, podendo obrigar apenas um dos Poderes do Estado sem implicação de dispensa dos demais. Preceito que veda 'toda e qualquer publicação, por qualquer meio de divulgação, de matéria que possa constituir propaganda direta ou subliminar de atividades ou propósito de governo, bem como de matéria que esteja tramitando no Poder Legislativo' (§2º do artigo 1º), capaz de gerar perplexidade na sua aplicação prática. Relevância da suspensão de sua vigência. Cláusula que determina que conste nos comunicados oficiais o custo da publicidade veiculada. Exigência desproporcional e desarrazoada, tendo-se em vista o exagero dos objetivos visados. Ofensa ao princípio da economicidade (CF, artigo 37, *caput*)" (STF, ADI nº 2.472/MC, Rel. Min. Maurício Corrêa, Pleno, j. 13.03.02).

[122] Esse dispositivo constitucional ganhou uma nova redação a partir da edição da Emenda Constitucional nº 45/2004, ampliando-se o grau de transparência dos atos e solenidades judiciais.

vencimentos em lista nominal. Tal debate será mais bem explorado em item específico desta obra, momento em que se fornecerá um panorama mais detalhado do problema jurídico.[123]

Ao seu turno, o art. 165, §3º, da nossa lei fundamental impõe que o Poder Executivo publique, até trinta dias após o encerramento de cada bimestre, relatório resumido da execução orçamentária. Essa determinação normativa é importantíssima a permitir a transparência das contas públicas e, por conseguinte, o controle social e externo sobre elas. Complementa essa norma o §6º, do mesmo artigo, o qual disciplina a transparência em matéria de orçamento, na medida em que impõe que o projeto de lei orçamentária seja acompanhado de demonstrativo regionalizado do efeito sobre as receitas e despesas decorrentes de isenções, anistias, remissões, subsídios e benefícios de natureza financeira, tributária e creditícia.

Esse dever de prestar contas atinge, também, os particulares – conforme parágrafo único do art. 70 da Constituição Federal.[124] A constituinte teve uma preocupação muito intensa em dar total transparência a todos os atos que tenham alguma ligação para com bens, dinheiro, valores ou verbas públicas, procurando, com isso, minimizar atos que intentem dilapidar o patrimônio público.

Por outro lado, um dispositivo constante na CF/88, que em vários julgados[125] serviu de fundamento para o acesso de jornalistas aos dados públicos, foi o art. 220, §1º. Tal regra constitucional determina que nenhuma lei conterá dispositivo que possa constituir embaraço à plena liberdade de informação jornalística, em qualquer veículo de comunicação social. Com a ressalva de que deve ser observado o disposto no art. 5º, IV, V, X, XIII e XVI, da Constituição Federal.[126]

Ao que parece, já quando vigente a Carta Magna de 1988, paradoxalmente, o Estado brasileiro preocupou-se mais em garantir

---

[123] Conferir item "2.4" do capítulo 2.
[124] CF/1988, art. 70, Parágrafo único: "Prestará contas qualquer pessoa física ou jurídica, pública ou privada, que utilize, arrecade, guarde, gerencie ou administre dinheiros, bens e valores públicos ou pelos quais a União responda, ou que, em nome desta, assuma obrigações de natureza pecuniária".
[125] Dispostos no limiar da obra.
[126] Conferir, por exemplo: STJ, MS 16.903-DF, Rel. Arnaldo Esteves Lima, 1ª Seção, j. 14.11.2012: "[...] A regra da publicidade que deve permear a ação pública não só recomenda, mas determina, que a autoridade competente disponibilize, à imprensa e a seus profissionais, sem discriminação, informações e documentos não protegidos pelo sigilo. [...]".

o sigilo de certos documentos do que disponibilizar ferramentas de acesso a eles, conduta esta que andou na contramão do texto constitucional que se faz vigente.[127] Fica o sentimento de que o Estado brasileiro, mesmo após a miragem normativa trazida pela Constituição Federal, focou mais na regulamentação das hipóteses de sigilo do que na criação de possibilidades jurídicas de se ter maior transparência acerca dos dados e das informações públicas.

Dois exemplos podem elucidar essa afirmação: o Decreto nº 4.553/2002 e o Decreto nº 5.301/2004. O Decreto nº 4.553/02, apelidado de "Lei do Sigilo Eterno", classificava as informações inacessíveis em quatro grupos (ultrassecretos, secretos, confidenciais e reservados) e estabelecia os prazos para a liberação dos dados rotulados como sigilosos. Só para se ter uma ideia, as informações consideradas como ultrassecretas teriam um interregno de sigilo de cinquenta anos, *podendo este ser renovado indefinidamente*, de acordo com o interesse da segurança da sociedade e do Estado. Eis o porquê de tal decreto fazer jus à alcunha.

De outro lado, o Decreto nº 5.301/04 regulamentou o disposto na Medida Provisória nº 228/2004, que disciplinava justamente a ressalva feita na parte final do disposto no inciso XXXIII do art. 5º da Constituição Federal. A sua principal contribuição no tema do sigilo das informações consistiu na redução dos prazos de informações e dados desta natureza, sem que se constituísse uma mudança significativa no panorama jurídico vigente.

No que se refere aos antecedentes normativos ligados ao acesso a informações depositadas em arquivos públicos, é importante noticiar a edição da Lei nº 9.051/1995, que dispõe sobre a expedição de certidões para a defesa de direitos e esclarecimentos de situações. Destaca-se que o art. 1º da regra mencionada sujeita inúmeros entes da Administração Pública direta e indireta ao fornecimento de certidões no prazo improrrogável de quinze dias, contado do registro do pedido no órgão expedidor, sem fixar, para tanto, qualquer expiação quando descumprido tal prazo. Aliás, é interessante notar que a lei em pauta determina que os pedidos de

---

[127] Claro que esta tentativa de deixar indisponíveis certos documentos não é nova. Estima-se que, desde 1937, foram assinados sessenta e quatro documentos oficiais (de todas as ordens) que regulamentavam, principalmente, o sigilo de informações na posse do Estado.

certidão sejam motivados (art. 2º, parte final). O direito de obter esses documentos não garantiu o pleno acesso aos dados públicos, especialmente porque a jurisprudência "criou" inúmeros requisitos e condições (que não deixam de ser restrições) para o deferimento dos pedidos. Para ilustrar, o interessado era obrigado a motivar o pedido quando a certidão não dizia respeito a ele, devendo ser indicado, além disso, os fins a que o documento se destinava,[128] muito embora este direito fundamental tivesse sido concebido para tutelar situações jurídicas subjetivas, sendo esta sua característica típica. Assim, esse direito fundamental passou a deixar de ser pleno pela imposição de inúmeros entraves jurisprudenciais.

No contexto da transparência administrativa, uma preocupação legislativa constante ficou atrelada à vida patrimonial dos agentes estatais. Várias foram as legislações que se ocuparam de determinar que os funcionários públicos declarassem, seja quando do seu ingresso, seja periodicamente, a lista de bens e valores de sua propriedade. Isso pode ser constatado tanto a partir do art. 13, §5º, da Lei nº 8.112/1990[129] como a partir da vigência do art. 13 da Lei nº 8.429/1992. Ambas exigências foram ainda mais intensificadas com a previsão de que certas autoridades devem remeter essas informações também ao Tribunal de Contas (Lei nº 8.730/1993, art. 1º, §1º). Tal legislação justamente veio a estabelecer a obrigatoriedade da declaração de bens e rendas para o exercício de cargos, empregos e funções nos Poderes Executivo, Legislativo e Judiciário. Essas determinações visam a dar guarita à transparência administrativa, bem como ser um mecanismo instrumental à viabilização pragmática da moralidade administrativa.

Já a Lei nº 9.507, de 12 de novembro de 1997, passou a regular o remédio constitucional do *habeas data* e o *acesso a informações*, conforme enunciado logo no início do referido ato normativo.[130]

---

[128] STF, RE nº 94.983/RJ, Rel. Min. Djaci Falcão, 2ª Turma, j. 09.10.81.

[129] Lei nº 8.112/1990, art. 13, §5º: "No ato da posse, o servidor apresentará declaração de bens e valores que constituem seu patrimônio e declaração quanto ao exercício ou não de outro cargo, emprego ou função pública". A maioria dos demais estatutos dos servidores públicos (para não dizer todos) possuem previsão normativa semelhante.

[130] Importante destacar os seguintes dispositivos da Lei nº 9.507/1997: "Art. 2º O requerimento será apresentado ao órgão ou entidade depositária do registro ou banco de dados e será deferido ou indeferido no prazo de quarenta e oito horas. Parágrafo único. A decisão será comunicada ao requerente em vinte e quatro horas". E: "Art. 3º Ao deferir o pedido, o

Assim, por essa via judicial já há muito se franqueava o acesso a banco de dados públicos.[131] Tal *writ* permite ao cidadão conhecer informações relativas à sua pessoa, retificar estes dados e anotar alguma outra informação nos assentamentos do impetrante.[132] O mais interessante é que o parágrafo único do art. 1º, de plano, perfaz uma interpretação autêntica do que seja "banco de dados público": "Considera-se de caráter público todo registro ou banco de dados contendo informações que sejam ou que possam ser transmitidas a terceiros ou que não sejam de uso privativo do órgão ou entidade produtora ou depositária das informações".[133]

A *Lei do Habeas Data* foi um marco importante na regulamentação do inciso XXXIII do art. 5º da CF/1988, especialmente na parte que se refere às informações de interesse pessoal. Foi delimitado o procedimento de uma via franca no que se refere ao direito de acesso já previsto no inciso LXXII do art. 5º da lei fundamental nacional. Além disso, por oportuno, o acesso à informação não deve ser tutelado por outras ações constitucionais, como o *habeas corpus* ou o mandado de segurança – por exemplo, esta última ação se prestaria a obter certidões não fornecidas por autoridade, mas não poderia impor o acesso ao dado público. Quanto a este último exemplo citado, conferir: "É inidôneo o habeas data para franquear tanto informação a respeito de procedimento administrativo quanto

---

depositário do registro ou do banco de dados marcará dia e hora para que o requerente tome conhecimento das informações".

[131] O texto da lei possui semelhança estreita com a antiga *Lei do Mandado de Segurança* (Lei nº 1.553/1951), revogada pela Lei nº 12.016/2009. Além disso, "A Lei nº 9.507, de 12.11.97, que regula o direito de acesso a informações e disciplina o rito processual do *habeas data*, acolheu os princípios gerais já proclamados por construção pretoriana" (STF, RHD nº 24, Rel. Min. Maurício Corrêa, 2ª Turma, j. 28.11.97).

[132] Lei nº 9.507/1997, art. 7º: "Conceder-se-á *habeas data*: I – para assegurar o conhecimento de informações relativas à pessoa do impetrante, constantes de registro ou banco de dados de entidades governamentais ou de caráter público; II – para a retificação de dados, quando não se prefira fazê-lo por processo sigiloso, judicial ou administrativo; III – para a anotação nos assentamentos do interessado, de contestação ou explicação sobre dado verdadeiro mas justificável e que esteja sob pendência judicial ou amigável".

[133] "O *habeas data* tem finalidade específica: assegurar o conhecimento de informações relativas à pessoa do impetrante, constantes de registros ou bancos de dados de entidades governamentais ou de caráter público, ou para a retificação de dados, quando não se prefira fazê-lo por processo sigiloso, judicial ou administrativo (CF, art. 5º, LXXII, 'a' e 'b'). No caso, visa a segurança ao fornecimento ao impetrante da identidade dos autores de agressões e denúncias que lhe foram feitas. A segurança, em tal caso, é meio adequado. Precedente do STF: MS 24.405/DF, Ministro Carlos Velloso, Plenário, 3.12.03, *DJ* de 23.4.04" (STF, RMS nº 24.617, Rel. Min. Carlos Velloso, 2ª Turma, j. 17.05.05).

certidão com o fito de afirmar a legalidade de atividade praticada pelo interessado".[134]

Outro marco positivo que antecede à LAI é o art. 2º, parágrafo único, inciso V, da Lei nº 9.784/1998, porque ele faz uma síntese da aplicação do princípio da publicidade no nosso País: "Parágrafo único. Nos processos administrativos serão observados, entre outros, os critérios de: [...] V – divulgação oficial dos atos administrativos, ressalvadas as hipóteses de sigilo previstas na Constituição". Assim, o cidadão poderá ter acesso à sucessão de atos administrativos que compõe o procedimento que é promovido no âmbito do Poder Público, salvo frente aos casos excepcionais de sigilo.[135]

Ainda, um exemplo importante no sentido de dar acesso às informações públicas estava contido no art. 4º da revogada Lei nº 8.666/93,[136] o qual permitia que qualquer cidadão participe e acompanhe o processo licitatório. Aqui, cria-se um *direito público subjetivo* de qualquer cidadão presenciar os atos públicos relativos à licitação e a eles ter acesso.[137] A Lei nº 14.133/2021 (*Lei Geral de Licitações e Contratos Administrativos*) tornou a transparência um princípio expresso e cardeal no assunto – *cf.* art. 5º. Sem contar que estabeleceu uma série de mecanismos para concretizar este direito. Fico com um deles: o *Portal Nacional de Compras Públicas*, tutelado no art. 174. Tal sítio eletrônico oficial tem por meta a divulgação centralizada e obrigatória dos atos exigidos pela referida lei geral e a realização facultativa das contratações pelos órgãos e entidades

---

[134] STF, RHD nº 1, Rel. Min. Rosa Weber, 1ª Turma, j. 25.04.2017.

[135] "Tribunal de Contas da União: direito de acesso a documentos de processo administrativo. CF, art. 5º, XXXIII, XXXIV, 'b', e LXXII; e art. 37. Processo de representação instaurado para apurar eventual desvio dos recursos arrecadados com a exploração provisória do Complexo Pousada Esmeralda, situado no arquipélago de Fernando de Noronha/PE: direito da empresa-impetrante, permissionária de uso, ter vista dos autos da representação mencionada, a fim de obter elementos que sirvam para a sua defesa em processos judiciais nos quais figura como parte. Não incidência, no caso, de qualquer limitação às garantias constitucionais (incisos X e XXXIII, respectivamente, do art. 5º da CF). Ressalva da conveniência de se determinar que a vista pretendida se restrinja ao local da repartição, ou, quando permitida a retirada dos autos, seja fixado prazo para tanto" (STF, MS nº 25.382, Rel. Min. Sepúlveda Pertence, Pleno, j. 15.02.2006).

[136] Lei nº 8.666/93, art. 4º: "Todos quantos participem de licitação promovida pelos órgãos ou entidades a que se refere o art. 1º têm direito público subjetivo à fiel observância do pertinente procedimento estabelecido nesta lei, podendo qualquer cidadão acompanhar o seu desenvolvimento, desde que não interfira de modo a perturbar ou impedir a realização dos trabalhos".

[137] JUSTEN FILHO. *Comentários à lei de licitações e contratos administrativos*, p. 89.

dos poderes Executivo, Legislativo e Judiciário de todos os entes federativos – incisos I e II do *caput* do art. 174.

Na seara do meio ambiente, a transparência dos dados é essencial, e está tutelada por uma série de diplomas. Veja que o art. 225, §1º, inciso VI, da CF/88 determina que se promova a conscientização pública para a preservação do meio ambiente. E isso deve ser de tal modo robusto a formatar uma consciência pública sobre a necessidade de preservação da qualidade ambiental e do equilíbrio ecológico (Lei nº 6.938/1981, art. 4º, inciso V). Para tanto, "[...] acesso adequado às informações relativas ao meio ambiente de que disponham as autoridades", incumbindo aos Estados "[...] facilitar e estimular a conscientização e a participação pública, colocando as informações à disposição de todos" foi erigido como Princípio 10 da Declaração do Rio.

No âmbito interno, a Lei nº 10.650/2003 dispõe sobre o acesso público aos dados e informações existentes nos órgãos e entidades integrantes do Sistema Nacional do Meio Ambiente (Sisnama), este último tutelado pela Lei nº 6.938/1981. Interessa notar que o art. 2º, *caput* faz uma lista de informações que são de caráter público, sendo que este rol não deve ser reputado como taxativo. E, já no §1º do art. 2º, qualquer indivíduo, independentemente da comprovação de interesse específico, terá acesso às informações de que trata a Lei nº 10.650/2003 – na mesma linha do que é expresso no art. 10, §3º, da LAI.[138]

O *Programa Nacional de Direitos Humanos*, instituído pelo Decreto nº 7.037/2009, no Eixo VI, Diretriz nº 22,[139] constante no art. 2º, já declarava que o pleno exercício da cidadania passa, inarredavelmente, pelo incremento do direito de acesso a informações e dados estatais. Os órgãos dotados de personalidade pública têm o dever de contribuir neste sentido. Sem contar que o referido eixo trata exclusivamente do direito à memória e à verdade.

Avançando no tema, pode-se dizer que a busca pela transparência começa a se intensificar a partir do ano 2000. Antes, as pretensões nesse sentido eram tímidas – ainda que esta seja uma

---

[138] No mesmo sentido: STJ, REsp nº 1.505.923-PR, Rel. Min. Herman Benjamin, 2ª Turma, j. 21.05.2015.

[139] Decreto nº 7.037/09: "e) Diretriz 22: Garantia do direito à comunicação democrática e ao acesso à informação para consolidação de uma cultura em Direitos Humanos".

opinião subjetiva. Nesse ano, a *Lei de Responsabilidade Fiscal (LRF)* – Lei Complementar (LC) nº 101/2000[140] – dá um passo avante, exigindo que os relatórios contábeis fossem todos publicados, para que qualquer pessoa tivesse acesso às contas públicas, apesar de este não ser o foco da lei. A LRF ganha importância na temática em pauta justamente porque foi uma opção legislativa muito clara em prol da transparência, prevendo mecanismos pioneiros e a previsão expressa do termo.

Contudo, uma advertência deve ser feita: apesar de a LRF ser considerada um importante avanço em termos de transparência, ela não deu cabo de plasmar, em nível concreto, uma transparência real, ou melhor, ao nível de alcance do cidadão comum.[141] A obrigatoriedade de divulgar os relatórios não foi de todo eficaz porque estes não seriam compreensíveis pelos cidadãos, afinal não era exigido que fossem disponibilizados em linguagem de fácil compreensão. Lembre-se, por oportuno: *transparência exige compreensão*.

A transparência na gestão orçamentária ficou ainda mais evidente a partir da edição da Lei Complementar nº 131/2009. A referida norma alterou vários dispositivos da LRF (Lei Complementar nº 101/2000), determinando a disponibilização, em tempo real, de informações pormenorizadas sobre a execução orçamentária e financeira da União, dos Estados, do Distrito Federal e dos Municípios. Por exemplo, o art. 48 da Lei Complementar nº 101/2000 ganhou nova redação, incentivando que a transparência seja garantida também por um *padrão democrático*, ou seja, pela participação popular. Já o art. 48-A dessa legislação veio a complementar o dispositivo anterior, a fim de estabelecer ferramentas para que os cidadãos possam ter um acesso facilitado aos gastos públicos.[142]

---

[140] O acesso a informações disciplinadas pela *Lei de Responsabilidade Fiscal* foi regulado pelo Decreto nº 7.185/2010, o qual: "Dispõe sobre o padrão mínimo de qualidade do sistema integrado de administração financeira e controle, no âmbito de cada ente da Federação, nos termos do art. 48, parágrafo único, inciso III, da Lei Complementar nº 101, de 4 de maio de 2000, e dá outras providências".

[141] MOTTA. Transparência e divulgação institucional. *Fórum de Contratação e Gestão Pública – FCGP*, p. 12.

[142] O art. 48-A, da LC nº 101/2001, deve ser implementado, na íntegra, nos prazos estabelecidos pelo art. 73-B, da mesma lei. Conferir, ainda, STJ, REsp nº 1.804.943-PB, Rel. Min. Herman Benjamin, 2ª Turma, j. 01.07.2019.

Ainda em 2001, o controle das contas públicas ficou dinamizado a partir da estruturação dos sistemas de planejamento e orçamento federais, que permitem um controle sistemático e integrado das atividades públicas, o que se deu pela edição da Lei nº 10.180/2001. No art. 24, incisos V e XI, há a determinação no sentido de que seja incentivado o controle social dos programas contemplados por verbas federais, o que se mostra importante à transparência. Além disso, o art. 27 ordena que sejam estabelecidos os mecanismos para que seja implementado o controle social sobre as contas públicas.

O *Estatuto da Cidade* (Lei nº 10.257/2001) pode ser considerado também um antecedente normativo no que se refere ao tema da transparência, porque prevê ferramentas de acesso do cidadão aos desígnios administrativos. No que se refere ao *Estudo de Impacto de Vizinhança (EIV)*, por exemplo, os documentos que o compõem ficam disponíveis para a consulta de qualquer sujeito.[143] Da mesma forma, os documentos que acompanham o processo de formulação do *plano diretor* podem ser acessados por qualquer cidadão.[144] Em resumo, deve ficar claro que o *Estatuto da Cidade* teve como uma de suas metas aprimorar a gestão democrática da cidade.[145]

Ainda, no mesmo ano, foi publicada a Lei do Pregão (Lei nº 10.520/2002), que dá cabo de dar um enfoque muito próprio à transparência dessa modalidade licitatória, tornando-se, na nossa ótica, uma das modalidades licitatórias mais transparentes. Não que a Lei nº 8.666/93 – a *Lei Geral das Licitações e dos Contratos Administrativos* – não tenha essa meta, ao contrário, como se pode notar tomando por base o texto do art. 3º, *caput*, do art. 15, §2º, do art. 16, *caput*, do art. 21, do art. 26, *caput*, parte final, do art. 38, inciso II,

---

[143] Lei nº 10.257/2001, art. 37: "O EIV será executado de forma a contemplar os efeitos positivos e negativos do empreendimento ou atividade quanto à qualidade de vida da população residente na área e suas proximidades, incluindo a análise, no mínimo, das seguintes questões: I – adensamento populacional; II – equipamentos urbanos e comunitários; III – uso e ocupação do solo; IV – valorização imobiliária; V – geração de tráfego e demanda por transporte público; VI – ventilação e iluminação; VII – paisagem urbana e patrimônio natural e cultural. Parágrafo único. Dar-se-á publicidade aos documentos integrantes do EIV, que ficarão disponíveis para consulta, no órgão competente do Poder Público municipal, por qualquer interessado".

[144] Art. 40, §4º, inciso III, da Lei nº 10.257/2001.

[145] O que pode ser percebido, já de plano, no art. 2º, inciso II, e no art. 4º, inciso III, alíneas "f" e "s".

do art. 39, *caput*, parte final, do art. 40, inciso V, do art. 61, parágrafo único, entre outros. Somente para destacar, um dispositivo que trata com muita evidência acerca do *dever de transparência* é o art. 61 da Lei nº 8.666/93.[146] Trata-se de regra que impõe a maior transparência possível aos contratos administrativos. A publicação chega ao ponto de ser "condição de eficácia" dos mencionados negócios jurídicos.

A Lei nº 11.079/2004, conhecida como a *Lei das Parcerias Público-Privadas* (PPP), prevê expressamente a possibilidade de serem feitas consultas populares para a análise do edital e da minuta de contrato – art. 10, inciso VI.[147] Essas consultas tributam um alto grau de transparência e de participação no procedimento administrativo em pauta. Veja que a publicidade desse procedimento, assim, transcende os limites das partes interessadas e que ali intervêm.[148]

Um importante antecedente à LAI é a Lei nº 11.111/2005 porque traçou uma arquitetura da transparência. Seus dispositivos constituíram um procedimento e uma estrutura de acesso à informação muito semelhante àquela que encontramos hoje na Lei nº 12.527/11. Muito embora a primeira norma tivesse como nítido foco ofertar mecanismos de efetivação ao *direito à verdade*, ainda assim mostrou-se como um antecedente sólido na fixação do desenvolvimento e da maturação normativa do direito fundamental constante no art. 5º, inciso XXXIII, da CF/1988.[149]

---

[146] Lei nº 8.666/1993, art. 61: "Todo contrato deve mencionar os nomes das partes e os de seus representantes, a finalidade, o ato que autorizou a sua lavratura, o número do processo da licitação, da dispensa ou da inexigibilidade, a sujeição dos contratantes às normas desta Lei e às cláusulas contratuais. Parágrafo único. A publicação resumida do instrumento de contrato ou de seus aditamentos na imprensa oficial, que é condição indispensável para sua eficácia, será providenciada pela Administração até o quinto dia útil do mês seguinte ao de sua assinatura, para ocorrer no prazo de vinte dias daquela data, qualquer que seja o seu valor, ainda que sem ônus, ressalvado o disposto no art. 26 desta Lei".

[147] Lei nº 11.079/2004, art. 10: "Art. 10. A contratação de parceria público-privada será precedida de licitação na modalidade de concorrência, estando a abertura do processo licitatório condicionada a: [...] VI – submissão da minuta de edital e de contrato à consulta pública, mediante publicação na imprensa oficial, em jornais de grande circulação e por meio eletrônico, que deverá informar a justificativa para a contratação, a identificação do objeto, o prazo de duração do contrato, seu valor estimado, fixando-se prazo mínimo de 30 (trinta) dias para recebimento de sugestões, cujo termo dar-se-á pelo menos 7 (sete) dias antes da data prevista para a publicação do edital".

[148] GORDILLO. *Tratado de derecho administrativo*, t. 2, p. IX-19; SANTOFIMIO. *Acto administrativo*: procedimiento, eficácia y validez, p. 130.

[149] Um panorama geral da Lei nº 11.111/2005 pode ser retirado de: MARTINS JÚNIOR, *op. cit.*, p. 214-223.

A Lei nº 11.111/05 regulamentava a parte final do direito fundamental mencionado, qual seja, na parte em que os dados seriam considerados sigilosos caso viessem a prejudicar a segurança nacional. A regra infraconstitucional preconizava que todos os documentos, informações ou dados não declarados como sigilosos poderiam ser acessados pelos indivíduos. Ainda, poder-se-ia provocar a *Comissão de Averiguação e Análise de Informações Sigilosas* para que reavaliasse o sigilo conferido a um determinado documento ou dado, ou permitisse acesso a eles.

Ainda, em termos de licitações e contratações públicas, a Lei nº 12.462/2011 instituiu o *Regime Diferenciado de Contratações Públicas (RDC)*, impondo que os editais devam ser publicados no *Diário Oficial da União* e em *site* oficial, o que aumenta sua transparência e sua publicidade.[150] A partir desse marco legal, essas espécies de contratação não ficam restritas à divulgação por meio da publicação oficial que, notoriamente, restringe consideravelmente o acesso aos dados e às informações públicas.

Em momento posterior à edição da LAI, passa a vigorar a Lei nº 12.813, de 16 de maio de 2013, a qual dispõe sobre o conflito de interesses no exercício de cargo ou emprego do Poder Executivo federal e impedimentos posteriores ao exercício destes. No que toca ao acesso às informações públicas, traz uma interessante regra: acaba por proibir a revelação de informações privilegiadas e conferir uma disciplina específica ao tratamento destes dados. Perceba que considera informação deste jaez aquela: "[...] que diz respeito a assuntos sigilosos ou aquela relevante ao processo de decisão no âmbito do Poder Executivo federal que tenha repercussão econômica ou financeira e que não seja de amplo conhecimento público" – art. 3º, inciso II. A divulgação de informação privilegiada (que inclui a sigilosa) configura conflito de interesses (art. 5º, inciso I), sendo que as proibições se estendem mesmo àqueles que já deixaram as

---

[150] Lei nº 12.462/2011, art. 15, §1º: "A publicidade a que se refere o caput deste artigo, sem prejuízo da faculdade de divulgação direta aos fornecedores, cadastrados ou não, será realizada mediante: I – publicação de extrato do edital no Diário Oficial da União, do Estado, do Distrito Federal ou do Município, ou, no caso de consórcio público, do ente de maior nível entre eles, sem prejuízo da possibilidade de publicação de extrato em jornal diário de grande circulação; e II – divulgação em sítio eletrônico oficial centralizado de divulgação de licitações ou mantido pelo ente encarregado do procedimento licitatório na rede mundial de computadores".

funções públicas nas quais receberam os dados ditos privilegiados. Logo, pode-se considerar a Lei nº 12.813/13 como sendo um marco normativo importante neste tema em específico.

Da mesma forma, a Lei nº 8.159/1990, que disciplina os arquivos públicos, segmenta várias ferramentas de acesso à informação, além de disciplinar um tema importante à espécie: a impossibilidade de divulgação e de acesso a certos dados, ou seja, casos e formas de sigilo.[151] Ela cria, assim, exemplos muito claros da relativização da publicidade dos atos públicos. Tal legislação era regulamentada pelo Decreto nº 2.134/1997. Então, na mesma medida que a regra tutela casos de sigilo acaba por disciplinar, consequentemente, os casos de acesso a informações públicas. Destaca-se que a LAI, no art. 46, inciso II, acabou por revogar o Capítulo V (arts. 22 a 24) da Lei nº 8.159/90, que justamente tratava dos dados que eram considerados inacessíveis ao público em geral.

Na carona dessa busca pela transparência, ocorrida no início do segundo milênio, a Controladoria-Geral da União (CGU) criou o *Cadastro Nacional de Empresas Inidôneas e Suspensas (CEIS)*, sendo este um banco de informações que visa a consolidar uma lista de empresas e de pessoas naturais que foram sancionadas pelos órgãos e entidades da Administração Pública das diversas esferas federativas.[152] O banco de dados possibilita a visualização do total de empresas e de pessoas naturais suspensas impedidas ou inidôneas a contratar com o Poder Público e facilita a consulta por nomes e fontes, potencializando, assim, a transparência sobre o assunto.

Em 2004, os *portais de transparência* começaram a surgir no Governo federal e foram espalhados aos Estados, em 2006, aumentando significativamente o controle, o maior acesso aos dados e informações públicas e, claro, à publicidade dos atos de governo. Esse é um marco importante na fixação de um *padrão democrático* na relação entre a Administração Pública e o administrado.[153] Em 2013, o STF, por exemplo, julgou improcedente ADI, momento

---

[151] Conferir art. 4º, art. 23, *caput* e parágrafos, entre outros.
[152] O CEIS interage com os dados de vários outros Estados, sendo aproveitadas as informações dos demais entes-federados para o catálogo. Ainda, congrega em seu banco de dados aqueles sujeitos que foram condenados por improbidade, a listagem de pessoas declaradas inidôneas pelo Tribunal de Contas da União (TCU) etc.
[153] DEBBASCH. *Science administrative*, p. 64.

em que declarou constitucional certo portal de finanças públicas, o qual dispunha sobre a criação, pelo TCU, de sítio eletrônico de informações sobre o tema, com dados fornecidos por todos os entes federados.[154] Assim, modernamente, considera-se que a transparência acaba por cumprir outro papel: *franquear a participação do cidadão na Administração Pública.*[155]

Ainda, há variados dispositivos que tratam de matérias ligadas ao acesso à informação. Trazem, em seu bojo, por exemplo, a publicidade como condição de eficácia. É o exemplo do art. 14 da Lei nº 9.784/1999, que determina que, quando seja efetuada a delegação de competência, deve ser este ato publicado em meio oficial.

Também se efetiva a publicidade dos atos administrativos por meio de *intimações*, que ocorrem, por exemplo, nos processos administrativos – conferir dicção do art. 26 da Lei nº 9.784/99.[156] Destaca-se que esse ato processual visa a dar ciência ao administrado de uma decisão ou pretende notificá-lo a praticar determinada conduta. A intimação feita em procedimento administrativo está calcada no *princípio do informalismo*. Aliás, a informalidade é maior no processo administrativo do que em processo civil.[157] Complementa esse dispositivo o art. 2º, parágrafo único, inciso V, o qual impõe a divulgação dos atos praticados no limiar do processo administrativo federal. Aliás, defende-se que a negativa de acesso a dado do processo administrativo pode gerar a anulação da decisão administrativa pertinente, porque é violado um direito fundamental.

---

[154] "Frisou-se que não haveria desrespeito ao princípio federativo e que o texto legal inspirar-se-ia na vertente mais específica do princípio da publicidade – a da transparência dos atos do Poder Público – e enquadrar-se-ia no contexto do aprimoramento da necessária cristalinidade das atividades administrativas, a cumprir o princípio inscrito no art. 37, *caput*, da CF" (STF, ADI nº 2.198-PB, Rel. Min. Dias Toffoli, Pleno, j. 11.04.13).

[155] MILESKI. A transparência da Administração Pública pós-moderna e o novo regime de responsabilidade fiscal. *Interesse Público – IP*, p. 20.

[156] Lei nº 9.784/1999, art. 26: "O órgão competente perante o qual tramita o processo administrativo determinará a intimação do interessado para ciência de decisão ou a efetivação de diligências". Na sequência, o dispositivo disciplina como deve ser praticada a intimação, bem como discorre sobre o seu conteúdo.

[157] STJ, RMS nº 9.580/MG, Rel. Gomes de Barros, Primeira Turma, j. 14.12.1998. No mesmo sentido: "No processo administrativo a intimação (salvo em procedimentos específicos, disciplinados por leis especiais), não tem o mesmo rigor técnico do processo judicial, correspondendo à idéia geral de dar ciência, dar conhecimento, comunicar" (DALLARI; FERRAZ. *Processo administrativo*, p. 126-127).

Pode-se dizer que a *Lei do Processo Administrativo Federal* ainda reservou outros mecanismos para a concretização da transparência administrativa, a saber: o art. 9º possibilita acesso ao processo àqueles detentores de direitos difusos e coletivos; os arts. 31 e 32 permitem que sejam convocadas audiências públicas ou consultas populares para auxiliar na melhor qualidade da decisão administrativa; a consagração do princípio da motivação,[158] plasmado no art. 50, seria outro bom exemplo; e o próprio direito de acesso constante no art. 46.[159] Todo ato administrativo tem por base um motivo de fato e de direito, explicados pela motivação. Sem motivo, a Administração Pública não pode decidir.[160] Aliás, a necessidade de motivação dos atos administrativos advém a partir da interpretação do art. 5º, inciso XXXV, da Constituição Federal, porque sua ausência acaba por prejudicar a prestação jurisdicional, bem como pela dicção do art. 93, inciso IX, do mesmo texto normativo, uma vez que o dever de motivação dos atos do Poder Judiciário deve se estender àqueles praticados pela Administração Pública.

A partir da construção do devido processo legal, especialmente na sua versão substantiva,[161] a motivação passou a ser erigida como uma condição *sem a qual* não há ato administrativo. Acaba, assim, por se tornar um baluarte do estado democrático de direito.[162] Contudo, o fundamento principal da motivação é justamente dar

---

[158] Sobre os limites teóricos deste princípio, conferir: ANDRADE. *O dever de fundamentação expressa dos actos administrativos*.

[159] Tudo de acordo com a exposição feita por Wallace Paiva Martins Júnior (*op. cit.*, p. 40-41). Muito embora o STF já reconhecia a necessidade de que o direito de acesso, plasmado no corpo da CF/1988, ficasse resguardado também no âmbito do processo administrativo: "Processo de representação instaurado para apurar eventual desvio dos recursos arrecadados com a exploração provisória do Complexo Pousada Esmeralda, situado no arquipélago de Fernando de Noronha/PE: direito da empresa impetrante, permissionária de uso, ter vista dos autos da representação mencionada, a fim de obter elementos que sirvam para a sua defesa em processos judiciais nos quais figura como parte. Não incidência, no caso, de qualquer limitação às garantias constitucionais (incisos X e XXXIII, respectivamente, do art. 5º da CF). Ressalva da conveniência de se determinar que a vista pretendida se restrinja ao local da repartição, ou, quando permitida a retirada dos autos, seja fixado prazo para tanto" (STF, MS nº 25.382, Rel. Min. Sepúlveda Pertence, Pleno, j. 15.02.06).

[160] BRAIBANT; STIRN. *Le droit administratif français*, p. 246-247.

[161] Sobre o *substancial due precess of Law*, consultar MARTEL. *Devido processo legal substantivo*: razão absoluta, função e características de aplicabilidade: a linha decisória da Suprema Corte Estadunidense.

[162] BANDEIRA DE MELLO. *Curso de direito administrativo*, p. 488.

uma maior *transparência* ao ato administrativo, sendo esta a raiz principal deste dever. Impede-se, com isso, que o segredo, no que se refere aos motivos do ato administrativo, possa ser estabelecido, prejudicando o controle, a democracia etc. Mas veja que estes últimos seriam muito mais *finalidades* do que propriamente *fundamentos* da imperiosidade de se motivar o ato.

Assim, a motivação do ato administrativo, a nosso ver, cumpre três finalidades essenciais:
(a) dar maior publicidade aos atos praticados pelos agentes estatais, como corolário dos princípios democráticos;[163]
(b) permitir o controle desses atos por terceiros, ainda que sejam entes do próprio Estado (por exemplo, outros poderes, Tribunais de Contas etc.);
(c) aumento da legitimidade do ato praticado.

Um ato administrativo despido da pertinente motivação deixaria pendente uma importante informação para se saber se ele é ou não arbitrário, especialmente frente a situações de discricionariedade.[164] Evita-se, com isso, de maneira drástica, situações que permitam que passem despercebidos atos lesivos ao patrimônio público ou decisões administrativas irrazoáveis, que denotam nem um mínimo compromisso com os valores essenciais da República. Aliás, a motivação é importante para dar lugar a uma Administração Pública que valoriza o procedimento como forma de pautar suas ações.[165] Logo, aqui, incide, intensamente, o princípio da transparência, o que incentiva o uso responsável das prerrogativas jurídico-administrativas.[166]

---

[163] CHAPUS. *Droit administratif géneral*, t. 1, p. 1131.
[164] AMARAL. *Motivo e motivação do ato administrativo*, p. 190. No mesmo sentido: SCHEIBLER. Ley 104 de acceso a la información de la Ciudad Autónoma de Buenos Aires: anotada y concordada. In: SCHEIBLER (Coord.). *Acceso a la información pública en la ciudad autónoma de Buenos Aires*: Ley 104 anotada y concordada, p. 113-114.
[165] Tanto que a Lei italiana nº 241/1990, art. 3, determina que todo ato administrativo deva ser motivado. Para uma exposição sobre a referida legislação, consultar: CORSO, *op. cit.*, p. 259-261.
[166] Claro que nem todos os atos administrativos necessitam ser motivados. Excepcionalmente, poderão existir casos em que os motivos para a prática do ato não precisarão ser expostos. Contudo, quando esta obrigatoriedade existir, o autor da decisão administrativa tem de expor de maneira completa e precisa as razões de fato e de direito pelas quais ele tomou aquela medida específica. Isso é expresso no art. 3, da Lei francesa de 11 de julho de 1979. Por todos: CHAPUS, *op. cit.*, p. 1129-1141. No mesmo sentido: CE, 13 fev. 1987, *Moreau*.

Ainda, o art. 37 da Lei nº 9.784/99 determina que compete ao Poder Público colaborar na instrução processual, anexando aos autos documentos que estão em seu poder, seja da própria autoridade responsável pela condução do processo, seja de outro órgão administrativo, quando o interessado declarar que fatos e dados registrados estão em poder da Administração Pública. Na verdade, tal dispositivo tem o escopo de tutelar o ônus da prova, facilitando-o em favor do administrado, porque minimiza a premissa que impõe que quem alega deve provar. Além disso, produz um efeito prático interessante na medida em que pauta uma uniformização dos dados e das informações entre as entidades públicas, uma vez que estes são juntados ao processo sempre pela mesma pessoa que os detêm arquivados.[167]

A transparência, como princípio reitor da Administração Pública, já aparecia, há muito, no *Código de Ética Profissional do Servidor Público Civil do Poder Executivo Federal* (Decreto nº 1.171/1994) como um dever do agente estatal.[168] A tal ponto importante, que a negativa à publicidade dos atos estatais pode ser reputada como sendo um ato de improbidade administrativa (art. 11, IV, Lei nº 8.429/92[169]).

Complementa essa necessidade de se ter transparência às relações públicas a Lei nº 12.528/2011, que institui a "Comissão da Verdade", regulamentando o art. 8º do Ato das Disposições Constitucionais Transitórias (ADCT), que visa a esclarecer possíveis violações aos direitos humanos. Todos esses antecedentes normativos

---

[167] MARRARA; NOHARA. *Processo administrativo*: Lei 9.784/99 comentada, p. 256. Ainda, deve ser levado em conta que os entes públicos devem colaborar com o processo administrativo, trazendo, na medida do possível, "[...] todos os dados, informações, documentos a respeito da matéria tratada, sem estar jungida aos aspectos considerados pelos sujeitos. Assim, no tocante a provas, desde que obtidas por meios lícitos (como impõe o inciso LVI do art. 5º da CF), a Administração detém liberdade plena de produzi-las" (MEDAUAR. *A processualidade do direito administrativo*, p. 131).

[168] Decreto nº 1.171/1994, Anexo, inciso VIII: "Toda pessoa tem direito à verdade. O servidor não pode omiti-la ou falseá-la, ainda que contrária aos interesses da própria pessoa interessada ou da Administração Pública. Nenhum Estado pode crescer ou estabilizar-se sobre o poder corruptivo do hábito do erro, da opressão ou da mentira, que sempre aniquilam até mesmo a dignidade humana quanto mais é de uma Nação".

[169] Lei nº 8.429/1992, art. 11: "Constitui ato de improbidade administrativa que atenta contra os princípios da Administração Pública qualquer ação ou omissão que viole os deveres de honestidade, imparcialidade, legalidade, e lealdade às instituições, e notadamente: [...] IV – negar publicidade aos atos oficiais".

colocam o Brasil em um patamar de Estado comprometido com os direitos humanos, especialmente no que se refere à transparência dos dados e das informações estatais, cumprindo, pois, com a agenda internacional outrora assumida. Está, assim, em paralelo com o que recomenda os principais tratados e convenções internacionais que tratam da temática.[170]

Depois da efetiva vigência da LAI, ainda em 2012, outras legislações surgiram acompanhando o paradigma traçado pelo diploma normativo ora analisado. Um exemplo eloquente pode ser retirado da Lei nº 13.019/14, a qual estabelece o regime jurídico das parcerias voluntárias, envolvendo, ou não, transferências de recursos financeiros entre a Administração Pública e as organizações da sociedade civil, em regime de mútua cooperação, para a consecução de finalidades de interesse público; define diretrizes para a política de fomento e de colaboração com organizações da sociedade civil; institui o termo de colaboração e o termo de fomento. Tamanha é a importância da transparência neste cenário, que a referida norma reservou um capítulo inteiro a este tema, denominado "Da transparência e do controle" (Seção III), determinando que:

(a) A Administração Pública divulgue, *inclusive via rede mundial de computadores*, os valores aprovados na lei orçamentária anual vigente, para execução de programas e ações do plano plurianual em vigor, que poderão ser executados por meio de parcerias previstas na referida lei (art. 9º).

(b) O Poder Público divulgue a relação das parcerias celebradas, em ordem alfabética, pelo nome da organização da sociedade civil, por prazo não inferior a 5 (cinco) anos, contado da apreciação da prestação de contas final da parceria (art. 10).

(c) Os entes estatais divulguem os caminhos para que se possa efetivar denúncias no que se refere às relações jurídicas disciplinadas pela Lei nº 13.019/14.

(d) As organizações da sociedade civil deverão divulgar em seu sítio na internet, caso mantenha, e em locais visíveis de suas sedes sociais e dos estabelecimentos em que exer-

---

[170] Exemplo: no cenário do meio ambiente, a transparência é fundamental, eleita como Princípio 10 da Declaração do Rio.

ça suas ações, todas as parcerias celebradas com o poder público.

A LAI também foi impactada pela Lei nº 12.965/2014, que institui o *Marco Civil da* Internet no Brasil. E não seria diferente, porque a disponibilização dos dados públicos, notadamente pela via da transparência ativa, dá-se pela rede mundial de computadores. A internet é um ecossistema digital que concentra ainda hoje o principal espaço para acesso e troca de informações. Segundo o art. 4º da mencionada legislação, a tal rede mundial tem por objetivo a promoção "[...] do acesso à informação, ao conhecimento e à participação na vida cultural e na condução dos assuntos públicos [...]" (inciso II).

Não há como imaginar as mais variadas relações jurídicas, sociais ou econômicas ignorando a existência da internet. Sua centralidade na vida cotidiana de pessoas ou instituições não é difícil de ser percebida. A tal ponto de o art. 7º, *caput* da Lei nº 12.965/2014 dispor que ela "[...] é essencial ao exercício da cidadania, e ao usuário [...]".

Ao que nos parece, esses são elementos visíveis da mudança de paradigma, colocados a efeitos pela *Lei de Acesso à Informação*. O que confirma nossa certeza de que, neste campo, não há mais espaço para retrocesso. Veja como o STJ bem delineou o tema:

> Eis a ordem natural das coisas, em matéria de transparência em uma democracia: i) a Administração atende o dever de publicidade e veicula de forma geral e ativa as informações públicas, na internet; ii) desatendido o dever de transparência ativa, mediante provocação de qualquer pessoa, a Administração presta a informação requerida, preferencialmente via internet; iii) descumprido o dever de transparência passiva, aciona-se, em último caso, a Justiça. Não é a existência dos passos subsequentes, porém, que apaga os deveres antecedentes. Ou seja: não é porque se pode requerer acesso à informação que a Administração está desobrigada, desde o início, de publicá-la, ativamente e independentemente de requerimento anterior.[171]

A transparência como regra e o sigilo como exceção não são concepções novas, porque derivam do texto constitucional

---

[171] STJ, REsp nº 1.857.098-MS, Rel. Min. Og Fernandes, 1ª Seção, j. 11.05.2022.

de 1988 e de vários outros mecanismos previstos na legislação esparsa. Apesar disso, como bem foi referido em outro momento da obra, a LAI deu cabo de dinamizar o acesso à informação a um patamar de intensidade e de densidade normativa jamais visto, sem falar na maior abrangência perpetrada. E isso refletiu em um maior pragmatismo da lei, ou seja, ela causou mutações sociais vistas claramente. Dessa forma, só o tempo dirá se a LAI será uma norma que estabelecerá, na sociedade brasileira, um inédito padrão de cultura.

Em termos singelos, a LAI acaba por tratar a publicidade administrativa em outros termos, redefinindo seu escopo, dado que intensifica um padrão quantitativo e outro qualitativo. Dessa forma, clarifica as relações jurídico-administrativas, retirando-se o sigilo eterno, diminuindo os prazos de vedação ao acesso e permitindo franco acesso às informações depositadas em poder da Administração Pública.

CAPÍTULO 2

LEI DE ACESSO À INFORMAÇÃO – LEI Nº 12.527/2011

2.1 Introdução à Lei de Acesso à Informação (LAI)

A Lei nº 12.527 foi publicada em 18 de novembro de 2011, mas somente entrou em vigor em 16 de maio de 2012.[172] Tal diploma legislativo, ao nosso sentir, causou uma autêntica revolução no limiar da Administração Pública, especialmente no que se refere à relação entre os Poderes Públicos e os administrados, porque trouxe uma nova roupagem neste liame jurídico. Ela tratou de balancear os interesses privados e públicos,[173] e é justamente porque esta regra causou uma modificação por deveras intensa nas relações jurídico-administrativas, instaurando o paradigma da transparência de uma forma tão radical, que releva abordá-la de forma sistematizada e pormenorizada. Ademais, pode-se dizer que a LAI veio regular o inciso XXXIII do art. 5º, o inciso II do §3º do art. 37 e o §2º do art. 216, todos da CF/1988.

A publicidade administrativa tem intensificada sua qualidade com a legislação em pauta a partir do momento que ela torna pública a maioria dos documentos e informações que antes eram

---

[172] A *Lei de Acesso à Informação* foi regulamentada por meio do Decreto nº 7.724/2012, que entrou em vigor no dia 16 de maio de 2012, delimitando, no âmbito do poder executivo federal, os procedimentos para a garantia do acesso à informação, tratando da sua abrangência, das transparências ativa e passiva, da classificação dos graus de sigilo, das suas reavaliações etc.

[173] A Lei nº 12.527, de 18 de novembro de 2011, representou um avanço importante para a transparência das ações do poder público, fortalecendo ainda mais a democracia brasileira.

consideradas sigilosas. Assim, referida norma possui, como eixo estruturante, um padrão axiológico muito claro: potencializar no mais que pode o direito fundamental à transparência dos dados e das informações públicas.

Por isso que se pode dizer que a LAI acredita no cidadão, e não no "consumidor de direitos", sendo harmônica com a arquitetura normativa estabelecida pela CF/1988. Nesse ponto, a lei tende a cumprir seu papel, fornecendo uma ferramenta para o ressurgimento das convicções cívicas e cidadãos emancipados.

A legislação analisada esforçou-se em expandir ao máximo o rol de legitimados a demandarem pela via da norma em pauta. Essa participação aberta traz como corolário lógico um intenso valor democrático e plural ao âmbito do acesso à informação.[174] O processo de acesso aos dados públicos, então inserido em um estado democrático e social de direito, deve guardar o aspecto *participativo* na maior medida possível, garantindo uma ordem existencial e concreta ao cidadão que nele se insere.[175]

Além disso, deve se ter em mente que o acesso à informação é, muito antes, um direito fundamental consagrado expressamente na Constituição Federal. Até a entrada em vigor da LAI, à mercê de uma legislação específica sobre o tema, a jurisprudência não assegurava um posicionamento uníssono a respeito, flutuando em um ou outro sentido. Caso a caso se deferia ou não o acesso, catalogando hipóteses de sigilo a partir da interpretação da parte final do inciso XXXIII do art. 5º da CF/1988,[176] sob o argumento de que, sendo o direito de acesso um direito fundamental, como tal, não poderia ser visualizado de forma absoluta. Ficava, assim, coligado a um juízo de ponderação, a ser comparado com outros

---

[174] Enfim, permite: "Um instituto de participação administrativa aberta e indivíduos e a grupos sociais determinados, visando à legitimidade da ação administrativa, formalmente disciplinada em lei, pela qual se exerce o direito de expor tendências, preferências e opções que possam conduzir o Poder Público a uma decisão de maior aceitação consensual" (MOREIRA NETO. *Direito da participação política legislativa, administrativa, judicial*: fundamentos e técnicas constitucionais da democracia, p. 129).

[175] ARBELÁEZ. *El espíritu del derecho administrativo*, p. 109.

[176] Pela possibilidade de acesso: STJ, RMS nº 1.922/SP, Rel. Min. Humberto Gomes de Barros, 1ª Turma, j. 09.02.94 (destaque para a fundamentação deste julgado, por deveras expressiva). Em sentido contrário, negando acesso com base em reconhecimento de hipótese de sigilo: STJ, HD nº 56/DF, Rel. Min. Félix Fischer, 3ª Seção, j. 10.05.00.

bens jurídicos também albergados pela Constituição Federal, sendo a razoabilidade o fiel da balança.

2.2 Breves considerações sobre o acesso à informação no direito comparado

No direito comparado, a matéria foi prevista em inúmeros textos legislativos. Mais de noventa países possuem leis específicas que tratam da transparência da Administração Pública. A Suécia pode ser considerada o país vanguardista na matéria, dado ser a nação que possui uma regra específica sobre o tema desde 1766[177] e, com ela, a Suíça, que já editou uma lei de acesso a informações públicas muito semelhante às regras que viriam na sequência dos tempos, isso em 1776.

Um dos antecedentes marcantes na matéria é o *Freedom of Information Act (FOIA)*, dos Estados Unidos, promulgado pelo Presidente Lyndon B. Johnson, em 4 de julho de 1966, contando com uma *vacacio legis* de um ano – para que todos pudessem se adaptar a esta legislação.[178] Tal ato normativo tinha como papel principal permitir a revelação de informações detidas pelos organismos estatais (*disclosure of the information*), permitindo o direito de acesso (*right of acess*). Ainda, a referida regra franqueou mais três direitos: o direito de registro (*record*), de complementação (*amendment*) ou de retificação (*correction*). A partir de então, muitas reformas foram feitas na lei para incluir ou excluir certas matérias do dever de informar, tudo dependente do momento político ou econômico vivenciado pela nação norte-americana.[179]

---

[177] Mas o tema pode ser considerado recente em quase a maioria das demais nações. A Colômbia, somente em 1985, teve sua primeira lei que dispôs sobre o acesso do cidadão às informações produzidas ou constantes no interior da Administração Pública. E apenas em 2002, Panamá, México e Peru elaboraram as suas legislações nesta matéria. A África é sem dúvida o continente em que as regras sobre transparência são mais escassas. Ao que se conhece, apenas a África do Sul possui norma nesse sentido.

[178] A partir deste marco normativo, pode-se ter uma noção de que, ao menos a nosso ver, agiu mal o legislador ao dar à LAI uma *vacatio* de *apenas seis meses* ["Art. 47. Esta Lei entra em vigor 180 (cento e oitenta) dias após a data de sua publicação"].

[179] Importante mencionar que se considera que o *Federal Administrative Procedure Act*, de 1946, seja um marco normativo importante e anterior em matéria de transparência dos atos administrativos, inserido no cenário jurídico norte-americano.

Trata-se de uma lei federal que não se aplica aos governos estaduais e locais, nem mesmo às cortes de justiça e ao Congresso.[180] O FOIA possui nove isenções de acesso, ou seja, casos nos quais o sigilo impera sobre determinadas informações. Seriam elas, em síntese:

(a) para a proteção e no interesse da defesa nacional ou da política externa;
(b) sobre guias internos discutindo estratégias de combate aos detratores da lei;
(c) para divulgação daquilo que é expressamente proibido por outras leis;
(d) sobre informações confidenciais, que dimanem um privilégio comercial, ou sobre dados relativos às finanças;
(e) para proteção dos dados derivados de situações judiciais especiais, incluindo a relação entre o advogado e seu cliente;
(f) quando a divulgação constituiria uma violação claramente injustificada à privacidade;
(g) quando a liberação do acesso pode criar o risco de dano, ainda que seja na ótica do razoável;
(h) sobre dados relacionados com a supervisão das instituições financeiras por uma agência encarregada da regulação ou da fiscalização de tais entidades;
(i) sobre informações geofísicas e geológicas a respeito de poços de petróleo;

Esses nove casos de sigilo foram ampliados com a reforma da lei, ocorrida em 1976. Ficou, assim, vedado, também, o acesso a:

(j) informações relacionadas à defesa nacional;
(k) processos criminais movidos contra as pessoas;
(l) normas internas de pessoal;
(m) intimidade ou vida pessoal de um cidadão;
(n) investigações ou informações que poderiam prejudicar o bom andamento de um processo;
(o) informação que levaria à especulação financeira ou à desestabilização do sistema econômico ou financeiro;

---

[180] Já a Lei nº 12.527/2011, brasileira, possui disposições de lei nacional e de lei federal, sendo, pois, considerada uma norma de natureza *mista*. Assim, possui uma incidência vertical e horizontal no âmbito da federação.

(p) relatórios de participação de órgãos estatais (por exemplo, *agencies*) em processos judiciais.

Caso uma autoridade negue acesso aos dados solicitados, o interessado pode buscar uma ordem judicial para o acesso ao documento (*order to disclosed*). Nesse caso, tal agente estatal que negou a revelação do conteúdo da informação pode responder perante a corte.

Três críticas podem ser feitas ao projeto original da lei norte-americana: a primeira delas consiste no fato de que as autoridades públicas não tinham prazo marcado para responder aos pedidos de acesso à informação; por conseguinte, não foram previstas sanções para quando um agente estatal descumprisse os deveres previstos em lei; e, por último, não foi estipulado um limite no que tange a quanto cada esfera de governo poderia cobrar em relação aos pedidos, ou seja, não havia uma regulamentação sobre as taxas aplicadas ou sobre os casos de isenção ao pagamento delas. Veja que essas três fraquezas da lei americana foram atacadas com firmeza pela Lei nº 12.527/11. Com o tempo, muitas dessas falhas foram sendo corrigidas. A Emenda de 1974, por exemplo, deu cabo de corrigir estes três principais aspectos. Então, hoje, a Administração Pública americana possui um prazo de vinte dias para responder às solicitações – prazo que muitas vezes é descumprido, diga-se de passagem.

A partir de 1976, o FOIA foi alterado por vários atos normativos. Especialmente a partir de 1982, durante o governo do Presidente Reagan, as mudanças foram ainda mais substanciais. As medidas, em si mesmas, tinham o escopo claro de diminuir o espectro de incidência da lei, sob o pretexto de se fortalecer a segurança nacional.[181] A partir de 1995, porém, o FOIA acabou sendo remodelado a uma outra direção, ou seja, em vez de ter seu campo de incidência cada vez mais restrito, passou a ser ampliado, principalmente a partir da liberação de vários documentos históricos que, antes, eram considerados inacessíveis por motivos de "segurança nacional".

---

[181] Um exemplo dessas alterações é o *Omnibus Anti-Drug Abuse Act*, de 1986, que impõe câmbios no FOIA, o que se conheceu com *Freedom of Information Reform Act*.

Em 1996, outra emenda foi ainda mais além, criando o *Electronic Freedom of Information Act (EFOIA)*. Tal norma alterou procedimentos previstos na lei para resolver o problema de atraso da agência em responder às solicitações. EFOIA expande o tempo que as agências têm de responder a um pedido inicial em uma tentativa de criar padrões mais realistas para as agências. Ele também orienta os órgãos para criar categorias de solicitantes, cujos pedidos podem ser considerados sem que se utilize somente o critério cronológico, ou seja, aquele que primeiro pede primeiro leva. Pode-se dar mais agilidade aos pedidos, por exemplo, de quem sofre de doenças mentais ou está acometido de uma enfermidade grave.

A partir daí, o FOIA ficou sujeito a todo o tipo de alteração,[182] ampliando-se ou restringindo o acesso, sempre dependendo do momento político ou econômico vivenciado pelos Estados Unidos. Assim, tal ato normativo não reflete um conteúdo constante, porque pode sofrer câmbios de toda ordem, dependendo dos influxos históricos.

A *Lei Federal de Transparência e Acesso a Informação Pública Governamental do México*, de 2002, ao seu turno, traça um panorama muito expressivo nesse sentido, calcando instrumentos democráticos e fundamentais ao cidadão no que se refere ao controle do espaço público de poder. Pode ser considerada uma importante fonte jurídica para o tema, quando da pesquisa em direito comparado.

Na França, os direitos dos cidadãos a terem acesso a documentos, dados ou informações públicas foram sendo construídos paulatinamente, porque, por um longo período, o sigilo era a regra, e a transparência era a exceção. A inversão dessa lógica foi desenvolvida com o passar dos anos, principalmente a partir do momento em que se dá cabo de superar a proposta político-administrativa do antigo regime,[183] época em que o segredo era somente quebrado em poucas ocasiões, como quando do exercício do direito de defesa pelo administrado.

---

[182] As emendas mais expressivas foram: o *Open Government Act*, de 2007; a *Executive Order*, de 2009, oriunda do Presidente, que permitia a classificação retroativa das informações; e a emenda de 2010, que repelia o FOIA das transações financeiras de *Wall Street*.
[183] BRAIBANT; STIRN, *op. cit.*, p. 439-440.

Um antecedente francês importante nesse câmbio de perspectiva acerca da transparência é a Lei de 17 de julho de 1978, que disciplina a comunicação de documentos administrativos. Essa norma pauta a publicidade (não a transparência, é certo) como um dever do Estado, devendo ser, em muitos casos, individualizada. Assim, a reforma administrativa praticada por essa legislação garantiu o amplo acesso aos dados públicos, ressalvando o sigilo em alguns casos, como nas hipóteses de informações ligadas a documentos normativos, decisões de governo, questões médicas etc.

Já a Lei de 6 de janeiro de 1978, complementada pelo Decreto de 20 de outubro de 2005 (modificada pela Lei nº 2000-321, de 12 de abril de 2000 – tal legislação deu cabo de simplificar o quadro de demandas), permite a toda pessoa conhecer ou pedir a retificação de dados arquivados, concernentes à sua figura.[184] Ela abre aos administrados a possibilidade de conhecer os dados ou informações depositados nos órgãos estatais.[185] À norma em questão, especialmente pela modificação feita no ano de 2000, é dada tamanha importância, que Pierre-Laurent Frier e Jacques Petit consideram que ela constituiu verdadeira "democracia administrativa".[186] Claro que a lei em questão guarneceu hipóteses de sigilo especificamente numeradas, como as informações que possam prejudicar a segurança do Estado francês e os *documents nominatifs*, os quais somente podem ser acessados pelas pessoas especificamente denominadas.

Ainda pode ser citada, nesse contexto, a Lei francesa de 3 de janeiro de 1979, a qual deu cabo de complementar as demais legislações específicas no tema. Tal norma visou a disciplinar os arquivos públicos do referido país europeu, fixando, neste sentido, prazos de sigilo de dados no que se refere aos documentos relativos à vida privada, à segurança do Estado, à defesa nacional etc. Os demais documentos seriam, então, de livre acesso.[187]

Hoje, o povo francês possui ferramentas jurídicas efetivas para saber e acompanhar o desenvolvimento das funções administrativas,

---

[184] WALINE, *op. cit.*, v. 1, p. 405. Sobre o direito de retificação, conferir: CE, 13 fev. 1976, *Deberon*.
[185] CHAPUS, *op. cit.*, p. 481.
[186] *Précis de droit administratif*, p. 307.
[187] BRAIBANT; STIRN, *op. cit.*, p. 440.

bem como ser informado acerca de dados que lhe interessem. O controle é exercido independentemente de se ter um processo em curso ou mesmo se o cidadão está ou não litigando contra o Estado.[188] Além disso, a legislação em questão permitiu que o administrado solicite cópias de documentos, bem como que possa consultá-los em determinado local, tudo de forma gratuita – regulamentação dada pelo decreto de 6 de julho de 2001.[189]

Cabe destacar que a lei de acesso à informação francesa aplica-se às pessoas jurídicas de direito público e às pessoas jurídicas de direito privado que exerçam serviço público. No caso, há a possibilidade de o Estado, ou quem lhe faça as vezes, opor-se ao pedido, alegando se tratar de dado relativo à defesa nacional, de caráter privado etc.

Na Itália, as regras que impõem a transparência das informações públicas também tiveram uma evolução paulatina. Podemos dizer que um ponto importante na gênese da construção normativa em questão ficou a cargo da Lei nº 8/1983, que tratava, essencialmente, de matéria ambiental. Contudo, ela obrigava que o Estado desse acesso às informações relativas à proteção e à segurança do meio ambiente, bem como determinava a realização de audiências públicas em certas situações. Essa regra é seguida da Lei nº 149/1990 (que permitia acesso aos dados das comunas e das províncias). Contudo, o marco regulatório, na Itália, em matéria de acesso às informações públicas, é a Lei nº 241/1990,[190] que pautou a lógica de que o acesso é a regra e o sigilo é a exceção, na linha do que já preconizava a União Europeia. Tal legislação, contudo, ressalva o sigilo no que se refere aos documentos ligados à segurança nacional, compreendendo acordos internacionais, defesa militar, atos de política externa, informações que possam prejudicar o combate à criminalidade, a vida privada, o interesse industrial, comercial, tecnológico ou sanitário etc.[191] É importante mencionar que, tal qual a lei brasileira, o sigilo também foi fixado de maneira

---

[188] *Idem.*
[189] CE, 26 out. 1988, *Lalande*. Ainda, decidiu-se que o administrado poderia solicitar o auxílio de um terceiro (CE, 11 jul. 1988, *Coiffer*).
[190] Tal legislação é potencializada pelo Decreto nº 352/1992.
[191] Tudo conforme exposição feita por Wallace Paiva Martins Júnior (*op. cit.*, p. 160-161).

temporária. Nesse país europeu, a solicitação de acesso deve ser motivada, apesar de o requerimento poder ser feito por qualquer pessoa natural ou jurídica. A recusa ao acesso pode permitir que se recorra ao Poder Judiciário.

Em Portugal, o acesso à informação está previsto nas Leis nºs 65/1993 e 8/1995. Tais diplomas normativos criam uma estrutura interessante nesse aspecto, permitindo que se estabeleçam procedimentos, uma "Comissão de acesso aos documentos administrativos" etc. Já a Lei nº 1/1989, art. 268º, nºs 1 e 2, consagra o que lá se denominou de "direito ao arquivo aberto", que nada mais é do que a possibilidade de se ter acesso aos dados e registros administrativos. Ela estabelece, na linha do texto constitucional, um direito de acesso por deveras largo, cujo exercício, inclusive, não precisa ser motivado (tal qual o determinado pela LAI no art. 10, §3º[192]). Ainda, em Portugal, importantes regras disciplinam a matéria, como a Lei nº 10/1991 (que disciplina a proteção de dados pessoais face à informática), a Lei nº 28/1994 (que reforça a proteção dos dados pessoais) etc. Essas normas têm fundamento no art. 35º da Constituição da República Portuguesa, ora vigente, o qual consagra o direito dos cidadãos terem acesso às informações depositadas em arquivos públicos, bem como no art. 48º, nº 2, que confere aos cidadãos o direito de serem informados pelo Governo sobre a gestão de assuntos públicos. E, por fim, o art. 268º, nº 2, do texto constitucional, é ainda mais específico, dizendo que os cidadãos têm direito de acesso aos arquivos públicos e registros administrativos.[193]

Contudo, um dos diplomas normativos lusitanos mais importantes nesse aspecto é o *Código do Procedimento Administrativo* lá vigente, instituído pela Lei nº 442, de 15 de novembro de 1991. Esse código reservou um capítulo inteiro ao acesso à informação (Capítulo II, arts. 61º a 65º). Disciplina, em síntese, a legitimidade e os dados que podem ser acessados e, por consequência, aquilo que deve ser relegado ao sigilo etc. O art. 61º, nº 3, por exemplo, determina que as informações relativas a procedimento administrativo sejam entregues ao interessado no prazo máximo

---

[192] Lei nº 12.527/2011, art. 10 "[...] §3º São vedadas quaisquer exigências relativas aos motivos determinantes da solicitação de informações de interesse público".

[193] GONÇALVES. *Acesso à informação das entidades públicas*.

de dez dias. Cria-se, assim, um verdadeiro direito à *comunicação aberta* entre o Poder Público lusitano e os sujeitos administrados, que é formatada pela transparência ativa e passiva. Enfim, em Portugal também foram previstos os dois tipos de transparência, tal qual a legislação brasileira.

Ainda, como marco normativo internacional podemos citar o art. 37, nº 1, da Lei nº 30/1992, que instituiu o "Regime Jurídico das Administrações Públicas e do Procedimento Administrativo Comum", do Reino de Espanha.[194] A legislação mencionada foi um marco no país europeu em questão, rompendo com a invisibilidade dos documentos públicos e garantindo um padrão qualitativo de transparência das relações jurídico-administrativas. Aos cidadãos se garantiu o direito de acesso aos arquivos públicos e aos registros em geral, que não só aqueles ligados ao solicitante. A lei de acesso espanhola estabeleceu, pois, um padrão de controle social importante, tendo em vista que se pode ter uma visão mais cristalina do desenvolvimento das políticas públicas desta nação ibérica.

É interessante notar que, mesmo países com nenhuma abertura democrática ou com "baixa democracia", ainda assim editaram leis de acesso, como é o caso da China, que, em 2001, promulgou uma lei muito parecida com as demais constantes no mundo, para o fim de poder ingressar no *World Trade Organization*. A mesma situação se deu com o Paquistão, que, em 2004, editou uma lei de acesso como pressuposto para o recebimento de vultoso empréstimo oriundo do *Fundo Monetário Internacional*. Dessa forma, nesses países, as leis propagadoras da transparência pública não são oriundas de motivações democráticas ou focadas em uma maior participação da população, mas sim possuem como finalidade angariar maior espaço econômico e/ou institucional no plano das relações internacionais.

No plano transnacional, é pródiga a produção normativa no sentido de constituir a transparência de dados e informações públicas como sendo um *dever dos Estados Nacionais*. Para tanto,

---

[194] Nesse país ibérico, a Constituição Nacional garante o direito de acesso no art. 105, "b", garantindo o sigilo em certas situações, como no caso de ser prejudicada a segurança do Estado espanhol, no caso da investigação de delitos ou para preservar a intimidade das pessoas.

pode ser citado outro antecedente normativo muito importante nesse sentido: os arts. 10 e 13, ambos da *Convenção das Nações Unidas contra a Corrupção*, de 2003,[195] que também determinam a transparência como uma ferramenta fundamental nesse enfrentamento. Antes dessa carta transnacional de direitos, a *Declaração Universal dos Direitos Humanos*, de 1948, oriunda da *Organização das Nações Unidas (ONU)*, já tinha previsto o direito ao acesso às informações, no art. XIX.[196]

Pode, ainda, ser citada como paradigma a *Declaração Interamericana de Princípios de Liberdade de Expressão*, de 2000, editada pela *Comissão Interamericana de Direitos Humanos* (CIDH – item 4), quando afirma que o direito ao acesso a dados detidos pelo Estado é de natureza fundamental. Esse diploma normativo serve de base

---

[195] Diretriz normativa internacional incorporada ao sistema jurídico brasileiro pelo Decreto nº 5.687/2006, art. 10: "Informação pública. Tendo em conta a necessidade de combater a corrupção, cada Estado Parte, em conformidade com os princípios fundamentais de sua legislação interna, adotará medidas que sejam necessárias para aumentar a transparência em sua Administração Pública, inclusive no relativo a sua organização, funcionamento e processos de adoção de decisões, quando proceder. Essas medidas poderão incluir, entre outras coisas: a) A instauração de procedimentos ou regulamentações que permitam ao público em geral obter, quando proceder, informação sobre a organização, o funcionamento e os processos de adoção de decisões de sua Administração Pública, com o devido respeito à proteção da intimidade e dos documentos pessoais, sobre as decisões e atos jurídicos que incumbam ao público; b) A simplificação dos procedimentos administrativos, quando proceder, a fim de facilitar o acesso do público às autoridades encarregadas da adoção de decisões; e c) A publicação de informação, o que poderá incluir informes periódicos sobre os riscos de corrupção na Administração Pública" e art. 13: "Participação da sociedade. 1. Cada Estado Parte adotará medidas adequadas, no limite de suas possibilidades e de conformidade com os princípios fundamentais de sua legislação interna, para fomentar a participação ativa de pessoas e grupos que não pertençam ao setor público, como a sociedade civil, as organizações não governamentais e as organizações com base na comunidade, na prevenção e na luta contra a corrupção, e para sensibilizar a opinião pública a respeito à existência, às causas e à gravidade da corrupção, assim como a ameaça que esta representa. Essa participação deveria esforçar-se com medidas como as seguintes: a) Aumentar a transparência e promover a contribuição da cidadania aos processos de adoção de decisões; b) Garantir o acesso eficaz do público à informação; c) Realizar atividade de informação pública para fomentar a intransigência à corrupção, assim como programas de educação pública, incluídos programas escolares e universitários; d) Respeitar, promover e proteger a liberdade de buscar, receber, publicar e difundir informação relativa à corrupção. Essa liberdade poderá estar sujeita a certas restrições, que deverão estar expressamente qualificadas pela lei e ser necessárias para: i) Garantir o respeito dos direitos ou da reputação de terceiros; ii) Salvaguardar a segurança nacional, a ordem pública, ou a saúde ou a moral públicas. 2. [...]".

[196] *Declaração Universal dos Direitos Humanos*, de 1948, art. XIX: "Toda pessoa tem direito à liberdade de opinião e expressão; este direito inclui a liberdade de, sem interferência, ter opiniões e de procurar, receber e transmitir informações e ideias por quaisquer meios e independentemente de fronteiras".

à disposição constante no art. 19 do *Pacto Internacional dos Direitos Civis e Políticos*, o qual também reserva uma regra parecida.[197] Este último dispositivo veio a reboque do *Relatório Especial para a Liberdade de Opinião*, produzido pela *Comissão de Direitos Humanos* da ONU. Já neste documento se expunha, de maneira objetiva e clara, sobre o direito de se ter acesso a informações detidas pelas autoridades de Estado.

O acesso a informações não passou despercebido quando da promulgação da *Declaração do Rio sobre Meio Ambiente e Desenvolvimento*, de 1992.[198] Assim, mesmo na seara ambiental, compreendeu-se a necessidade de se plasmar o dito direito na carta ambiental referendada pela ONU. O *Princípio 10* da declaração expõe a seguinte premissa:

> A melhor maneira de lidar com as questões ambientais é com a participação de todos os cidadãos interessados, no nível pertinente. No nível nacional, cada indivíduo deve ter acesso adequado às informações relativas ao meio ambiente de que disponham as autoridades públicas, inclusive informações sobre materiais e atividades que representam um perigo em suas comunidades, e a oportunidade de participar nos processos de tomada de decisão. Os Estados devem facilitar e estimular a conscientização e a participação pública, tornando a informação acessível a todos. O acesso efectivo aos processos judiciais e administrativos, incluindo compensar e remediar relevante.

Em 1998, a *Comissão Econômica para a Europa*, uma das cinco comissões regionais das Nações Unidas, aprovou a *Convenção sobre Acesso à Informação, Participação do Público no Processo de Tomada de Decisão e Acesso à Justiça em Matéria de Ambiente*, constituída no âmbito da Conferência Ministerial *Ambiente para a Europa*, realizada em Aarhus, na Dinamarca. Esse instrumento é conhecido como a *Convenção de Aarhus*, sendo mais um documento que referenda a

---

[197] *Pacto Internacional dos Direitos Civis e Políticos*, art. 19: "Toda pessoa terá direito à liberdade de expressão; esse direito incluirá a liberdade de procurar, receber e difundir informações e ideias de qualquer natureza". Sobre a legislação internacional que trata do acesso à informação, consultar: CAPLAN. Acceso a la información ¿pública?. In: SCHEIBLER (Coord.). *Acceso a la información pública en la Ciudad Autónoma de Buenos Aires*: Ley 104 anotada y concordada, p. 159-180.
[198] CAPLAN, *op. cit.*, p. 165.

preocupação mundial em dar acesso às informações detidas pelos Poderes Públicos, permitindo que o cidadão possa conhecê-las.

Aliás, a União Europeia consagra inúmeros atos normativos que garantem o direito de acesso à informação pública. Exemplificativamente, podem ser citadas as Resoluções nºs 31 e 81, oriundas do Conselho da Europa; a Diretiva nº 95/46, de 24 de outubro de 1995; o Tratado de Amsterdã, de 2 de outubro de 1997. Ainda, em 1993, a União Europeia já havia comunicado aos Estados-partes que o acesso deveria se dar sem que se precisasse enunciar as razões da solicitação.[199]

Além disso, a *Declaração Interamericana de Princípios de Liberdade de Expressão*, de 2000, oriunda da CIDH, no seu *item 4*, determina que é direito do cidadão ter acesso à informação em poder do Estado, sendo este um verdadeiro direito fundamental do indivíduo. Assim, os Estados estão obrigados a garantir o exercício desse direito, sendo que este princípio só admite limitações excepcionais, previstas expressa e previamente em lei.

Outro marco normativo importante foi produzido pela Assembleia da *Organização dos Estados Americanos (OEA)*, que aprovou a Resolução nº 1.932, datada de 10 de junho de 2003. Afirmou-se, assim, no art. 2º, que "[...] todos têm a liberdade de procurar, receber, acessar e divulgar informações e que o acesso à informação pública é um pré-requisito para funcionamento da democracia". Foi estabelecido, ainda, que "[...] os Estados têm a obrigação de respeitar e garantir o respeito ao acesso do público à informação a todas as pessoas e promover a adopção de medidas legislativas ou outras que sejam necessárias para assegurar o seu reconhecimento e efectiva". Em 2006, outro relevante ato normativo foi aprovado pela OEA. Trata-se da Resolução nº 2.252, de 6 de junho de 2006, que incitava os Estados-partes a adotarem, em seu âmbito interno, normas que viabilizassem o acesso às informações públicas.[200]

Antes mesmo das resoluções terem sido publicadas, a *Corte Interamericana de Direitos Humanos* criou um órgão importante e

---

[199] Tudo conforme MARTINS JÚNIOR, *op. cit.*, p. 106-107.
[200] Ainda, em complemento ao tema pautado, menciona-se a Resolução nº 2.121 (XXXV-O/05), de 07 de junho de 2005, que dispõe sobre o "Acesso à Informação Pública: Fortalecimento da Democracia".

muito atuante na matéria: a *Relatoria Especial para a Liberdade de Expressão*. Em certo momento, essa instituição redigiu a *Declaração de Princípios sobre Liberdade de Expressão*, sendo que, já em seu Princípio 4, dispõe que "[...] o acesso à informação em poder do Estado é um direito fundamental dos indivíduos. Os Estados são obrigados a garantir o exercício desse direito". O texto em questão foi aprovado pela comissão em outubro de 2000. De acordo com o que se percebe, a CorteIDH considerou relevante, dentro da liberdade de expressão e de difusão do pensamento, que se tenha o acesso aos dados em poder da Administração Pública. Percebe-se, assim, uma ligação entre esses dois direitos, entendidos como fundamentais, sendo ambos complementares um ao outro.

Sem contar que o *Departamento de Direito Internacional*, formado por um grupo de especialistas da *Organização dos Estados Americanos*, Sociedade civil americana e os Estados-Membros, elaboraram um documento com as normas internacionais e com as boas práticas que refletem acesso à informação, ou seja, uma espécie de modelo (um guia) para cada nação-parte poder se espelhar. O que demonstra, com muita clareza, a preocupação da OEA neste aspecto.[201] Desta forma, foi editado, em 2010, a "Lei Modelo de Acesso à Informação Pública", bem como orientações para a sua aplicação, de acordo com as normas internacionais nesta área. Tais documentos tomaram por base a *Convenção Americana sobre Direitos Humanos*, em especial o artigo 13, que versa sobre a liberdade de pensamento e expressão; a *Declaração de Princípios sobre a Liberdade de Expressão da Comissão Interamericana de Direitos Humanos*; a sentença da *Corte Interamericana de Direitos Humanos* em Claude Reyes v. Chile, que reconheceu, formalmente, o direito de acesso à informação como parte do direito fundamental à liberdade de expressão; as "Recomendações sobre o Acesso à Informação", emitidas pelo *Departamento de Direito Internacional* da OEA, em coordenação com outros órgãos, organismos e entidades; os relatórios anuais da *Relatoria Especial para a Liberdade de Expressão da Comissão Interamericana de Direitos Humanos*; a *Declaração de Atlanta* e o *Plano de Ação das Américas para o Avanço da Lei de Acesso à Informação Carter Center*.

---

[201] A "Lei Modelo" e seu "Guia de Implementação" foram elaborados para trabalhar em ambos os sistemas de direito: anglo-saxão (*common law*) e romano-germânico (*civil law*).

Pode-se dizer, não sem satisfação, que tais pactos transnacionais não ficaram somente no plano teórico, porque o acesso à informação foi chancelado de forma pragmática no contexto internacional. Em setembro de 2006, a *Corte Interamericana de Direitos Humanos* proferiu sentença favorável aos ambientalistas Marcel Claude Reyes, Sebastián Cox Urrejola e Arturo Longton Guerrero, reconhecendo a eles o direito de terem acesso a informações públicas.[202] O caso é por deveras emblemático, até por se considerar o referido acesso como um direito humano. Os ativistas haviam requerido ao *Comité de Inversiones Extranjeras* do Chile dados referentes à ação da empresa florestal Trillium e sobre o Projeto Río Condor, que envolvia o desmatamento de áreas específicas do país. Segundo argumentavam, as atividades da referida pessoa jurídica e do projeto poderiam ser prejudiciais ao meio ambiente. As informações foram reiteradamente negadas pelo Governo chileno, tendo, assim, o caso chegado à Corte Interamericana. Em decisão paradigmática, o mencionado tribunal internacional determinou, dentre outras providências, a entrega das informações requeridas, adicionado à imposição, em termos amplos, a necessidade de o país latino-americano reformar a legislação interna, no sentido de dar maior transparência aos dados públicos e garantir o acesso às informações dessa mesma natureza, como corolário da própria convenção americana mencionada.[203]

Ainda, a CorteIDH entendeu que esse direito de acesso deve recair sobre todos os poderes estatais, órgãos, autoridades, insti-

---

[202] Sendo esse processo chamado de "Caso Reyes". Conferir: CorteIDH, nº 12.108, *Marcel Claude Reyes y otros v. Chile*, mar. 2006.

[203] A CorteIDH entendeu que: "[...] o artigo 13 da Convenção, expressamente estipulou o direito de 'buscar' e 'receber' 'informações', sendo que protege o direito de todos os indivíduos para solicitar o acesso à informação sob o controle do Estado, com as exceções permitidas pelas restrições da Convenção. Por conseguinte, este artigo protege o direito das pessoas a receber tais informações e a obrigação positiva do Estado para fornecer, de forma que a pessoa pode ter acesso a tais informações ou receber uma justificação resposta quando, por qualquer motivo permitido pela Convenção sobre Estado pode limitar o acesso a ele para o caso específico. Essa informação deve ser fornecida sem a necessidade de provar interesse, direto ou envolvimento pessoal na obtenção, exceto nos casos em que se aplica uma restrição legítima. Fornecer informações para um indivíduo pode transformá-lo, e permitir que circule na sociedade, de modo que se possa conhecê-la, acessá-la e avaliá-la. Assim, o direito à liberdade de pensamento e de expressão sob a proteção do direito de acesso à informação sob o controle do Estado, que também inclui claramente as duas dimensões, individual e social, do direito à liberdade de pensamento e de expressão, que deve ser garantido pelo Estado simultaneamente" (CorteIDH, nº 12.108, *Marcel Claude Reyes y otros v. Chile*, mar. 2006).

tuições públicas autônomas, concessionárias[204] e outras entidades. Ao mesmo tempo, fixou um paradigma importante em termos de direito internacional, na medida em que compreendeu que qualquer um pode solicitar essas informações, seja pessoa física ou jurídica, independentemente de o solicitante ser nacional ou estrangeiro, abstraindo-se, assim, quaisquer questões de ordem geográfica, migratória ou domiciliar. Além disso, a corte internacional determinou que as informações fossem fornecidas por meio de processos administrativos rápidos e eficientes, fixando-se, para tanto, prazos razoáveis para a conclusão do referido procedimento.[205]

O exemplo é significativo, tendo em vista que nos mostra a relevância que o acesso à informação tem assumido na arena internacional, especialmente a partir da atuação dos movimentos sociais transnacionais e das crescentes demandas por informações públicas, movidas por grupos organizados. Esses segmentos sociais levam pleitos de acesso para instâncias que extravasam as fronteiras nacionais. Mostra-se, assim, que o Brasil agiu bem em adotar uma legislação interna de acesso, a fim de evitar esse tipo de enfrentamento jurídico no plano transnacional.

Percebe-se, assim, que, no plano internacional, é farto o conjunto de atos e pactos que tratam do acesso a informações e dados públicos. O Brasil é signatário de muitos deles, senão da maioria.

Dessa maneira, a lei de acesso vem na linha de um movimento internacional que busca fomentar boas práticas para que se possa dar vazão à transparência das informações públicas. Desde 2011, por exemplo, o Brasil participa do *Open Government Partnership* (OGP), que congrega mais de quarenta países que buscam discutir ferramentas ao fomento da transparência das ações governamentais. Os países-membros prestam compromissos de tornar efetiva a disposição dos dados públicos que possuem.

Reconhece-se, assim, que o acesso à informação é um direito humano fundamental dos homens e uma condição essencial para

---

[204] Veja que a CorteIDH tem uma interpretação mais elástica do que a LAI no que se refere às concessionárias e permissionárias de serviço público, por conta de que o diploma legislativo brasileiro não sujeita às delegatárias (concessionárias, permissionárias ou autorizatárias) às suas normas.
[205] CAPLAN, *op. cit.*, p. 167-168.

todas as sociedades democráticas. De modo que, o direito de acesso à informação baseia-se no princípio da máxima divulgação de informações, sendo que, eventuais exceções a este direito devem ser claras e especificamente estabelecidas pela lei ou pela Constituição.

Assim, fica patente que os organismos internacionais possuem uma preocupação substancial e constante na viabilização do acesso a informações e dados depositados em banco de dados estatal. Tais exigências vêm a reboque do primado da democracia e devem orientar a interpretação do direito de acesso à informação e, claro, no caso brasileiro, da própria Lei nº 12.527/11.

2.3 Tipos de transparência

A Lei nº 12.527/11 tem por meta tratar as informações e os dados detidos pelo Estado como bens públicos, incidindo, no que é pertinente a um parâmetro democrático, na relação entre a Administração Pública e o cidadão, marcada pela transparência e pelo incentivo ao acesso a estes dados e informações, tudo de acordo com o alerta feito em outras passagens desta obra. A partir da interpretação dos arts. 8º e 10, especialmente, pode-se falar, nesse sentido, em dois tipos de transparência:

(a) a *ativa*, que se refere ao dever de o Estado, *independentemente de qualquer solicitação*, fornecer certos dados. É necessário que, para tanto, a Administração Pública tome condutas proativas na disponibilização dessas informações (art. 8º). Ela deve ocorrer de *duas formas*:

(a.1) em *ambiente virtual*, sendo disponibilizadas as informações nos sítios que cada ente público atingido pela lei dispõe na rede mundial de computadores. As referidas páginas virtuais deverão, no mínimo, ter os requisitos constantes no §3º do art. 8º da lei;

(a.2) em *ambiente físico*, devendo haver local para atender e orientar o público quanto ao acesso a informações. Ainda, neste espaço, deve-se informar os cidadãos sobre a tramitação de documentos nas suas respectivas unidades, permitir ali se protocolizar requerimentos de acesso a informações etc. (art. 9º, inciso I, alíneas);

(b) a *passiva*, que determina que o Estado forneça os dados e as informações que o cidadão solicite. Ocorre quando o cidadão provoca o ente público para que este forneça os dados requeridos (art. 10).

Esse caráter dúplice da transparência, de certa forma, já era reconhecido pela doutrina, quando comentava a LRF (Lei Complementar nº 101/2000).[206] Aliás, a transparência passiva há muito já era prevista em inúmeros dispositivos constantes no limiar do direito positivo, seja constitucional, seja infraconstitucional. Basta, para tanto, visualizar a exposição feita no item 1.3,[207] em que se exploram os vários mecanismos legais que permitiam ou ainda permitem o acesso do administrado a dados constantes em arquivos públicos.

2.4 O problema da divulgação da remuneração nominal dos agentes estatais

A partir da vigência da LAI, sem sombra de dúvidas esse foi o tema mais comentado pela mídia no âmbito do acesso à informação, o que é, em nossa opinião, uma lástima, tendo em vista que a referida legislação cumpre um papel muito maior no cenário brasileiro. Reduzir a norma em destaque a esse tema específico é dar uma visão mínima a ela, ao ponto de traduzi-la a partir de uma visão minimalista e sectária. E é curioso que esse debate nunca tenha tomado tal proporção, quando a determinação de se publicar, anualmente, os valores do subsídio e da remuneração dos cargos e empregos públicos já era consagrada desde a vigência da Emenda Constitucional nº 19, ainda em 1998.[208]

---

[206] "[...] e a transparência é uma via de mão dupla; de um lado, a administração tem o dever de dar publicidade aos seus atos, e por outro, o cidadão tem o direito a ser informado. Deste modo, por meio da informação disponível por meio eletrônico, desenvolve-se um controle preventivo, estimula-se a participação popular, torna-se o exercício do poder mais transparente e, portanto, mais democrático. Evita-se que o cidadão desinformado dos assuntos públicos constitua-se num idiótes (conforme a nomenclatura dos gregos). Com a diminuição dos desvios de dinheiro gerados pela corrupção, é possível viabilizar a melhoria das prestações sociais, que podem ser oferecidas à população, ou seja, concretizam-se direitos" (LIMBERGER, *op. cit.*, p. 71).

[207] Item "1.3 Antecedentes normativos referentes ao acesso à informação" – capítulo 1.

[208] CF/1988, art. 39, §6º: "Os Poderes Executivo, Legislativo e Judiciário publicarão anualmente os valores do subsídio e da remuneração dos cargos e empregos públicos".

Contudo, é por essas e outras questões que esse tema tão candente acabou por merecer – não com certa contrariedade – um item específico dentro da presente obra. O que se discute, em verdade, é a possibilidade de os órgãos e entes administrativos divulgarem quanto ganha cada servidor pertencente aos seus quadros, ligando o padrão vencimental para com o nome de cada um dos indivíduos. Assim, por essa via, toda e qualquer pessoa poderia saber quanto ganha cada funcionário público de forma específica.

De outro lado, há aqueles que defendem que tal medida violaria certos direitos fundamentais, como o sigilo de dados financeiros, a intimidade, entre outros. Assim, no intuito de fixar uma solução mediadora, propõem que se divulgue a remuneração do cargo (e não da pessoa). Ou ainda, em outro patamar, que seja divulgado o valor que cada funcionário público recebe de acordo com seu número de matrícula, enfim, deixando a público o padrão vencimental ligado ao referido registro funcional.

Só para se ter uma ideia, o Decreto nº 7.724, de 16 de maio de 2012, que regulou a LAI em âmbito federal, determina a divulgação dos vencimentos de maneira nominal no art. 7º, §3º, inciso IV. Em sentido similar, o *Conselho Nacional do Ministério Público* (CNMP) aprovou a Resolução nº 89, que regulamenta a LAI, em sessão realizada no dia 28 de agosto de 2012. Nessa oportunidade, determinou a divulgação da remuneração e dos proventos recebidos por todos os membros e servidores do Ministério Público, sejam eles ativos, inativos ou pensionistas, na rede mundial de computadores. Essa medida é similar à Resolução nº 151, de 5 de julho de 2012, editada pelo *Conselho Nacional da Magistratura* (CNJ).[209]

Essa específica questão foi posta em discussão no STF, na Suspensão de Segurança nº 3.902-SP,[210] muito embora a matéria tenha

---

[209] Questionada pela ACO nº 1.993, Rel. Min. Joaquim Barbosa, a qual tramita no STF e a seguir analisada.

[210] "Direito à informação de atos estatais, neles embutida a folha de pagamento de órgãos e entidades públicas. [...] Caso em que a situação específica dos servidores públicos é regida pela 1ª parte do inciso XXXIII do art. 5º da Constituição. Sua remuneração bruta, cargos e funções por eles titularizados, órgãos de sua formal lotação, tudo é constitutivo de informação de interesse coletivo ou geral. Expondo-se, portanto, a divulgação oficial. Sem que a intimidade deles, vida privada e segurança pessoal e familiar se encaixem nas exceções de que trata a parte derradeira do mesmo dispositivo constitucional (inciso XXXIII do art. 5º), pois o fato é que não estão em jogo nem a segurança do Estado nem do

sido trazida a julgamento antes da entrada em vigor da LAI. Após, a matéria ganhou *repercussão geral* por meio do ARE nº 652.777-SP, do STF.[211]

A suspensão de segurança mencionada foi proposta pelo Município de São Paulo e visava a extinguir os efeitos de decisões proferidas pelo Tribunal de Justiça paulista, as quais impediam que fossem divulgados, de maneira nominal, os valores que recebia cada servidor da referida entidade federada, em sítio virtual denominado "De Olho nas Contas". A partir do momento em que foram disponibilizadas essas informações na rede mundial de computadores, várias associações de servidores públicos do referido Município propuseram ações contra essa medida.

Em decisão liminar, o Ministro Gilmar Ferreira Mendes visualizou, preliminarmente, que a questão constitucional se apresentava frente a uma controvérsia entre art. 5º, *caput*, e incisos X e XXXIII, art. 6º, *caput*, e art. 37, §3º, inciso II, todos da Constituição Federal, por violação à intimidade e à segurança dos servidores, e, de outro lado, de maneira contrária, o princípio da publicidade,

---

conjunto da sociedade. Não cabe, no caso, falar de intimidade ou de vida privada, pois os dados objeto da divulgação em causa dizem respeito a agentes públicos enquanto agentes públicos mesmos; ou, na linguagem da própria Constituição, agentes estatais agindo 'nessa qualidade' (§6º do <art>. <37>). E quanto à segurança física ou corporal dos servidores, seja pessoal, seja familiarmente, claro que ela resultará um tanto ou quanto fragilizada com a divulgação nominalizada dos dados em debate, mas é um tipo de risco pessoal e familiar que se atenua com a proibição de se revelar o endereço residencial, o CPF e a CI de cada servidor. No mais, é o preço que se paga pela opção por uma carreira pública no seio de um Estado republicano. A prevalência do princípio da publicidade administrativa outra coisa não é senão um dos mais altaneiros modos de concretizar a República enquanto forma de governo. Se, por um lado, há um necessário modo republicano de administrar o Estado brasileiro, de outra parte é a cidadania mesma que tem o direito de ver o seu Estado republicanamente administrado. O 'como' se administra a coisa pública a preponderar sobre o 'quem' administra – falaria Norberto Bobbio –, e o fato é que esse modo público de gerir a máquina estatal é elemento conceitual da nossa República. O olho e a pálpebra da nossa fisionomia constitucional republicana. A negativa de prevalência do princípio da publicidade administrativa implicaria, no caso, inadmissível situação de grave lesão à ordem pública" (STF, SS nº 3.902-AgR, Rel. Min. Ayres Britto, Pleno, j. 09.06.2011).

[211] "CONSTITUCIONAL. ADMINISTRATIVO. DIVULGAÇÃO, EM SÍTIO ELETRÔNICO OFICIAL, DE INFORMAÇÕES ALUSIVAS A SERVIDORES PÚBLICOS. CONFLITO APARENTE DE NORMAS CONSTITUCIONAIS. DIREITO À INFORMAÇÃO DE ATOS ESTATAIS. PRINCÍPIO DA PUBLICIDADE ADMINISTRATIVA. PRIVACIDADE, INTIMIDADE E SEGURANÇA DE SERVIDORES PÚBLICOS. Possui repercussão geral a questão constitucional atinente à divulgação, em sítio eletrônico oficial, de informações alusivas a servidores públicos" (STF, ARE nº 652.777/SP, Rel. Min. Ayres Britto, Pleno, j. 29.09.2011).

previsto no art. 5º, incisos XIV e XXXIII, no art. 37, *caput* e §3º, II, e no art. 39, §6º, todos também retirados do texto constitucional. A partir desse juízo de ponderação, o referido magistrado da Suprema Corte detectou que três questões deveriam ser enfrentadas:
(a) se a divulgação dos vencimentos de maneira nominal concretizava o princípio da publicidade (art. 37, *caput*, CF/1988) e o dever de transparência com os gastos públicos; ou
(b) se essa situação não criaria uma exposição indevida de um aspecto da vida do servidor público – dado pessoal, protegido pela inviolabilidade da intimidade, da vida privada, da honra e da imagem dos servidores; ou
(c) se a referida divulgação não viola a garantia da segurança da própria sociedade e do Estado – art. 5º, XXXIIII, CF/1988 (sociedade, no caso, constituída pelos servidores públicos municipais e por aqueles que dele dependem).[212]

A partir daí, os três questionamentos foram enfrentados. Primeiramente, no que se refere ao primeiro aspecto, o Ministro Gilmar Mendes referiu que a publicidade administrativa cumpre um importante papel social. Contudo, ela deve sempre alcançar ao indivíduo informações úteis, vedando que seja deturpada ao ponto de que esse avanço positivo seja transformado em um canal inútil e sem relevância, "[...] que deturpe informações e dados públicos em favor de uma devassa, de uma curiosidade ou de uma exposição ilícitas de dados pessoais, para mero deleite de quem a acessa".[213]

Aliado a essa constatação, declarou-se que a remuneração dos servidores públicos está calcada na legalidade administrativa, tratando-se de gasto público que deve guardar relação com os limites legais estabelecidos, especialmente com as metas de responsabilidade fiscal. Esse fato possui, sensivelmente, uma importância social, especialmente no que se refere ao controle dessa despesa pública. A transparência desses dados, então, permite uma fiscalização mais efetiva por parte da comunidade.

---

[212] Texto adaptado, mas refletindo, quase que na íntegra, o original (STF, SS nº 3.902-AgR, Rel. Min. Ayres Britto, Pleno, j. 09.06.2011).
[213] *Idem*, julgamento liminar.

No entanto, a questão central foi bem apanhada pelo magistrado da Suprema Corte: o cerne do problema cinge-se à forma de divulgação dos dados públicos, porque, dependendo da maneira com que tais informações sejam postas a público, pode-se gerar maior confusão ou indeterminação, como o que ocorre com a divulgação de informações em planilhas de demonstração de gastos mensais.[214] Dessa forma, a exatidão e a transparência devem ser justapostas, sem que, com isso, possa-se baralhar informações de ordem pública com dados de natureza privada.

Assim, o ministro pondera que uma solução alternativa, a fim de garantir a harmonia a essa questão jurídica, consistiria em substituir o nome do servidor pelo número de sua matrícula. Criar-se-ia, então, um arranjo jurídico que privilegia "[...] a transparência e busquem preservar, ao mesmo tempo, a intimidade, a honra, a vida privada, a imagem e a segurança dos servidores (e daqueles que dele dependem)".[215] Contudo, como essa opção não estava albergada nos limites cognitivos da ação, não foi posta em prática. Assim, foi deferida a liminar para o fim de permitir a divulgação dos vencimentos dos servidores públicos do Município de São Paulo de modo nominal.

A decisão traz à tona um juízo de equidade que percebe que a questão da divulgação nominal dos vencimentos escancara uma ponderação entre dois valores constitucionalmente garantidos: a proteção à intimidade e o dever de transparência das informações estatais. Para tanto, procurando um arranjo jurídico que possa trazer aos autos uma solução razoável, o Ministro Gilmar Ferreira Mendes entendeu que a Administração Pública poderá buscar soluções alternativas ou intermediárias para solucionar o impasse. E, no caso específico da divulgação nominal da remuneração dos servidores públicos, considera como sendo uma alternativa viável, ante a finalidade legal almejada, *a substituição do nome do servidor por sua matrícula funcional*. Conclui, dizendo que: "[...] novas soluções propostas à Administração são sempre viáveis para aperfeiçoar a divulgação de dados que privilegiem a transparência e busquem

---

[214] *Ibidem*.
[215] *Ibidem*.

preservar, ao mesmo tempo, a intimidade, a honra, a vida privada, a imagem e a segurança dos servidores".[216]

Quando do julgamento de mérito, o Ministro Ayres Britto, relator, afirmou que se estava diante de um aparente conflito entre dois valores constitucionalmente albergados. Por primeiro, aquele ligado à *publicidade administrativa*, que traz ao seu reboque os valores republicanos, ligados à transparência, ao controle dos gastos públicos etc. Esse princípio contrasta com o direito fundamental à proteção da intimidade e da vida privada, que fica agravado, segundo o julgador, quando se está a tratar de informação divulgada pela internet.

A partir desse balanceamento de bens, o ministro relator declarou que os dados em questão não são privados, ou seja, não se ligam à esfera pessoal do servidor. Portanto, podem bem ser divulgados, garantindo-se a segurança dos agentes estatais no momento em que se sonegam informações como o número do CPF, da identidade, ou o endereço residencial. "No mais, é o preço que se paga pela opção por uma carreira pública no seio de um Estado republicano".[217]

O Ministro Luiz Fux, ao seu turno, afirmou que o único argumento passível de ser considerado consiste no fato de que a divulgação possa causar eventual fragilização da segurança pessoal de cada servidor. Contudo, pondera que as pessoas já vivem aparentando esse grau de riqueza, ou seja, levam uma vida compatível com seus vencimentos. Daí porque, segundo o magistrado, não haveria nada o que esconder.[218]

A decisão tem um valor muito importante ao contexto da discussão sobre os limites de incidência do dever de transparência dos dados públicos e, mais ainda, sobre a esfera de proteção do art. 31 da Lei nº 12.527/11, que trata da proteção das informações de cunho pessoal. Um dos destaques que pode ser feito a partir dos fundamentos alocados no julgado calca-se no reconhecimento da necessidade de transparência dos gastos e dos atos estatais, sendo

---

[216] STF, SS nº 3.902-AgR, Rel. Min. Ayres Britto, Pleno, j. 09.06.2011, julgamento liminar.
[217] STF, SS nº 3.902-AgR, Rel. Min. Ayres Britto, Pleno, j. 09.06.2011, julgamento de mérito.
[218] *Idem.*

este um dever do Poder Público.²¹⁹ Além disso, fixou-se a premissa de que os atos administrativos devem ser sempre disponibilizados com a maior *exatidão* e *esclarecimento* possíveis, especialmente no que se refere à *forma* com que a publicidade será concretizada – talvez sendo este o cerne da questão envolvendo o tema da "publicização" nominal da remuneração dos agentes estatais. O direito de informação e o dever de transparência constituirão premissas umbilicalmente ligadas, sendo sua prática uma tarefa dos órgãos públicos nos diferentes níveis federativos. Assim, os modos de divulgação dos dados públicos devem ser aperfeiçoados para cumprir com a mencionada tarefa.

É importante destacar que a Suspensão de Segurança nº 3.902, julgada pelo STF, passou a ser tratada como um verdadeiro *leading case* sobre o tema, servindo de base a outras decisões proferidas posteriormente, tanto que a discussão retorna ao STF na Ação Cível Originária nº 1.993-DF,²²⁰ cuja decisão sobre o

---

²¹⁹ ADMINISTRATIVO. CONSTITUCIONAL. MANDADO DE SEGURANÇA. FORNECIMENTO DE DADOS RELATIVOS AOS VALORES GASTOS PELA ADMINISTRAÇÃO PÚBLICA COM PUBLICIDADE E PROPAGANDA. DIREITO À INFORMAÇÃO. PUBLICIDADE. DADOS NÃO SUBMETIDOS AO SIGILO PREVISTO NO ART. 5º, XXXIII, DA CONSTITUIÇÃO FEDERAL. SEGURANÇA CONCEDIDA.
1. Mandado de segurança impetrado contra ato que negou o fornecimento de dados relativos aos valores gastos pelos órgãos da Administração Federal, direta e indireta, nos anos 2000 a 2010, e no atual, com publicidade e propaganda, discriminando-os por veículo de comunicação.
2. Nos termos do art. 5º, XXXIII, da Constituição Federal, todos têm direito a receber dos órgãos públicos informações de seu interesse particular, ou de interesse coletivo ou geral, que serão prestadas no prazo da lei, sob pena de responsabilidade, ressalvadas aquelas cujo sigilo seja imprescindível à segurança da sociedade e do Estado.
3. O art. 220, §1º, da Constituição Federal, por sua vez, determina que nenhuma lei conterá dispositivo que possa constituir embaraço à plena liberdade de informação jornalística em qualquer veículo de comunicação social, observado o disposto no art. 5º, IV, V, X, XIII e XVI.
4. A regra da publicidade que deve permear a ação pública não só recomenda, mas determina, que a autoridade competente disponibilize à imprensa e a seus profissionais, sem discriminação, informações e documentos não protegidos pelo sigilo.
5. Os motivos aventados pela autoridade coatora, para não atender a pretensão feita administrativamente – "preservar estratégia de negociação de mídia" e que "Desnudar esses valores contraria o interesse público" (fl. 26e) –, não têm respaldo jurídico. Ao contrário, sabendo-se que milita em favor dos atos administrativos a presunção de legitimidade e que a regra é dar-lhes a mais irrestrita transparência – sendo, ainda, as contratações precedidas das exigências legais, incluindo-se licitações –, nada mais lídimo e consentâneo com o interesse público divulgá-los, ou disponibilizá-los, para a sociedade, cumprindo, fidedignamente, a Constituição Federal.
6. Segurança concedida.
(STJ, MS nº 16.930/DF, Rel. Min. Arnaldo Esteves Lima, 1ª Seção, j. 14.11.2012).
²²⁰ STF, ACO nº 1.993, Rel. Min. Joaquim Barbosa, decisão monocrática de 17.08.2012.

pedido liminar foi proferida pelo Ministro Joaquim Barbosa. Na oportunidade, o magistrado indeferiu pedido de tutela antecipada requerida pela *Associação dos Juízes Federais do Rio de Janeiro e Espírito Santo* (AJUFERJES) em desfavor da União, objetivando evitar que a divulgação dos vencimentos de seus associados, determinada pela Resolução nº 151/2012, editada pelo CNJ, não inclua o nome e a lotação do julgador federal correspondente. Em suma, a demanda menciona que o ato do CNJ extrapolaria os limites da LAI, por violar os direitos fundamentais à intimidade e à vida privada, evitando-se, pois, a personificação dos dados. O Ministro da Suprema Corte mencionado utilizou, basicamente, dois argumentos para indeferir o pedido liminar: o precedente mencionado, consistente na Suspensão de Segurança nº 3.902, AgR, Relator Ministro Ayres Britto, bem como a decisão administrativa tomada pelo próprio STF, em sessão de 22 de maio de 2012, a qual decidiu divulgar, de forma ativa e irrestrita, os subsídios dos ministros e a remuneração dos servidores do quadro de pessoal do STF, assim como os proventos dos ministros aposentados, dos servidores inativos e dos pensionistas.

Na Suspensão de Liminar nº 630, julgada também pela Suprema Corte, o *Sindicato dos Municipários de Porto Alegre (SIMPA)* tentava suspender liminar que permitia que o Município gaúcho pudesse divulgar as remunerações e os respectivos nomes dos servidores públicos lotados neste órgão. Nessa decisão, proferida em 30 de julho de 2012, o ministro relator alegou que a divulgação nominal dos vencimentos dava vazão a uma maior transparência da coisa pública, a um maior controle social e à concretização da eficiência administrativa.[221]

---

[221] "[...] No caso, entendo que, quanto às decisões liminares que determinaram a suspensão da divulgação da remuneração bruta mensal vinculada ao nome de cada servidor municipal, em sítio eletrônico na Internet denominado 'De Olho nas Contas', de domínio da municipalidade, está devidamente demonstrada a ocorrência de grave lesão à ordem pública.
À semelhança da legislação federal sobre o tema, a legislação municipal, em princípio, abriu margem para a concretização da política de gestão transparente da Administração Pública, possibilitando maior eficiência e ampliação do controle social e oficial dos gastos municipais.
Nesse sentido, as ações judiciais que suspendem a divulgação de parte das informações disponíveis no sítio eletrônico da municipalidade, com a manutenção de dados de apenas alguns servidores em detrimento de outros, acabam por tornar inócua a finalidade, o

Os argumentos centrais para o STF permitir o conhecimento público acerca dos vencimentos nominais de cada servidor podem ser retirados da seguinte passagem: "[...] a ideia de que a proteção conferida à privacidade dos servidores públicos situar-se-ia em nível inferior à dos cidadãos comuns, conforme decidido na SS 3.902 AgR-segundo/SP (DJe de 3.10.2011). O argumento seria singelo: aqueles que ocupassem cargos públicos teriam a esfera de privacidade reduzida. Isso, porque, o regime democrático imporia que estivessem mais abertos à crítica popular. Em contrapartida, deveriam ter, também, a liberdade de discutir, comentar e manifestar opiniões sobre os mais diversos assuntos, com maior elasticidade que os agentes privados, desde que, naturalmente, assim o fizessem no exercício e com relação ao cargo público ocupado". Assim, considerou que a privacidade dos agentes estatais seria mais reduzida se comparada à intimidade dos cidadãos.[222]

O Mandado de Segurança nº 32.020, impetrado pela *Associação dos Juízes do Rio Grande do Sul*, revelou o posicionamento da Ministra Rosa Weber. Em decisão monocrática (publicada em 16.5.2013), a magistrada indeferiu a liminar que visava à derrubada da determinação de publicação nominal da remuneração dos juízes, imposta pelo *Conselho Nacional de Justiça (CNJ)*, sob o argumento (dentre outros) de que "o CNJ, aparentemente, se limitou a tomar um dado fático – a coexistência de regulamentações – e a estipular, nos estritos limites de sua competência administrativa, qual seria a medida a ser adotada para que se atingisse a máxima efetivação do direito público à publicidade dos dados estatais".

Nos autos da SL nº 689, o Ministro Joaquim Barbosa afirmou (com razão, no ponto, vale frisar), que em nenhuma passagem a Constituição ou a Lei 12.527/2011 vedam a divulgação dos nomes dos agentes públicos e de sua respectiva remuneração. É verdade. Mas é igualmente verdadeiro o argumento de que, se, de um lado, não proíbem, de outro, não a autorizam. À falta de norma específica

---

controle e a exatidão das informações prestadas pela Administração ao cidadão em geral, com evidente prejuízo para a ordem pública" (STF, SL nº 630/RS, Rel. Min. Ayres Britto, j. 30.07.2012).

[222] STF, RE 685493-SP, Rel. Min. Marco Aurélio, Pleno, j. 20.11.2014.

– e suficientemente concreta – não parece possível invadir, de modo tão significativo, a esfera de privacidade dos agentes públicos.[223]

Em momento posterior à edição da Lei nº 12.527/11, o STJ,[224] por meio de sua 1ª Seção, teve a oportunidade de enfrentar a matéria, quando passou a acompanhar o entendimento do STF, no sentido de que era constitucional e de acordo com a referida legislação, a divulgação nominal dos vencimentos dos servidores públicos. Tratava-se de caso em que os analistas de finanças e controle questionavam a Portaria Interministerial nº 233/2012, que determinava a dita publicidade da remuneração de cada funcionário público, por nome, claro. Como dito, a corte superior considerou que este ato administrativo normativo estava de acordo com os primados estabelecidos pela LAI e pela Constituição Federal.

Além disso, uma demanda que pode ter influência sobre o tópico em voga é a Ação Direta de Inconstitucionalidade (ADI) tombada sob o nº 4.854-RS, proposta em 17 de setembro de 2012, pelo *Partido Social Liberal (PSL)*, a qual questiona a legislação gaúcha[225] que instituiu o Regime Especial de Fiscalização para o contribuinte considerado "devedor contumaz". As regras permitem que os devedores enquadrados nesse regime tenham seus nomes divulgados publicamente na página virtual da Secretaria da Fazenda Estadual. Além disso, as notas fiscais emitidas pelos contribuintes devem conter informações sobre essa condição de devedor, e o crédito fiscal somente será permitido mediante comprovante de arrecadação.

Alegou-se, na inicial, que a legislação afrontou o direito fundamental à intimidade e à liberdade de trabalho e de comércio, além do que, sob tal condição, o ente público acabaria por coagir os devedores ao pagamento de tributos, quando possui outros meios para atingir tal mister. Esse é um caso-modelo que encampa, em

---

[223] Fábio Soares Pereira (A divulgação nominal dos vencimentos dos agentes públicos e a Lei de Acesso à Informação: análise legal e constitucional. *Revista CEJ. Brasília*, ano 17, n. 60, mai.-ago. 2013, p. 6-15) faz uma análise bastante abrangente e crítica acerca do tema, concluindo que a LAI não fez qualquer previsão acerca da possibilidade de se permitir a divulgação nominal dos vencimentos dos agentes estatais, bem como concluiu que esta medida é desproporcional.

[224] STJ, MS 18.847-DF, Rel. Min. Mauro Campbell Marques, 1ª Seção, j. 17.11.2014.

[225] Lei Estadual nº 13.711/2011 (arts. 2º e 3º) e Decreto Estadual nº 48.494/2011 (arts. 1º a 4º).

mais uma oportunidade, o debate que envolve a colisão entre dois direitos fundamentais: a publicidade em contraponto à intimidade. Daí porque se entende como importante acompanhar a evolução do julgamento, que possui como relator o Ministro Celso de Mello, porque acabará por gerar efeitos sobre o debate envolvendo a possibilidade ou não de divulgação nominal dos vencimentos dos servidores públicos.

Outro argumento que surgiu durante o debate, reside no fato de que a publicidade nominal de rendimentos poderia colocar em risco a integridade física de servidores públicos, porque seu nome, seu local de trabalho ou mesmo sua residência seriam de franco acesso a qualquer um, inclusive, àqueles que possuem intenções criminosas. A partir desta premissa, a doutrina[226] considerou inconstitucional a referida divulgação, na medida em que confrontaria com os direitos fundamentais que protegem a segurança e proíbem a publicização indevida da intimidade das pessoas.

Para nós, a *questio juris* passa inexoravelmente por uma análise científica da questão, e não por um entendimento embebido em paixões ou em ideologias ou, principalmente, em preconceitos. Para tanto, considera-se necessário definir com exatidão os elementos dogmáticos de cada instituto que se intercambiam. E as perguntas que se pode fazer são as seguintes: *se a remuneração se refere ao cargo ou ao agente e se ela é fixada em função de qual desses institutos jurídicos*. A resposta a esses questionamentos reflete uma noção importante no contexto apresentado.

Consideramos que os vencimentos são fixados por lei de acordo com cada cargo, na forma como foi expresso pelo art. 37, inciso X, da CF/1988. Cada centro de competência possui um padrão remuneratório, fixado por lei. Sendo assim, se a remuneração é do *cargo*, o padrão vencimental a ser divulgado deverá ser ligado justamente ao cargo, *e não à pessoa que titula o cargo*. A remuneração é atrelada ao desempenho das funções públicas,[227] *e não a quem*

---

[226] TAVARES, André Ramos. Publicidade dos salários dos servidores públicos: posição contrária. *Carta Forense*. São Paulo. Disponível em: http://www.cartaforense.com.br/conteudo/artigos/publicidade-dos-salarios-de-servidores-publicos-posicao-contraria/9320. Acesso em 16.10.12.

[227] Como premissa basilar encontrada na lei ou em qualquer doutrina.

desempenha. Sendo assim, obviamente, que o que deve ser colocado às claras é o vencimento das funções, não a remuneração da pessoa.

Enfatiza-se aqui, mais uma vez, que deve ficar muito claro que não importa se é o sujeito "X" ou "Y" que titula certo cargo para receber um determinado valor pelo exercício das funções, mas sim *quais as funções que ele desempenha.* Assim, a relação jurídica que se estabelece definitivamente não se liga ao *nome da pessoa que desempenha o cargo.*[228] *A relação que se estabelece vincula-se às funções catalogadas em lei, para com um padrão vencimental igualmente previsto em uma regra.*[229] Eis o ponto central.

Confira que as *funções administrativas* estão atreladas a um determinado cargo, ou seja, conferidas a um determinado centro de competência estipulado pela lei, e não para com uma pessoa nominada.[230] E será justamente a perspectiva legal que ofertará uma das principais diferenças entre o funcionário público e o particular.[231] Dessa forma, conclui-se com muita facilidade que o que deve ser divulgada é a remuneração ou o subsídio dos cargos ou empregos públicos, e não das pessoas investidas neles.

Além disso, mesmo que superada a premissa defendida, restaria saber se o vencimento, como contraprestação pecuniária recebida pela alienação da força de trabalho (art. 40 da Lei nº 8.112/90), é informação que está congregada nos limites do art. 31 da LAI, ou seja, como informação de caráter pessoal, a tal ponto de estar vinculada ao *nome* do funcionário. Veja que o valor da remuneração (e qualquer atributo que se agregue a ela) deverá ser fixado por lei (art. 37, X, CF/1988). Essa determinação constitucional reclama que seja fixado um padrão remuneratório pelo exercício de uma determinada função pública. Mesmo que seja superada essa perspectiva, pensando, pois, que a remuneração se liga à pessoa do

---

[228] Aliás, como primado maior do princípio da impessoalidade.

[229] No mesmo sentido é o entendimento de Diogo de Figueiredo Moreira Neto, quando afirma que a publicação exigida pelo art. 39, §6º, da Constituição Federal é "[...] cargo por cargo, emprego por emprego, não, porém, em lista nominal" (*Apontamentos sobre a reforma administrativa*, p. 84-85). Em sentido contrário: MARTINS JÚNIOR, *op. cit.*, p. 229-230 e ROCHA. *Princípios constitucionais dos servidores públicos*, p. 301-302.

[230] Talvez esta seja a mais basilar premissa da noção *material* de função pública. Por todos: FRIER; PETIT. *Précis de droit administratif*, p. 2.

[231] Em França, esta distinção é elementar (GONDOUIN; INSEGRGUET-BRISSET; VAN LANG, *op. cit.*, p. 201).

agente, e não ao cargo, ainda assim a divulgação nominal dos ganhos de cada um teria um obstáculo: *a impossibilidade de publicidade de dados pessoais que afetem a intimidade ou a vida privada* (art. 31 da CF/1988). Considera-se que a renda de um sujeito seja parte de uma dimensão do humano albergada pelo sigilo, porque é ligada, essencialmente, ao direito de personalidade. Enfim, a renda de qualquer indivíduo fica albergada pelo sigilo fiscal. Na mesma linha, o próprio Poder Judiciário não permitiu que fosse divulgada, na rede mundial de computadores, a lista dos devedores de tributos. Nesse caso, dar sigilo a esses dados reflete, por dever de coerência, a uma decisão em mesmo sentido no que se refere aos vencimentos dos funcionários públicos,[232] porque ambas tratam do mesmo tema, que é despesas e receitas públicas.

Em termos simples, a divulgação do *nominal* da remuneração do servidor não se pauta pela transparência dos dados públicos, mas sim, invade desproporcionalmente e despropositadamente uma das maiores dimensões do direito de personalidade: o *nome*. Saber quanto qualquer profissional da iniciativa privada ganha é tão sigiloso quanto saber quanto um funcionário público ganha. Ter conhecimento acerca do montante da subsistência de qualquer pessoa fica inserido nas informações íntimas dos indivíduos, sejam eles quem for. Sendo assim, é impossível de serem revelados esses dados, senão com a anuência de cada indivíduo.

Aliás, a publicidade administrativa não é um elemento que pode ser visto em uma perspectiva autopoiética, mas sim instrumental. E a publicidade da remuneração, ainda que seja somente atrelada ao cargo, cumpre a finalidade pública de se dar transparência às despesas dessa mesma natureza. Conhecer algo é ter poder sobre algo, fazendo com que se tenha domínio sobre este algo. Eis a desproporcionalidade.

Ao aplicarmos o *teste de proporcionalidade*, chegamos facilmente à conclusão de que a publicidade dos vencimentos do cargo, não da pessoa, é o meio suficiente e eficaz para satisfazer a necessidade de se efetivar a transparência do padrão remuneratório no âmbito da organização administrativa, permitindo o controle dos administrados

---

[232] STJ, AgR Resp. nº 276.123/RS, Rel. Min. Nilson Naves, 3ª Turma, j. 1º.02.2000.

quanto a este aspecto. Não se deve confundir o *interesse público* com o *interesse do público*.

Portanto, por vários motivos consideramos que, por um lado, não se impõe a publicação nominal dos vencimentos dos agentes estatais, mas sim a disponibilização dos dados públicos a partir do cargo ou da matrícula do servidor. De outro lado, a publicação dos vencimentos de forma nominal seria vedada, porque violaria o direito constitucional à intimidade e ao sigilo fiscal, malbrandando o direito de personalidade.[233]

Esse tema ainda foi disciplinado pelo art. 29, §2º, incisos VII e VIII da Lei nº 14.129/2021 (*Lei do Governo Digital*). Tal regra determinou que, independentemente de solicitação, devessem ser divulgados os dados sobre os servidores e os empregados públicos federais, bem como sobre os militares da União, incluídos nome e detalhamento dos vínculos profissionais e de remuneração e sobre as viagens a serviço custeadas pelo poder ou órgão independente. E como forma de prestigiar ainda mais a transparência, o inciso X do mesmo dispositivo determinou a publicização dos "currículos dos ocupantes de cargos de chefia e direção" – o que enaltece o controle social ou no mínimo estabelece um "constrangimento" àqueles que são designados ou nomeados a funções de chefia, assessoramento ou direção, sem ter condições técnicas para tal.

2.5 Tratamento dos dados públicos

(1) Introdução: as informações ou dados sempre se relacionam a algo ou a alguém. São elementos que invariavelmente se ligam a uma pessoa, a uma situação, a uma coisa etc. E as informações sobre um sujeito podem estar na posse de terceiro, com ou sem consentimento daquele. E ficava a pergunta: qual o uso ou o tratamento que se estava a dar a estas informações? Quais seriam os

---

[233] Vão ao encontro de nosso posicionamento, autores como: RIGOLIN, Ivan Barbosa. Transparência não é devassa, nem na Lei nº 12.527/11. *Fórum administrativo de direito público*. Belo Horizonte: Fórum, ano 12, n. 138, ago. 2012, p. 32-35; COPOLA, Gina. Jurisprudência comentada: Lei de Acesso à Informação – publicação dos vencimentos de servidores – responsabilidade civil do Estado. *Boletim de Direito Municipal*. São Paulo: NDJ, ano 29, n. 12, dez. 2013, p. 770-774.

limites para que terceiro se utilize de dados de outros sujeitos, ainda que a finalidade empregada sequer seja econômica? Justamente foi este o principal objetivo da Lei nº 13.709/2018, a *Lei Geral de Proteção de Dados (LGPD)*: estabelecer um regramento próprio ao *tratamento dos dados, com a finalidade maior de proteger os direitos fundamentais de liberdade e de privacidade e o livre desenvolvimento da personalidade da pessoa natural.*

Enfim, o Brasil editou um importante marco normativo para tutelar a autodeterminação informativa, que se manifesta por meio da proteção de dados pessoais. Em linhas gerais, protege-se a vontade de que cada indivíduo decida sobre o uso que se possa fazer acerca de informações que lhe dizem respeito. E não estamos a tratar somente de informações que digam respeito à intimidade ou à vida privada. O foco da lei geral é o indivíduo e sua livre autonomia, cabendo a ele o controle do fluxo de seus dados, o que deve se dar de modo inequívoco – é considerado nulo um consentimento genérico (art. 8º, §4º).

Então, a estrutura da LGPD se firma em diretrizes e princípios que enaltecem a transparência, especificação de propósitos, qualidade dos dados, proporcionalidade. Destaco que essas diretrizes foram fundamentos centrais para o deferimento da Medida Cautelar nas ADIs nºs 6.387, 6.388, 6.389, 6.393 e 6.390, cuja relatoria coube à Min. Rosa Weber. O julgado da Suprema Corte nacional suspendeu a vigência da Medida Provisória nº 954/2018, a qual determinava às operadoras de telefonia que repassassem ao Instituto Brasileiro de Geografia e Estatística (IBGE) dados identificados de seus consumidores de telefonia móvel, número de telefone celular e endereço. A ministra relatora fundamentou sua decisão na autodeterminação informativa e nos direitos dos indivíduos previstos na LGPD.

Então, neste tópico do nosso trabalho, desenvolveremos o tema estritamente a partir das possibilidades de imbricamento da LAI para com as regras da Lei Geral de Proteção de Dados (LGPD), até porque, é bem verdade, esta última se aplica também à Administração Pública como um todo (*cf.* art. 1º, *caput* e art. 3º, *caput*, entre outros). Então, o Poder Público deverá observar todas as regras relativas ao tratamento de dados disponíveis em seus bancos de informações que, segundo o art. 5º, inciso IV, da LGPD é "[...] o conjunto estruturado de dados pessoais, estabelecido em um ou em vários locais, em suporte eletrônico ou físico; [...]".

Mas o que é o "tratamento de dados", objeto central da referida legislação? Neste panorama, convém descrever esta atividade a partir da interpretação autêntica feita pela própria LGPD (art. 5º, inciso X):

> toda operação realizada com dados pessoais, como as que se referem a coleta, produção, recepção, classificação, utilização, acesso, reprodução, transmissão, distribuição, processamento, arquivamento, armazenamento, eliminação, avaliação ou controle da informação, modificação, comunicação, transferência, difusão ou extração; [...].

Cabe dizer que o tratamento de dados, ao menos no contexto da rede mundial de computadores, já era objeto de regramento pelo Marco Civil da Internet (Lei nº 12.965/2014). O art. 7º, *caput*, inciso VII dispunha que é direito do cidadão que seus dados pessoais, inclusive registros de conexão, e de acesso a aplicações de internet, salvo mediante consentimento livre, expresso e informado ou nas hipóteses previstas em lei, não sejam fornecidos a terceiros

Essas palavras iniciais pretenderam apenas contextualizar o leitor quanto ao objeto central da Lei nº 13.709/2018. Passaremos agora a destacar os aspectos mais tangentes daquela legislação para com a *Lei de Acesso à Informação*. Nota-se, de plano, que, apesar de as duas leis tratarem de temas diferentes, sua conexão é bastante intensa – o que é perceptível já pelas reminiscências feitas pela LGPD à LAI.

(2) Objeto de ambas as legislações: conforme já dissemos no item "1.1" do Capítulo 1, a LAI veio a implementar o direito à transparência dos dados públicos, tutelando o acesso à informação dos cidadãos, salvo os casos de sigilo. A LGPD, ao seu turno, entre outros aspectos, mas naquilo que é pertinente a este livro, veio a *tutelar a transparência ao tratamento dos dados pessoais do cidadão realizado pelo Estado*. Para tanto, a referida legislação estruturou uma série de regras centrais, determinando a concreção de estruturas e procedimentos.

(3) Sujeição das pessoas jurídicas de direito público à LGPD: como já antecipado, uma série de dispositivos da Lei nº 13.709/2018 deixa bastante claro que a Administração Pública como um todo

se sujeita a esta legislação e deve tutelar os dados de terceiro de acordo com os preceitos ali regulados. Trata-se de uma *lei nacional* que se aplica indistintamente à União, estados, Distrito Federal e municípios, e a todos os poderes ou organismos independentes – *cf.* art. 1º, *caput* e parágrafo único; art. 3º, *caput*; art. 5º, incisos VI e VII; art. 23 e ss.

De qualquer sorte, a LGPD reservou o Capítulo IV para tratar essencialmente das *regras aplicáveis ao tratamento de dados pessoais pelo Poder Público*.[234] É interessante notar que o art. 23 relaciona à aplicação da LGPD às "[...] pessoas jurídicas de direito público referidas no parágrafo único do art. 1º da Lei nº 12.527, de 18 de novembro de 2011 (Lei de Acesso à Informação)". Em outras palavras, o art. 23 citado *aproxima o âmbito de proteção da Lei nº 13.709/2018 à LAI*, deixando evidente a *interoperabilidade e complementariedade de ambas as legislações*. A interação a ser feita é patente.

Ao contrário da Lei de Acesso, a LGPD tomou cuidado de *regular a situação de algumas instituições ou agentes públicos*. Por exemplo, os *notários e registradores* – delegados de função – sujeitam-se a tal legislação, nos termos dos §§4º e 5º do art. 23. Estes agentes que exercem função pública em caráter privado, conforme art. 236 da CF/88, seguirão o mesmo arcabouço normativo da Administração Pública em geral.

Curioso notar que o tratamento dispensado às empresas estatais foi outro. Como vimos no item "3" dos comentários feitos ao art. 1º, dispostos no Capítulo 3, *a LAI adotou um critério subjetivo ou orgânico*, ou seja, todas as sociedades de economia mista, empresas públicas e suas subsidiárias estão sujeitas aos ditames da Lei nº 12.527/2011, *independentemente da atividade prestada*. É dizer: a LAI se aplica à empresa estatal prestadora de serviço público ou mesmo àquela que atua no mercado. A LGPD, ao contrário, adotou um *critério objetivo ou funcional*, porque conferiu às empresas estatais que atuam no domínio econômico o mesmo tratamento das demais pessoas jurídicas de direito privado – *cf.* art. 24. E aquelas que

---

[234] O tema pode ser complementado pela Convenção de Nova Iorque sobre Pessoas com Deficiência (Decreto nº 6.949/2009) e a Resolução Conjunta CNJ/CNMP nº 1/2009, que dispõem sobre o tratamento de dados processuais de feitos, envolvendo, respectivamente, pessoas com deficiência e medidas de segurança.

prestem serviços públicos deverão se submeter ao regime jurídico das demais entidades estatais. Objetivamente, a LGPD aplicou um regime jurídico diferente às pessoas jurídicas de direito da Administração Pública indireta a depender da atividade exercida. A LAI, ao contrário, não releva a atividade prestada por essas empresas estatais, porque aplica o mesmo regime jurídico-normativo indistintamente.

(4) Competências administrativas: a LAI, quando da sua vigência, estabeleceu uma série de providências administrativas para a sua implementação, incluindo a designação de autoridades que processariam os pedidos de acesso, julgariam pertinentes recursos de eventual negativa etc. A LGPD agiu do mesmo modo, ao compreender que deveriam ser designadas *autoridades específicas para responder pelo tratamento dos dados*: seria o *encarregado* ou *Data Protection Officer (DPO)*. Com isto, ambas as legislações conseguem dar precisão às responsabilidades por eventual descumprimento dos seus comandos.

Não vemos problema em que a mesma autoridade que processa os pedidos de acesso possa também ser responsável pelo tratamento dos dados. O disposto no §2º do art. 23 da LGPD apenas prevê que não se possa dispensar a Administração Pública como um todo de instituir as autoridades de que trata a *Lei de Acesso à Informação*.

Poderá exercer este múnus uma pessoa natural, um comitê, um colegiado etc., que podem ser auxiliados por terceiros contratados para tal. O importante é que o desempenho destas atividades deva se dar de *modo técnico e contínuo*.

(5) Limites ao tratamento de dados pelas pessoas jurídicas de direito público: o *caput* do art. 23 da LGPD baliza o uso das informações e seu tratamento *para a satisfação das competências administrativas* e para *o atingimento do interesse público*. Qualquer outro uso fora desses parâmetros será considerado conduta ilegal. Mas não só. O inciso I do mencionado dispositivo compreende mais um caso de *transparência ativa*, na medida em que determina que sejam informadas as hipóteses em que, no exercício de suas competências, realizou-se o tratamento de dados pessoais. E, nestas situações, o fornecimento de informações deverá ser claro e atualizado sobre a previsão legal, a finalidade, os procedimentos e

as práticas utilizadas para a execução dessas atividades, em veículos de fácil acesso. Na linha da ideia do "Governo digital", regulado pela Lei nº 14.129/2021,[235] a parte final do inciso I do *caput* do art. 23 da LGPD determina o *uso preferencial dos sítios eletrônicos para a divulgação destas informações*. Nota-se uma preocupação da lei em dar a tais dados uma publicidade material ou real.

O art. 26 da LGPD colocou *limites para o compartilhamento de informações detidas pelo Poder Público para com terceiros*. A primeira condicionante é fixada no *caput*: o compartilhamento deverá se dar *somente para a execução de políticas públicas*.[236] Logo, toda vez que o Estado entregar uma informação a terceiro, deverá, antes, justificar este compartilhamento com base na boa e eficiente prestação de uma política pública. Essa finalidade específica deve ser sempre um requisito cogente para o compartilhamento de dados. Exemplifico: seria ilegal o compartilhamento de dados dos órgãos de proteção ao consumidor com empresas privadas de *marketing*.

Na hipótese de o Estado resolver transferir dados públicos a uma entidade privada, os limites ainda são maiores, conforme definido no §1º do art. 26 da Lei nº 13.709/2018:

(a) Quando a política pública é feita de modo descentralizado. Exemplo: dados do fluxo de veículos de uma rodovia concedida; informações sobre pacientes ou estudantes quando os serviços são prestados por uma organização social etc.

(b) Nos casos de dados públicos, ou seja, quando não forem considerados sigilosos pelos arts. 22, 23 ou 31 da LAI.

Para que o compartilhamento seja feito, algumas providências ou formalidades se fazem necessárias (art. 27):

(a) Comunicação à Autoridade Nacional de Proteção de Dados (ANPD) – para que exerça o pertinente poder de polícia.

(b) Consentimento do titular, salvo:

(b.1) hipóteses de dispensa de consentimento previstas na própria LGPD – art. 11, inciso II;

(b.2) casos em que sejam informadas as hipóteses em que, no exercício de suas competências, as autoridades

---

[235] Este assunto será abordado no tópico "2.6" do Capítulo 2.
[236] Dispositivo este que é condizente com aquilo que já era regulado pelo art. 7º, inc. III, da LGPD.

públicas realizam o tratamento de dados pessoais, fornecendo informações claras e atualizadas sobre a previsão legal, a finalidade, os procedimentos e as práticas utilizadas para a execução dessas atividades, em veículos de fácil acesso, preferencialmente em seus sítios eletrônicos – art. 23, inciso I;

(b.3) casos de execução descentralizada de atividade pública que exija a transferência, exclusivamente para esse fim específico e determinado, observado o disposto na Lei nº 12.527, de 18.11.2011 (Lei de Acesso à Informação) – art. 26, §1º, inciso I;

(b.4) nos casos em que os dados forem acessíveis publicamente, observadas as disposições da LGPD – art. 26, §1º, inciso III;

(b.5) quando houver previsão legal ou a transferência for respaldada em contratos, convênios ou instrumentos congêneres – art. 26, §1º, inciso IV;

(b.6) na hipótese de a transferência dos dados objetivar exclusivamente a prevenção de fraudes e irregularidades, ou proteger e resguardar a segurança e a integridade do titular dos dados, desde que vedado o tratamento para outras finalidades – art. 26, §1º, inciso V.

O uso compartilhado de dados ainda poderá ser regulamentado pela ANPD, que expedirá, neste caso, *regulamentos com caráter nacional*, conforme dispôs o art. 30 da LGPD. Parece curioso que o legislador conferiu a tal organismo federal a capacidade de regular temas de natureza local ou regional, o que poderia ser questionado dada a autonomia federativa de municípios, estados e Distrito Federal.

Mas não é só: a autoridade nacional poderá inclusive determinar a qualquer órgão público, inclusive municipal, distrital e estadual, a cessação de violação à LGPD – art. 31. A lei geral mencionada é considerada violada, entre outras ocasiões, quando as condutas são albergadas pelo disposto no art. 44.[237]

---

[237] Lei nº 13.709/2018, art. 44: "O tratamento de dados pessoais será irregular quando deixar de observar a legislação ou quando não fornecer a segurança que o titular dele pode esperar, consideradas as circunstâncias relevantes, entre as quais: I – o modo pelo qual é realizado;

Outro limite ao tratamento de dados pessoais é o respeito aos *direitos fundamentais* e aos *direitos de personalidade*. Por isto, é essencial que se estruture *programa de governança em privacidade de dados pessoais* (*cf.* art. 50, §2º, da LGPD), o qual deve mapear a estrutura existente, cotejando com os riscos de se praticar alguma ilicitude no tema do tratamento de dados pessoais. Além disto, deve-se ter presente que a manutenção de banco de dados, além de gerar um custo econômico ao Poder Público, reclama a *prova da sua necessidade*, dado que o Estado não pode ficar eternamente na posse das informações pessoais de terceiro.

Para tanto, deverá se produzir *relatório de impacto à proteção de dados pessoais* (RIPDP), conceituado pelo art. 5º, inciso XVII, da LGPD: "[...] documentação do controlador que contém a descrição dos processos de tratamento de dados pessoais que podem gerar riscos às liberdades civis e aos direitos fundamentais, bem como medidas, salvaguardas e mecanismos de mitigação de risco".

(6) Procedimento: o tratamento dos dados e pedidos administrativos correlatos ao tema deverão ser processados administrativamente. Para tanto, o §3º do art. 23 é bastante confuso ao determinar a aplicação das disposições constantes em uma série de leis específicas, sem dizer quais partes ou regras de cada qual devem servir para dar base ao processo administrativo dos pleitos que toma por base a LGPD. Apenas manda aplicar a Lei nº 9.507, de 12.11.1997 (*Lei do Habeas Data*); a Lei nº 9.784, de 29.1.1999 (*Lei Geral do Processo Administrativo*); e a Lei nº 12.527, de 18.11.2011 (*Lei de Acesso à Informação*).

Essa menção múltipla a uma série de leis estabelece uma *desordem na construção do real procedimento* a ser aplicado quando existam pretensões administrativas relacionadas ao tratamento de dados. De modo que o intérprete deverá compilar as previsões sobre o procedimento administrativo da Lei nº 9.507/1997 e da Lei nº 12.527/2011, para então aplicar subsidiariamente as regras da Lei nº 9.784/1999 – conforme disposto nos arts. 1º e 69 desta última

---

II – o resultado e os riscos que razoavelmente dele se esperam; III – as técnicas de tratamento de dados pessoais disponíveis à época em que foi realizado. Parágrafo único. Responde pelos danos decorrentes da violação da segurança dos dados o controlador ou o operador que, ao deixar de adotar as medidas de segurança previstas no art. 46 desta Lei, der causa ao dano".

legislação. Para os municípios, estados e Distrito Federal, deverá ser aplicada subsidiariamente a lei de processo por cada qual editada, quando existente.

2.6 Transparência digital

Se de um lado a Lei nº 12.527/2011 (Lei de Acesso à Informação) trata da transparência dos dados públicos, de outro, a Lei nº 14.129/2021 (Lei do Governo Digital) dinamiza a forma com que se pode materializar esta transparência. Nesse tópico, expomos ao leitor um diálogo entre estas duas legislações, as quais, de modo (as)sistemático, propõem-se a tutelar o direito fundamental previsto no art. 5º, inciso XXXIII, da Constituição da República Federativa do Brasil de 1988 (CF/88). Cabe antecipar já agora que a Lei do Governo Digital trouxe um assunto novo em relação à Lei de Acesso: a *interoperabilidade de dados entre órgãos públicos* (arts. 38 a 41). Apesar de a mencionada integração ocorrer em muitas situações, coube à Lei nº 14.129/2021 disciplinar o tema no plano jurídico-positivo.

Não é por acaso que esse panorama por nós disposto foi aqui alocado de início. O leitor atento já percebeu duas coisas: (1) que, passado um decênio depois da edição da LAI, a informação pública ganhou um prestígio cada vez maior, dadas as múltiplas leis que se ocuparam de cada vez mais regular seu acesso, uso e sigilo; (2) que uma série de leis que abordam assuntos diferentes acabou por tratar e retomar o tema dos dados públicos. É dizer: se por um lado impressiona que a sociedade, o legislador e o Governo passaram a se preocupar contundentemente com o tema, de outro lado esse movimento é um influxo ou reflexo da importância dada à informação no mundo contemporâneo.[238]

Aliada a esta conjuntura, a *cybercultura* anunciada e explicada por Pierre Lévy[239] justamente altera o modo como o ser humano se

---

[238] RODRIGUEZ, Daniel Piñero; RUARO, Regina Linden. O direito à proteção dos dados pessoais: uma leitura do sistema europeu e a necessária tutela dos dados sensíveis como paradigma para um sistema jurídico brasileiro. *Revista Brasileira de Direitos Fundamentais e Justiça*, ano, 4, n. 11, 2010. Disponível em: http://www.dfj.inf.br/sumarios2.php. Acesso em: 12 nov. 2014.

[239] LÉVY, Pierre. *Cybercultura*. São Paulo: Editora 34, 1999.

comporta ante o manancial de informações, alterando radicalmente os espaços, o modo de viver e toda sorte de percepções. Não somos mais os mesmos. E a desregulação deste ambiente pode gerar um ecossistema catastrófico, a tal ponto de prejudicar severamente direitos fundamentais muito caros à sociedade. A informação e o dado pessoal ou público não só possuem valor monetário – o que gera um influxo severo na economia e no mercado, e por eles é também abalada –, como está intimamente coligada com dimensões sensíveis do humano. Eis um panorama complexo e necessariamente apto a ser bem ordenado.

Hoje a população mundial vive amplamente imersa na sociedade da informação. Isso significa, sobretudo, que não existem mais fronteiras geográficas entre os países, haja vista que as barreiras são quebradas pelo acesso à informação, essencialmente por meio da rede mundial de computadores. Outra característica marcante de referida sociedade é o fluxo acentuado, intenso e rápido de informações. Além disso, todas as pessoas – sem qualquer diferenciação – podem informar, veridicamente ou não, e serem informadas.

O que contribuiu sobremaneira para que a comunidade mundial se encontrasse desse modo foi, com certeza, o exponencial aumento do uso de novas tecnologias (internet, Wi-Fi, 4G, 5G etc.), as quais se tornaram grandes facilitadoras no acesso rápido à informação. Com elas, o público em geral passou a ter maior obtenção de dados antes não encontrados, ao menos não tão facilmente, o que oportuniza perfeitamente a denominação "sociedade da informação".[240]

Esse panorama confrontou instituições seculares, como a noção de território e soberania. Afinal, a informação, suas trocas e seus acessos não conhecem estas idiossincrasias. A tal ponto de a Unesco reconhecer a existência de uma "sociedade do saber", que se encontra convencida do valor inclusive monetário de um dado público ou privado.[241]

Diante disso tudo, não pode e não podia o Estado ignorar este processo. Nem conseguiria, porque seria contraposto ou superado

---

[240] MATTELART, Armand. Para que "nova ordem mundial da informação"?. *In*: MORAES, Dênis de (Org.). *Sociedade midiatizada*. Rio de Janeiro: Mauad, 2006. p. 233-235.
[241] RAMONET, Ignacio. *A tirania da comunicação*. Petrópolis: Vozes, 2010. p. 132-134.

por estas inúmeras revoluções digitais, cibernéticas ou científicas. Então, tratou de lançar mão de *standards* normativos para regular o bom uso das informações, seja no âmbito público seja no privado, a fim de minimizar a "cosmopolitização dos riscos",[242] na tentativa de evitar que o Estado perca o comando sobre uma série de variáveis essenciais de que depende o desenvolvimento econômico e social.[243]

Dalmo de Abreu Dallari[244] afirma que, no futuro, o Estado não deixará de existir, apesar correntes científicas deixarão de pregar tal opinião.[245] A pós-modernidade não pode conceber o poder público como resultante das aspirações dos interesses privados, mas, sim, como produto de uma conclusão firme de um pacto social, que se sobreponha aos demais contratos particulares. Isso porque, na atualidade, o Estado se propõe a ser sócio – um parceiro do capital privado –, o que faz com que perca, assim, o espaço público tão necessário ao governo promocional das expectativas.[246]

Portanto, se de um lado a *Lei Geral de Proteção de Dados* regulou a forma com que as informações públicas e pessoais deveriam ser manipuladas – fato que possui ligação com o valor que os dados possuem –, de outro a Lei nº 12.527/11 e a Lei nº 14.129/21 disciplinaram muito mais o direito de acesso. Sobre este último aspecto, ambas as leis compatibilizam direitos de modo diverso.

Dez anos separam a *Lei do Governo Digital* (Lei nº 14.129/21) da *Lei de Acesso à Informação* (Lei nº 12.527/11). Como vimos no tópico precedente, muita coisa mudou neste ínterim. O mais engraçado neste contexto é perceber que estes dois marcos normativos procuraram, cada qual do seu modo, apresentar regras para direitos e deveres similares. Para perceber isso com mais detalhamento, procuramos concertar e comparar os dois diplomas:

---

[242] CHEVALLIER, Jacques. *O Estado pós-moderno*. Belo Horizonte: Fórum, 2009. p. 37.
[243] CHEVALLIER, Jacques. *Op. Cit.*, p. 39.
[244] DALLARI, Dalmo de Abreu. *O futuro do Estado*. São Paulo: Saraiva, 2001. p. 101.
[245] Conforme Dallari (*Op. Cit.*, p. 95), o autor Robert Nozick, em sua obra *Anachi, state and utopia*, propugna o fim do Estado, baseando sua teoria, de alta repercussão nos Estados Unidos, na alegação de que o Estado deveria ser altamente mínimo e maximamente constitucional. Nesse sentido, o autor americano rechaça o conceito de "contrato social" e a dialética entre o "teu" e o "meu". O Estado de Nozick é concebido nas relações do indivíduo e da economia, marcado na alta ausência de intervenção do Poder Público.
[246] KNOERR, Fernando Gustavo. Representação política e globalização. *In*: FONSECA, Ricardo Marcelo (Org.). *Repensando a teoria do Estado*. Belo Horizonte: Fórum, 2004.

Transparência ativa	
Lei nº 14.129/2021 Art. 29, *caput* e §2º	Lei nº 12.527/2011 Art. 8º
Forma de disponibilização dos dados	
Lei nº 14.129/2021 Art. 29, §1º	Lei nº 12.527/2011 Art. 7º
Transparência passiva – Pedido de acesso	
Lei nº 14.129/2021 Art. 30	Lei nº 12.527/2011 Arts. 10, §3º, e 11
Monitoramento do acesso à informação	
Lei nº 14.129/2021 Art. 31	Lei nº 12.527/2011 Art. 40, *caput*, inciso II
Resposta ao pedido de acesso	
Lei nº 14.129/2021 Art. 33	Lei nº 12.527/2011 Art. 11, §§5º e 6º
Decisão que nega acesso à informação	
Lei nº 14.129/2021 Art. 34	Lei nº 12.527/2011 Art. 14
Recurso	
Lei nº 14.129/2021 Art. 35	Lei nº 12.527/2011 Art. 15

Então, o §2º do art. 29 amplia consideravelmente a transparência ativa, porque alarga a lista de documentos e dados públicos que devem vir a público independentemente de solicitação. Em outras palavras, a listagem do §1º do art. 8º da LAI foi alargado de modo considerável. A transparência ativa passa a contar com a obrigatória divulgação sobre despesas e programas públicos, licitações e contratos etc. Ao que parece, a LAI era mais abstrata, sendo que a Lei nº 14.129/2021 concretizou ações específicas quanto aos temas listados. Logo, o controle social foi aumentado consideravelmente. Exemplo: poder-se-ão cruzar dados relativos às notas fiscais eletrônicas, despesas e licitações etc.

Interessante notar que os *fundamentos e pedidos de acesso* são inseridos também no âmbito da *transparência ativa*, conforme §5º do art. 30 da Lei nº 14.129/2021: "Os pedidos de abertura de base de dados públicos, bem como as respectivas respostas, deverão compor base de dados aberta de livre consulta". Assim, a base de dados da transparência passiva, especificamente quanto às solicitações formuladas, deverá ser passível de ser consultada por qualquer pessoa. Mas uma advertência deve ser feita: a regra pode comportar exceções, quando, por exemplo, um pedido de acesso foi negado, e os fundamentos são albergados por uma hipótese de sigilo. De qualquer modo, esta será uma hipótese bastante rara, na nossa opinião.

Outra forma de transparência ativa foi prevista no art. 36 da Lei nº 14.129/2021:

> Os órgãos gestores de dados poderão disponibilizar em transparência ativa dados de pessoas físicas e jurídicas para fins de pesquisa acadêmica e de monitoramento e de avaliação de políticas públicas, desde que anonimizados antes de sua disponibilização os dados protegidos por sigilo ou com restrição de acesso prevista, nos termos da Lei nº 12.527, de 18 de novembro de 2011 (Lei de Acesso à Informação).

Assim, quando for possível disponibilizar um dado sigiloso sem comprometer os motivos da vedação de acesso, ele poderá vir a público para fins de pesquisa ou de avaliação das políticas públicas. Exemplo: descobre-se que uma vacina não funciona bem para determinado tipo sanguíneo. Neste caso, poderia um hospital público disponibilizar os dados estatísticos das pessoas que possuem tal fator para orientar na construção de uma política pública e da própria reestrutura do referido remédio – guardando-se, claro, o anonimato dos pacientes de onde se retiraram os dados, bem como se respeitando os postulados da LGPD.

2.7 Interoperabilidade de dados entre órgãos públicos

A Lei nº 14.129/2021 inova em relação à LAI, regulando outro assunto não abordado pela legislação de 2011: a *interoperabilidade de dados entre órgãos públicos*, um assunto visto e implementado na prática em muitos setores da Administração Pública nacional, mas que não contava com um regulamento específico. Com o advento da mencionada *Lei do Governo Digital*, esse instituto passa a contar com uma série de *standards* normativos dispostos nos arts. 38 a 41, e é o tema a ser tratado no presente tópico.

Em muitos momentos, a Lei nº 14.129/2021 aborda a "interoperabilidade dos dados públicos", e reserva um capítulo inteiro ao tema, objeto da disciplina jurídica dos arts. 38 a 41. Contudo, em nenhum momento a citada lei ordinária conceitua ou interpreta autenticamente o que é a dita "interoperabilidade", apesar de fixar uma série de finalidades e entregáveis a partir da sua operação.

Sinteticamente, a legislação pretende disciplinar e, principalmente, incentivar que os mecanismos e sistemas de tecnologia da informação trabalhem conjuntamente, trocando dados e facilitando a vida do operador. Exemplifico: até bem pouco tempo atrás, qualquer agente de licitação, antes de homologar um certame, deveria consultar os sistemas de dados para averiguar se o futuro contratado (vencedor da disputa) não estava impedido de licitar. E era necessário consultar dois sistemas: o (1) Ceis – Cadastro de Empresas Inidôneas e Suspensas e o (2) Cnep – Cadastro Nacional de Empresas Punidas. Esse panorama impunha que o operador consultasse ambos os bancos de dados, o que contrariava a mencionada interoperabilidade. Logo, a afixação de mecanismos de consulta única que tenham acesso aos dois cadastros seria um exemplo de aplicação do instituto. Outros exemplos pragmáticos da interoperabilidade ocorrem no Ministério da Saúde no que se refere ao *DataSUS* e o sistema de *GED (Gestão Eletrônica de Documentos).*

Veja que não estamos a falar aqui de "integração", que é o processo de coligar e conectar dois sistemas, gerando uma mútua dependência. A "interoperabilidade" estabelece um *proxi* de comunicação de dois sistemas, sem a dependência tecnológica.[247] Eis uma diferença substancial a ser percebida aqui.

No tema, devemos destacar a Portaria nº 92, de 24.12.2014, que instituiu a arquitetura ePING (Padrões de Interoperabilidade

---

[247] VERNADAT, F. B. *Enterprise modelling and integration*: principles and applications. Londres: Chapman & Hall, 1996.

de Governo Eletrônico). A este marco seguiu o disposto Decreto nº 8.414, de 26.2.2015, que disciplinou o *Programa Bem Mais Simples Brasil* e criou o Conselho Deliberativo e o Comitê Gestor do Programa.

Para que a interoperabilidade seja implementada, é necessária a anuência das partes a serem conectadas, bem como é fundamental o estabelecimento de padrões formais comuns. E o instituto permite ir além da simples troca de informações, da facilitação da comunicação ou da conexão entre computadores.

> Ao garantir, virtualmente, um maior acesso aos direitos do cidadão e aumentar a sua parcela de participação na gerência do Estado, a interoperabilidade possibilitaria a expansão do exercício da cidadania, permitindo, "ao menos tecnicamente, o acesso pelo cidadão a serviços e informações atualmente pulverizados e inacessíveis".[248]

Os canais de acesso, a facilitação, a menor complexidade e a prestação dos serviços públicos tendem a ficar mais qualificados com a realização de ferramentas de comunicação mútua entre os sistemas. Então, por consequência natural, o próprio direito de acesso à informação passa a ficar mais robusto.

Portanto, a *Lei de Acesso à Informação* pretende tutelar estabilidade, garantias e possibilidades de acesso, e a *Lei do Governo Digital* pretende implementar dinamismo e operacionalidade ao acesso. Em outras palavras, a estabilidade e as garantias ao cidadão são previstas essencialmente na Lei nº 12.527/2011, enquanto que a interoperabilidade implementada pela Lei nº 14.129/2021 garante uma maior qualidade ao mencionado direito de acesso.

A interoperacionalidade de dados é uma diretriz central da atuação dos entes da federação brasileira no desenvolvimento da internet no Brasil, reclamando a implementação de mecanismos de governança transparente, para permitir o intercâmbio de informações e a celeridade de procedimentos (art. 24 da Lei nº 12.965/2014, que institui o Marco Civil da Internet). Outra diretriz fixada pela referida legislação é a "[...] promoção da interoperabilidade entre sistemas e

---

[248] ALMEIDA, Djalma Fiuza. *Governança pública, interoperabilidade e interoperatividade: desafios para a gestão do dado institucional na UNEB*. Disponível em: http://www.uneb.br/gestec/files/2013/06/Dissertacao_Djalma_Fiuza_Almeida.pdf. Acesso em: 29 jul. 2021.

terminais diversos, inclusive entre os diferentes âmbitos federativos e diversos setores da sociedade" (inciso IV do *caput* do art. 24). Também a *Lei Geral de Proteção de Dados* (Lei nº 13.709/2018), no art. 25, cuidou de prever a inserção de mecanismos que permitam a interconexão de bancos de dados distintos, para que as informações sejam interoperáveis e estruturadas para o uso compartilhado, para a melhor execução de políticas públicas, acesso à informação e prestação de serviços públicos. Essa interoperabilidade será feita a partir de padrões, os quais podem ser determinados pela autoridade nacional – art. 40. Em outras palavras, bancos de dados que detenham informações com formatos diversos terão sérias dificuldades de intercomunicação. Por isso que a padronização se torna imprescindível, e, ainda, qualifica a transparência das informações públicas.

# A LEI Nº 12.527, DE 18 DE NOVEMBRO DE 2011, COMENTADA, ARTIGO POR ARTIGO

LEI Nº 12.527, DE 18 DE NOVEMBRO DE 2011.
Regula o acesso a informações previsto no inciso XXXIII do art. 5º, no inciso II do §3º do art. 37 e no §2º do art. 216 da Constituição Federal; altera a Lei nº 8.112, de 11 de dezembro de 1990; revoga a Lei nº 11.111, de 5 de maio de 2005, e dispositivos da Lei nº 8.159, de 8 de janeiro de 1991; e dá outras providências.
A PRESIDENTA DA REPÚBLICA Faço saber que o Congresso Nacional decreta e eu sanciono a seguinte Lei:

Primeiramente, cabe referir que a LAI possui natureza de *lei mista*, ou seja, possui dispositivos que consagram uma autêntica "lei da federação" e, de outro lado, possui normas de caráter *federal*, uma vez que se dirigem somente à União. No primeiro caso, todos os entes federados sujeitam-se à LAI de maneira uniforme. Contudo, nesse caso, nada impede que os entes federados expeçam atos normativos *secundum legem*, por meio de regulamentações internas – como só acontece – para o fim de adaptar as normas gerais da Lei nº 12.527/11 às realidades regionais e locais. Assim, a LAI fornece "eixos estruturantes" aos entes da federação, podendo estes dispor sobre detalhes que venham a suprir as peculiaridades de cada. No segundo caso – dos dispositivos de caráter federal –, a LAI deu cabo de disciplinar matérias que somente se aplicam ao ente federado União, ou seja, não possuem qualquer pertinência aos Estados, Municípios e Distrito Federal, bem como a suas respectivas entidades controladas, direta ou indiretamente. São os casos dos arts.: 16 a 17, art. 24, §2º, art. 27, art. 35, art. 37, art. 41 etc. Logo, nessas hipóteses, estamos tratando de típicos casos de *lei federal*.[249]

Uma importante fonte normativa complementar à lei de acesso e que especifica muitos elementos desta norma é o Decreto Federal nº 7.724/2012. No âmbito dos demais entes federados, várias são as legislações complementares que procuram dar pragmatismo e resolver (antecipadamente), ainda em âmbito normativo, debates que poderiam surgir a partir do texto da LAI.

---

[249] A diferença entre lei nacional e federal foi diagnosticada por Geraldo Ataliba, em uma passagem que se tronou clássica: "Há leis federais (ou da União), estaduais (ou dos Estados) e municipais (ou dos Municípios) dirigidas às pessoas na qualidade de administrados da União, dos Estados e dos Municípios e emendas dos legislativos, dessas entidades políticas, respectivamente. E há leis nacionais, leis brasileiras, voltadas para todos os brasileiros, indistintamente, abstração feita da circunstância de serem eles súditos desta ou daquela pessoa política" (*Pareceres de direito tributário*, v. 3, p. 16-17).

CAPÍTULO I
DISPOSIÇÕES GERAIS

Art. 1º Esta Lei dispõe sobre os procedimentos a serem observados pela União, Estados, Distrito Federal e Municípios, com o fim de garantir o acesso a informações previsto no inciso XXXIII do art. 5º, no inciso II do §3º do art. 37 e no §2º do art. 216 da Constituição Federal.

O dispositivo inicial da LAI, em seu *caput*, trata de resumir com muita propriedade o objeto central da norma em pauta. Em verdade, dá cabo de especificar, em nível infraconstitucional, vários dispositivos da CF/1988, ali expressamente mencionados. Esse artigo trata de eliminar qualquer discussão sobre eventual limitação à aplicação plena dos dispositivos constitucionais, na medida em que se poderia alegar que estes não seriam de aplicabilidade plena, mas sim limitada (ou não bastantes em si, como se queira).

Dessa forma, com uma riqueza de detalhes, o legislador infraconstitucional, a uma só medida, potencializou a transparência e o padrão axiológico democrático a um nível intenso jamais visto no nosso País, ao mesmo tempo em que deu cabo de ofertar uma riqueza de detalhes e de ferramentas jurídicas ao acesso à informação. Esses paradigmas, assim, são importantes fontes hermenêuticas para a aplicação dos dispositivos que seguem. Em suma, as garantias trazidas à baila pela LAI garantem amplamente e de forma consistente o direito de acesso à informação pública e, em muitos casos, aplica-se também aos dados oriundos de uma empresa privada, quando o interesse público incide à espécie, nos termos dos arts. 1º e 2º.

Art. 1º [...]
Parágrafo único. Subordinam-se ao regime desta Lei:
I – os órgãos públicos integrantes da administração direta dos Poderes Executivo, Legislativo, incluindo as Cortes de Contas, e Judiciário e do Ministério Público;
II – as autarquias, as fundações públicas, as empresas públicas, as sociedades de economia mista e demais entidades controladas direta ou indiretamente pela União, Estados, Distrito Federal e Municípios.

1 Quem se sujeita à LAI

O parágrafo único do art. 1º delimita quem efetivamente se sujeita à LAI, ou seja, quem seriam os legitimados a sofrerem a incidência dos dispositivos desta legislação. E a regra foi abrangente nesse sentido.

Perceba que o legislador, para tanto, incluiu vários critérios na definição da legitimidade passiva dessa norma, ou seja, quais instituições que devem obediência à LAI. Ao nosso sentir, a redação do dispositivo é um tanto truncada, mas tem a finalidade de deixar evidente quem se sujeita à lei. E essa preocupação, ao que tudo indica, prejudicou a redação.

Para uma classificação sistematizada, apresentaremos a seguinte proposta a partir e seguindo o texto expresso na LAI:

(a) *sujeitos passivos próprios* – critério orgânico, subjetivo ou formal:

(a.1) Administração Pública direta – art. 1º, I;

(a.1.2) órgãos do Poder Executivo;

(a.1.3) órgãos do Poder Legislativo;

(a.1.4) órgãos do Poder Judiciário;

(a.1.5) Cortes de Contas;

(a.1.6) Ministério Público;

(a.2) Administração Pública indireta – art. 1º, II;

(a.2.1) as autarquias;

(a.2.2) as fundações públicas;

(a.2.3) as empresas públicas;

(a.2.4) as sociedades de economia mista; e

(a.2.5) as demais entidades controladas direta ou indiretamente pela União, pelos Estados, pelo Distrito Federal e pelos Municípios;

(b) *sujeitos passivos impróprios*[250] – critério material, objetivo ou funcional:

(b.1) entidades privadas sem fins lucrativos que recebam, para realização de ações de interesse público – art. 2º:

(b.1.1) recursos públicos diretamente do orçamento;

---

[250] A serem estudados quando da análise do art. 2º.

(b.1.2) por meio de subvenções sociais;
(b.1.3) por meio de contrato de gestão;
(b.1.4) por meio de termo de parceria;
(b.1.5) por meio de convênios;
(b.1.6) por meio de acordo;
(b.1.7) por meio de ajustes; ou
(b.1.8) por meio de outros instrumentos congêneres.

Assim, a uma primeira vista, o art. 1º adotou um critério *orgânico, subjetivo* ou *formal*, enquanto, no art. 2º, optou-se pelo critério *material, funcional* ou *objetivo*. Significa dizer que, em termos simples, ao primeiro dispositivo importa saber *quem* se sujeita à lei, não importando, em tese, a função ou a atividade exercida.[251] Basta saber a forma constitutiva de determinada instituição para se ter a noção exata se a LAI incide ou não para com aquele organismo. Resumindo, importa notar se estamos diante de um dos órgãos da Administração Pública direta (a.1) ou diante de um dos órgãos da Administração Pública indireta (a.2), ali citados.[252]

Primeiramente, merece ser destacado, como já fizemos em outro momento,[253] que o termo "Administração Pública" não oferece uma definição precisa, sendo que seu conceito não é uniforme na doutrina, tendo em vista a diversidade de sentidos atribuídos ao signo, bem como diante das várias funções que a *Administração Pública* desempenha. Essa dificuldade em se estabelecer uma noção sobre o tema advém desde quando se tenta conceituar o signo "administração".[254]

Só para se ter uma ideia, a *Administração Pública, quando* conceituada pelo critério *orgânico ou formal ou subjetivo*, consiste no

---

[251] Essa opção, como bem será diagnosticado na sequência, gera problemas.
[252] Aliás, em termos subjetivos, a "Administração Pública" pode ser apresentada como a soma de ambas as perspectivas, como bem menciona o art. 37, *caput*, da Constituição Federal, porque inicia justamente pela existência destas duas formas de organização do Estado, no âmbito dos Poderes da União, dos Estados, do Distrito Federal e dos Municípios (CRETELLA JÚNIOR. *Direito administrativo brasileiro*, p. 11-15).
[253] HEINEN. Administração Pública. In: SCHWARTZ. *Dicionário de direito do trabalho, direito processual do trabalho, direito previdenciário aplicado ao direito do trabalho*, p. 92-95.
[254] Em relação ao vocábulo, duas acepções se destacam: uma noção representativa de uma *atividade* (como exemplo, a gestão que visa a modernizar uma empresa), e outra no sentido *organizacional* (por exemplo, a estrutura orgânica de uma entidade). Assim, estes dois aspectos podem ser transportados à *Administração Pública*.

conjunto de órgãos instituídos para a consecução dos objetivos do Governo. Nesse sentido, a expressão deve ser grafada em letras maiúsculas,[255] da seguinte forma: "Administração Pública".

De outro lado, ela pode ser percebida, ainda, sob o aspecto *funcional*, momento em que significa um conjunto de atividades públicas. Propicia que as finalidades públicas sejam alcançadas, satisfazendo as necessidades da coletividade. Enfim, visa a auxiliar no cumprimento das tarefas impostas ao ente estatal, configurando um conjunto complexo de condutas para fazerem frente às tarefas impostas pela Constituição Federal. Em resumo: a expressão refere-se, em suma, à natureza da atividade prestada. Essa noção é chamada pela doutrina de: *objetiva, material* ou *funcional*, sendo, por orientação de Hely Lopes Meirelles, grafada com letras minúsculas, conforme segue: "Administração Pública".[256]

2 Sujeitos submetidos ao pedido de acesso – Perspectiva subjetiva ou orgânica da Administração Pública

A LAI adotou um padrão muito claro na definição de quais seriam as pessoas e as instituições que sofreriam sua incidência normativa. Enfim, quem pode, afinal, ser demandado a fornecer dados e informações com base na "Lei da Transparência"? E a resposta a essa pergunta surge a partir do texto dos arts. 1º e 2º, que podemos listar da seguinte maneira, a partir da classificação exposta alhures:

(a) *Administração Pública direita* (União, Estados, Distrito Federal e Municípios, em todos os seus órgãos) – art. 1º, *caput*, especificando que se tratam dos Poderes Executivo, Legislativo, incluindo as Cortes de Contas, e Judiciário e do Ministério Público – art. 1º, parágrafo único, inciso I;

---

[255] MEIRELLES, *op cit.*, p. 85. No mesmo sentido: CARVALHO FILHO. *Manual de direito administrativo*, p. 10; JUSTEN FILHO. *Curso de direito administrativo*, p. 231-232; MAFFINI. *Direito administrativo*, p. 25-27; MEDAUAR, *op. cit.*, p. 46-47; MUKAI. *Direito administrativo sistematizado*, p. 19; ZIMMER JÚNIOR. *Curso de direito administrativo*, p. 221-230.

[256] *Idem*. No mesmo sentido: DAËL, *op. cit.*, p. 48; PEDROMO, *op. cit.*, p. 130; GORDILLO. *Princípios gerais do direito público*, p. 113-116 (o autor argentino, aqui, traça uma sistematização muito didática acerca destes critérios).

(b) *Administração Pública indireta* (as autarquias, as fundações públicas, as empresas públicas, as sociedades de economia mista e demais entidades controladas direta ou indiretamente pela União, pelos Estados, pelo Distrito Federal e pelos Municípios) – art. 1º, parágrafo único, inciso II;[257]

(c) as *entidades privadas sem fins lucrativos* (que recebam, para realização de ações de interesse público, recursos públicos diretamente do orçamento ou mediante subvenções sociais, contrato de gestão, termo de parceria, convênios, acordo, ajustes ou outros instrumentos congêneres) – art. 2º, *caput*. Mas, nesse caso, a lei incide somente para com a parcela dos recursos públicos recebidos e sua destinação, sem prejuízo das prestações de contas a que estejam legalmente obrigadas – art. 2º, parágrafo único.

A partir da norma em destaque, a informação torna-se aberta em todas as suas instâncias, tornando o Poder Público mais transparente. A lei atende a uma reclamação histórica, especialmente advinda dos movimentos em defesa dos direitos humanos, autorizando que qualquer brasileiro consulte documentos de todas as esferas da Administração Pública, de qualquer de seus Poderes (art. 1º).

Além disso, a norma obriga que todos aqueles que obtenham qualquer tipo de subvenção tenham de "publicizar" dados sobre contratos, licitações, gastos com obras, repasses ou transferências de recursos (art. 2º). Para tanto, criou-se um procedimento administrativo para que qualquer interessado possa acessar documentos e informações outrora sigilosos (arts. 10 a 20).

É interessante notar que a LAI poupou qualquer questionamento acerca da sua incidência no que se refere às Cortes de Contas (*v.g.* Tribunais de Contas) e aos Ministérios Públicos, por fazer expressa referência a estes órgãos. Poupou-nos da discussão que tenderia a trazer à tona a velha divergência doutrinária no sentido de que tais organismos não fariam parte de nenhum dos Poderes, estando, por esta interpretação, fora do âmbito de proteção dessa norma. De qualquer sorte, diante da expressividade da lei, pouco merece ser dito a respeito.

---

[257] No caso, a legislação esqueceu-se de incluir os *consórcios públicos* (art. 241, da CF/1988, e Lei nº 11.107/2005), entidades pertencentes à Administração Pública indireta, conforme bem referido pelo art. 41, inciso IV, do Código Civil.

Um fator que pode causar certa perplexidade é a omissão – em nossa opinião, nem um pouco deliberada – da menção expressa acerca das Defensorias Públicas. A partir da vigência da Emenda Constitucional nº 45/2004, esses órgãos ganharam autonomia funcional e administrativa e a iniciativa de sua proposta orçamentária dentro dos limites estabelecidos na lei de diretrizes orçamentárias (§2º do art. 134). Sendo assim, ainda não se tem um consenso maior sobre os contornos jurídico-dogmáticos da Defensoria Pública, especialmente a partir da mencionada reforma.

O que se tem certeza é que as Defensorias Públicas não estão mais vinculadas ao Poder Executivo, como um órgão pertencente à estrutura central, ou seja, a uma secretaria ou a um ministério, por exemplo. Afinal, essa foi a interpretação dada pelo STF, ao julgar a ADI nº 3.569.[258]

Contudo, a omissão mencionada não prejudica, ao nosso sentir, a aplicação da LAI às Defensorias Públicas, por serem pessoas jurídicas nitidamente estatais – públicas ao "extremo da palavra". Ademais, seria ilógico que os Tribunais de Contas e os Ministérios Públicos se sujeitassem à LAI, mas as Defensorias Públicas ficassem à mercê dela. Por fim, pensa-se que essa omissão não causará maiores questionamentos a respeito, até porque as Defensorias Públicas, ao que se sabe, vêm cumprindo com naturalidade o que determina essa lei.

3 Pessoas jurídicas de direito privado pertencentes à Administração Pública indireta e que exerçam atividade econômica devem sofrer a incidência da LAI

Outro questionamento plausível de ser feito consiste em saber se *as pessoas jurídicas de direito privado pertencentes à Administração*

---

[258] "A EC 45/04 outorgou expressamente autonomia funcional e administrativa às defensorias públicas estaduais, além da iniciativa para a propositura de seus orçamentos (art. 134, §2º): donde, ser inconstitucional a norma local que estabelece a vinculação da Defensoria Pública a Secretaria de Estado" (STF, ADI nº 3.569, Rel. Min. Sepúlveda Pertence, Pleno, j. 02.04.07).

Pública indireta e que exerçam atividade econômica devem sofrer a incidência da LAI. A partir do que se disse, ou seja, de que o art. 1º adotou um critério orgânico/subjetivo, não importando qual atividade os órgãos ou entes citados prestam, poder-se-ia claramente responder afirmativamente ao questionamento. Logo, baseando-se em uma interpretação literal do dispositivo em apreço, a LAI aplicar-se-ia às pessoas jurídicas de direito privado da Administração Pública indireta.[259]

Este seria um primeiro entendimento sobre o tema: que o art. 1º utilizou um *critério orgânico* para delimitar o âmbito de incidência da norma, mencionando a "administração indireta", sem qualquer ressalva.[260] Não se tomou por base um *critério material*, lastreado este a partir da atividade desempenhada por cada entidade.

Aliado a esse fundamento, o *telos* da legislação, ou seja, sua finalidade, é de submeter o Estado e o máximo das suas entidades à LAI. Então, por um critério hermenêutico finalístico, a resposta também seria positiva. A LAI determina que todas as entidades listadas no art. 1º a ela se sujeitam, a partir do mencionado *critério orgânico ou subjetivo*. Para tanto, basta *ser* uma sociedade de economia mista ou uma empresa pública, tudo de acordo com uma interpretação literal – a mais pobre, diga-se de passagem – aplicada à espécie.

Apesar desses pontos de vista apresentarem argumentos razoáveis até certo ponto, deles se discorda. Perceba que a

---

[259] Claro que se deve ter em mente, que a divulgação de informações de empresas estatais, segundo o art. 5º, §1º, do Decreto nº 7.724/12, está submetida às normas pertinentes da Comissão de Valores Mobiliários: "a divulgação de informações de empresas públicas, sociedade de economia mista e demais entidades controladas pela União que atuem em regime de concorrência, sujeitas ao disposto no art. 173 da Constituição, estará submetida às normas pertinentes da Comissão de Valores Mobiliários, a fim de assegurar sua competitividade, sua governança corporativa e, quando houver, os interesses de acionistas minoritários".

[260] Entendimento acolhido pelo STJ (EDcl no AgRg na PET no MS 16.903-DF, Rel. Min. Humberto Martins, 1ª Seção, j. 08.10.2014), momento em que assim se decidiu: "[...] é alegada omissão, consistente na impossibilidade de fornecimento das informações de gastos das empresas públicas e sociedades de economia mista, pelo teor do art. 5º, §1º do Decreto n. 7.724/2012. Não há o vício alegado. 3. O teor do art. 5º, §1º do Decreto n. 7.724/2012, em conjunto com outros argumentos, foi apreciado na ocasião do julgamento de mérito da impetração, que fixou a obrigação de fazer que agora se executa. Assim, foi determinado que os gastos com publicidade e propaganda das empresas públicas e sociedades de economia mista deveriam ser fornecidos. [...]".

primeira e superior regra hermenêutica a ser utilizada é a *hierárquica*, que, diante do sistema jurídico brasileiro, impõe que o intérprete parta da *Constituição Federal*, ou melhor, deve a lei ser, antes de tudo, interpretada conforme a Constituição Federal. Sendo assim, o art. 1º da Lei nº 12.527/11 necessariamente precisa ser condizente com o que determina o art. 173, *caput* e inciso II, da CF/1988.[261]

Então, o texto constitucional determina que, quando o Estado atuar no Segundo Setor (mercado), assim o fará *como se particular fosse*: as empresas públicas e sociedades de economia mista sujeitar-se-ão "ao regime jurídico próprio das empresas privadas" (inciso II do art. 173). Enfim, não poderão deter os privilégios, nem os ônus de estarem atuando nesse segmento. Não podem se utilizar da supremacia estatal, nem ter regras comerciais mais gravosas, justamente porque *ambas as situações gerariam uma competição desigual*.

Ademais, o *telos* da LAI estabeleceu um parâmetro de transparência máxima do âmbito público, não do âmbito privado. Tanto é verdade que se preocupou em expressamente ressalvar sua aplicação às questões de ordem pública – o que pode bem ser observado a partir do art. 2º, parágrafo único –, ou seja, *as entidades sem fins lucrativos só se sujeitam à LAI no que se refere à parcela dos recursos públicos recebidos e à sua destinação*. Sem falar nos casos de sigilo de certas operações comerciais decretados pelo próprio art. 22.

É, no mínimo, irrazoável que se admita que um cidadão possa exigir de um *posto BR®*, da esquina do seu trabalho, que este informe quantos funcionários possui, quantos litros de gasolina vende por dia etc. Da mesma forma que não se pode exigir do *Banco do Brasil S/A®* (sociedade de economia mista federal e pessoa jurídica de

---

[261] CF88, art. 173: "Ressalvados os casos previstos nesta Constituição, a exploração direta de atividade econômica pelo Estado só será permitida quando necessária aos imperativos da segurança nacional ou a relevante interesse coletivo, conforme definidos em lei"; "§1º A lei estabelecerá o estatuto jurídico da empresa pública, da sociedade de economia mista e de suas subsidiárias que explorem atividade econômica de produção ou comercialização de bens ou de prestação de serviços, dispondo sobre: [...] II – a sujeição ao regime jurídico próprio das empresas privadas, inclusive quanto aos direitos e obrigações civis, comerciais, trabalhistas e tributários".

direito privado) que diga a quantidade de clientes que possui em determinada localidade, o montante gasto com publicidade etc. Se assim fosse permitido, fragilizar-se-ia por completo essas empresas perante o restante do mercado.[262]

Para arrematar, a partir da mencionada *interpretação conforme* o art. 173 da CF/1988, conferida ao art. 1º da LAI, entendemos acertado se adotar o critério funcional ou material ou objetivo para a hipótese em pauta. Significa dizer que temos de avaliar *quais seriam as atividades* dessas instituições, ou seja, se atuam ou não na ordem econômica para sofrer ou não a incidência da Lei nº 12.527/11, tendo em vista que a Constituição é clara ao expor que, se exercem suas funções no limiar do Segundo Setor, assim o fazem sujeitas ao regime jurídico próprio das empresas privadas. Ora, se a assim o é, devem ter todos os privilégios e os ônus que qualquer particular tem.[263]

E essa é a opção hoje feita pelo Superior Tribunal de Justiça (STJ) e pelo STF em outras matérias, ou seja, adotam o critério funcional em temas como serviços públicos,[264] imunidade tributária,[265] regime

---

[262] Muito embora o precedente citado na sequência refira-se ao contexto do *habeas data*, consideramos que ele pode conter subsídios à tese defendida: "*Habeas Data*. Ilegitimidade passiva do Banco do Brasil S.A para a revelação, a ex-empregada, do conteúdo da ficha de pessoal, por não se tratar, no caso, de registro de caráter público, nem atuar o impetrado na condição de entidade Governamental (Constituição, art. 5º, LXXII, 'a', e art. 173, §1º, texto original)" (STF, RE nº 165.304, Rel. Min. Octavio Gallotti, Pleno, j. 19.10.00).

[263] Por tudo isso, que discorda-se da posição de Ricardo Marcondes Martins (*op. cit.*, p. 140), quando este afirma que: "[...] não pode o legislador, sob o pretexto de que se trata de atividade econômica, impedir o administrado de ter acesso às informações sobre a gestão dessas empresas". Esta afirmativa deve ser vista com bastante cautela, sob pena de a Lei nº 12.527/11 ser palco para a inviabilidade concreta da atuação direta do Estado na economia, rompendo-se com os próprios fundamentos que autorizam esta atuação: a segurança nacional e o interesse coletivo relevante. De modo que, as restrições ao acesso devem se mostrar pertinentes sempre que possam comprometer justamente o mandamento constitucional do art. 173.

[264] STF, RE nº 580.264/RS, Rel. Min. Joaquim Barbosa, Pleno, j. 16.12.2010, sendo uma decisão representativa de repercussão geral.

[265] No caso, o STJ utilizou um parâmetro material de serviço público para definir que a *internet* não pode ser considerada serviço público, o que conferiria imunidade tributária aos provedores desta atividade. "Os serviços prestados pelos provedores de acesso à internet não podem ser classificados como serviços de telecomunicações, apesar de o Confaz assim considerá-los a teor do art. 60 da Lei n. 9.472/1997, que trata da organização dos referidos serviços. Os serviços prestados pelos provedores de acesso à internet não são serviços de telecomunicações, haja vista não necessitarem de autorização, permissão ou concessão da União, conforme dispõe o art. 21, XI, da CF/1988" (STJ, EREsp nº 456.650/

de bens²⁶⁶ etc. A Suprema Corte, em muitos casos, confere ou não privilégios às empresas públicas e às sociedades de economia mista *a partir de um critério funcional, material ou objetivo*. Importa, assim, para saber quem se sujeita à LAI, como naquelas outras matérias de direito administrativo, saber qual a função exercida. Afinal, tanto o STF como o STJ conferem extrema relevância ao critério funcional, não dando primazia, nas questões mais relevantes, ao *critério orgânico ou subjetivo*.²⁶⁷

As cortes nacionais aplicaram o critério material na solução de inúmeras temáticas, porque o objetivo das empresas públicas e das sociedades de economia mista não era unívoco, isto é, reconheceu-se sua atuação na economia e na prestação de serviços públicos – no Segundo e no Primeiro Setor, respectivamente. No caso da LAI, caso pautemos a questão a partir do critério material, estaremos justamente parametrizando a questão na mesma medida do atual entendimento do STF e do STJ, porque se estaria utilizando o critério funcional exatamente quando estas empresas estiverem exercendo atividade econômica e não pública.

E essa foi a opção feita pelo Decreto nº 7.724/12, na medida em que adotou um critério material quando da normatização

---

PR, Rel. originário Min. José Delgado, Rel. para acórdão Min. Franciulli Netto, 1ª Seção, j. 11.5.2005 e noticiado no Informativo nº 246).

[266] No caso, o STF entendeu que as empresas públicas e as sociedades de economia mista, apesar de serem pessoas jurídicas de direito privado, quando prestarem serviços públicos, como é o caso da Empresa Brasileira de Correios e Telégrafos (EBCT), deveriam se sujeitar ao regime jurídico administrativo. Veja que a Suprema Corte adotou, aqui, um critério funcional, material ou objetivo para delimitar a possibilidade de penhora dos bens da EBCT. Confira: "RECURSO EXTRAORDINÁRIO. CONSTITUCIONAL. EMPRESA BRASILEIRA DE CORREIOS E TELÉGRAFOS. IMPENHORABILIDADE DE SEUS BENS, RENDAS E SERVIÇOS. RECEPÇÃO DO ARTIGO 12 DO DECRETO-LEI Nº 509/69. EXECUÇÃO. OBSERVÂNCIA DO REGIME DE PRECATÓRIO. APLICAÇÃO DO ARTIGO 100 DA CONSTITUIÇÃO FEDERAL. 1. À empresa Brasileira de Correios e Telégrafos, pessoa jurídica equiparada à Fazenda Pública, é aplicável o privilégio da impenhorabilidade de seus bens, rendas e serviços. Recepção do artigo 12 do Decreto-lei nº 509/69 e não incidência da restrição contida no artigo 173, §1º, da Constituição Federal, que submete a empresa pública, a sociedade de economia mista e outras entidades que explorem atividade econômica ao regime próprio das empresas privadas, inclusive quanto às obrigações trabalhistas e tributárias. 2. Empresa pública que não exerce atividade econômica e presta serviço público da competência da União Federal e por ela mantido. Execução. Observância ao regime de precatório, sob pena de vulneração do disposto no artigo 100 da Constituição Federal. Recurso extraordinário conhecido e provido" (STF, RE nº 220.906/DF, Rel. Min. Maurício Corrêa, Pleno, j. 16.11.2000).

[267] A distinção entre o critério *material, funcional* ou *objetivo* e o critério *formal, orgânico* ou *subjetivo* foi apresentada no logo no início dos comentários ao art. 1º, parágrafo único, da LAI.

infralegal da LAI.²⁶⁸ Veja que, nos §§1º e 2º do art. 5º do referido decreto, foram feitas duas ressalvas: que a LAI não se aplica às empresas públicas, às sociedades de economia mista e às demais entidades controladas pela União que atuem em regime de concorrência, sujeitas, portanto, ao disposto no art. 173 da Constituição Federal,²⁶⁹ neste caso, elas estarão submetidas às normas provenientes da Comissão de Valores Mobiliários, e tampouco que, quando se tratar de informações relativas à atividade empresarial de pessoas físicas ou jurídicas de direito privado, às regras ditadas pelo Banco Central do Brasil, pelas agências reguladoras ou por outros órgãos ou entidades no exercício de atividade de controle, regulação e supervisão da atividade econômica, cuja divulgação possa representar vantagem competitiva a outros agentes econômicos.

Veja que o decreto federal deu cabo de harmonizar a LAI de acordo com os dispositivos constitucionais que tratam da ordem econômica, especialmente quando deu cabo de garantir as premissas basilares do Segundo Setor, como a livre concorrência e a higidez das regras de mercado.

Contudo, a *Lei das Empresas Estatais* (Lei nº 13.303/2016) foi bastante clara a respeito do tema: as sociedades de economia mista, empresas públicas e suas subsidiárias sujeitam-se integralmente à LAI – tudo conforme arts. 35, 74 e 85, §1º. Em todas estas três regras, não resta dúvidas acerca de que estas pessoas jurídicas de direito privado da Administração Pública indireta submetem-se à Lei nº 12.527/2011 independentemente de prestarem serviço público ou atuarem no livre mercado. Interessa notar o que prevê o último dispositivo citado: os órgãos de controle poderão ter acesso inclusive aos dados considerados sigilosos. Vamos a um exemplo: imagine que uma empresa estatal esteja a fazer um negócio jurídico bastante vultoso com uma empresa estrangeira, e que isto envolva sigilo comercial. Os órgãos de controle internos e externos poderão ter acesso ao conteúdo

---

²⁶⁸ Seu antecedente era a Portaria MI nº 265, de 11 de maio de 2012, a qual foi revogada cinco dias depois da sua publicação pelo Decreto nº 7.724, de 16 de maio do mesmo ano.
²⁶⁹ Na Argentina, da mesma forma, somente sujeitam-se à lei de acesso à informação as empresas estatais que exercem funções públicas (SCHEIBLER, *op. cit.*, p. 28-29).

das propostas das partes relacionadas, apesar de ser vedada a divulgação ao público.[270]

4 Concessionárias, permissionárias ou autorizatárias de serviços públicos

Quanto às *concessionárias*, ou *permissionárias* ou *autorizatárias de serviços públicos* – aquelas, ao menos na primeira hipótese, que executam serviços públicos por meio de delegação (art. 175, CF/1988) –, entende-se que elas não podem sofrer a incidência da lei de acesso. Essas instituições não estão *definitivamente* abrangidas pelo art. 1º, porque *não fazem parte da Administração Pública indireta*, ao contrário. Pensar de forma diversa seria criar o que não existe, ou seja, interpretar para muito além do texto legal. Aliás, quando o legislador quis que outras entidades fora da Administração Pública (direta ou indireta) fossem submissas à LAI, assim o fez de forma clara e direta (*v.g.* art. 2º).

Dessa forma, mesmo que tais entidades detenham informações de interesse público – como de caráter ambiental, por exemplo –, não poderão ser obrigadas a fornecer tais dados pela via da LAI. Somente devem dispor desses dados caso exista outro diploma normativo aplicado à espécie. E, nesse sentido, poder-se-ia pensar que tais entidades estariam sujeitas ao direito de acesso à informação, *não pela via da LAI*, mas sim *pela via dos tratados e pactos internacionais* que o Brasil é signatário e se obrigou no plano transnacional – *v.g.* Resoluções da CIDH. Logo, por essa compreensão, o rol de obrigados a brindar informações de interesse público constante nos arts. 1º e 2º seria ampliado.[271]

Mesmo as delegatárias de serviços públicos poderiam ser obrigadas a fornecer as informações por outra via legislativa, por exemplo, a partir da dicção constante no art. 37, §3º, inciso II, da Constituição Federal,[272] que justamente traz o direito de

---

[270] Na mesma linha, o STJ não deixou dúvidas acerca da aplicabilidade da LAI às empresas estatais (STJ, MS nº 19.303-DF, Rel. Min. Napoleão Nunes Maia Filho, 1ª Seção, j. 14.12.2016).

[271] A defesa dessa tese pode ser consultada em: CAPLAN, *op. cit.*, p. 153-188.

[272] CF/1988, art. 37 [...] §3º: "A lei disciplinará as formas de participação do usuário na Administração Pública direta e indireta, regulando especialmente: [...] II – o acesso dos

acesso à informação a estas empresas. Veja que o dispositivo em questão regula o acesso dos usuários a registros administrativos e a informações sobre atos de governo, o que pode permitir que se saiba a política praticada pelo Estado em relação aos atos das concessionárias e permissionárias de serviços públicos.

O que não se nega – e este é um ponto importante – é a possibilidade de se formalizar pedido de acesso a informações relativas às atividades e às relações mantidas pelo poder concedente (público) em relação ao ajuste que faz com as concessionárias (privadas). Isso porque podem ser requisitadas as informações referentes aos contratos, convênios, termos de parceria, contratos de gestão[273] etc. mantidos pelos poderes públicos para com o Segundo Setor, desde que não se trate de hipótese legal de sigilo.

Pode-se, portanto, resumir os pontos de vista apresentados da seguinte forma:

(a) a LAI aplica-se indistintamente a toda a Administração Pública indireta, a partir de uma hermenêutica literal e teleológica;

(b) a LAI não se aplica às pessoas jurídicas de direito privado pertencentes à Administração Pública indireta e que prestem atividade econômica, a partir de uma interpretação conforme a Constituição;

(c) as delegatárias de serviço público (art. 175, CF/1988) não se sujeitam à LAI, por estarem excluídas do âmbito de incidência dos arts. 1º e 2º desta legislação. Contudo, nada impede que se possa solicitar informações sobre o contrato administrativo de concessão, permissão ou autorização de serviço público.

---

usuários a registros administrativos e a informações sobre atos de governo, observado o disposto no art. 5º, X e XXXIII".

[273] Nas palavras de Diogo de Figueiredo Moreira Neto, os contratos de gestão são *"Atos administrativos complexo*, previstos na Lei nº 9.637, de 15 de maio de 1998, no caso instrumentando a transferência de uso de bem público para as *organizações sociais* de que trata o Diploma. [...] *Contratos de gestão infraconstitucionais*: duas leis prevêem contratos de gestão, como variedades nominadas de atos complexos de colaboração de entidades privadas com o Poder Público: são as que instituem as *organizações sociais e as organizações da sociedade civil de interesse público*, sendo que nestas, com a denominação, já referida, de *termos de parceria"* (*Curso de direito administrativo*, p. 354).

5 Consórcios públicos

Ademais, é importante notar que não foi incluída no inciso II do art. 1º, de forma expressa, a figura dos consórcios públicos, apesar de eles fazerem parte da Administração Pública indireta,[274] conforme disciplinado pela Lei nº 11.107/2005 (art. 6º, §1º, e art. 16), a partir da noção dada pelo art. 241 da CF/1988. Cabe referir que o consórcio consiste em uma forma de colaboração entre os diversos entes políticos, a fim de disciplinar a celebração de ajuste mútuo entre entes públicos federados (União, Estados, Distrito Federal e Municípios) para a gestão associada de serviços públicos de interesse comum.

Contudo, apesar da ausência de previsão expressa nesse sentido, a partir de uma interpretação sistemática, consegue-se com facilidade visualizar a aplicação da LAI aos consórcios públicos. Essas entidades originam-se de um ajuste entre dois ou mais entes federados com vistas à gestão associada de serviços públicos de interesse comum.[275] Trata-se, pois, de negócio jurídico plurilateral de direito público, com conteúdo de cooperação mútua entre os pactuantes – um verdadeiro *pacto multilateral*.[276] Os consórcios públicos podem, a partir da legislação pertinente, ganhar personalidade jurídica, sendo constituídos como associação de direito público ou como pessoa jurídica de direito privado, sem fins econômicos.[277] Em verdade, promovem um "espaço associativo" dentro do primeiro setor.[278]

---

[274] Basta notar a previsão expressa feita pelo inciso IV do art. 41 do Código Civil.

[275] HEINEN. Aspectos relevantes dos consórcios públicos: delimitações teóricas a partir da Lei nº 11.107/2005. In: SCHWARTZ (Org.). *Direito administrativo contemporâneo*, p. 279-289.

[276] Diogo de Figueiredo Moreira Neto (*Curso de direito administrativo*, p. 189) entende que o consórcio público tem sua gênese em um *ato administrativo complexo*. Não se concorda com este entendimento, de acordo com o que foi exposto no texto desta obra.

[277] ARAÚJO. *Curso de direito administrativo*, p. 246-247; CARVALHO FILHO, *op. cit.*, p. 209; FIGUEIREDO, *op. cit.*, p. 561; GASPARINI. *Direito administrativo*, p. 401-402; JUSTEN FILHO. *Curso de direito administrativo*, p. 287; MEDAUAR; OLIVEIRA. *Consórcios públicos*: comentários à Lei 11.107/2005, p. 17; MEIRELLES, *op. cit.*, p. 281, 411-414; BANDEIRA DE MELLO, *op. cit.*, p. 648-649; MOREIRA NETO. *Curso de direito administrativo*, p. 189; ZIMMER JÚNIOR, *op. cit.*, p. 280-281, 283.

[278] Em âmbito federal, o Decreto nº 6.017/2007 detalhou ainda mais o instituto: "Art. 2º, [...] inciso I: consórcio público: pessoa jurídica formada exclusivamente por entes da Federação, na forma da Lei nº 11.107, de 2005, para estabelecer relações de cooperação federativa, inclusive a realização de objetivos de interesse comum, constituída como associação pública, com personalidade jurídica de direito público e natureza autárquica, ou como pessoa jurídica de direito privado sem fins econômicos".

A definição da modelagem de pactuação entre os entes federados, ora mencionada, pode ser retirada do §1º do art. 1º da Lei nº 11.107/05: "O consórcio público constituirá associação pública ou pessoa jurídica de direito privado". Então, temos dois tipos de organismo que podem ser formados:
(a) as *associações públicas* são *pessoas jurídicas de direito público*, tomando forma mediante a vigência das leis de ratificação do protocolo de intenções (art. 6º, I, da Lei nº 11.107/05);
(b) as *associações privadas* são *pessoas jurídicas de direito privado*, sendo obrigadas a cumprir com os requisitos da legislação civil (art. 6º, II, da Lei nº 11.107/05).

O primeiro tipo de consórcio público é compreendido como pertencente à administração indireta de todos os entes associados. Logo, incide a LAI sobre essa pessoa jurídica de direito público, na linha do art. 1º, parágrafo único, inciso II, da Lei nº 12.527/11, porque se trata de uma entidade controlada pelos entes federados (parte final do dispositivo).

A dúvida maior surgiria no que se refere à segunda espécie de consórcio público, porque a lei lhe confere personalidade jurídica de direito privado. Nesse caso, considera-se que a parte final do inciso II do art. 1º da LAI ainda assim alcança essa entidade, por vários motivos.

Primeiramente, o simples fato de se dar caráter privado a este tipo de associação não é fundamento bastante para afastar a incidência da Lei nº 12.527/11, uma vez que ela se aplica a outras pessoas jurídicas de direito privado inseridas na Administração Pública indireta, como as sociedades de economia mista e as empresas públicas.

Além disso, ainda assim o consórcio público consagrado a partir do art. 6º, II, da Lei nº 11.107/05, será uma entidade controlada pela Administração Pública. Ainda, o debate travado sobre a incidência ou não da LAI no que se refere às pessoas jurídicas de direito privado pertencentes à Administração Pública indireta e que exercem atividade econômica (apresentado em momento anterior) serve, neste momento, para explicar que, mesmo sendo pessoa jurídica de direito privado, prestam-se a atuar em atividades de interesse coletivo, o que chama a incidência da LAI.

Por último, mesmo o consórcio com natureza de direito privado observará as normas de direito público no que concerne à realização de licitação, celebração de contratos, prestação de contas e admissão de pessoal, que será regido pela Consolidação das Leis do Trabalho (CLT) (art. 6º, §2º), o que reforça a importância de que os dados relativos às atividades deste organismo sejam de franco acesso por parte dos administrados.

Sendo assim, conclui-se com facilidade que *a LAI se aplica tanto aos consórcios com personalidade de direito público, como para com aqueles que se tenha dada natureza de direito privado.*

6 Sociedades de propósito específico (SPE) em parceria público-privada

As dúvidas advindas das lacunas normativas constantes no texto dos dois primeiros artigos da Lei nº 12.527/11 não param por aí. Poderia ser perguntado *como se estabelece a aplicação da LAI sobre as PPP – Lei nº 11.079/04) e em que medida pode-se exigir, do parceiro privado, dados e informações a partir deste diploma normativo.* Isso porque, ao parceiro público, a LAI incide por inteiro, na medida da amplitude normativa dada pelos arts. 1º e 2º. Além disso, poderia ser questionado *em que medida a Sociedade de Propósito Específico (SPE) pode ser demandada a fornecer dados e informações com base na lei em comento* (art. 9º da Lei das PPP).

Primeiramente, deve ser percebido que a PPP nada mais é do que um tipo de concessão pública, seja na modalidade patrocinada ou administrativa (art. 2º). Sendo assim, o parceiro privado, em tese, estaria fora do âmbito de incidência da LAI, de acordo com o que foi exposto antes, a partir da interpretação do texto do art. 1º, justamente porque as concessionárias (e também as permissionárias e autorizatárias) não fazem parte da Administração Pública indireta.[279]

Da mesma forma, antecipando o estudo, os parceiros privados não estariam sob o albergue do art. 2º, tendo em vista que não

---

[279] Sobre a organização da Administração Pública direta e indireta: BANDEIRA DE MELLO. *Elementos de direito administrativo*, p. 75-78.

estaria preenchido o elemento dogmático "sem fins lucrativos", ou seja, o suporte fático desta regra estaria incompleto. Perceba que os parceiros privados migram para esse ajuste visando auferir um aumento de capital com a exploração da concessão – e não há nada de incongruente quanto a isso. A PPP justamente se destaca por compreender um ajuste que dê ao parceiro privado maiores garantias do sucesso do empreendimento, aliado à incidência da divisão de riscos. Logo, a nosso juízo, o parceiro privado escapa de ambos os artigos.

Após a licitação da PPP, *mas antes da contratação*, deve ser constituída uma SPE, incumbida de implantar e de gerir o objeto da parceria. Ela é criada para prestar atividades determinadas e em certo lapso de tempo, ou seja, enquanto durar a parceria (conferir Capítulo IV da Lei nº 11.079/04). Assim, para saber se a LAI se aplica à SPE, é necessário, em síntese, perceber se este organismo é controlado, direta ou indiretamente, por um ente federado (na forma da parte final do inciso II do parágrafo único do art. 1º). De acordo com os termos da lei que regula as PPP, a SPE deve ser criada antes de celebração do contrato, ou seja, será uma entidade com um único objeto estatutário: a gestão e a execução do contrato de parceria. Trata-se de uma instituição que não se confunde com nenhum dos parceiros, seja público, seja privado.

Para tanto, o §4º do art. 9º da Lei das PPP fornece subsídios importantes, conforme segue: "§4º Fica vedado à Administração Pública ser titular da maioria do capital votante das sociedades de que trata este Capítulo". Sendo assim, o referido dispositivo veda que se tenha o controle da SPE por parte de um ente público, o que, por consequência, *afasta a incidência da LAI sobre esta entidade*. Trata-se, aqui, da criação de verdadeira pessoa jurídica de direito privado, ficando à mercê da burocracia e do intenso controle administrativo, ou seja, fica dispensada de contratar por concurso público, de ser fiscalizada pelas Cortes de Contas, de fazer licitação nos moldes da Lei nº 8.666/93 etc.

A única possibilidade de se visualizar a incidência da legislação ora comentada consiste em se pensar no *controle indireto* permitido pelo §5º do art. 9º da Lei nº 11.079/04: "A vedação prevista no §4º deste artigo não se aplica à eventual aquisição da maioria do capital votante da sociedade de propósito específico por instituição financeira controlada pelo Poder Público em caso de inadimplemento de contratos de financiamento". Por essa via, dado que se franqueia um controle ainda que indireto por parte de um ente federado, pode incidir a LAI na SPE.

Contudo, no que se refere ao *parceiro público* ou *ao próprio ajuste firmado* ("contrato de parceria público-privada"), é evidente que qualquer cidadão pode pedir acesso a informações, dados, documentos etc. relativos a esta relação jurídica. Logo, no que tange ao ajuste firmado para formalizar a PPP, bem como no que se refere às atividades do organismo estatal, a LAI incide pela via do art. 1º, parágrafo único, sem maiores ressalvas.

Assim, concluímos que:

(a) por não preencher o suporte fático dos arts. 1º e 2º da LAI, o parceiro privado não se sujeita a esta legislação;
(b) a SPE, por não ser controlada pelo Poder Público (art. 9º, §4º, da Lei nº 11.079/2011), não sofre a incidência da LAI, salvo na exceção prevista pelo §5º do mesmo artigo;
(c) no que se refere ao *parceiro público* ou *ao próprio ajuste firmado* ("contrato de parceria público-privada"), qualquer cidadão pode pedir acesso a informações, dados, documentos etc. relativos a esta relação jurídica.

As ressalvas a serem feitas ao dispositivo ora comentado não param por aí. Perceba que o texto do inciso II do parágrafo único do art. 1º menciona que se sujeitam à *Lei de Acesso à Informação* as autarquias e as fundações públicas. Aqui, renasce a "velha" (ou "persistente") discussão acerca da natureza das fundações instituídas pelo Poder Público.

7 Fundações mantidas ou instituídas pelo Estado

As fundações mantidas ou instituídas pelo Estado *lato sensu*[280] consistem em um *patrimônio* (conjunto de bens) *personalizado* (ou

---

[280] Veja que a fundação típica do direito comum é uma pessoa jurídica regulada, em direito privado, pelos arts. 62 a 69, do Código Civil, sendo um ente que possui um patrimônio (*Substrat*) vinculado a um determinado fim. Destaca-se que esta dotação vincula as atividades da fundação, bem como que a sua atuação deve estar voltada aos fins sociais, visando a fomentar o benefício da coletividade, sem se ter intuito de lucro.

seja, integrado à pessoa jurídica), *afetado* (em melhores termos, dirigido, destinado a determinado fim, ou seja, preordenado pela vontade de seu instituidor) para a realização de uma *finalidade pública determinada*. Assim, a fundação estatal deve ser dirigida para *atividades que não exigem execução por órgãos*.[281] Enquanto as corporações, as associações ou as sociedades, *v.g.*, configuram uma *reunião de pessoas*, as fundações constituem uma *reunião de bens*, em um verdadeiro "patrimônio vinculado". Assim, a personificação da fundação gera um patrimônio *personalizado, afetado ou dirigido a um fim*. Além disso, as fundações que aqui tratamos possuem *autonomia administrativa*, o que lhes garante a possibilidade de autoadministração quanto aos seus servidores, seus bens e seus recursos, relacionando-se com a administração central sem subordinação hierárquica (do ponto de vista jurídico e legal), mas sim ligando-se a esta entidade maior por um *vínculo de tutela*.[282]

As fundações públicas (*öffentiche stiftung*) são definidas pelo art. 4º, inciso II, alínea "d", combinado com o art. 5º, inciso IV, ambos do Decreto-Lei nº 200/1967 (este último alterado pela Lei nº 7.596, de abril de 1987), sendo que a referida regra lhes confere *natureza privada*. Contudo, é importante destacar que essa perspectiva não é um consenso na doutrina e na jurisprudência, especialmente a partir da dicção dada ao inciso XIX do art. 37 da Constituição Federal.[283] Então, muito se discute na doutrina e na jurisprudência acerca da natureza jurídica das fundações públicas, se são *exclusivamente de direito público, de direito privado* ou podem ser *constituídas de ambas as maneiras*.

Hely Lopes Meirelles,[284] somente a partir da Emenda Constitucional nº 19/1998 – que retirou a expressão "autarquias fundacionais" do *caput* do art. 37 – passou a afirmar que as fundações instituídas

---

[281] Conferir as premissas alocadas pela Lei nº 7.596/1987.
[282] ARAÚJO, *op. cit.*, p. 170, 175-189; CARVALHO FILHO, *op. cit.*, p. 478-479; CRETELLA JÚNIOR, *op. cit.*, p. 148-155; DI PIETRO. *Direito administrativo*, p. 380; FIGUEIREDO, *op. cit.*, p. 148-149; GASPARINI, *op. cit.*, p. 382; JUSTEN FILHO. *Curso de direito administrativo*, p. 284; MEIRELLES. *Direito administrativo brasileiro*, p. 67; ZIMMER JÚNIOR, *op. cit.*, p. 272-273; LIMA. *Princípios de direito administrativo*, p. 152-153.
[283] CF/1988, art. 37, XIX: "somente por lei específica poderá ser criada autarquia e autorizada a instituição de empresa pública, de sociedade de economia mista e de fundação, cabendo à lei complementar, neste último caso, definir as áreas de sua atuação".
[284] *Idem*.

pelo Poder Público se tratam de pessoas jurídicas de direito público ou de direito privado, dependendo da lei instituidora. No primeiro caso, o autor entende que elas são criadas por lei, à semelhança das autarquias, e, no segundo, a lei apenas autoriza a sua criação, devendo o Poder Executivo tomar providências necessárias à sua instituição. Neste caso, elas não se assemelhariam às autarquias. Antes, o autor sempre sustentou, especialmente a partir da dicção dada pelo Decreto-Lei nº 200/1967, que as fundações instituídas pelo Estado eram de natureza privada, sendo a expressão "fundação pública" uma legítima contradição.

Por sua vez, José Santos Carvalho Filho[285] entende que causa estranheza que a fundação criada pelo Estado possa ser travestida de natureza pública, especialmente pela necessidade de que estes organismos detenham um regime jurídico flexível. Assim, considera impróprio dar tratamento autárquico a esse tipo de pessoa jurídica.

Ao seu turno, Celso Antônio Bandeira de Mello[286] diz que as fundações públicas somente possuem personalidade de direito público, sendo reguladas por este regime, exorbitante do direito comum, informado por princípios publicísticos. Afirma que, se a uma pessoa jurídica criada pelo Estado foram atribuídos poderes públicos, não importa o nome que se dê (se privada ou pública), a entidade será de direito público, como ocorre no direito comparado.

Assim, para muitos autores, o que se denomina de "fundação pública" poderia, em verdade, ser chamado de "autarquia fundacional",[287] por ser de mesma natureza. Afinal, não são mais do que entidades instituídas por lei, com personalidade jurídica de direito público, que recebem a denominação de "fundações" pelo fato de assemelharem-se, de algum modo, às fundações de direito privado.[288]

O STF, ao julgar a ADI nº 191-RS,[289] interpretou o art. 37, inciso XIX, da CF/1988. No caso, a Suprema Corte manifestou-se favorável à possibilidade de instituição de fundação privada ou pública.

---

[285] Op. cit., p. 476.
[286] BANDEIRA DE MELLO, op. cit., p. 181-182.
[287] STJ, REsp nº 204.822/RJ, Rel. Min. Maria Thereza de Assis Moura, 6ª Turma, j. 26.06.2007.
[288] CARVALHO. Curso de direito administrativo, p. 744-752.
[289] STF, ADI nº 191/RS, Rel. Min. Cármen Lúcia, Pleno, j. 29.11.2007.

Enfim, a lei poderá instituir uma ou outra. *Mas se instituir o regime privado, a fundação sujeitar-se-á a este sistema de normas.*[290]

Esse entendimento, aliás, já era consolidado no STF há longa data, porque considerava que nem toda a fundação instituída pelo Poder Público seria de direito privado.[291] E seguiu a mesma compreensão também ao julgar a ADI nº 2.794-DF.[292] Ademais, por oportuno, é importante mencionar que o STJ acompanha esse entendimento.[293]

Assim, partiremos para uma definição bem simples:

(a) no caso de as fundações serem *mantidas* (cuide o verbo) pelo Poder Público, elas serão denominadas de "fundações públicas", tendo natureza de autarquias e, por isso, muitas vezes chamadas de "autarquias fundacionais" ou de "fundações autárquicas";

(b) no caso de serem apenas *instituídas* pelo Poder Público, elas terão caráter de direito privado, sendo denominadas apenas de "fundações".

Isso tudo dependerá, essencialmente, da natureza da lei instituidora.

Assim, para os limites da incidência da LAI (que é o que nos importa neste momento):

(a) quanto às *fundações públicas*, ou seja, *mantidas* pelo Estado, não há dúvida de que estas entidades a esta legislação se sujeitam. E, então, fica redundante repetir, no artigo, a expressão "fundações públicas" ao lado do termo "autarquias", porque aquela seria espécie desta;

(b) no caso das fundações de direito privado *apenas instituídas* pela Administração Pública, duas possibilidades se apresentam:

(b.1) caso se considere que tais organismos com personalidade jurídica de direito privado estão englobados

---

[290] Confira parte da ementa do acórdão: "A distinção entre fundações públicas e privadas decorre da forma como foram criadas, da opção legal pelo regime jurídico a que se submetem, da titularidade de poderes e também da natureza dos serviços por elas prestados" (*Idem*).
[291] STF, RE nº 101.126/RJ, Rel. Min. Moreira Alves, Pleno, j. 24.10.1984.
[292] STF, ADI nº 2.794/DF, Rel. Min. Sepúlveda Pertence, Pleno, *DJU*, 30 mar. 2007.
[293] STJ, REsp nº 204.822/RJ, Rel. Min. Thereza de Assis Moura, 6ª Turma, j. 26.06.2007; STJ, REsp nº 365.894/PR, Rel. Min. Franciulli Netto, 2ª Turma, *DJU*, 13 dez. 2004.

pela noção de "fundação pública" – que, repita-se, não é o nosso entendimento pessoal –, a questão fica resolvida pela literalidade do inciso II do parágrafo único do art. 1º;[294]

(b.2) contudo, no caso de tais fundações de direito privado instituídas pelo Poder Público não estarem englobadas no signo "fundações públicas" – porque este seria típico caso de organismo com personalidade estatal –, ter-se-ia de procurar a incidência:

(b.2.1) ou da parte final do inciso II, enfim, se é o caso de serem consideradas "entidades controladas direta ou indiretamente pela União, Estados, Distrito Federal e Municípios"; ou

(b.2.2) caso não sejam controladas, se pactuam com o Poder Público em uma das formas negociais do art. 2º da lei, porque efetivamente compreendem o elemento dogmático "sem fins lucrativos" dessa regra.

Quanto à parte final do art. 1º, parágrafo único, inciso II, da LAI, deve-se pesquisar o que seriam as "entidades controladas direta ou indiretamente pela União, Estados, Distrito Federal e Municípios". Como exemplo, temos as demais *empresas estatais* ou *governamentais* controladas acionariamente pelo Estado, sejam civis ou comerciais, não sendo categorizadas como empresas públicas ou sociedades de economia mista. A Constituição Federal faz menção a este tipo de entidades em dispositivos como o art. 37, XVII, o art. 71, II, o art. 165, §5º, o art. 173, §1º, etc.[295] Assim, trata-se de uma empresa que atua no mercado, mas que o adjetivo "estatal" ou "governamental" lhe confere a inserção no setor público, abaixo do controle do governo.[296]

---

[294] E perceba que, neste caso, o dispositivo ganharia coerência, porque não se tomaria como redundantes ou análogos os signos "autarquia" e "fundação pública".

[295] DI PIETRO, *op. cit.*, p. 442.

[296] ÁZQUEZ. *Diccionario de derecho público*, p. 272.

Art. 2º Aplicam-se as disposições desta Lei, no que couber, às entidades privadas sem fins lucrativos que recebam, para realização de ações de interesse público, recursos públicos diretamente do orçamento ou mediante subvenções sociais, contrato de gestão, termo de parceria, convênios, acordo, ajustes ou outros instrumentos congêneres.

Parágrafo único. A publicidade a que estão submetidas as entidades citadas no *caput* refere-se à parcela dos recursos públicos recebidos e à sua destinação, sem prejuízo das prestações de contas a que estejam legalmente obrigadas.

1 Introdução – Critérios de definição para sujeição do terceiro setor à LAI

Pelo *critério material* ou *objetivo*, a Administração Pública deve ser entendida como a atividade administrativa exercida pelo Estado, ou seja, o critério reitor para definir a Administração Pública passa a estar atrelado à função administrativa, sendo este o paradigma adotado na *parte inicial* deste dispositivo, para a incidência da LAI. Em verdade, importa saber aqui o *tipo de atividade*, ou seja, *qual a função desempenhada por determinado organismo* para se poder subsumir o diploma legal à espécie.

Já a *parte final* do art. 2º retoma o *critério formal*, porque importa saber qual o tipo de vínculo que se mantém com o Estado. Assim, a regra em questão combinou dois critérios, o material com o formal, podendo ser resumida da seguinte maneira:

(a) aplicação do *critério material* quando o dispositivo fala que a entidade deve desempenhar atividade sem fins lucrativos e realizar ações de interesse público;

(b) aplicação do *critério formal* quando o dispositivo dá importância ao tipo de negócio jurídico feito com o Poder Público, negócio jurídico este que forneça à entidade privada recursos públicos:

(b.1) diretamente do orçamento;

(b.2) mediante subvenções sociais;

(b.3) mediante contrato de gestão;

(b.4) mediante termo de parceria;
(b.5) mediante convênios;
(b.6) mediante acordo;
(b.7) mediante ajustes; ou
(b.8) mediante outros instrumentos congêneres.

Por fim, merece ser destacado que o parágrafo único do art. 2º determina uma baliza normativa importante, qual seja: *a publicidade a que estão submetidas as entidades citadas no caput do referido dispositivo refere-se à parcela dos recursos públicos recebidos e à sua destinação*. Logo, criou-se aqui um verdadeiro *nexo de pertinência* no que se refere ao pedido de acesso a informações.

Conforme será percebido quando da análise do art. 10, §3º,[297] em uma leitura literal, o administrado não precisa expor os motivos determinantes para acesso a informações de interesse público.[298] Contudo, no caso do parágrafo único do art. 2º, há a necessidade de o solicitante provar o nexo de pertinência exigido, ou seja, que o pedido de acesso a informações possui ligação para com a parcela dos recursos públicos recebidos e à sua destinação.

Destaca-se que a parte final do referido parágrafo não dispensa eventual prestação de contas a que a entidade esteja submetida, devendo esta instituição cumprir com eventual determinação neste sentido. A LAI, por óbvio, não pode servir como um subterfúgio para imunizar a entidade do seu dever de prestar contas quando assim estatuído.

2 Terceiro setor sujeito à LAI – Critérios materiais

Iniciaremos pelo critério material. Essa regra tende a incluir o *Terceiro Setor* no âmbito de aplicação da LAI. Logo, as entidades que se dedicam ao fomento de atividades de interesse coletivo e que não visam ao lucro dos gestores ou membros dessas entidades podem sofrer a incidência da referida norma.[299]

---

[297] Lei nº 12.527/2011, art. 10: "[...] §3º São vedadas quaisquer exigências relativas aos motivos determinantes da solicitação de informações de interesse público".
[298] Na mesma linha da experiência sueca, cuja legislação também não exige que o pedido de acesso seja motivado.
[299] Lembrando, por oportuno, que não se veda que as entidades do Terceiro Setor possam auferir lucro. Ao contrário. Contudo, o lucro gerado acaba revertendo à própria instituição,

As subvenções sociais mencionadas expressamente pelo art. 2º – que aqui estão indicadas na letra "b.2" – seriam uma espécie de *transferência corrente* (art. 12, §3º, da Lei nº 4.320/1964), destinando-se a cobrir despesas feitas por determinadas entidades. As subvenções sociais diferenciam-se das econômicas na medida em que as primeiras têm por finalidade cobrir os gastos com atividades privadas ligadas à prestação de serviços essenciais de assistência social, médica e educacional,[300] enquanto as últimas têm por meta auxiliar ou cobrir despesas de atuação na área comercial ou industrial (Segundo Setor). Apesar disso, ambas devem ser supletivas, ou seja, em caráter excepcional.[301]

---

não sendo dividido entre os membros, sócios, gestores etc., como aconteceria no Segundo Setor (mercado).

[300] MACHADO JÚNIOR; REIS. *A Lei 4.320 comentada e a Lei de Responsabilidade Fiscal*, p. 41, 42, 52; CRUZ (Coord.). *Comentários à lei nº 4320*: normas gerais de direito financeiro orçamento e balanços da União, dos Estados, dos Municípios e do Distrito Federal, p. 57, 58.

[301] "Subvenções são repasses de recursos realizados a título de colaboração financeira que ocorrem entre as entidades públicas ou privadas, com o objetivo de ajudar umas às outras, no pagamento de suas despesas classificáveis entre Despesas de Custeio. [...] Da leitura do parágrafo sob vista, constata-se que as Subvenções cumprem a finalidade de amparar despesas classificáveis, apenas, como Despesas de Custeio e que se subdividem em Subvenções Sociais e Subvenções Econômicas. As Subvenções Sociais são transferências de recursos financeiros realizadas por uma entidade pública ou privada em proveito de outras entidades públicas ou privadas que prestem serviços de natureza social, educacional e médica, sem finalidade lucrativa, de cuja transferência não resulta contraprestação direta em bens ou serviços a favor da entidade transferidora dos recursos. Como já referido, os recursos recebidos por conta das Subvenções Sociais serão utilizados, obrigatoriamente, em gastos classificáveis entre Despesas de Custeio. [...] Trata, o dispositivo, da ajuda financeira que os Poderes Públicos da União, dos Estados, do Distrito Federal e dos Municípios devam prestar às entidades públicas ou privadas que se ocupam das prestações desses serviços sem visar lucro. Estabelece o artigo que quando a Administração Pública observar ser mais econômico, ao erário, suplementar os recursos privados dessas entidades, que prestam à coletividade as assistências de natureza Social, Médica e Educacional, sem finalidade lucrativa, deve, ela, colaborar financeiramente com essas entidades, mediante repasses de recursos financeiros denominados de Subvenções Sociais, classificadas como Despesas Correntes, na Subcategoria Econômica Transferências Correntes. Diz, entretanto, que essa colaboração financeira deve ser concedida parcimoniosamente, isto é, feita dentro dos limites da capacidade financeira do ente federativo promotor da colaboração. Advirta-se, porém, que as Subvenções Sociais são repasses financeiros que, para serem realizados na prática, necessitam de autorização do Poder Legislativo competente da União, dos Estados, do Distrito Federal e dos Municípios. São, em regra, autorizadas através da Lei Orçamentária Anual, não havendo, porém, qualquer empecilho de ordem legal que a autorização de concessão seja feita através de lei específica. A letra do dispositivo legal conduz o Administrador à advertência de que as Subvenções Sociais devem ser utilizadas com probidade nas suas concessões, concedendo-se, destarte, através delas, apenas a ajuda financeira necessária ao suporte das despesas de fato realizadas em termos quantificados de atendimentos prestados. Não se destina essa modalidade de Transferência a premiar politicamente a quem quer que seja, mas, tão-somente, arcar com as despesas decorrentes

Assim, para compor o suporte fático da parte inicial do art. 2º devemos estar frente a entidades notadamente do Terceiro Setor, que nada mais é do que o conjunto de entidades da sociedade civil, com fins públicos, ou melhor, com o propósito de satisfazer as necessidades sociais sem fazer parte, para tanto, dos aparelhos de Estado. Logo, são organismos que não possuem uma característica predominante de serem públicos ou privados. São, outrossim, um ajoujo do setor estatal e do setor privado para uma finalidade maior, qual seja suprir as falhas do Estado e do setor privado no atendimento às necessidades da população, em uma relação conjunta. Dentro das organizações que podem se sujeitar aos limites normativos do art. 2º estão as Organizações Não Governamentais (ONG), entidades filantrópicas, Organização da Sociedade Civil de Interesse Público (OSCIP), Organizações Sociais (OS) sem fins lucrativos e outras formas de associações civis sem fins lucrativos.

Dessa forma, uma empresa que receba incentivo fiscal, subvenção ou outro benefício congênere, em tese, não se sujeita à LAI, porque não cumpre com o requisito funcional, dado que *possui fins lucrativos*. Assim, não poderia um cidadão direcionar pedido de acesso às informações à empresa no que tange ao incentivo ou subvenção, porque ela está fora dos limites normativos dos arts. 1º e 2º da LAI.

É claro que o administrado poderia direcionar o ente público à concessão do beneplácito, para que dispense os dados que lhe interessem. O que se torna impossível, ao menos pela via da LAI, é obrigar a pessoa jurídica de direito privado com fins lucrativos (*v.g.* empresas, companhias etc.) a fornecer dados privados, que estejam fora do dever de prestação de contas. Imagine o caso de uma companhia ter recebido subvenção fiscal, porque o ente público tem o intuito de expandir determinado setor da economia. Nesse caso, a referida pessoa jurídica não precisa dizer o que fez com o lucro obtido com o incentivo, qual o prognóstico de expansão no seu *market share*, quanto vendeu por conta da benesse etc.

---

da efetiva prestação de serviços posta à utilização da coletividade" (AGUIAR. *Direito financeiro*: a Lei nº 4.320 comentada ao alcance de todos, p. 195, 196, 230, 231).

3 Terceiro setor sujeito à LAI – Critérios formais

Quanto ao *critério formal* (letra "b"), pode-se dizer que a parte final do dispositivo (letra "b.8") acaba por transformar a listagem em *numerus apertus*, ou seja, em um rol meramente exemplificativo. Dessa forma, caso o pacto mantido com o Poder Público possa ser pautado em um ajuste de vontades análogo a uma das hipóteses da listagem feitas (letras "b.1" a "b.7"), o *critério formal* foi atingido.

Desses negócios jurídicos mantidos pelo Poder Público, podemos destacar o *contrato de gestão* (letra "b.3"). Essa expressão pode designar dois tipos de negócios jurídicos completamente diversos, mas, como dito, tendo a mesma denominação.

O primeiro *contrato de gestão* que podemos referir possui fundamento constitucional no §8º do art. 37 da CF/1988, sendo considerado uma parceria estratégica na reforma do aparelho do Estado. Permite à Administração Pública estabelecer metas e prazos de execução a serem cumpridos pela entidade que contrata nestes termos, a fim de permitir melhor controle de resultado.[302] Trata-se de verdadeiro acordo operacional entre dois entes, sendo um público, o qual estabelece um plano de trabalho em que se estabelecem objetivos, prazos, escopo, metas, limites de despesas, cronograma de liberação de recursos etc. Assim, definitivamente, não se trata de um *contrato*, porque não possui interesses contrapostos.

Dessa forma, o ajuste do §8º do art. 37 mencionado não se confunde com o *contrato de gestão* previsto na Lei nº 9.637/1998, porque este é o instrumento utilizado pelo Poder Executivo para "[...] qualificar como organizações sociais pessoas jurídicas de direito privado, sem fins lucrativos, cujas atividades sejam dirigidas ao ensino, à pesquisa científica, ao desenvolvimento tecnológico, à proteção e preservação do meio ambiente, à cultura e à saúde [...]" – art. 1º. Assim, essas organizações prestarão serviços públicos em

---

[302] MEIRELLES, *op. cit.*, p. 275-276. O contrato de gestão é regulamentado pelos Decretos nº 2.487 e nº 2.488, ambos de 02 de fevereiro de 1998, os quais possibilitam as autarquias e as fundações receberem a qualificação de agências executivas, a qual advém do pertinente *contrato de gestão* realizado com o respectivo Ministério Supervisor.

regime de parceira com o Poder Público, não integrando a estrutura formal da Administração Pública. São pessoas jurídicas que atendem às exigências da lei, não criadas pelo contrato de gestão, que devem ter personalidade jurídica privada, não ter fins lucrativos e se dedicar a atividades de pesquisa, de cultura, de saúde etc.

É certo que a LAI está a falar do segundo tipo de contrato de gestão, ou seja, aqueles celebrados para com as *organizações sociais*, justamente porque o pacto previsto no art. 37, §8º, da Constituição Federal não se presta a estabelecer um vínculo para com as pessoas jurídicas sem fins lucrativos *fora* da Administração Pública indireta. Este último fica atrelado às pessoas jurídicas de direito público listadas no art. 1º, ou seja, pertencentes à Administração Pública direita e indireta. Nesse caso, não teria sentido o art. 2º fazer alusão a um ajuste que se presta às pessoas jurídicas do art. 1º. Essas, independentemente de terem ou não contrato de gestão (art. 37, §8º, da CF/1988), serão atingidas pela LAI. Assim, o *contato de gestão* que o art. 2º da LAI menciona é inegavelmente aquele disciplinado pela Lei nº 9.637/98. Tanto é verdade que a Lei nº 13.934/2019 denominou o ajuste do art. 37, §8º, da CF/88 de "contrato de desempenho".

O *termo de parceria* (letra "b.4"), mencionado no art. 2º da LAI, poderia ser visualizado em termos amplos, ou seja, como um ajuste mantido pelo Poder Público para com uma entidade sem fins lucrativos fora da estrutura formal da Administração, em que se estabelecem direitos e deveres entre as partes. Contudo, consideramos que tal pacto refira-se ao *termo de parceria* tratado pela Lei nº 9.790/1999, definindo-o como "[...] o instrumento passível de ser firmado entre o Poder Público e as entidades qualificadas como Organizações da Sociedade Civil de Interesse Público destinado à formação de vínculo de cooperação entre as partes, para o fomento e a execução das atividades de interesse público previstas no art. 3º desta Lei" (art. 9º). Trata-se, em verdade, de típico *vínculo de cooperação*,[303] sendo muito semelhante ao contrato de gestão, antes tratado. É atribuído de forma vinculativa às pessoas jurídicas de

---

[303] MEIRELLES, *op. cit.*, p. 277. No mesmo sentido: MOREIRA NETO, *op. cit.*, p. 355, sendo que este autor considera tratar-se de "ato administrativo complexo".

direito privado que se enquadrem nos requisitos da lei, para o fim de receberem recursos e prestarem, em contrapartida, serviços públicos.[304] No termo de parceria, fixa-se um programa a cumprir, com metas e prazos previamente estabelecidos, bem como a necessidade de se elaborar relatório final.

Tais ajustes mencionados não se confundem com os *convênios* (letra "b.5"), de uso corrente no limiar da Administração Pública. E sua definição sempre esteve atrelada a uma oposição para com os contratos administrativos, porque, enquanto nestes, os interesses são opostos, naqueles, os interesses são comuns.[305] Nesse tipo de pacto, pelo menos em um dos polos está inserida uma entidade pública, dotada de personalidade jurídica. Originalmente, o convênio não vinha previsto na CF/1988, como fazia a Carta Maior de 1967. Com o advento da Emenda Constitucional nº 19/1998, que deu nova redação ao art. 241, os convênios voltaram à cena do texto constitucional.[306] Seu objeto tem por escopo a prestação de típica *atividade de fomento*, ou seja, prestação de um benefício à coletividade em geral, sempre calcada no interesse público. Em contrapartida, o Poder Público oferta ao outro conveniante incentivos que podem ser financeiros, fiscais, ou consistir em

---

[304] Celso Antônio Bandeira de Mello resume estes requisitos da seguinte maneira: "[...] a) não tenham fins lucrativos; b) sejam prepostas a determinadas atividades socialmente úteis (arroladas no art. 3º, quais, *exempli gratia*, assistência social, combate à pobreza, promoção gratuita da saúde, da cultura, da cidadania, dos direitos humanos etc.); c) não estejam inclusas no rol das impedidas (listadas no art. 2º, como, por exemplo, sociedades comerciais, organizações sociais, instituições religiosas, cooperativas, sindicatos e entidades criadas pelo Governo); e d) consagrem em seus estatutos uma série de normas (preestabelecidas no art. 4º) sobre estrutura, funcionamento e prestação de contas" (*Curso de direito administrativo*, p. 236-237).

[305] MEIRELLES, *op. cit.*, p. 277. No mesmo sentido: "No convênio, têm-se partícipes (convenentes não vinculados contratualmente) que propugnam por objetivos de interesses comuns (ambos os Municípios querem a demarcação dos limites municipais; ou Estado-Membro e União desejam trocar informações para fins tributários). Sendo assim, é natural que qualquer partícipe, a todo momento, pode denunciar o convênio e dele se retirar [...] O convênio pode ter por objeto qualquer coisa (obra, serviço, atividade, uso de certo bem), desde que encarne um interesse público. Pode ocorrer que o objeto, além de encarnar um interesse público, também sintetiza um interesse particular, como é o caso do convênio em que um dos partícipes é pessoa privada. O objeto deve atender a interesses comuns dos partícipes. Vale dizer: os convergentes devem ter interesses iguais, comuns. Nenhum deseja vantagens ou interesses opostos. Se pretenderem interesses contrapostos, não se tem convênio, mas contratos" (PEREIRA JÚNIOR. *Comentários à Lei de Licitações e Contratações da Administração Pública*, p. 53, 54, 55, 1018).

[306] Não que o art. 10, do Decreto-Lei nº 200/1967, e o art. 83, do Código Tributário Nacional, não fizessem referência.

subvenções ou em desapropriações por interesse social em favor da entidade privada etc.[307]

Quanto aos *acordos* mencionados no art. 2º (e constantes na letra "b.6"), devem ser considerados todo o tipo de negócio jurídico que não tenha natureza contratual. Logo, estariam abrangidos nesse conceito o convênio, o consórcio e o acordo programa e, claro, outros instrumentos congêneres.[308] São pactos destinados a estabelecer uma mútua cooperação ou colaboração para a realização de uma atividade de interesse de todos, sob a coordenação de uma das partes negociantes. Os interessados obrigam-se, ainda que no futuro, a empregar as melhores práticas, técnicas e recursos para atingir os melhores resultados possíveis dentro de um interesse comum definido previamente. Tratam-se de

---

[307] MUKAI, *op. cit.*, p. 397-398. Além disso, podemos citar esta definição: "O convênio é o ato administrativo complexo em que uma entidade pública acorda com outra ou com outras entidades, públicas ou privadas, o desempenho conjunto, por cooperação ou por colaboração, de uma atividade de competência da primeira. [...] Atos administrativos complexos com as características mais versáteis e flexíveis" (MOREIRA NETO, *op. cit.*, p. 189, 354).

[308] MOREIRA NETO, *op. cit.*, p. 176, 354. Perceba o que o autor fala acerca, p. ex., do *acordo substitutivo*: "Para compor essas relações, sejam elas singularmente ou coletivamente consideradas, por acordos substitutivos, a Administração deverá exarar *decisão motivada*, em que, como *condição de validade* do ato, demonstre a ponderação de interesses por ela desenvolvida, apontando as vantagens da solução a que chegou pela via da negociação, tendo em vista e mencionado os interesses envolvidos A *admissão* da via negocial dependerá sempre de *lei*. Esta tanto poderá *indicar explicitamente* o seu cabimento, bem como a forma e o procedimento a ser adotado, como poderá *deixá-la implícita*, ao *deslegalizar* determinado setor da Administração Pública para submetê-lo a um *regime regulatório*, caso em que a abertura de uma ampla competência negocial e arbitral do órgão regulador será uma normal consequência desse regime, ao atuar no regular desempenho da modalidade parajurisdicional de regulação. Assim é que são encontrados na legislação brasileira, tanto dispositivos *explicitamente autorizativos* para o emprego do instituto, como os *implicitamente autorizados*, cabendo ao intérprete e aplicador, nessa segunda hipótese, estar atento à prévia abertura legal de um *regime regulatório*, caso em que será ocioso que o próprio legislador haja pré-definido o cabimento, forma e o procedimento dos acordos substitutivos, que possam ser pactuados dentro da competência do órgão regulador, pois tais atribuições passam a lhes ser *juridicamente próprias*, como consequência da *deslegalização*. [...] Impede acrescentar que o *acordo substitutivo*, sob qualquer forma ou denominação que se apresente, não é um contrato, mas um *ato administrativo complexo*, regido pelo Direito Administrativo, não se confundindo com a *transação*, que, embora seja também um instituto que privilegia a via do consenso, é, diferentemente, um instituto processual. Com efeito, somente a Administração, e desde que para tanto autorizada, por qualquer dos dois modos acima referidos — ou a lei que outorga competência ou a lei que deslegaliza o setor — pode dispor sobre os interesses que lhe estão afetos, não sendo possível torná-los objeto de transação em razão da vedação expressa do art. 1.035 do Código Civil" (*op. cit.*, p. 194, 195).

acordos que se lastreiam em um consenso por deveras importante, estabelecido entre a sociedade e o Poder Público, despindo-se, este último, de um trato unilateral e imperativo. Tributa-se valor relevante à solidariedade mútua, em uma verdadeira *gestão por colaboração*.

Ainda, merece ser analisado o caso dos *Serviços Sociais Autônomos*, ou *pessoas de cooperação governamental*,[309] ou também denominados de *"Sistema S"*, ou de *"paraestatais"*.[310] São entidades que colaboram com a Administração Pública, estando vinculadas à prestação de um determinado serviço público, possuindo natureza de direito privado. Esse tipo de organismo se sujeita integralmente à LAI, na forma do *caput* do art. 2º. Afinal, tratam-se de entidades privadas sem fins lucrativos que recebem, para realização de ações de relevante interesse social, recursos públicos diretamente do orçamento ou mediante subvenções sociais. O STJ já decidiu que estas entidades se sujeitam à LAI.[311]

Podem ser incluídos no termo "outros instrumentos congêneres" os pactos feitos com as *organizações da sociedade civil* listadas na Lei nº 13.019/2014. Por meio da Lei nº 13.019/14, podem ser celebrados os seguintes ajustes com as OSC:[312]

(a) *termo de colaboração*: "[...] instrumento por meio do qual são formalizadas as parcerias estabelecidas pela administração pública com organizações da sociedade civil para a consecução de finalidades de interesse público e recíproco propostas pela administração pública que envolvam a transferência de recursos financeiros" (inciso VII do art. 2º);

(b) *termo de fomento*: "[...] instrumento por meio do qual são formalizadas as parcerias estabelecidas pela administração pública com organizações da sociedade civil para a consecução de finalidades de interesse público e recíproco

---

[309] As duas últimas acepções podem ser retiradas da obra de José dos Santos Carvalho Filho (*op. cit.*, p. 487).

[310] É o caso das entidades como SESC, SENAI, SEBRAE, SESI etc.

[311] STJ, REsp nº 1.588.251-RS, Rel. Min. Regina Helena, 1ª Turma, j. 13.12.2018.

[312] Conforme: HEINEN, Juliano. *Curso de direito administrativo*. Salvador: JusPodivm, 2022. p. 1374.

propostas pelas organizações da sociedade civil, que envolvam a transferência de recursos financeiros" (inciso VIII do art. 2º);

(c) *acordo de cooperação*: "[...] instrumento por meio do qual são formalizadas as parcerias estabelecidas pela administração pública com organizações da sociedade civil para a consecução de finalidades de interesse público e recíproco que não envolvam a transferência de recursos financeiros" (inciso VIII-A do art. 2º).

Em termos materiais, tais instrumentos são muito similares aos convênios, mas com eles não se confundem.

4 Partidos políticos

Também pode causar expressiva complexidade o caso dos *partidos políticos*. É certo que a CF/1988 definiu serem eles pessoas jurídicas de direito privado com total autonomia (art. 17). Assim, em uma interpretação rápida, pode-se pensar que tais pessoas jurídicas estariam completamente afastadas da incidência da lei de acesso. Não é essa a compreensão a ser conferida ao tema, dado que os partidos políticos recebem recursos públicos do *fundo partidário*,[313] o que revela, claro, a incidência específica do art. 2º, *caput*, da LAI. Logo, nesse específico aspecto, ou seja, no que se liga aos recursos do *fundo partidário*,[314] os partidos políticos podem estar sujeitos aos pedidos de acesso à informação, com base normativa na Lei nº 12.527/11.

Além disso, os partidos políticos são tutelados pela Lei nº 9.096/1995, que regula, entre outras coisas, a prestação de contas de campanhas eleitorais. Por exemplo, o art. 30 determina que tais pessoas jurídicas mantenham "[...] escrituração contábil, de forma a permitir o conhecimento da origem de suas receitas e a destinação de suas despesas". Será a Justiça Eleitoral que exercerá a fiscalização sobre a prestação de contas do partido e das despesas de campanha eleitoral (art. 34).

---

[313] Art. 17, §3º, CF/1988.
[314] O Fundo Partidário é regulado pelos arts. 38 a 44 da Lei nº 9.096/1995.

5 Notários e registradores

Quanto aos *delegados de função* (notários e registradores), regidos pelo art. 236 da CF/88, ficou assentado na jurisprudência do STF[315] que tais serviços estão regidos e sofrem a incidência da *Lei de Acesso à Informação*, relativamente aos atos praticados e à soma da arrecadação obtida pelas serventias extrajudiciais. O julgamento traçou um paralelo entre tabeliães e os servidores públicos neste aspecto, definindo-se que ambos devem se submeter à LAI.

---

[315] STF, AO nº 1.874-DF – MC, Rel Min. Dias Toffoli, j. 30.6.2014.

Art. 3º Os procedimentos previstos nesta Lei destinam-se a assegurar o direito fundamental de acesso à informação e devem ser executados em conformidade com os princípios básicos da Administração Pública e com as seguintes diretrizes:

I – observância da publicidade como preceito geral e do sigilo como exceção;

II – divulgação de informações de interesse público, independentemente de solicitações;

III – utilização de meios de comunicação viabilizados pela tecnologia da informação;

IV – fomento ao desenvolvimento da cultura de transparência na Administração Pública;

V – desenvolvimento do controle social da Administração Pública.

1 Diretrizes interpretativas de aplicação da LAI

O presente dispositivo é de uma matriz normativa por deveras interessante, porque impõe ao intérprete um claro balizamento hermenêutico. Pode-se dizer que o art. 3º veio constituir concreta "tábua de valores" ao acesso aos dados públicos, confiando padrões axiológicos à compreensão do restante das regras. Assim, sem nenhuma ressalva, entende-se que as premissas traçadas pelo art. 3º seriam como os princípios administrativos da LAI.

Juntamente com as premissas fixadas nos incisos desse dispositivo, seu *caput* reafirma a incidência dos princípios administrativos, sejam explícitos, como aqueles catalogados na cabeça do art. 37 da CF/1988, sejam eles implícitos. Sendo assim, o "bloco hermenêutico" da LAI será acoplado pelas diretrizes ofertadas pelo art. 3º, pelos princípios administrativos, pelas outras disposições normativas etc.

Além disso, logo de início, a legislação infraconstitucional em pauta reafirma que o *acesso à informação pública* é um direito fundamental[316] – já previsto, em suma, no art. 5º, XXXIII, da CF/1988.

---

[316] Portanto, tendo o direito ao acesso à informação sido erigido a esta categoria jurídica, deve ser considerado *inalienável*. A doutrina é franca em reconhecer que o direito de acesso

E, por ganhar essa envergadura, acaba por trazer para si todas as peculiaridades conferidas a essa categoria de direitos (por exemplo, proibição de supressão pelo poder constituinte derivado – art. 60, §4º, da CF/1988 –, proibição de retrocesso – *efeito "cliquet"* – etc.).[317] Aliás, o direito fundamental de acesso deve ser reconhecido a qualquer cidadão, mesmo que não existisse um procedimento específico para tal mister.[318]

Dessa forma, o direito de acesso acaba por ganhar uma dupla faceta: se, por um lado, reveste-se de um caráter individual – exercido como um direito subjetivo a se ter conhecimento sobre dados que digam respeito ao próprio indivíduo interessado –, de outro, encontra acolhida em uma perspectiva coletiva, porque a informação de caráter público pode ser requerida por qualquer indivíduo ou por um grupo. E por isso que o âmbito de proteção desse direito fundamental tem por finalidade tanto guarnecer a transparência das funções públicas como franquear uma maior participação dos cidadãos.

2 Publicidade é regra geral e os casos de sigilo são excepcionais

Nesse aspecto, o inciso I determina que se tenha uma regra de hermenêutica extensiva pró-transparência. Logo, a LAI impõe, como regra geral, a publicidade. O sigilo deve ser considerado exceção e, como tal, deve ser justificado. Assim, caso se esteja frente a uma situação-limite, em que não se tenha a convicção se a informação é ou não de caráter sigiloso, entende-se que se deva interpretar pelo deferimento do pedido de acesso. Logo, na dúvida, interpreta-se em prol da divulgação.[319]

---

deve ser considerado de natureza fundamental (NESPRAL. *Derecho de la información*: periodismo, deberes y responsabilidades, p. 15.

[317] O direito de acesso é concebido como direito fundamental também em Portugal (Tribunal Constitucional português, Acórdão nº 527/1996, publicado em 14.05.96).

[318] Fato novamente reconhecido pelo Tribunal Constitucional lusitano (Acórdão nº 156/1992).

[319] "Nos regimes democráticos, os órgãos públicos não guardam ou produzem documentos para benefício próprio, mas para atuarem como curadores de dados que pertencem ao povo. A garantia de acesso a documentos públicos por órgãos fiscalizadores e pela sociedade em geral – parcialmente instrumentalizada pelo princípio da publicidade – é princípio basilar

Então, poderia ser estabelecida uma regra geral que apontaria para a transparência dos atos. Tal interpretação decorreria: "[...] de um conjunto de normas constitucionais, como o direito de acesso à informação por parte dos órgãos públicos (CF, art. 5º, XXXIII) – especialmente no tocante à documentação governamental (CF, art. 216, §2º) –, o princípio da publicidade (CF, art. 37, *caput* e §3º, II) e o princípio republicano (CF, art. 1º), do qual se originariam os deveres de transparência e prestação de contas, bem como a possibilidade de responsabilização ampla por eventuais irregularidades."[320] Da mesma forma, importa destacar que o art. 1º, parágrafo único, da CF enuncia que "todo o poder emana do povo". Logo, parte-se da premissa, no sentido de que os órgãos estatais teriam o dever de fornecer acesso ao cidadão, titular do poder político, aos dados públicos não guarnecidos de sigilo. De modo que, as hipóteses de sigilo listadas no art. 5º, inciso XXXIII, parte final, da CF/88, bem como as informações relativas à intimidade, à vida privada, à honra e à imagem das pessoas (CF/88, art. 5º, X, c/c art. 37, §3º, II) seriam exceção à regra. Por se tratar de situações excepcionais, o ônus argumentativo de demonstrar a caracterização de uma dessas circunstâncias incumbiria a quem pretendesse afastar a regra geral da publicidade.[321]

Perceba que a publicidade, como princípio de Administração Pública, abrange toda a atuação estatal, não só sob o aspecto de divulgação oficial de seus atos como também sob o dever de franquear o conhecimento da conduta interna de seus agentes, como garantia de informação, desde que não se esteja frente a hipóteses de sigilo legalmente estabelecidas. Isso porque, de acordo com o que já decidiu o STF: "Os direitos e garantias individuais não têm caráter absoluto. Não há, no sistema constitucional brasileiro, direitos ou garantias que se revistam de caráter absoluto, mesmo porque razões de relevante interesse público ou exigências derivadas

---

da ordem constitucional vigente, sendo, sempre do Estado, o grave ônus de demonstrar, no caso concreto, os motivos pelos quais, documentos de interesse público devem ter acesso restrito." (STF, ADI nº 2.361-CE, Rel. Min. Marco Aurélio, Pleno, j. 24.9.2014).

[320] Voto do Min. Roberto Barroso em STF, MS 28.178-DF, Rel. Min. Roberto Barroso, Pleno, j. 3.12.2014. Tratava-se de caso em que se discutia a possibilidade de jornalistas terem acesso às verbas de publicidade destinadas aos parlamentares.

[321] *Idem.*

do princípio de convivência das liberdades legitimam, ainda que excepcionalmente, a adoção, por parte dos órgãos estatais, de medidas restritivas das prerrogativas individuais ou coletivas, desde que respeitados os termos estabelecidos pela própria Constituição".[322] Assim, também o direito de acesso à informação não pode ser visto de maneira absoluta, mas sim ponderado com os demais direitos fundamentais catalogados na Constituição Federal e elevados ao mesmo valor axiológico-jurídico.[323]

3 Transparência ativa

O inciso II determina que a informação de interesse público deva ser divulgada independentemente de solicitação expressa do interessado. Trata-se de típico dever de *transparência ativa*, de acordo com a exposição feita especialmente a partir do conteúdo do art. 8º e no item 2.3 do capítulo 2. Assim, cria-se aqui uma obrigação prestacional ao Estado.

Aqui deve ser destacado um ponto importante na matéria, que a LAI, não raras vezes, destaca conceitos jurídicos indeterminados em seu texto, o que pode gerar uma insegurança por deveras considerável. É o caso do art. 3º, inciso II, especificamente na referência que faz à expressão "interesse público". Acreditamos que esse termo já foi utilizado com tantos significados, que hoje não quer dizer mais nada. Em termos de direito administrativo, esse signo possui variadas acepções.[324] Veja que se pode pensar que o interesse público justifica o fornecimento das informações – na linha do dispositivo legal mencionado –, como pode servir, claro, para fundamentar uma hipótese de sigilo. Nesta última situação,

---

[322] E continua ao afirmar que: "O estatuto constitucional das liberdades públicas, ao delinear o regime jurídico a que estas estão sujeitas – e considerado o substrato ético que as informa – permite que sobre elas incidam limitações de ordem jurídica, destinadas, de um lado, a proteger a integridade do interesse social e, de outro, a assegurar a coexistência harmoniosa das liberdades, pois nenhum direito ou garantia pode ser exercido em detrimento da ordem pública ou com desrespeito aos direitos e garantias de terceiros" (STF, MS nº 23.452/RJ, Rel. Min. Celso de Melo, Pleno, j. 16.09.1999).
[323] AMORIM; GONÇALVES; OLIVEIRA, *op. cit.*, p. 323.
[324] A obra de João Josué Walmor de Mendonça (*Fundamentos da supremacia do interesse público*, p. 85-116) traz um panorama comparativo acerca das várias e diferentes denominações dadas ao *interesse público*, revelando o quão fluído é este conceito.

há sim interesse público em se manter em segredo um dado que possa prejudicar a segurança nacional. Portanto, considera-se de má técnica legislativa a adoção desse conceito jurídico indeterminado, que não revela um conteúdo preciso, ou mesmo revelará aquilo que o intérprete quiser.

Quando a informação for diagnosticada como de interesse coletivo, ela deve ser divulgada de ofício. A saber: determinado Município detêm informações relevantes sobre a qualidade do ar. Esses dados, por ululante, são de interesse da coletividade e devem ser divulgados independentemente de solicitação. Por óbvio que esse dever somente surge se:

(a) o Poder Público detenha as informações; e
(b) as informações forem de interesse público.

4 Incentivo ao uso das novas tecnologias da informação

Esse dever de informar, como determina o inciso III do artigo; deve ser realizado por meio de todos os meios de comunicação tecnológicos existentes. Conforme se percebe diante de vários dispositivos da LAI, as ferramentas de tecnologia da informação são essenciais para se cumprir com as obrigações impostas.[325] Aliás, a LAI é pródiga em incentivar o uso de vários mecanismos para permitir o acesso à informação.[326] Trata-se de uma determinação importante para o fim de dar um maior alcance à LAI. A publicidade administrativa, sem dúvidas, ganhou um melhor padrão qualitativo a partir da inserção das novas tecnologias na divulgação das informações e dos atos administrativos.[327]

---

[325] SALES, op. cit., p. 33-34.
[326] "[...] las nuevas tecnologías informáticas y telemáticas en el ámbito público no sólo posibilitan nuevas formas de interactuación entre la Administración y los administrados sino que permitem a los órganos públicos exibir en tiempo real su accionar y así posibilitar nuevas formas de control y participación social" (DELPIAZZO, op. cit., p. 8).
[327] E isso é textualmente reconhecido pelo STF no julgamento da liminar da Suspensão de Segurança nº 3.902/SP: "Ao mesmo tempo, os novos processos tecnológicos oportunizaram um aumento gradativo e impressionante da informatização e compartilhamento de informações dos órgãos estatais, que passaram, em grande medida, a serem divulgados na Internet, não só como meio de concretização das determinações constitucionais de publicidade, informação e transparência, mas também como propulsão de maior eficiência

Essas novas tecnologias, aliás, causam um fenômeno ainda mais interessante, uma inédita maneira das pessoas se relacionarem. No caso, gera-se uma nova maneira de o Estado se (inter)relacionar com cidadão, estabelecendo, da mesma maneira e como dito, novas formas de acesso à informação. Ferramentas como navegação *hiperdocumental*, caça de informações por meio de motores de busca, *knowhots* ou agentes programados para refletir na navegação do usuário, que permitem uma exploração contextual, o uso de cartões de dados dinâmicos etc. causam uma sensível transformação em qualquer relação social.[328]

Esse desenvolvimento é paulatino e vem a cada dia permitindo uma maior e mais rápida divulgação das informações das entidades públicas. Hoje, a partir de um clique no *mouse*, consegue-se obter dados úteis, como horários de atendimento de determinada repartição pública, telefones, competências dos organismos, características dos serviços prestados etc. Essa conjuntura aproxima o cidadão da Administração Pública e facilita o acesso aos serviços por ela prestados. Além disso, o mesmo clique permite a democratização das funções administrativas, especialmente a partir da vigência da LAI. Hoje, os organismos públicos são obrigados a ter uma página na rede mundial de computadores e divulgar, ali, dados essenciais e acessíveis a qualquer cidadão, o que constitui um passo importante para a desburocratização, para a transparência, para a simplificação do controle social exercido sobre o aparato de Estado.[329]

Como se sabe, as ferramentas de tecnologia da informação geram uma celeridade sem precedentes no que se refere à comunicação entre as pessoas. Além disso, a troca de informações passa a ser pautada de forma massificada. Basta, para tanto, perceber o fenômeno causado pelas redes sociais ocorrido mais recentemente, palco de verdadeiros espaços de manifestação democrática. Trata-se, visivelmente, de uma opção clara por um meio de difusão de informações célere e democrática, mesmo que muitos ainda não

---

administrativa no atendimento aos cidadãos e de diminuição dos custos na prestação de serviços" (STF, SS nº 3.902-AgR, Rel. Min. Ayres Britto, Pleno, j. 09.06.2011).

[328] LÉVY. *Cibercultura*: informe al Consejo de Europa, p. 129.

[329] "A Administração Pública não utiliza a informática apenas no seu contacto com os cidadãos, procedendo ao tratamento de dados pessoais que lhes respeitam. Os seus funcionários e agentes também vêem os seus dados pessoais tratados pela Administração [...]" (CASTRO. *Direito da informática, privacidade e dados pessoais*, p. 190-191).

tenham acesso à rede mundial de computadores ou mesmo aos equipamentos de informática.[330]

5 Incentivo à cultura da transparência

O inciso IV estampa uma diretriz em prol da ampliação da *cultura da transparência na Administração Pública nacional*. Essa expansão tem como objetivo proporcionar o maior controle social sobre os atos do Poder Público. Essa "cultura", como todo bem metafísico dessa natureza, somente será implementada gradualmente. E, para tanto, o Estado deverá proporcionar um ambiente sadio para o fomento dessa nova concepção. Veja que várias atividades podem ser implementadas para esse mister, como oficinas, cursos, material didático, treinamentos dos servidores que participarão diretamente do processamento dos pedidos de acesso etc. Enfim, o objeto desse inciso consiste em determinar aos órgãos públicos a necessidade de popularizar a LAI, ou seja, de demonstrar a todos que a relação entre a Administração Pública e os administrados mudou, rompendo-se, pois, com a cultura do segredo para dar lugar, como dito, à cultura da transparência.[331]

6 Controle social da Administração Pública

O controle social a ser desenvolvido pela LAI, conforme determinação constante no inciso V, é extremamente importante no contexto brasileiro. A *accountability* deve ser vista como um conjunto

---

[330] "Por essas razões, as tecnologias de informação e comunicação exercem um fortíssimo papel no aumento da fluidez ao lado das tecnologias de transporte e circulação. Na medida em que são ampliados e padronizados os meios de comunicação, bem como sua velocidade e qualidade operacional, as trocas de informações e as inter-relações das mais diversas naturezas são automaticamente facilitadas" (MARRARA. Direito administrativo e novas tecnologias. *Revista de Direito Administrativo – RDA*, p. 229).

[331] Sobre o tema, Juarez Freitas afirma que: "No que concerne ao princípio da publicidade ou da máxima transparência, quer este significar que a Administração há de agir de sorte a nada ocultar e, para além disso, suscitando a participação fiscalizatória da cidadania, na certeza de que nada há, com raras exceções constitucionais, que não deva vir a público. O contrário soaria como negação da essência do Poder em sua feição pública. De fato e no plano concreto, o Poder somente se legitima apto a se justificar em face de seus legítimos detentores, mais do que destinatários" (*O controle dos atos administrativos e os princípios fundamentais*, p. 70).

de ferramentas para permitir modos variados de prestações de contas, tanto no nível qualitativo como no nível quantitativo. E a LAI passa a ser um mecanismo por deveras efetivo nesse sentido, porque cumpre com um importante papel no sentido de imprimir um melhor desempenho no controle social da coisa pública. Em verdade, o inciso V pode ser visto muito mais como um produto final da LAI, ou seja, alcançar-se-á com essa transparência ativa e passiva um controle social ainda maior no que se refere às atividades estatais. Controle esse exigido pelo padrão democrático adotado pela Nação brasileira.

Art. 4º Para os efeitos desta Lei, considera-se:

I – informação: dados, processados ou não, que podem ser utilizados para produção e transmissão de conhecimento, contidos em qualquer meio, suporte ou formato;

II – documento: unidade de registro de informações, qualquer que seja o suporte ou formato;

III – informação sigilosa: aquela submetida temporariamente à restrição de acesso público em razão de sua imprescindibilidade para a segurança da sociedade e do Estado;

IV – informação pessoal: aquela relacionada à pessoa natural identificada ou identificável;

V – tratamento da informação: conjunto de ações referentes à produção, recepção, classificação, utilização, acesso, reprodução, transporte, transmissão, distribuição, arquivamento, armazenamento, eliminação, avaliação, destinação ou controle da informação;

VI – disponibilidade: qualidade da informação que pode ser conhecida e utilizada por indivíduos, equipamentos ou sistemas autorizados;

VII – autenticidade: qualidade da informação que tenha sido produzida, expedida, recebida ou modificada por determinado indivíduo, equipamento ou sistema;

VIII – integridade: qualidade da informação não modificada, inclusive quanto à origem, trânsito e destino;

IX – primariedade: qualidade da informação coletada na fonte, com o máximo de detalhamento possível, sem modificações.

1 Introdução

O art. 4º propaga uma verdadeira *interpretação autêntica* para determinar uma melhor interpretação acerca dos conceitos inseridos e ligados à lei de acesso. E assim o fez com nítido objetivo de evitar discussões judiciais acerca dos elementos normativos indeterminados, constantes no limiar da LAI. Imagine a dificuldade de se encontrar um consenso acerca do núcleo essencial de termos como "informação", "autenticidade", "integridade", "primariedade" etc.

Dessa forma e por meio da interpretação autêntica, procurou-se evitar maiores contendas a respeito. Em outras palavras, o próprio Poder Legislativo disse o que ele considera como sendo cada termo. Trata-se, pois, de uma interpretação que emana do próprio poder que elaborou o ato normativo, processando-se por intermédio de dispositivos interpretativos, cuja finalidade precípua é determinar o sentido de uma determinada norma jurídica.

Além disso, a referida regra acaba por dar os contornos em relação ao *objeto da LAI*, ou seja, o que pode ser veiculado por meio de um pedido de informações que corre por esta via, enfim, o que pode ser solicitado ao Poder Público. E pode-se dizer que essa legislação definiu seu objeto de forma abrangente e de maneira genérica. Em verdade, os interessados podem solicitar duas espécies de informações de natureza pública:

(a) as informações administrativas *stricto sensu* – tratam-se de informações afetas direta e estritamente à atividade administrativa. Assim, as solicitações lastrear-se-iam essencialmente sobre o exercício das funções administrativas. Logo, o caso abrangeria a requisição de informações sobre o fornecimento de medicamentos, sobre a quantidade de licitações feitas por determinado órgão, sobre o número de aprovados em determinado concurso público etc.; e

(b) as informações administrativas *lato sensu* – esta categoria aborda temas mais amplos, envolvendo debates governamentais ou atuações políticas, desde que não abrangidas, claro, pelas hipóteses de sigilo legal ou constitucional. Percebe-se, neste caso, que qualquer administrado pode solicitar dados sobre o planejamento estratégico, montante reservado ao pagamento de diárias etc.

2 Formato das informações públicas

Além dessas, há as *informações processadas*. Quando o art. 4º, inciso I, perfaz uma interpretação autêntica sobre o que seriam "informações", afirma que elas podem ser "processadas ou não". Nesse sentido, coube ao art. 3º, inciso II, do Decreto nº 7.724/12 dizer o que seria esse tipo de informação, afirmando que são processados os dados submetidos a qualquer operação ou tratamento por meio de processamento eletrônico ou por meio automatizado com o emprego de tecnologia da informação.[332] Enfim, seriam aqueles dados transmitidos por meio de um *software* ou similar, ou seja, em termos amplos, alocados em uma transmissão de sistema binário.

Quanto ao conceito de *documento*, a LAI, assim como o decreto federal que regulamenta a matéria (art. 3º, III), são extremamente sintéticos e vagos no que se refere aos elementos dogmáticos deste signo. Caberá ao intérprete perfazer uma definição mais precisa a respeito. Só para se ter uma ideia, a lei mexicana que trata do acesso à informação pública, no art. 3º, inciso III, define o que considera como sendo "documentos", fazendo uma lista exemplificativa.

As *informações sigilosas* estão conceituadas no inciso III. Nesse contexto, é importante pontuar que o art. 3º, inciso IV, do Decreto nº 7.724/12 amplia o âmbito de proteção da LAI, considerando como sigilosa aquela informação que é imprescindível à segurança da sociedade (e não somente do Estado), bem como "[...] aquelas abrangidas pelas demais hipóteses legais de sigilo". Essa ampliação não pode ser considerada *praeter legem*, ou seja, à revelia da lei, porque é condizente com os demais dispositivos da Lei nº 12.527/11, notadamente os arts. 22 e 23.

É importante dar a noção de que os termos "dado" e "informação" podem receber uma diferenciação conceitual. O primeiro signo, assim, não se confunde com o segundo. Em termos gerais, poder-se-ia dizer que *dado* é aquilo que se conhece para, a partir dele, se dar início a um juízo de valor, a um raciocínio, a uma solução de um problema etc. Caso esteja ligado a uma pessoa ou a um objeto, serve para dar autenticidade a ambos, ou mesmo identificá-los. Quando as informações são processadas pelos computadores, comumente são chamadas de *dados*. Assim, eles seriam concebidos como um conteúdo quantificável, mas que, em si mesmos, não transmitem uma mensagem.

---

[332] Conferir a exposição feita por Ricardo Marcondes Martins sobre o conceito de informação em: Direito fundamental de acesso à informação. *A&C – Revista de Direito Administrativo & Constitucional*. Belo Horizonte: Fórum, ano 14, n. 56, abr.-jun. 2014, p. 133.

3 Informação pública – Conceito

Já a *informação* é a comunicação ou a recepção de um conhecimento ou juízo, ou um acontecimento que se torna público, a ser objeto da avaliação de um indivíduo. Percebemos, logo agora, que os dados não transmitem qualquer mensagem, uma vez que as informações é que derivam dos dados. Destaca-se que, muito embora essa diferença possa ser estabelecida, nos demais momentos da obra, utilizaremos as duas palavras como sinônimas.

O Decreto Federal nº 7.724/12 ainda traz em seu texto a interpretação de dois outros conceitos importantes ao contexto do acesso a informações públicas: o que é *informação atualizada* ("informação que reúne os dados mais recentes sobre o tema, de acordo com sua natureza, com os prazos previstos em normas específicas ou conforme a periodicidade estabelecida nos sistemas informatizados que a organizam") – art. 3º, XI; e *documento preparatório* ("documento formal utilizado como fundamento da tomada de decisão ou de ato administrativo, a exemplo de pareceres e notas técnicas") – inciso XII do mesmo artigo.

O certo é que a LAI ainda assim tratou esses termos em sentido genérico, permitindo a ampla interpretação acerca dos elementos do suporte fático de cada inciso do art. 4º. Essa opção distanciou-se, por exemplo, da lei de acesso à informação do México. Como dito logo antes, no art. 3º, inciso III, da referida norma estrangeira, os documentos são definidos a partir de uma extensa listagem, que inclui atas, relatórios, expedientes, estudos, correspondências, acordos, diretivas, resoluções, ofícios, diretrizes, circulares, contratos, convênios, instruções, notas, memorandos, estatísticas ou qualquer outro registro que espelhe o exercício das funções públicas.

Já o art. 2º da Lei nº 104/1998, vigente no limiar do território da Cidade Autônoma de Buenos Aires (Argentina), considera "informação" qualquer tipo de documentação que sirva de base à prática de ato administrativo, assim como as atas de reuniões oficiais, relatórios etc. Veja que, aqui, ao reverso da lei mexicana, a legislação portenha conferiu uma denominação por deveras ampla ao termo "informação".

Dessa forma, em termos abrangentes, considera-se como sendo o objeto da lei "as informações públicas", ou seja, os dados públicos guardados pelo Estado, sejam elas ligadas à Administração (como atas, discussões, reuniões, decisões, auditorias, licitações, gastos, dotações, ações, contratos etc.) ou ao Governo. Trata-se de conceber um Estado aberto que garante a todos, em ideal isonomia, o acesso a dados e informações de caráter público.

Logo, tanto as informações administrativas *stricto sensu* devem ser fornecidas, ou seja, aquelas ligadas direta e estritamente com a atividade administrativa, bem como as informações administrativas *lato sensu*, sendo aquelas que têm pertinência para com decisões, atos ou práticas de governo. Lembra-se que esses dados devem ser fornecidos em meio físico ou virtual, à livre opção do cidadão.

Além disso, considera-se relevante que a informação seja fornecida da maneira mais completa possível, entregando-se, na medida do que se consegue e do permitido, todos os dados que constem depositados nos arquivos públicos, objeto de pedido de acesso. Da mesma maneira, não se poderia admitir que a informação fornecida fosse falsa. É óbvio que os dados dispensados ao solicitante devem ser verdadeiros.[333]

4 Premissas gerais dos casos de sigilo

Ainda, é importante mencionar que o art. 4º, inciso III, da Lei nº 12.527/11 informa as premissas gerais que pautam a declaração de sigilo. Assim, em termos genéricos, um documento será restrito do público em geral a partir do momento em que puder prejudicar:
(a) a segurança da sociedade;
(b) a segurança do Estado.

Esses dois vetores serão mais bem detalhados pela LAI, especialmente nos arts. 22, 23 e 31. Em regra, será imprescindível a restrição de acesso quando sua divulgação puder prejudicar a boa administração. Aliás, esse sigilo será temporário, ou seja, somente vigente enquanto atingido o resultado pretendido. Isso tudo para garantir a eficiência do exercício das funções públicas.

---

[333] BASTERRA. *El derecho fundamental de acceso a la información pública*, p. 300.

Assim, a marca essencial do sigilo constitui-se a partir de sua *imprescindibilidade*. Para tanto, o administrador público, ao motivar a classificação do documento como de restrito acesso, deverá identificar uma situação na qual um bem tutelado pela Constituição Federal ou por uma lei esparsa (inclusive pela LAI) esteja sendo posto em *risco*. Uma vez identificado, deverá ser declarado secreto enquanto existir o mencionado perigo – sempre respeitados, evidentemente, os prazos máximos de restrição ao acesso.

O que não parece haver dúvida é a tentativa da lei em pretender constituir um Estado aberto a fornecer as informações que não tenham natureza sigilosa. *Conclui-se, assim, que as informações públicas, portanto, são de propriedade do cidadão, e não do Estado.*

Art. 5º É dever do Estado garantir o direito de acesso à informação, que será franqueada, mediante procedimentos objetivos e ágeis, de forma transparente, clara e em linguagem de fácil compreensão.

O art. 5º pode ser considerado um resumo do escopo da LAI.[334] Verdadeiramente esse dispositivo aborda a *missão* da norma em pauta, cujo detalhamento será franqueado, de forma pragmática, pelos demais artigos que seguem.

Aqui é estabelecido o dever de prestação do Estado em garantir, de forma fácil e acessível, a informação ao cidadão. Logo, fica claro que a LAI não se preocupou somente em dar facilidade ao acesso, mas, também, no sentido de proporcionar *uma facilidade na interpretação dos dados e das informações*, obrigação esta que deve ser percebida em sentido jurídico. Ela concretiza-se ou surge quando uma pessoa assume ou a ela é cometido um dever de prestar. A obrigação caracteriza-se pela existência de um dever de prestação. Assim, sempre que alguém tem um dever de prestar, há uma obrigação. A obrigação, por sua vez, gera um dever jurídico de uma pessoa frente à outra, que consiste justamente na realização da prestação prometida, ou imposta.

No entanto, é preciso que se tenha bem presente que a obrigação é um efeito jurídico que se dá a partir da ocorrência de certos fatos ou acontecimentos que lhe podem dar origem. A obrigação surge da conjugação de dois fatores fundamentais: de um lado, a existência de norma ou normas jurídicas que possuam determinados fatos que componha um suporte fático e, de outro lado, a concreção desses fatos na realidade, fazendo, assim, incidir tais normas e, por irradiação de seus efeitos, permitindo surgir a obrigação. Em virtude da obrigação surgida, estabelece-se também uma relação jurídica entre a pessoa obrigada por um dever de prestação e a pessoa, ou pessoas, com direito à prestação. Eis um panorama da estrutura da obrigação de acesso criada pelo art. 5º.

---

[334] Este dispositivo é repetido pelo art. 2º, do Decreto Federal nº 7.724/2012.

A divulgação das informações de maneira técnica poderia gerar um efeito tão adverso ao ponto de impedir o próprio acesso. A LAI, se assim permitisse, perderia uma das suas características principais, que é sua universalidade. Assim, a lei quer que se ofereça a informação de maneira *completa e adequada*. Deve-se evitar, por exemplo, dados repetidos ou dispostos em programas de computador ultrapassados e que não são eficazes. Ou, ainda, a reposta à solicitação não pode ser lastreada em dados genéricos, sem espelhar apropriadamente o verdadeiro conteúdo do ato administrativo. De outro lado, deve ser vetada a informação que seja complexa a tal ponto de se tornar incompreensível. Também, deve-se evitar que a solicitação seja lastreada em dados provisórios.

Também o Marco Civil da Internet, a Lei nº 12.965/2014, no art. 7º, inciso VI, determinou que é direito dos cidadãos obter:

> [...] informações claras e completas constantes dos contratos de prestação de serviços, com detalhamento sobre o regime de proteção aos registros de conexão e aos registros de acesso a aplicações de internet, bem como sobre práticas de gerenciamento da rede que possam afetar sua qualidade; [...].

CAPÍTULO II
DO ACESSO A INFORMAÇÕES
E DA SUA DIVULGAÇÃO

Art. 6º Cabe aos órgãos e entidades do poder público, observadas as normas e procedimentos específicos aplicáveis, assegurar a:

I – gestão transparente da informação, propiciando amplo acesso a ela e sua divulgação;

II – proteção da informação, garantindo-se sua disponibilidade, autenticidade e integridade; e

III – proteção da informação sigilosa e da informação pessoal, observada a sua disponibilidade, autenticidade, integridade e eventual restrição de acesso.

1 Introdução

O Capítulo II da Lei nº 12.527/11 tem o art. 6º em sua gênese, dispositivo este que cumpre um papel importante de dar as diretrizes político-institucionais do *acesso, proteção* e *gestão da informação*. Aliás, esses três vetores serão mais bem detalhados em todo o restante da LAI, momento em que se fornecerão ferramentas jurídicas para a implementação destas três, por assim dizer, tarefas, visando, como dever sempre presente, a dar o mais amplo acesso à informação. No entanto, desde já o art. 6º deixa claro que, quando houver a necessidade de preservação da informação, deverá ser observado o dever de sigilo.

2 Gestão transparente das informações públicas

O inciso I da regra ora comentada infere a necessidade de pautar a gestão das informações de forma transparente. Tributa-se, assim, a necessidade de que documentos, dados e informações sejam geridos com a possibilidade de se conhecer as políticas administrativas neste sentido. Enfim, o próprio processo de qualificação, guarda e acesso não deve ter restrições. Para exemplificar, se o processo de gerenciamento das informações deve ser transparente, de acordo com o que dispõe o inciso I, não se pode admitir que os critérios para a (re)classificação de documentos sejam sigilosos. Em melhores termos, os indivíduos têm o direito de saber, no mais possível, quais são os critérios que foram ou são utilizados para declarar que um documento é sigiloso em determinado grau. Portanto, a gestão transparente que aqui se menciona impõe que se divulguem os critérios e as políticas públicas no que se refere ao trato desses documentos.

3 Padrão de qualidade das informações públicas

Além disso, o art. 6º, inciso II, determinou que as informações públicas tivessem um determinado "padrão de qualidade", ou seja, que fossem:
(a) *disponíveis*: impõe-se que os dados, documentos e informações sejam de livre acesso aos interessados, na forma disciplinada pela LAI e, claro, garantidas as hipóteses de sigilo previstas nesta regra ou em norma esparsa;[335]
(b) *autênticas*: significa que a informação deve ser atribuída a determinado indivíduo, equipamento ou sistema, enfim, que se possa saber quem a produziu, ou mesmo a origem da sua modificação, expedição, recebimento, processamento etc.;[336]
(c) *íntegras*: o que impõe que não se deteriore, perca ou modifique os dados ou a qualidade da informação, mesmo durante o seu processamento. É necessário que não se deixe de conhecer características do tipo: origem, trânsito e destino.[337]

No âmbito da Administração Pública, o direito à informação (ou dever de informação, do ponto de vista dos órgãos públicos) não é irrestrito, e o inciso III do art. 6º lembra bem esta premissa. O dispositivo exige que os conteúdos de atos considerados sigilosos ou de caráter

---

[335] O Decreto Federal nº 7.724/2012, no art. 3º, VII, dispõe, em uma interpretação autêntica, o que considera como sendo a informação com a qualidade de ser *disponível*: seria a "qualidade da informação que pode ser conhecida e utilizada por indivíduos, equipamentos ou sistemas autorizados".

[336] Conferir art. 3º, inciso VIII, do Decreto Federal nº 7.724/2012.

[337] Importante consultar o art. 3º, IX, do Decreto Federal nº 7.724/2012.

pessoal não sejam passíveis de acesso. Aliás, garante a vedação da sua disponibilidade ou do seu conhecimento – arts. 22, 23 e 31, todos da LAI, sem prejuízo às hipóteses de sigilo constantes em legislação esparsa. Tais dados não podem ser de conhecimento da sociedade, somente aqueles que estejam em uma zona de plena publicidade, para os quais, neste caso, seria vedado qualquer tipo de sigilo.

Art. 7º O acesso à informação de que trata esta Lei compreende, entre outros, os direitos de obter:

I – orientação sobre os procedimentos para a consecução de acesso, bem como sobre o local onde poderá ser encontrada ou obtida a informação almejada;

II – informação contida em registros ou documentos, produzidos ou acumulados por seus órgãos ou entidades, recolhidos ou não a arquivos públicos;

III – informação produzida ou custodiada por pessoa física ou entidade privada decorrente de qualquer vínculo com seus órgãos ou entidades, mesmo que esse vínculo já tenha cessado;

IV – informação primária, íntegra, autêntica e atualizada;

V – informação sobre atividades exercidas pelos órgãos e entidades, inclusive as relativas à sua política, organização e serviços;

VI – informação pertinente à administração do patrimônio público, utilização de recursos públicos, licitação, contratos administrativos; e

VII – informação relativa:

a) à implementação, acompanhamento e resultados dos programas, projetos e ações dos órgãos e entidades públicas, bem como metas e indicadores propostos;

b) ao resultado de inspeções, auditorias, prestações e tomadas de contas realizadas pelos órgãos de controle interno e externo, incluindo prestações de contas relativas a exercícios anteriores.

VIII – (VETADO).

§1º O acesso à informação previsto no caput não compreende as informações referentes a projetos de pesquisa e desenvolvimento científicos ou tecnológicos cujo sigilo seja imprescindível à segurança da sociedade e do Estado.

§2º Quando não for autorizado acesso integral à informação por ser ela parcialmente sigilosa, é assegurado o acesso à parte não sigilosa por meio de certidão, extrato ou cópia com ocultação da parte sob sigilo.

§3º O direito de acesso aos documentos ou às informações neles contidas utilizados como fundamento da tomada de decisão e do ato administrativo será assegurado com a edição do ato decisório respectivo.

§4º A negativa de acesso às informações objeto de pedido formulado aos órgãos e entidades referidas no art. 1º, quando não fundamentada, sujeitará o responsável a medidas disciplinares, nos termos do art. 32 desta Lei.

§5º Informado do extravio da informação solicitada, poderá o interessado requerer à autoridade competente a imediata abertura de sindicância para apurar o desaparecimento da respectiva documentação.

§6º Verificada a hipótese prevista no §5º deste artigo, o responsável pela guarda da informação extraviada deverá, no prazo de 10 (dez) dias, justificar o fato e indicar testemunhas que comprovem sua alegação.

1 Faculdades oriundas do direito ao acesso à informação

O art. 7º traz uma lista exemplificativa das informações que devem ser prestadas a quem as solicitar. É um típico dispositivo que enumera uma lista de situações em *numerus apertus*. Na verdade, a regra em comento acaba por fixar uma espécie de "manual de boas práticas" ao administrador público, no que se refere ao acesso às informações estatais.

A LAI procurou, nesse aspecto, tutelar a possibilidade de se conhecer dados, inclusive custodiados ou produzidos por pessoa física ou entidade privada, desde que tenha um nexo de pertinência específico, qual seja, que a informação derive de qualquer vínculo com seus órgãos ou entidades, mesmo que esse vínculo já tenha cessado – inciso III do art. 7º. Cabe referir que, quando a regra positiva a possibilidade de acesso a informações decorrentes "de qualquer vínculo", o artigo quer ampliar ao máximo o acesso, tutelando relações jurídicas que tenham, inclusive, um *vínculo indireto*.

2 Informação primária

A *informação primária*, prevista no inciso IV, deve ser entendida como a qualidade da informação coletada na fonte, com o máximo de detalhamento possível, sem modificações – art. 4º, inciso IX, da

LAI. Por exemplo, fornecer gráficos sem a pertinente planilha pode ser considerada uma dispensa de informação sem o pertinente detalhamento, porque não se terá como saber a fonte principal que alimenta o mencionado gráfico. Complementa esta regra o inciso V do §1º do art. 29 da *Lei do Governo Digital* (Lei nº 14.129/2021), ao determinar que as bases de dados públicos sejam completas, "[...] as quais devem ser disponibilizadas em sua forma primária, com o maior grau de granularidade possível, ou referenciar bases primárias, quando disponibilizadas de forma agregada". A "granularidade" mencionada na referida disposição auxilia na pesquisa das informações e em determinar a origem delas. Por isso, quanto mais detalhada for a base de dados, mais facilitado será o acesso.

Ainda, cabe referir que a informação em pauta deve estar alocada o mais próximo da fonte. Significa dizer que não se pode admitir o fornecimento de tal dado por uma via indireta, ou mesmo impelindo o solicitante a buscar o acesso por uma via mediadora, quando que se poderia dar acesso mais franco à informação. Veja o caso de um administrado que pede acesso aos motivos da prática de determinado ato administrativo, e a Administração Pública somente fornece o extrato de uma ata que faz remissão à decisão administrativa. Ora, seria o mesmo que se pedir acesso a um acórdão na íntegra e se fornecer apenas a ementa. Nesse caso, a informação não foi dispensada de maneira primária, muito embora fosse possível de assim ser feito.

3 Informação íntegra

A *informação íntegra* é aquela que não é fornecida em parte, ou seja, que mantém um todo único que gere o sentido correto, que espelhe o contexto em que está inserida. Muitas vezes, não se pode pensar em um dado despido de seu contexto, sob pena de se gerar interpretações dúbias ou equivocadas. Assim, considera-se que, enquanto não finalizada uma auditoria ou uma perícia, não se deve divulgar os dados que estão a conduzir a um relatório ou decisão definitiva. Há que se ter resguardo dessas informações, evitando-se que deixem de ser primárias ou íntegras (incisos VIII e IX do art. 4º).

As alíneas "a" e "b" do inciso VII relacionam-se com o controle interno e externo da Administração Pública. Controle interno é o realizado pela entidade ou órgão responsável pela atividade controlada, no âmbito de sua estrutura. Controle externo é o que se realiza por órgão estranho à Administração responsável pelo ato controlado, criado por lei ou pela Constituição e destinado a tal tarefa.[338] Aqui, permitiu-se acesso aos atos e às informações sobre o controle do Poder Público, como forma de se "controlar o controle", ou melhor, fiscalizar quem controla.

Só para se pontuar, o *inquérito civil público* deve ser inserido nesse dispositivo específico, muito embora não tenha sido expresso neste sentido. Trata-se de procedimento de atribuição exclusiva do Ministério Público e visa, entre outros fins, a apurar irregularidades no que se refere ao patrimônio público. Deve ter, portanto, a publicidade como paradigma obrigatório, salvo quando necessário o sigilo aos autos, desde que acoplada pertinente, suficiente e legítima motivação. E isso só acontecerá nos casos em que a lei prever o sigilo de um fato.

4 Sigilo de dados

O §1º do art. 7º inaugura o rol de hipóteses de sigilo de dados, listagem que será retomada especialmente nos arts. 22, 23 e 31 da LAI, sem prejuízo àquilo que é previsto nas legislações esparsas. Especificamente quanto ao parágrafo em questão, pode-se dizer que este traz a primeira exceção no que se refere ao dever de informação. Logo, não devem ser dispensadas informações sobre projetos de pesquisa e desenvolvimento científico e tecnológico quando forem necessárias à segurança da sociedade e do Estado. Aliás, esse específico tema é retomado, pelo próprio inciso VI do art. 23, como sendo uma hipótese legal de sigilo de dados.

5 Documentos ou informação partitiva

A previsão feita no §2º é inteligente, declara que, quando se tratar de um documento, dado, informação etc. que pode ser

---
[338] MAFFINI, *op. cit.*, p. 231-235.

partido sem que perca sua unidade cognitiva, ou seja, quando os dados podem ser fornecidos em parte, sem prejudicar o todo, e uma destas partes for sigilosa, o Poder Público deve fornecer a parte que não tem vedação de acesso. Assim, a regra em pauta cuida da repartição da informação. Apenas parte da informação sigilosa, somente este conteúdo, não será viabilizado ao solicitante. Dessa forma, o parágrafo aplica-se exclusivamente aos *documentos partitivos*.

Logo, quando não for autorizado acesso integral à informação por ser ela parcialmente sigilosa, é assegurado o acesso à parte não sigilosa por meio de certidão, extrato ou cópia com ocultação da parte sob sigilo (art. 7º, §2º). O dispositivo em pauta quer permitir o acesso à informação que possa ser destacada de um todo, conservando sua autonomia em relação às demais. Significa dizer que um dado público, caso não revele outro sigiloso, deve ser comunicado ao particular. Não o será, por óbvio, quando a informação, sozinha, nada signifique a não ser se concatenada com o dado sigiloso. Nesse caso, nada deve ser entregue.[339]

6 Transparência quanto aos motivos do ato administrativo

No §3º, há determinação de que os motivos do ato administrativo devam ser disponibilizados. Filosoficamente, *motivo* é aquilo que move (*motivum*), sendo toda causa mental que produz a vontade de agir de determinada forma. É o fator determinante para se posicionar de uma ou de outra maneira. São os elementos lógicos que formam a vontade.[340] Não é demasiado dizer que ele é a razão de ser de uma ação ou de uma omissão. O motivo do ato administrativo representa as razões que justificam a edição do ato. É a situação de fato e de direito que gera a vontade do agente quando da prática do ato administrativo. São os fundamentos que dão razão ao ato, ou seja, os fundamentos em que o ato administrativo

---

[339] Sobre os dados partitivos, conferir CE, 08 out. 1993, *Hudin* e CE, 30 jun. 1989, *Office HML de Paris*.
[340] CRETELLA JÚNIOR, *op. cit.*, p. 285.

se baseia. Ele compreende os pressupostos fáticos e jurídicos que concretizam o ato administrativo na realidade. Então, o elemento motivo é subdividido em *pressuposto fático* e em *pressuposto jurídico* ou, de outro modo dito, *motivo material* ou *legal*.[341] É o acontecimento, a situação, o estado de coisas que postula, exige ou possibilita o exercício de um ato administrativo.

Ainda, deve-se mencionar que, quando um ato administrativo não é certo e claro, ele pode ser reputado *nulo*, justamente por se consagrar a *deficiência na motivação*, ou seja, na explicação dos motivos. E essa nulidade deverá ser pronunciada *quando a falta de certeza ou de clareza comprometer a execução do ato administrativo*.[342] Quando o ato administrativo puder impor obrigações, mas com uma deficiência nestes dois elementos, deve ser considerado, em regra, inválido. Claro que, frente a essa abstinência de precisão, a Administração pode exprimir atos complementares, enunciando a clareza que está ausente. E, antes disso, admite-se que os erros dos administrados sobre os limites cognitivos do ato sejam escusáveis.[343] A inexatidão de motivos pode gerar a anulação de uma decisão.[344] Assim, quando questionado, o administrador público deve ser capaz de indicar os motivos pelos quais praticou o ato.[345] No caso

---

[341] "É requisito extrínseco e essencial à própria existência do ato administrativo" (FIGUEIREDO, *op. cit.*, p. 201). "O motivo, como elemento integrante da perfeição do ato, pode vir expresso em lei como pode ser deixado ao critério do administrador" (MEIRELLES, *op. cit.*, p. 145). "Chega-se ao conceito: *motivo é o pressuposto de fato e de direito que determina ou possibilita a edição do ato administrativo*" (MOREIRA NETO, *op. cit.*, p. 140). "A motivação abrange não só a série de circunstâncias de fato e de direito da decisão administrativa (*v.g.*, fraudar licitação, mediante combinação com os licitantes. *motiva* a anulação do certame e a punição do agente público fraudador; venda de alimento estragado *motiva* a medida de polícia de interdição do estabelecimento infrator; poluição atmosférica *motiva* o rodízio de veículos; passar alguém em concurso público motiva sua nomeação na ordem de classificação etc.), mas também seus fundamentos jurídicos e o resultado final almejado" (PAZZAGLINI FILHO. *Princípios constitucionais reguladores da Administração Pública*: agentes públicos, discricionariedade administrativa, extensão da atuação do Ministério Público e do controle do Poder Judiciário, p. 46). "Para nós, a expressão *motivo* é tomada no sentido de *fato determinante*, suporte do ato, antecedentes materiais, que condicionam a vontade manifestada pela Administração" (CRETELLA JÚNIOR, *op. cit.*, p. 286). Ainda: LEITE. *Discricionariedade administrativa e controle judicial*, p. 25-26.

[342] Essa tese foi acolhida pelo Min. Orozimbo Nonato: "Se a Administração reconhece que praticou erro evidente, de fato e de direito, pode anular o ato" (STF, RE nº 20.462/CE, Rel. Min. Ribeiro da Costa, 2ª Turma, j. 08.08.1952).

[343] FORSTHOFF. *Traité de droit administratif allemand*, p. 343.

[344] CE, *Mony*, 22 abr. 1966.

[345] CE, *Marc Chevalier*, 15 jul. 1959.

de a decisão administrativa basear-se sobre vários motivos, e um deles for inexato ou inexistente, o ato deve ser anulado sempre que aquela razão não for supérflua para a tomada de decisão.[346] Dessa forma, o controle judicial é permitido nos limites da averiguação da sua inexatidão ou da sua real existência.[347] O que não se permite é que o Poder Judiciário venha a *substituir* os motivos invocados pelo administrador.[348]

O STF consignou uma interpretação interessante ao afirmar que *a falta de acesso à informação conduz ao desconhecimento dos motivos*. Essa situação autoriza o controle judicial sobre os atos administrativos, por configurar lesão ou ameaça de lesão a direito.[349] Significa dizer, em nossas palavras, que a vedação ao acesso a dados públicos "torna os motivos inexistentes", ou melhor, é como se não gerassem eficácia qualquer, como se não existissem.

Além disso, o referido §3º permite que os motivos para a edição de uma decisão administrativa somente sejam divulgados quando da publicação do referido *decisium*. Sendo assim, no limiar do procedimento de decisões, ou seja, enquanto se está produzindo a decisão administrativa, não se precisa divulgar as razões de decidir. Esse dispositivo, por conseguinte, permite o acesso às informações utilizadas como fundamento da tomada de decisão em órgãos colegiados, por exemplo, somente quando da publicação desta, sendo este o entendimento do Tribunal de Contas da União (TCU). A fundamentação de ato administrativo será conhecida, portanto, apenas com a edição do ato decisório respectivo. Desse modo, por exemplo, o TCU entendeu que o ministro relator, em princípio, não está obrigado a permitir o acesso às informações de processo sob sua relatoria antes do julgamento pela Câmara ou pelo Plenário (ressalvado o direito de acesso às partes e seus causídicos).[350]

---

[346] WALINE, *op. cit.*, v. 1, p. 342-343.
[347] WALINE, *op. cit.*, v. 1, p. 345.
[348] Apesar de que, em França, permite-se que o Conselho de Estado venha a substituir o motivo alegado para a prática do ato administrativo, conferindo outro que seja exato e justifique legalmente a decisão, no caso de estar, p. ex., diante de um caso de inexatidão dos motivos (WALINE, *op. cit.*, v. 1, p. 346).
[349] STF, 265.261/PA, Rel. Min. Sepúlveda Pertence, 1ª Turma, j. 13.02.01.
[350] TCU, Acórdão nº 1.050/2012, j. 02.05.2012.

7 Responsabilidade pela negativa indevida ao acesso à informação

Os §§4º a 6º do art. 7º da LAI possuem uma preocupação intensa com a possibilidade de se negar acesso aos documentos públicos de forma indevida. Assim, no §4º, inclusive, foi atribuída a sanção constante no art. 32 ao responsável pela negativa de acesso à informação, quando não fundamentada. Veja que, pela interpretação lógica, não se pode admitir que qualquer fundamentação à negativa do pedido seja um anteparo à expiação constante no referido art. 32. Dessa forma, caso um agente público, hipoteticamente, não quisesse fornecer um dado por mero deleite, muito embora assim devesse fazer, e, para se safar da sanção, aloca um fundamento irrazoável ou pífio na decisão acerca da impossibilidade de se dispensar a informação, ainda assim, deveria ser punido. Interpretar o dispositivo em questão, como se qualquer fundamentação alocada na decisão que nega acesso servisse como uma imunidade à punição devida e determinada pelo art. 32, seria transformar a zero todo o esforço da LAI no sentido de minimizar ou excluir qualquer possibilidade negativa ilegal (à revelia da lei) ao acesso aos dados e às informações públicas.

8 Informações extraviadas

Os §§5º e 6º tratam do caso em que a informação foi extraviada. O primeiro dos dispositivos autoriza o cidadão a propor representação quando ocorrer a perda de seu pedido de informação, podendo requerer à autoridade competente a abertura de sindicância para apurar a ocorrência. Caso não se apresente justificativa aceitável para tal sinistro, poderá ser aberto processo administrativo disciplinar para punição disciplinar dos envolvidos, garantida, evidentemente, a ampla defesa, de acordo com a determinação expressa advinda da Constituição Federal – dado ser direito fundamental que deve reger todos os processos, quer em área federal, quer em área administrativa (CF/1988, art. 5º, LV).

Vejamos o suposto caso de um determinado gestor público, diante de um documento que não pode ser classificado como sigiloso, não podendo negar acesso a ele, que acaba por destruí-lo ou extraviá-lo. Nesse exemplo, deve ser aberto pertinente processo administrativo disciplinar para apurar o caso e, na hipótese, aplicar uma sanção administrativa.

9 Interpretação sistemática para com Lei nº 14.129/2021 (*Lei do Governo Digital*)

Além disso, o art. 7º da LAI, que trata da forma de dispor esses dados, teve uma revogação tácita pelo art. 29, §1º, da *Lei do Governo Digital* de 2021, ou deve ser interpretado sistematicamente. Destaco algumas disposições relevantes. Os dados públicos poderiam restar inverídicos ou, por via transversa, não serem revelados, se mantidos desatualizados. Então, o inciso VI do §1º do art. 29 da Lei nº 14.129/2021 determina que seja feita uma atualização periódica, mantido o histórico da disposição sistemática de informações, de forma a garantir a perenidade de dados. Esse processo será perene e deve manter a padronização de estruturas de informação e o valor dos dados à sociedade. Ainda, deverá atender às necessidades de seus usuários.

O inciso VII do art. 29 da Lei nº 14.129/2021[351] compatibiliza-se com o art. 5º, inciso X, da CF/88 e com o art. 31 da LAI, na medida em que determina o respeito à privacidade dos dados pessoais e dos dados sensíveis.[352] Essas regras adequadamente se complementam, na medida em que o primeiro dispositivo citado estabelece um processo de sistematização à aplicação dos requisitos elencados na Lei nº 13.709, de 14.8.2018 (*Lei Geral de Proteção de Dados Pessoais*).

A grande novidade da Lei nº 14.129/2021 consistiu na determinação de que os dados públicos sejam intercambiáveis, o que deve se dar ao máximo possível entre órgãos e entidades dos

---

[351] Lei nº 14.129/2021, art. 29: "§1º Na promoção da transparência ativa de dados, o poder público deverá observar os seguintes requisitos: [...] VIII – respeito à privacidade dos dados pessoais e dos dados sensíveis, sem prejuízo dos demais requisitos elencados, conforme a Lei nº 13.709, de 14 de agosto de 2018 (Lei Geral de Proteção de Dados Pessoais); [...]".

[352] Termo largamente empregado pela doutrina. Por todos: SCHEIBLER, Guillermo. Ley 104 de acceso a la información de la Ciudad Autónoma de Buenos Aires: anotada y concordada. *In*: SCHEIBLER, Guillermo (Coord.). *Acceso a la información pública en la ciudad autónoma de Buenos Aires*: Ley 104 anotada y concordada. Buenos Aires: Ad-hoc, 2012. p. 75.

diferentes poderes e esferas da Federação, respeitado o disposto no art. 26 da LGPD, que deverão ao máximo padronizar o fluxo comum e compartilhado de informações. Então, a transparência ativa não é disposta mais de modo atomizado, mas em rede. E isso deve evitar que o cidadão tenha de formular vários pedidos de acesso ou procurar a informação desejada em múltiplos bancos de dados referentes a informações coligadas.

O inciso X do §1º do art. 29 da Lei nº 14.129/2021[353] deveria ser objeto de uma regra própria, por abordar uma série de assuntos: dever de incorporação de novas tecnologias na disposição dos dados públicos e ampliação da participação na gestão das informações públicas. E isso tende, segundo tal regra, a fomentar a melhoria dos serviços públicos.

Ainda, cabe mencionar que em 2022 foi editada a Lei nº 14.345. Tal legislação pretendia inserir o inciso VIII no art. 7º da LAI, o qual assegurava acesso integral a qualquer informação, documento ou sistema de controle relacionados a parcerias disciplinadas pela Lei nº 13.019, de 31.7.2014 (ajustes com as organizações da sociedade civil – terceiro setor). A alegação do veto, mantido pelo Congresso Nacional, dispunha que o referido inciso, assim como redigido, generalizava indiscriminadamente o acesso a informações e documentos, o que, segundo o presidente da República, contrariava a parte final do art. 5º, inciso XXXIII, da CF/88, que dispõe sobre casos de sigilo. O segundo argumento empregado para vetar a inserção do inciso VIII no art. 7º consistiu em dizer que o interesse público não seria perseguido, dado que não se daria "[...] proteção legal às hipóteses de restrição de acesso a informações pessoais, sigilosas ou classificadas, inclusive a restrição especial sobre documentos preparatórios, utilizados para fundamentar a tomada de decisão dos gestores públicos".

Com o máximo respeito, não parece que os argumentos sustentam o veto. Primeiro, porque não se teria um acesso irrestrito, bastando que o dispositivo vetado fosse interpretado conforme

---

[353] Lei nº 14.129/2021, art. 29: "§1º Na promoção da transparência ativa de dados, o poder público deverá observar os seguintes requisitos: [...] X – fomento ao desenvolvimento de novas tecnologias destinadas à construção de ambiente de gestão pública participativa e democrática e à melhor oferta de serviços públicos".

a Constituição, a se realçar e manter, por óbvio, as hipóteses de sigilo tuteladas pelo art. 5º, inciso XXXIII. De outro lado, o inciso não seria visto de modo absoluto, porque cotejado com os arts. 22, 23 e 31 da mesma Lei nº 12.527/11, os quais tutelam os casos de vedação de acesso aos dados públicos. Em outras palavras, uma simples interpretação sistemática retiraria o alegado "acesso irrestrito" ou "absoluto", razão de ser do veto. Por fim, os demais incisos do *caput* do art. 7º padeceriam dos mesmos vícios jurídicos se os fundamentos do veto fossem consistentes – mas esta não é a situação que se apresenta.

De qualquer sorte, foi mantida a inserção do art. 81-B na Lei nº 13.019/2014, que assim dispõe:

> O ex-prefeito de Município ou o ex-governador de Estado ou do Distrito Federal cujo ente federado tenha aderido ao sistema de que trata o art. 81 terá acesso a todos os registros de convênios celebrados durante a sua gestão, até a manifestação final do concedente sobre as respectivas prestações de contas.

Assim, ex-prefeitos e ex-governadores possuem acesso aos registros de convênios celebrados durante a sua gestão em sistema mantido pela União.

Art. 8º É dever dos órgãos e entidades públicas promover, independentemente de requerimentos, a divulgação em local de fácil acesso, no âmbito de suas competências, de informações de interesse coletivo ou geral por eles produzidas ou custodiadas.

§1º Na divulgação das informações a que se refere o caput, deverão constar, no mínimo:

I – registro das competências e estrutura organizacional, endereços e telefones das respectivas unidades e horários de atendimento ao público;

II – registros de quaisquer repasses ou transferências de recursos financeiros;

III – registros das despesas;

IV – informações concernentes a procedimentos licitatórios, inclusive os respectivos editais e resultados, bem como a todos os contratos celebrados;

V – dados gerais para o acompanhamento de programas, ações, projetos e obras de órgãos e entidades; e

VI – respostas a perguntas mais frequentes da sociedade.

§2º Para cumprimento do disposto no caput, os órgãos e entidades públicas deverão utilizar todos os meios e instrumentos legítimos de que dispuserem, sendo obrigatória a divulgação em sítios oficiais da rede mundial de computadores (internet).

§3º Os sítios de que trata o §2º deverão, na forma de regulamento, atender, entre outros, aos seguintes requisitos:

I – conter ferramenta de pesquisa de conteúdo que permita o acesso à informação de forma objetiva, transparente, clara e em linguagem de fácil compreensão;

II – possibilitar a gravação de relatórios em diversos formatos eletrônicos, inclusive abertos e não proprietários, tais como planilhas e texto, de modo a facilitar a análise das informações;

III – possibilitar o acesso automatizado por sistemas externos em formatos abertos, estruturados e legíveis por máquina;

IV – divulgar em detalhes os formatos utilizados para estruturação da informação;

V – garantir a autenticidade e a integridade das informações disponíveis para acesso;

VI – manter atualizadas as informações disponíveis para acesso;

VII – indicar local e instruções que permitam ao interessado comunicar-se, por via eletrônica ou telefônica, com o órgão ou entidade detentora do sítio; e

VIII – adotar as medidas necessárias para garantir a acessibilidade de conteúdo para pessoas com deficiência, nos termos do art. 17 da Lei nº 10.098, de 19 de dezembro de 2000, e do art. 9º da Convenção sobre os Direitos das Pessoas com Deficiência, aprovada pelo Decreto Legislativo nº 186, de 9 de julho de 2008.

§4º Os Municípios com população de até 10.000 (dez mil) habitantes ficam dispensados da divulgação obrigatória na internet a que se refere o §2º, mantida a obrigatoriedade de divulgação, em tempo real, de informações relativas à execução orçamentária e financeira, nos critérios e prazos previstos no art. 73-B da Lei Complementar nº 101, de 4 de maio de 2000 (Lei de Responsabilidade Fiscal).

1 Transparência ativa

O direito de acesso à informação configura-se em duas frentes: (1) direito de se ter acesso a informações públicas requeridas (transparência passiva) e (2) dever estatal de dar publicidade às informações públicas que detêm (transparência ativa).[354] O art. 8º trata da denominada *"transparência ativa"*,[355] na medida em que os órgãos e as entidades têm a obrigação de divulgar, na rede mundial de computadores (internet), as informações básicas sobre eles, sobre os setores de atuação e sobre seus principais programas, ações e projetos. Essa divulgação, como dito, deve se dar *em sítio virtual específico*, a fim de que o acesso seja objetivo e concentrado. Poder-se-ia ter uma séria dificuldade de encontrar o portal de acesso à informação caso ele ficasse imiscuído, camuflado e/ou em meio

---

[354] Cf. STJ, REsp nº 1.857.098-MS, Rel. Min. Og Fernandes, 1ª Seção, j. 11.05.2022.

[355] "Na transparência ativa, a publicidade e a divulgação de informações devem ser realizadas em caráter permanente, com iniciativa *ex officio* e independentemente de solicitação do legitimado ativo, a saber, do cidadão interessado. Portanto, é dever dos órgãos e entidades públicas promoverem, independentemente de requerimentos, a divulgação em local de fácil acesso, no âmbito de suas competências, de informações de interesse coletivo ou geral por eles produzidas ou custodiadas" (MOTA JÚNIOR, *op. cit.*, p. 1048).

a outros *links*. Tanto é verdade que o acesso será feito por *banner* disposto na página inicial do *site* do órgão, ou da entidade, bem como será destacado por *barras de identidade* virtuais nos demais *sites* dos órgãos públicos, permitindo o redirecionamento do usuário à página que divulga os dados exigidos pela LAI.[356]

O rol de informações obrigatórias a serem divulgadas é exemplificativo. Cada ente público poderá ampliar esta lista, franqueando que outras informações sejam divulgadas pela via da transparência ativa. Para tanto, basta editar ato normativo específico nesse sentido. O Decreto nº 7.724/12 é um bom exemplo disso, uma vez que obrigou que o sítio virtual da União, que congrega todas as informações da transparência ativa, contivesse, além das hipóteses mencionadas pelo §1º do art. 8º, dados sobre programas, projetos, ações, obras e atividades, com indicação da unidade responsável, principais metas e resultados e, quando existentes, indicadores de resultado e impacto, notas de empenho emitidas. Ainda, esse ato normativo determinou que ficassem disponíveis ao público os dados que mais geraram (e ainda geram) polêmica,[357] que é o valor nominal da remuneração e do subsídio recebidos por ocupante de cargo, posto, graduação, função e emprego público, incluindo auxílios, ajudas de custo, *jetons* e quaisquer outras vantagens pecuniárias, bem como proventos de aposentadoria e pensões daqueles que estiverem na ativa, de maneira individualizada, conforme ato do Ministério do Planejamento, Orçamento e Gestão – art. 7º, §3º, do referido decreto.

2 Interpretação sistemática

O art. 29 da Lei nº 14.129/2021,[358] se comparado com o art. 8º da Lei nº 12.527/2011, deixa mais abrangente a liberdade

---

[356] *V.g.* art. 7º, §2º, do Decreto Federal nº 7.724/2012. Interessante notar que estas ferramentas virtuais deverão seguir um padrão estabelecido pela Secretaria de Comunicação Social da Presidência da República.

[357] Cuja análise mais detalhada foi feita no capítulo 2, item "2.4".

[358] Lei nº 14.129/2021: "Art. 29. Os dados disponibilizados pelos prestadores de serviços públicos, bem como qualquer informação de transparência ativa, são de livre utilização pela sociedade, observados os princípios dispostos no art. 6º da Lei nº 13.709, de 14 de agosto de 2018 (Lei Geral de Proteção de Dados Pessoais). §1º Na promoção da transparência ativa de dados, o

de acesso, compatibilizando-se com os parâmetros da primeira legislação citada. Assim, apesar de ambas as regras tratarem da transparência ativa: que é o dever de o Estado dispor os dados a público, independentemente de solicitação, o primeiro dispositivo é muito mais abrangente e detalhado no tema.

3 Objeto da transparência ativa

Este dispositivo da *Lei do Governo Digital* deverá ser lido conjugadamente com o art. 8º. O inciso I do §1º do art. 8º da LAI

---

poder público deverá observar os seguintes requisitos: I – observância da publicidade das bases de dados não pessoais como preceito geral e do sigilo como exceção; II – garantia de acesso irrestrito aos dados, os quais devem ser legíveis por máquina e estar disponíveis em formato aberto, respeitadas as Leis nºs 12.527, de 18 de novembro de 2011 (Lei de Acesso à Informação), e 13.709, de 14 de agosto de 2018 (Lei Geral de Proteção de Dados Pessoais); III – descrição das bases de dados com informação suficiente sobre estrutura e semântica dos dados, inclusive quanto à sua qualidade e à sua integridade; IV – permissão irrestrita de uso de bases de dados publicadas em formato aberto; V – completude de bases de dados, as quais devem ser disponibilizadas em sua forma primária, com o maior grau de granularidade possível, ou referenciar bases primárias, quando disponibilizadas de forma agregada; VI – atualização periódica, mantido o histórico, de forma a garantir a perenidade dos dados, a padronização de estruturas de informação e o valor dos dados à sociedade e a atender às necessidades de seus usuários; VII – (VETADO); VIII – respeito à privacidade dos dados pessoais e dos dados sensíveis, sem prejuízo dos demais requisitos elencados, conforme a Lei nº 13.709, de 14 de agosto de 2018 (Lei Geral de Proteção de Dados Pessoais); IX – intercâmbio de dados entre órgãos e entidades dos diferentes Poderes e esferas da Federação, respeitado o disposto no art. 26 da Lei nº 13.709, de 14 de agosto de 2018 (Lei Geral de Proteção de Dados Pessoais); e X – fomento ao desenvolvimento de novas tecnologias destinadas à construção de ambiente de gestão pública participativa e democrática e à melhor oferta de serviços públicos. §2º Sem prejuízo da legislação em vigor, os órgãos e as entidades previstos no art. 2º desta Lei deverão divulgar na internet: I – o orçamento anual de despesas e receitas públicas do Poder ou órgão independente; II – a execução das despesas e receitas públicas, nos termos dos arts. 48 e 48-A da Lei Complementar nº 101, de 4 de maio de 2000; III – os repasses de recursos federais aos Estados, aos Municípios e ao Distrito Federal; IV – os convênios e as operações de descentralização de recursos orçamentários em favor de pessoas naturais e de organizações não governamentais de qualquer natureza; V – as licitações e as contratações realizadas pelo Poder ou órgão independente; VI – as notas fiscais eletrônicas relativas às compras públicas; VII – as informações sobre os servidores e os empregados públicos federais, bem como sobre os militares da União, incluídos nome e detalhamento dos vínculos profissionais e de remuneração; VIII – as viagens a serviço custeadas pelo Poder ou órgão independente; IX – as sanções administrativas aplicadas a pessoas, a empresas, a organizações não governamentais e a servidores públicos; X – os currículos dos ocupantes de cargos de chefia e direção; XI – o inventário de bases de dados produzidos ou geridos no âmbito do órgão ou instituição, bem como catálogo de dados abertos disponíveis; XII – as concessões de recursos financeiros ou as renúncias de receitas para pessoas físicas ou jurídicas, com vistas ao desenvolvimento político, econômico, social e cultural, incluída a divulgação dos valores recebidos, da contrapartida e dos objetivos a serem alcançados por meio da utilização desses recursos e, no caso das renúncias individualizadas, dos dados dos beneficiários".

determina que sejam divulgados, de forma clara, abrangente e objetiva, os dados referentes às competências e à estrutura organizacional, endereços e telefones das respectivas unidades, e horários de atendimento ao público. Assim, o cidadão deve ter uma noção abrangente dos órgãos públicos existentes, adicionado à descrição do plexo de funções de cada qual. Deve se conseguir perceber o que faz cada um dos órgãos públicos.[359] Logo, eles devem divulgar informações de interesse público (de acordo com a lista do art. 8º, §1º), sem que, para isso, seja preciso formalizar um pedido.

Mas não só: a transparência ativa neste ponto avança para incluir a lista do §2º do art. 29 da Lei nº 14.129/2021, como os detalhes do orçamento anual de despesas e receitas públicas do poder ou órgão independente, e como será feita a execução das despesas e receitas públicas, nos termos dos arts. 48 e 48-A da Lei Complementar nº 101, de 4.5.2000. Ainda, os repasses de recursos federais aos estados, aos municípios e ao Distrito Federal e os convênios e as operações de descentralização de recursos orçamentários em favor de pessoas naturais e de organizações não governamentais de qualquer natureza deverão ser de livre acesso a qualquer pessoa, independentemente de solicitação. A referida regra reforça que licitações e as contratações realizadas pelo poder ou órgão independente e as notas fiscais eletrônicas relativas às compras públicas deverão ser transparentes, o que dialoga com o princípio disposto expressamente no art. 5º da Lei nº 14.133/2021 – *Lei Geral de Licitações e Contratos Públicos.*

A sanções administrativas aplicadas a pessoas, a empresas, a organizações não governamentais e a servidores públicos já eram, em suma, divulgadas por vários portais e assim determinado por várias legislações. Cito, aqui, a *Lei Geral de Licitações e Contratos*

---

[359] A falta de informações sobre a estrutura administrativa foi identificada por Hely Lopes Meirelles como uma dificuldade relevante para se saber quem é a autoridade coatora legitimada a figurar no polo passivo de um remédio (*writ*) constitucional. "Isto porque a complexa estrutura dos órgãos administrativos nem sempre possibilita ao impetrante identificar com precisão o agente coator, principalmente nas repartições fazendárias que estabelecem imposições aos contribuintes por chefias e autoridades diversas" (*Mandado de segurança, ação popular, ação civil pública, mandado de injunção e "habeas data"*, p. 57-58) Nesta passagem, o autor justamente comenta acerca da dificuldade, por vezes encontrada pelo impetrante de um Mandado de Segurança, em saber qual a autoridade competente para figurar no polo passivo desta ação.

Administrativos (Lei nº 14.133/2021), que criou o *Portal Nacional de Compras Públicas* (art. 174), local em que estes dados podem ser consultados. O *Cadastro Nacional de Empresas Punidas – CNEP*, criado no âmbito do Poder Executivo federal pelo art. 22 da Lei nº 12.846/2013 (*Lei Anticorrupção*), reúne e dá publicidade às sanções aplicadas pelos órgãos ou entidades dos poderes Executivo, Legislativo e Judiciário de todas as esferas de governo com base nesta legislação. De qualquer sorte, o inciso IX do §2º do art. 29 da Lei nº 14.129/2021 determina que qualquer sanção aplicada às pessoas naturais ou jurídicas deva ser publicizada de ofício.

Assim como devem ser levados a público como uma materialização da transparência ativa (inciso XII do §2º da Lei nº 14.129/2021):

> [...] as concessões de recursos financeiros ou as renúncias de receitas para pessoas físicas ou jurídicas, com vistas ao desenvolvimento político, econômico, social e cultural, incluída a divulgação dos valores recebidos, da contrapartida e dos objetivos a serem alcançados por meio da utilização desses recursos e, no caso das renúncias individualizadas, dos dados dos beneficiários.

A prévia estruturação do organograma de distribuição de competências e sua posterior divulgação têm o condão de deflagrar uma posição *impessoal* da Administração Pública. Organização republicana qualquer foge desses princípios, porque a competência administrativa não se calca somente em uma manifestação de *direito subjetivo*, mas, igualmente, em uma condição de *direito objetivo*, porque atua na exata e adequada medida administrativa.

Nesse contexto, uma disposição de grande relevância foi erigida pelo §6º do art. 7º do Decreto nº 7.724/12, que beneficia, por exemplo, os consumidores que se utilizam dos serviços bancários. O referido ato normativo impõe que o Banco Central do Brasil deverá divulgar periodicamente informações relativas às operações de crédito praticadas pelas instituições financeiras, inclusive devendo ser divulgadas as taxas de juros mínima, máxima e média e as respectivas tarifas bancárias. Essa medida permitirá que os consumidores possam avaliar, de maneira global e comparativa, quais são as instituições financeiras mais atrativas, o que impulsionará uma competição sadia entre as referidas entidades privadas. Ela cumpre um papel fundamental em impulsionar a transparência nas relações de consumo, sendo este um dos deveres impostos pelo Código de Defesa do Consumidor (art. 4º, inciso IV, art. 6º, inciso III, art. 55, §1º, todos da Lei nº 8.078/1990).[360]

O *dever de informação* nas relações de consumo estabelece a obrigação de informar de maneira ostensiva e adequada sobre a nocividade e periculosidade de um produto, a natureza, as características, a quantidade, a qualidade. Consagra a garantia ao consumidor de um mínimo de liberdade de adquirir ou aderir (ou não) a um contrato previamente elaborado. Em todo e qualquer contrato, não apenas nos contratos de consumo, as partes devem reciprocamente prestar informações necessárias uma a outra. Eis o benefício estendido pela LAI.

O inciso III do art. 8º da Lei nº 12.527/11 determina que sejam divulgados os registros das despesas angariadas no âmbito dos entes que se sujeitam à lei de acesso. Este dispositivo é por deveras elástico, devendo ser compreendido a partir de uma interpretação por deveras extensiva. Logo, deve-se presumir que sempre venham a público todos os gastos necessários à manutenção da máquina pública, salvo quando se estiver frente às hipóteses legais de sigilo. Nos termos do art. 5º, XXXIII, da Constituição Federal, todos têm direito a receber dos órgãos públicos informações de seu interesse particular, ou de interesse coletivo ou geral, que serão prestadas no prazo da lei, sob pena de responsabilidade, ressalvadas aquelas cujo sigilo seja imprescindível à segurança da sociedade e do Estado. O princípio da publicidade é norma estruturante da Administração Pública e deve permear a ação pública, não podendo ser compreendida como uma recomendação, mas sim, como um comando que

---

[360] E o dever de informação das instituições financeiras já foi reconhecido pela jurisprudência: "INSTITUIÇÃO FINANCEIRA. INDENIZAÇÃO. PRESTAÇÃO DE SERVIÇO DEFEITUOSO. CONTRATO DE FUNDO DE INVESTIMENTO. CDC. Trata-se de apelo especial em que mantida a condenação de instituição financeira ao pagamento de indenização por danos materiais e morais ao cliente, em decorrência da prestação defeituosa do serviço, na administração de fundo de investimentos, pois não observado o dever de informação e comprovada a má gestão nas aplicações financeiras. [...]" (STJ, REsp nº 1.164.235/RJ, Rel. Min. Nancy Andrighi, 3ª Turma, j. 15.12.2011). E a violação do dever de informação pode gerar, inclusive, o sancionamento administrativo pelos órgãos de controle (STJ, REsp nº 1.118.302/SC, Rel. Min. Humberto Martins, 2ª Turma, j. em 1º.10.2009).

impõe que a autoridade competente disponibilize informações e documentos não protegidos pelo sigilo.[361]

Em julgado importante, na linha do que dispõe a *transparência ativa*, consagrada pela lei de acesso, o STF declarou constitucional a lei gaúcha (nº 11.521/2000) que obriga o Poder Executivo do referido Estado-membro, a divulgar, na imprensa oficial e na rede mundial de computadores, a relação completa de obras atinentes a rodovias, portos e aeroportos. A corte suprema não constatou nenhum vício de ordem material ou formal, porque a referida regra está consernente aos princípios da publicidade e da transparência, a viabilizar, entre outras coisas, a fiscalização das contas públicas.[362]

4 Formas de implementar a transparência ativa

Diante do texto do art. 8º, *caput*, a *transparência ativa* deve ser percebida a partir de um *interesse coletivo* ou *geral*. Veja que não há obrigatoriedade do Estado na divulgação de ofício de informações de *interesse individual*, por razões óbvias.

A *transparência ativa* deve ser franqueada pelo menos de duas maneiras:

(a) com a divulgação em sítios oficiais da rede mundial de computadores – internet (art. 8º, §2º); ou

(b) em ambiente físico, constituído especialmente a este fim, ou seja, ao atendimento do cidadão, orientando-o e prestando as devidas informações sobre o acesso à informação (art. 9º, inciso I). Nesses espaços físicos, constituídos sob o aspecto de verdadeiros "Serviços de Atendimento ao Cidadão" (SAC) ou "Serviços de Informação ao Cidadão" (SIC), deve-se disponibilizar um

---

[361] Como bem já se decidiu: "Ao contrário, sabendo-se que milita em favor dos atos administrativos a presunção de legitimidade e que a regra é dar-lhes a mais irrestrita transparência – sendo, ainda, as contratações precedidas das exigências legais, incluindo-se licitações –, nada mais lídimo e consentâneo com o interesse público divulgá-los, ou disponibilizá-los, para a sociedade, cumprindo, fidedignamente, a Constituição Federal" (STJ, MS nº 16.903-DF, Rel. Min. Arnaldo Esteves Lima, 1ª Seção, j. 14.11.12). No caso, o STJ determinou que fossem divulgados os gastos que determinado ente público teve com publicidade.

[362] STF, ADI 2444/RS, Rel. Min. Dias Toffoli, Pleno, j. 6.11.2014.

espaço especialmente afetado à possibilidade de permitir que as pesquisas sejam realizadas diretamente pelo cidadão (de acordo com o disposto no §3º do art. 11).[363] Portanto, eventual SIC eventualmente já existente nos órgãos e entes públicos deverá ser reformulado para adequar suas competências ao princípio da *transparência*, previsto na norma que é pauta deste texto. Deve-se, para tanto, serem estabelecidos fluxos para o processamento das demandas, bem como estruturados ritos céleres e objetivos à dispensa de respostas aos pedidos de informações, que poderão ser apresentados tanto pessoalmente quanto pela rede mundial de computadores.[364]

O SIC federal, por exemplo, deve dar cabo de atender e orientar o público quanto ao acesso à informação, informando-o sobre a tramitação de documentos nas unidades, bem como deve receber e registrar pedidos de acesso. Ainda, ele tem a competência de receber os pedidos nesse sentido e, sempre que possível, fornecer a informação de forma imediata. É necessário que os pedidos sejam registrados em sistema eletrônico específico, devendo ser entregue número do protocolo, que conterá a data de apresentação da solicitação. Após, o requerimento deve ser encaminhado e registrado à unidade responsável pelo fornecimento da informação, quando couber.[365]

É importante que o SIC seja instalado em unidade física identificada, de fácil acesso e aberta ao público, a fim de permitir o mais direto e franco contato com o serviço. No âmbito federal, a unidade descentralizada que não deter a informação deverá encaminhar o pedido ao SIC do órgão ou da entidade central, que comunicará ao requerente o número do protocolo e a data de recebimento do pedido, a partir da qual se inicia o prazo de resposta.[366]

---

[363] "Para facilitar este acesso do interessado, a lei determina a criação em cada órgão do Serviço de Informação ao Cidadão (SIC), cujo principal objetivo é atender e orientar o público solicitante quanto ao acesso a informações, onde em um único local possa protocolizar pedidos, receber orientações e informações disponíveis" (MOTA JÚNIOR, *op. cit.*, p. 1048).

[364] Na Argentina, o *Servicio de información accesible*, normatizado pela Lei nº 2.830, criou um serviço público, integral e gratuito que auxilia os cidadãos no que se refere ao acesso à informação.

[365] Art. 9º, do Decreto nº 7.724/2012.

[366] Art. 10, do Decreto nº 7.724/2012.

O §2º do art. 8º prevê a divulgação obrigatória de certos dados em sítios oficiais da rede mundial de computadores. Tal regra vem ao encontro das modernas tecnologias, acompanhando o avanço neste campo. Percebemos, hoje, um franco avanço na disponibilização dos atos administrativos por meio da rede mundial de computadores, fator que tem provocado alterações na sistemática de publicação. Dessa forma, os bancos de dados abertos à consulta pública vêm ganhando espaço, facilitando as pesquisas *online*.[367] Busca-se, assim, cada vez mais a constituição de um *governo eletrônico*, momento em que a relação do administrado para com a Administração Pública poderá ser estabelecida muito ou quase que exclusivamente pela rede mundial de computadores.[368]

Os *sites* de órgãos e entidades deverão obedecer a determinados requisitos que permitam o acesso à informação de forma objetiva, transparente, clara e de fácil compreensão. São eles: conter formulário para pedido de acesso a dado público; conter ferramenta de pesquisa de conteúdo que permita o mencionado acesso de forma objetiva, transparente, clara e em linguagem de fácil compreensão; possibilitar gravação de relatórios em diversos formatos eletrônicos,

---

[367] Importa notar a advertência feita por Thiago Marrara a respeito do uso indiscriminado das novas tecnologias na publicidade dos atos administrativos: "Essa ampliação da ideia de transparência eletrônica merece, porém, algumas críticas. Em primeiro lugar, não se pode tolerá-la sem respeito a direitos fundamentais e interesses públicos primários, como a defesa da intimidade e da vida privada, bem como a proteção da segurança social. Em segundo lugar, ainda que o uso de novas tecnologias colabore com a publicidade, a transparência e a democratização, essas novas técnicas não são capazes de garantir isoladamente esses valores em níveis adequados. Dizendo de outro modo: a mesma tecnologia que é capaz de incluir pode até mesmo excluir. Um exemplo ilustra essa afirmação. Novos sistemas de governo eletrônico – geralmente defendidos como armas de democratização – têm suscitado inúmeras dúvidas quando empregados sem a devida consideração de aspectos sociais, culturais e econômicos de uma nação. Mesmo que as tecnologias de comunicação e transmissão de dados, sobretudo via internet, sejam capazes de concretizar o princípio da publicidade, o que se nota, em algumas situações práticas, é a mera substituição de meios tradicionais de publicização de atos e atividades administrativas por meios digitais. Ocorre que, em países em desenvolvimento como o Brasil, o modelo de governo eletrônico não deve abrir mão de mecanismos tradicionais de publicização por um simples motivo: o baixo grau de inclusão digital da população brasileira" (*op. cit.*, p. 239).

[368] "Tal como ocorre no direito privado, essa ampla inserção de novas tecnologias na produção de atos jurídicos, na condução de procedimentos e na elaboração de contratos vem naturalmente acompanhada de uma série de problemas e questões práticas ainda dependentes de maior reflexão no campo do direito administrativo. O emprego, pelo Estado, de novas tecnologias de produção e comunicação tem, por exemplo, colaborado diretamente para o aumento dos chamados atos automáticos de administração" (MARRARA, *op. cit.*, p. 234).

inclusive abertos e não proprietários, tais como planilhas e texto, de modo a facilitar a análise das informações; possibilitar acesso automatizado por sistemas externos em formatos abertos, estruturados e legíveis por máquina; divulgar em detalhes os formatos utilizados para estruturação da informação; garantir autenticidade e integridade das informações disponíveis para acesso; indicar instruções que permitam ao requerente comunicar-se, por via eletrônica ou telefônica, com o órgão ou a entidade; e, por fim, garantir a acessibilidade de conteúdo para pessoas com deficiência, inserindo, para tanto, mecanismos que superem as limitações destes cidadãos.

Cumpre esclarecer que os sistemas abertos têm seu código-fonte estruturados do mesmo modo, ou seja, podem ser modificados por qualquer pessoa, sem ser necessária autorização do dono do sistema. E, por isso, eles são utilizados para o acesso à informação. Também o *Marco Civil da* Internet (Lei nº 12.965/2014) determina a "[...] adoção preferencial de tecnologias, padrões e formatos abertos e livres" (inciso V do art. 24) e a "[...] publicidade e disseminação de dados e informações públicos, de forma aberta e estruturada" (inciso VI do art. 24).

Além disso, as informações não podem ser fornecidas em arquivos digitais formatados em um sistema de dados privado, ou seja, proprietário. O que se quer dizer é que não devem estar submetidas a *copyrights*, patentes, marcas registradas ou regulações de segredo industrial. Um dos motivos dessa opção feita pelo legislador consiste no fato de se permitir fornecer a informação sem condicioná-la à aquisição (pagamento) de um *software* proprietário, fator que facilita sobremaneira o acesso.

Os portadores de necessidades especiais devem receber todo o tipo de mecanismo que permita superar suas limitações e que esteja ao alcance da autoridade pública, para que tenha acesso às informações, medida legislativa esta de importante fomento à inclusão social, nos termos do art. 17 da Lei nº 10.098/2000. Essa obrigação também vem a reboque do art. 9º da Convenção sobre os Direitos das Pessoas com Deficiência, e de seu Protocolo Facultativo, assinada em Nova Iorque, em 30 de março de 2007, e aprovada pelo Decreto Legislativo nº 186/2008.[369]

---

[369] No tema, consultar o julgado: STJ, RMS nº 48.922-SP, Rel. Min. Og Fernandes, 2ª Turma, j. 19.10.2021.

5 Transparência ativa mitigada

O §4º do art. 8º ora comentado dispensa a transparência ativa (obrigatória) em sítio virtual para Municípios com população de até dez mil habitantes. Tal regra relativiza o dever constante no §2º por uma questão de proporcionalidade, ou seja, dado que, em geral, municipalidades desse porte possuem carência de recursos, o acesso da população (em geral) pode ser mais direto e franco, há um volume menor de informações a serem divulgadas, sendo estas, em regra, menos complexas etc. Assim, agiu bem o legislador nesse sentido. Contudo, manteve o dever de divulgar, na rede mundial de computadores, em tempo real, informações relativas à execução orçamentária e financeira, nos critérios e prazos da LAI – já outrora previstos pelo art. 73-B da Lei Complementar nº 101/2000 (LRF).

As entidades privadas sem fins lucrativos, que também se sujeitam à LAI (art. 2º), ao que parece, por uma interpretação estrita do art. 8º, *caput*, não sofreram a incidência das determinações deste último dispositivo, uma vez que ele estabelece deveres de transparência ativa somente aos entes e órgãos públicos. Apesar disso, o art. 63 do Decreto Federal nº 7.724/12 estabelece vários deveres ao fomento da transparência ativa, a serem cumpridos por essas entidades de direito privado, como a obrigação de ser dada publicidade dos seguintes dados: "I – cópia do estatuto social atualizado da entidade; II – relação nominal atualizada dos dirigentes da entidade; e III – cópia integral dos convênios, contratos, termos de parcerias, acordos, ajustes ou instrumentos congêneres realizados com o Poder Executivo federal, respectivos aditivos, e relatórios finais de prestação de contas, na forma da legislação aplicável".

Essa disposição prevista no ato normativo infralegal mencionado é, no mínimo, *praeter legem*, o que levanta um sério questionamento acerca da sua legalidade, uma vez que, segundo o STF, os regulamentos desta natureza (*v.g.* decretos autônomos) somente são admitidos quando exista previsão expressa na Constituição Federal,[370] o que, de certo, não é o caso aqui exposto.

---

[370] "[...] O princípio da reserva de lei atua como expressiva limitação constitucional ao poder do Estado, cuja competência regulamentar, por tal razão, não se reveste de suficiente

A partir da Emenda Constitucional nº 32/2001, os regulamentos autônomos passaram a ganhar um prestígio significativo, uma vez que se introduziu, ao lado da lei formal, tal ato normativo como fonte primária do direito. Destaca-se, por oportuno, que ele seria assim considerado *fonte primária* de direito, buscando sua validade diretamente no texto constitucional.[371] *Dessa forma, a possibilidade de expedir decretos não autônomos tem fundamento no poder normativo – poder regulamentar que gera a autorregulação – e visa, estritamente, a explicar a lei.* Logo, se tem por escopo detalhar a lei, esta deve existir previamente.

Então, não se pode perder de vista que o regulamento possui sua fonte de validade em norma de superior hierarquia, ou seja, em uma fonte no mínimo primária (como exemplo, lei ordinária, lei complementar, medida provisória etc.), até porque não possui a missão de se sobrepor ao manancial legislativo que possui validade imediata na Constituição Federal. Sua finalidade principal, portanto, é de complementar as regras hierarquicamente superiores a ele, explicitando com maior detalhamento o pensamento legislativo. Então, não se pode pensar em um regulamento que pretenda modificar os elementos do suporte fático da lei, mas sim deve ele apenas se limitar a conferir maior clareza aos conceitos essenciais ali previstos. O regulamento não fica à margem do princípio da legalidade. Portanto, no caso do art. 63 do Decreto Federal nº 7.724/12, deve-se averiguar se ele pode ser fonte de obrigações às pessoas jurídicas de direito privado sem fins lucrativos, especialmente frente à omissão legal.

---

idoneidade jurídica que lhe permita restringir direitos ou criar obrigações. Nenhum ato regulamentar pode criar obrigações ou restringir direitos, sob pena de incidir em domínio constitucionalmente reservado ao âmbito de atuação material da lei em sentido formal. – O abuso de poder regulamentar, especialmente nos casos em que o Estado atua 'contra legem' ou 'praeter legem', não só expõe o ato transgressor ao controle jurisdicional, mas viabiliza, até mesmo, tal a gravidade desse comportamento governamental, o exercício, pelo Congresso Nacional, da competência extraordinária que lhe confere o art. 49, inciso V, da Constituição da República e que lhe permite 'sustar os atos normativos do Poder Executivo que exorbitem do poder regulamentar [...]'" (STF, ACO nº 1.048 QO-RS, Rel. Min. Celso de Mello, Pleno, j. 30.08.07). Aliás, a própria Suprema Corte reconhece que o Poder Judiciário também se curva à *reserva da lei* (STF, AgR no RE nº 318.873/SC, Rel. Min. Celso de Mello, 2ª Turma, j. 12.11.02).

[371] Especialmente a partir da redação conferida ao art. 21, XI, da CF/1988, feita pela Emenda Constitucional nº 8/1995, muitos passaram a defender a possibilidade de expedição de regulamento autônomo pelas agências reguladoras.

Art. 9º O acesso a informações públicas será assegurado mediante:

I – criação de serviço de informações ao cidadão, nos órgãos e entidades do poder público, em local com condições apropriadas para:

a) atender e orientar o público quanto ao acesso a informações;

b) informar sobre a tramitação de documentos nas suas respectivas unidades;

c) protocolizar documentos e requerimentos de acesso a informações; e

II – realização de audiências ou consultas públicas, incentivo à participação popular ou a outras formas de divulgação.

1 Providências para implementar a transparência dos dados públicos

O art. 9º lista inúmeras tarefas a serem cumpridas ao Poder Público, com o fim de garantir uma estrutura orgânica e funcional no que se refere a um acesso à informação *efetivo*. Trata-se de um conjunto de medidas pragmáticas que possam dar realidade à abstração da lei.

2 Serviço de informações ao cidadão

O inciso I determina a criação de um *SAC* que possa orientar o cidadão e fornecer ao administrado todo o suporte necessário ao acesso às informações públicas. Trata-se de organismo muito parecido com os serviços de atendimento ao consumidor, encontrados em tantas empresas privadas. Caracteriza-se como um relevante espaço pedagógico onde a população poderá tirar suas dúvidas sobre os referidos mecanismos de acesso. Além disso, será um importante canal para o exercício da transparência passiva, porque o art. 9º prevê também o acesso à informação pelo meio físico e pessoal.

3 Consultas e audiências públicas

O fornecimento da informação também pode se dar por consultas e audiências públicas (inciso II). A LAI, franqueando cada vez mais o acesso às informações, pretende que se realizem com muito mais frequência o procedimento de consultas públicas. Dessa forma, a maior transparência causará um sentimento coletivo em prol do controle da Administração Pública, como no que se refere à correta aplicação dos recursos públicos, desde que este anseio não afete os direitos fundamentais de outros indivíduos.

O inciso II do art. 9º pauta a LAI a partir de um padrão democrático, porque traz a previsão também da possibilidade de realização de audiências e consultas públicas, realçando, pois, a democracia direta e participativa. Essa opção legislativa colore a LAI pela via do *princípio democrático*, conferindo uma maior autonomia, autodeterminação e autodecisão ao indivíduo.[372] Dá-se um passo à frente a respeito da prática da democracia direta, muito comum nas conhecidas "sociais-democracias". Implementa-se, por essas medidas mencionadas, a tentativa de firmar o alargamento da participação além das fronteiras do Estado parlamentar, por meio da extensão do método democrático a áreas diversas das tradicionais, de experiências de democracia direta, de novas formas de democracia.[373]

Portanto, as políticas de acesso passam a ser resultado de uma decisão tomada pelos próprios cidadãos diretamente, e não por meio de seus representantes.[374] Elas oferecem a possibilidade de a influência da opinião coletiva incidir sobre a política da gestão dos dados públicos, conferindo um desenvolvimento do tema a partir de iniciativas pluralísticas e de alternativas, abrindo ensejo a eventuais críticas a esta gestão. Esse quinhão de democracia direta serve, também, para proteger a operação política contra a estagnação alcançada pela rotina.

As consultas públicas e audiências públicas não só democratizam o acesso à informação, como ampliam sua legitimidade. As

---

[372] GUASTINI. *Estudios de teoría constitucional*, p. 70.
[373] BOBBIO. *As ideologias e o poder em crise*, p. 70. O mesmo autor traz conceitos elucidativos sobre a *democracia direta* em: *Dicionário de política*, v. 1, p. 482.
[374] "[...] o cidadão não é um mero recipiente de direitos individuais, concebidos em abstrato. O cidadão é aquele que se identifica com a gramática de conduta da *res publica*, como o interesse público. A cidadania, dentro dessa perspectiva, funciona com um elemento articulador entre as diferentes posições de sujeito que os agentes sociais ocupam na sociedade, permitindo a construção de uma identidade comum, ao mesmo tempo que respeita a liberdade individual" (KOZICKI. Democracia radical e cidadania: reflexões sobre a igualdade e a diferença no pensamento de Chantal Mouffe. In: FONSECA (Org.). *Repensando a teoria do Estado*, p. 343).

contribuições de inúmeros segmentos da sociedade, especialmente aqueles atingidos pelos efeitos da norma, podem contribuir sensivelmente ao aprimoramento do marco legal a ser editado. As partes prestam informações ao ente regulador sobre determinada política potencial, aumentando a transparência e diminuindo os custos da regulação. Esses dois institutos inserem-se no contexto da Administração Pública concertada, sendo considerados mecanismo a se atingir a consensualidade na seara do regime jurídico-administrativo. Ambos os institutos tendem a diminuir a litigiosidade e aumentar a segurança jurídica, na medida em que a regulação é construída de modo compartilhado, podendo antecipar soluções e customizar seu objeto aos anseios sociais já diagnosticados.[375] Em suma, a audiência ou consulta pública tende a conseguir maior eficiência, legitimidade e transparência da regulação.

No âmbito da Anatel, essa obrigatoriedade já era prevista (arts. 3º, X e XI; 89, II, da Lei nº 9.472, de 16.7.1997). O mesmo ocorreu com a Aneel (art. 4º, §3º, da Lei nº 9.427, de 26.12.1996) e com a ANP (art. 19 da Lei nº 9.478, de 6.8.1997). O art. 9º da Lei nº 13.848/19 (lei que alterou as premissas gerais das agências reguladoras) determinou que devem ser objeto de consulta pública, previamente à tomada de decisão pela agência, as minutas e as propostas de alteração de atos normativos de interesse geral dos agentes econômicos, consumidores ou usuários dos serviços prestados. Conceituou este documento no §1º do mesmo art. 9º: "A consulta pública é o instrumento de apoio à tomada de decisão por meio do qual a sociedade é consultada previamente, por meio do envio de críticas, sugestões e contribuições por quaisquer interessados, sobre proposta de norma regulatória". De outro lado, a tomada pública de contribuições é uma audiência ou um diálogo com a sociedade quando não se tem muita ideia do que se quer, ou seja, não se tem uma proposta formulada.

---

[375] García de Enterría e Fernández são eloquentes a este respeito: "O ato unilateral garante eficazmente a submissão, mas é incapaz de suscitar o entusiasmo e o desejo de colaboração" (GARCÍA DE ENTERRÍA, Eduardo; FERNÁNDEZ, Tomás-Ramón. *Curso de direito administrativo*. São Paulo: Revista dos Tribunais. 2014. p. 672).

CAPÍTULO III
DO PROCEDIMENTO
DE ACESSO À INFORMAÇÃO
Seção I
Do Pedido de Acesso

Art. 10. Qualquer interessado poderá apresentar pedido de acesso a informações aos órgãos e entidades referidos no art. 1º desta Lei, por qualquer meio legítimo, devendo o pedido conter a identificação do requerente e a especificação da informação requerida.

§1º Para o acesso a informações de interesse público, a identificação do requerente não pode conter exigências que inviabilizem a solicitação.

§2º Os órgãos e entidades do poder público devem viabilizar alternativa de encaminhamento de pedidos de acesso por meio de seus sítios oficiais na internet.

§3º São vedadas quaisquer exigências relativas aos motivos determinantes da solicitação de informações de interesse público.

1 Transparência passiva – Legitimado a pleitear acesso à informação

Enquanto o art. 1º e o art. 2º dispõem sobre a *legitimidade passiva*, ou seja, sobre quem se sujeita aos pedidos de acesso à informação, o art. 10 trata da *legitimidade ativa*. Logo, esta regra disciplina quem pode pretender acesso a informações ou dados públicos, com base na LAI.

De acordo com o que se viu em outro momento desta obra, o termo "interesse", que se liga à palavra "interessado", disposta pelo art. 10, *caput*, não possui um consenso na doutrina, mas é importante para definir a legitimidade em termos de solicitação de acesso. A doutrina, quando interpreta o termo "interessado" constante no art. 46 da Lei nº 9.784/99 (a *Lei do Processo Administrativo Federal*), o faz de forma ampla. Dispõe que a condição de "interessado" em obter as informações do processo é de quem tem interesse, ou seja, qualquer pessoa.[376] No âmbito da LAI, por razões lógico-sistemáticas, a questão deve ser vista com mais comedimento, de acordo com o que será exposto adiante.

Como todas as normas devem, antes de tudo, ser interpretadas de acordo com o texto constitucional (por ser uma primeira premissa em termos de *teoria geral das normas*), entende-se que o art. 10, *caput*, da Lei nº 12.527/11, deve ser interpretado conforme o art. 5º, inciso XXXIII, da CF/1988. Significa dizer que o termo "interessado" se liga com as três espécies de interesse dispostos pelo referido dispositivo constitucional: *interesse coletivo, geral* ou *particular*. Eis um paradigma hermenêutico fundamental no âmbito de proteção da regra ora comentada.

Aliás, a inserção da palavra "interessado" evita eventuais interpretações "restritivas", o que bem poderia ocorrer se fossem alocados termos do tipo "cidadão", "habitante" etc. Contudo, o uso da palavra traz a reboque a necessidade de que o sujeito que pretende ter acesso cumpra uma determinada condição *justamente de foro teleológico*. Sendo mais específico, a palavra em questão *exige* a prova da pertinência a um determinado interesse, ainda que seja desnecessário motivar o pedido. Essa solicitação deve ter vocação a estar ligada a uma utilidade, a um viés prático, enfim, que "agregue algo" ao legitimado. E isso deve ser percebido *in re ipsa*. Significa dizer que o art. 10, *caput*, ao fazer uso da palavra "interessado", não quer que sejam permitidos pedidos que visem a satisfazer o mero deleite pessoal, calcado em sentimentos espúrios, inúteis e despidos de razoabilidade.

Essa interpretação pode ser retirada a partir da visualização do direito comparado. A Lei argentina nº 104/98, sancionada e aplicada na Cidade Autônoma de Buenos Aires, disciplina o acesso à informação naquela localidade. Logo no seu art. 1º, é reconhecido que "[...] *toda persona* [...]" tem direito ao referido acesso, sendo este dispositivo repetido no Decreto Nacional nº 1.172/2003, art.

---

[376] DALLARI; FERRAZ. *Processo administrativo*, p. 142-143.

6º, daquele país.[377] Essa fórmula não é casuística, mas proposital, justamente porque esse nexo de pertinência que indicamos lá não existe. E essa interpretação é tranquila exatamente pelo fato de o arranjo jurídico portenho ser diferente do nosso, o que permite lá uma legitimidade despida da prova do interesse, ou seja, se constitui um acesso mais pleno.[378] Assim, considera-se que o pedido de acesso deva respeitar os paradigmas do art. 5º, inciso XXXIII, da CF/1988, interpretando-se o art. 10, *caput*, da LAI, conforme o primeiro dispositivo aqui mencionado.

Ainda, entende-se que a LAI não estabeleceu somente aos cidadãos a legitimidade ativa ao acesso – enfim, restrita àqueles que estão em gozo dos seus direitos políticos (art. 14 da CF/1988). Defende-se uma legitimidade ativa para além dessa categoria jurídica, ou seja, de todos aqueles que possam exercer um direito subjetivo a partir do direito dito fundamental de acesso. E a conclusão, que é cartesiana, é a seguinte: se o acesso à informação é considerado um direito fundamental, a LAI deve ter como legitimado todos aqueles que podem se valer de direitos desta natureza. Assim, como os direitos fundamentais protegem quem é ou não cidadão, os legitimados ativos da LAI não podem sofrer tal restrição. Sendo assim, podem solicitar informações os cidadãos ou não, brasileiros ou não.

Destaca-se, por oportuno, que a única menção feita pela lei aos cidadãos consta no texto do art. 9º, inciso I, que trata da "[...] criação de serviço de informações ao cidadão, nos órgãos e entidades do poder público, em local com condições apropriadas [...]". Esse dispositivo não impõe a restrição à legitimidade do acesso à informação, que deve ser de caráter universal. Do contrário, ir-se-ia de encontro ao texto da LAI e às premissas hermenêuticas por ela tratadas. Em resumo, os pedidos com base na norma em questão podem ser veiculados por todos aqueles destinatários dos direitos fundamentais, sejam eles brasileiros ou estrangeiros.

---

[377] Decreto Argentino nº 1.172/2003, art. 6º: "Toda persona física o jurídica, pública o privada, tiene derecho a solicitar, acceder y recibir información, no siendo necesario acreditar derecho subjetivo, interés legítimo ni contar con patrocinio letrado".

[378] SCHEIBLER, *op. cit.*, p. 24. Consultar ainda: BASTERRA, *op. cit.*, p. 299; UGARTE. *El derecho de acceso a la información*, p. 33.

2 Requisitos para pleitear acesso à informação

O pedido inicial de informação, realizado por pessoa natural ou jurídica, será apresentado em *formulário padrão*, disponibilizado em meio eletrônico, no sítio específico do acesso à informação constante na internet, ou em meio físico. Esse formulário, ainda, deverá estar disponível, da mesma maneira, junto ao SAC de órgãos e entidades. Tal pedido de acesso à informação deverá conter:

(a) nome do requerente;
(b) número de documento de identificação válido;
(c) especificação, de forma clara e precisa, da informação requerida; e
(d) endereço físico ou eletrônico do requerente, para recebimento de comunicações ou da informação requerida.

A solicitação de acesso não possui forma específica, sendo permitido a órgãos e entidades o recebimento de pedidos de acesso à informação por qualquer outro meio legítimo, como contato telefônico, correspondência eletrônica ou física etc.[379] Pode-se, para tanto, ser oportunizado, pela autoridade pública, formulário-padrão para se efetuar pedido de aceso à informação. A única exigência para a solicitação limita-se à necessidade de o postulante se identificar e especificar a informação requisitada.

Quanto ao primeiro requisito, pode ser cumprido comprovando-se que o solicitante possui inscrição no cadastro de pessoa física, por meio de carteira de identidade civil ou qualquer outro documento equiparado. Destaca-se, por oportuno, que o texto da lei não exige que se tenha necessariamente um documento para a identificação, mas sim a plena individualização do requerente, o que implica dizer que o pedido inicial não poderia exigir que o interessado possua registro civil, CPF etc., desde que se pudesse saber quem está formulando a solicitação de acesso. Nesse ponto, incide o disposto no §1º da regra ora comentada.

Em síntese, o registro civil de qualquer espécie não é condição para formular pedido de acesso, muito embora seja um importante facilitador para se poder individualizar o requerente. O que se

---

[379] *V.g.* Art. 11, §3º, do Decreto nº 7.724/2012.

reclama é que se consiga saber efetivamente quem pede o que, até para se ter condições de remeter ao solicitante as informações pleiteadas. Em suma, a autoridade pública requisitada deve ter condições de compreender o que ela deve fornecer e a quem deve entregar o objeto do pedido.

Sendo assim, qualquer pessoa, natural ou jurídica,[380] pode solicitar dados e informações dos entes sujeitos à Lei nº 12.527/11. Ressalva-se que as pessoas naturais que sejam acometidas de alguma incapacidade civil, relativa ou absoluta – arts. 3º e 4º do Código Civil –, devem formular pedido de acesso representadas ou assistidas. Para as pessoas jurídicas, entende-se que devem estar devidamente constituídas. Além disso, os entes despersonalizados, como o condomínio constituído sob as leis de direito civil, podem ser sujeitos ativos de solicitação de conhecimento de informações públicas.

Assim, a legitimidade para formular um pedido de acesso é *universal*, não se tendo maiores restrições nesse sentido. Aliás, a solicitação não se restringe a quem é cidadão, ou seja, a quem detém pleno gozo da capacidade eleitoral ativa. A fórmula utilizada pelo *caput* do art. 10 conferiu uma espécie de legitimidade universal, sendo que o direito de solicitar informações cabe tanto às pessoas físicas quanto às pessoas jurídicas.

Quanto à pessoa jurídica, deve-se ter o cuidado no sentido de que o pedido seja formulado pelo seu representante legal. Aqui, é importante que o Poder Público saiba qual o endereço, geográfico ou eletrônico, para se remeter a resposta ao pleito.

Deve ser ressaltado que os atos normativos expedidos por cada ente que visem a regulamentar a Lei nº 12.527/11 podem exigir que o solicitante se identifique por determinadas maneiras, desde que estas exigências, obviamente, não inviabilizem o próprio pedido (parte final do §1º do art. 10). Só para se ter uma ideia, no âmbito federal, a identificação do solicitante foi padronizada, exigindo-se, por exemplo, que se forneça nome do requerente, número de documento de identificação válido e, inclusive, indicação do endereço físico ou eletrônico para recebimento de comunicações ou

---

[380] Art. 11, do Decreto nº 7.724/2012.

da informação requerida – art. 12 do Decreto nº 7.724/12. Perceba que essas exigências não inviabilizam o pedido de acesso à informação. Ao contrário, elas pautam condições mínimas para que o cidadão possa receber a resposta à sua pretensão de maneira ágil e objetiva.

Em boa hora, o art. 30, §1º, da Lei nº 14.129/2021 (*Lei do Governo Digital*) regulou caso de preservação da segurança ou integridade do solicitante. Este poderá pleitear que sua identificação seja preservada, quando entender que a revelação deste item prejudicará o princípio da impessoalidade. Neste caso, o órgão responsável pela gestão dos pedidos de acesso deverá resguardar os dados sem repassá-los ao setor, ao órgão ou à entidade responsável pela resposta. Exemplifico: imagine que um servidor público solicite informações que possam revelar condutas não republicanas de seu superior imediato. Nesta situação, é recomendável não revelar os dados do cidadão que pede acesso.

Veja que a regra mencionada não elide a necessidade de se externar a identidade do pretendente, porque a norma apenas permite, justificadamente, que a identidade não seja revelada. Então, mesmo diante dos termos do referido art. 30, §1º, não é possível pedir acesso à informação de modo anônimo ou apócrifo. Agora, a jurisprudência, inclusive da Suprema Corte,[381] permite que outros processos, inclusive disciplinares, possam ser inaugurados com denúncia anônima. O que não se admite é que a condenação se baseie apenas nesta espécie de comunicação apócrifa.

3 Objeto do pedido de acesso

Quanto ao objeto do pedido, entende-se que ele, ao máximo possível, não deve ser estipulado de forma genérica. Reclama-se que seja claro, objetivo e preciso, para que a Administração Pública possa responder à solicitação de forma mais efetiva possível.[382] Os

---

[381] STF, AgR no RMS nº 32.600, 2ª Turma, Rel. Min. Edson Fachin, j. 20.11.2019.
[382] Em âmbito federal, de acordo com o Decreto nº 7.724/2012, não serão respondidos os pedidos: "Art. 13 [...] I – genéricos; II – desproporcionais ou desarrazoados; ou III – que exijam trabalhos adicionais de análise, interpretação ou consolidação de dados e informações, ou serviço de produção ou tratamento de dados que não seja de competência do órgão ou entidade. Parágrafo único. Na hipótese do inciso III do *caput*, o órgão ou

pedidos feitos em caráter genérico são típicas demandas que, nos Estados Unidos, convencionou-se chamar de *fishing expedition*. É uma prática por deveras questionável e, em larga medida, repelida no país americano. Trata-se de uma prática odiosa, na qual o solicitante faz um pedido inespecífico, para tentar "pescar" uma informação relevante. São formuladas, assim, demandas de acesso abrangentes, que reclamam, com isso, a busca a bancos de dados volumosos, com pedidos que se referem a todos os ofícios, memorandos etc., sem pontuar um assunto ou tema de maneira minimamente objetiva. De acordo com o que se percebe nos outros países, esta prática visa, em verdade, a conseguir, por sorte e amostragem, uma eventual informação particular ou midiática, que possa render, quiçá, a venda de mais periódicos ou o aumento da audiência. Esta prática, no Brasil, foi muito bem rechaçada pelo art. 10, *caput*, da LAI, no momento em que exige que o pedido contenha a especificação da informação requerida.

Caso a autoridade requisitada considere ser indispensável a existência de mais dados para atender ao requerimento, deve notificar o interessado para que este forneça os dados complementares. Nesse caso, abre-se novo prazo de resposta ao Estado. O que se quer evitar é que a lei de acesso não seja transformada em um baluarte a pedidos sem nexo prático ou completamente despidos de um mínimo sentido. Enfim, não se quer que a LAI seja um canal para irrazoabilidades.

Na prática, é recomendável que o solicitante especifique ao máximo o objeto do seu pedido, ou seja, delimite com exatidão o dado que se quer acessar. De outro lado, não pode a Administração Pública se furtar de fornecer acesso à informação sob o fundamento de que o pedido é complexo ou genérico, salvo quando se esteja diante de uma pretensão ilícita ou impossível (exemplo: solicita-se que se forneçam "cópias dos contratos". Ora, mas de quais contratos se estaria a tratar? A Administração Pública, neste caso, deveria contatar o solicitante para entender o que ele pretende).

---

entidade deverá, caso tenha conhecimento, indicar o local onde se encontram as informações a partir das quais o requerente poderá realizar a interpretação, consolidação ou tratamento de dados".

4 Formato da resposta – Como o solicitante quer receber as informações solicitadas

O interessado, ao seu alvedrio, pode requerer que a resposta seja fornecida em meio eletrônico (digital), verbal, físico ou que se permita a ele retirar cópias ou acessar, em loco, os dados que se quer ter acesso. Contudo, esse *facultas agendi* conferido ao administrado não pode ser absoluto, especialmente diante de situações complexas, que possam comprometer a regular tramitação do pedido ou que gerem custos vultosos, quando, neste caso, o cidadão poderia perfeitamente receber as informações solicitadas de outra maneira. Veja que, quando a pretensão de acesso demandar manuseio de grande volume de documentos ou a movimentação do documento puder comprometer sua regular tramitação, poderá a Administração Pública comunicar data, local e modo para realizar consulta à informação, efetuar reprodução ou obter certidão relativa à informação.[383]

Além disso, cabe referir que o pedido deve, em regra, ser fornecido sem custo nenhum ao solicitante. O requerente deverá ressarcir a Administração Pública apenas no que se refere aos custos da reprodução dos documentos (art. 12, *caput*). Ainda assim, essa regra será excepcionada no caso de ser ele beneficiário da "assistência gratuita da LAI", ou seja, quando sua situação econômica não lhe permita formular o pedido sem prejuízo do sustento próprio ou da família, declarada nos termos da Lei nº 7.115/1983 (tudo de acordo com o parágrafo único do art. 12 da LAI).

No momento da entrega da informação, deve-se ter o cuidado de colher do solicitante recibo indicando que as informações foram dispensadas. Após, o requerimento deve ser arquivado junto ao órgão competente, a fim de manter um controle dos pedidos de acesso, registro este importante para a formulação do relatório estatístico contendo a quantidade de pedidos de informação recebidos, atendidos e indeferidos, determinado pelo art. 30, inciso III, da lei de acesso.

---

[383] Sendo esta a solução adotada pelo Decreto nº 7.724/2012, art. 15, §§2º e 3º.

5 O pedido de acesso à informação não precisa ser motivado

Um ponto importante a ser desenvolvido consiste na análise da ampliação feita pelo §3º do art. 10, em relação ao art. 5º, inciso XXXIII, da CF/1988. Conforme detalhado em momento precedente,[384] o dispositivo constitucional impõe um parâmetro claro para o fornecimento de informações dispostas em arquivos públicos, ou seja, o administrado deve comprovar que o objeto de seu pedido de acesso tenha pertinência para com um interesse geral, coletivo ou individual. Do contrário, o pedido pode ser negado, mesmo que o documento não tenha a propriedade de sigiloso.

A LAI, ao contrário, dispensa que se tenha qualquer motivação ou nexo a um interesse qualquer. Enfim, não só silenciou nesse sentido como vedou quaisquer exigências relativas aos motivos determinantes da solicitação de informações de interesse público. Então, surge a seguinte dúvida: poderia o legislador infraconstitucional ter retirado os limites impostos pelo legislador constitucional originário?

A Constituição portuguesa de 1976, ao contrário da previsão feita pelo texto constitucional brasileiro, não exigiu qualquer motivação. Ela não faz o acesso a documentos administrativos depender de um interesse pessoal, geral ou coletivo. Enfim, é omissa nesse sentido. No país lusitano, considera-se que o direito ao acesso tem via dúplice, que não se trata somente de uma prerrogativa de se saber acerca dos dados necessários à defesa de um direito pessoal, mas, ao mesmo tempo, traduz um direito de se ter conhecimento dos "esquemas burocráticos" da Administração Pública, como atas, dossiês, atos, registros, diretivas, estatísticas, circulares, notas etc.[385]

Não é o caso do Brasil. E, assim, pende a dúvida se o legislador infraconstitucional violou os limites do seu poder normativo. Nesse compasso, avançando no tema, é imperioso tomar por base o conceito de âmbito de proteção dos direitos fundamentais para então avançar na definição e nos limites de sua relativização, especialmente

---

[384] Item "1.1" do capítulo 1.
[385] CANOTILHO, *op. cit.*, p. 515.

frente ao poder normativo do legislador infraconstitucional.[386] Na verdade, o âmbito de proteção de um preceito como aquele constante no art. 5º, inciso XXXIII, seja ele ético, seja ele positivo, possui um dado alcance, uma extensão. No caso, as balizas normativas da regra constitucional são específicas, pois o interesse se mostrava limitado, enfim, calcado em três pertinências (*v.g.*, geral, coletivo e particular). Todas as realidades que se encontram dentro dessa área de abrangência referida passam a sofrer tutela dessas premissas nos limites estabelecidos.[387]

No entanto, nem todas as regras que tendem a normatizar certa realidade social restringem/relativizam o alcance de certo direito fundamental, como é o caso do §3º do art. 10. Pelo contrário, muitas normas servem à complementação, à especificação, à densificação etc. ao direito previsto constitucionalmente. No caso em análise, o dispositivo da LAI *alarga* o âmbito de proteção de um direito fundamental.

6 Desnecessidade de motivação e interpretação conforme o art. 5º, inciso XXXIII, da CF/88

A partir do texto do §3º do art. 10, percebemos que o pedido de acesso não precisará ter qualquer motivação por parte do solicitante. O texto é claro nesse sentido. A nosso ver, há a necessidade de adaptá-lo aos demais dispositivos constitucionais pertinentes à espécie, especialmente se partirmos do âmbito de proteção do art. 5º, XXXIII, da CF/1988, que exige que o pedido seja feito somente quando se tenha um interesse geral, coletivo ou particular.

---

[386] Como bem adverte Gilmar Ferreira Mendes: "Muitas vezes o âmbito de proteção somente há de ser obtido em confronto com eventual restrição deste direito". E continua, dizendo que: "[...] a definição do âmbito de proteção exige a análise da norma constitucional garantidora de direitos tendo em vista: (a) a identificação dos bens jurídicos protegidos e a amplitude dessa proteção (âmbito de proteção da norma) (b) a verificação das possíveis restrições contempladas, expressamente, na Constituição (expressa restrição constitucional) e identificação das reservas legais de índole restritiva" (BRANCO; COELHO; MENDES. *Curso de direito constitucional*, p. 330. A mesma passagem pode, ainda, ser consultada em outra obra dos três doutrinadores: *Hermenêutica constitucional e direitos fundamentais*, p. 212).

[387] HEINEN. Os níveis de relativização dos direitos fundamentais: uma abordagem sobre as causas eficazes e instrumentais harmonizadas pelo princípio da proporcionalidade. *Revista do Ministério Público do Rio Grande do Sul*, p. 155-156.

Então, baseado na interpretação sistemática de todo o conjunto normativo, questiona-se se o §3º do art. 10 da LAI, ao dispensar qualquer motivação, não teria alargado o âmbito de proteção do art. 5º, inciso XXXIII, da CF/1988, que exige, ao menos em uma interpretação superficial, que os Poderes Públicos somente concedam informações relativas a uma destas três categorias ali constantes. Soluções diversas poderiam advir desse questionamento, como:

(a) poder-se-ia considerar que o legislador ordinário alargou o âmbito de proteção de um direito fundamental, mesmo que o legislador constituinte originário quis restringir. A dúvida, nesse caso, consistiria em saber se é possível ampliar externamente o âmbito de proteção do direito fundamental, retirando este nexo de pertinência;

(b) ou, por fim, poder-se-ia conferir ao art. 10, §3º, uma interpretação conforme a Constituição, ou seja, aplicando-o a partir dos limites de pertinência impostos pelo art. 5º, XXXIII, da CF/1988.

No primeiro caso (letra "a"), o tema pode ser visto de modo diferente dos demais, e sem uma aparente incongruência entre CF/1988 e LAI. O dispositivo constante no art. 5º, XXXIII, da CF/1988 está assim redigido: "Todos têm direito a receber dos órgãos públicos informações de seu interesse particular, ou de interesse coletivo ou geral, que serão prestadas no prazo da lei, sob pena de responsabilidade, ressalvadas aquelas cujo sigilo seja imprescindível à segurança da sociedade e do Estado".

Logo, a dicotomia pode ser encontrada a partir do interior do texto do próprio direito fundamental:

(a) direito a receber irrestritamente qualquer tipo de informação, desde que sejam de interesse particular (no limite da Lei nº 9.507/97 – *Lei do Habeas Data*); e

(b) direito a receber informações de interesse coletivo ou geral, desde que não sejam imprescindíveis à segurança da sociedade e do Estado (no limite da LAI ou de leis esparsas). Nessa hipótese, pela LAI, não é necessário motivar o pedido. Logo, está presumido, *a priori*, pela lei, que o pedido se refere a um interesse geral ou coletivo. E a eventual negativa em se fornecer da informação solicitada se dá com base no fato de ser imprescindível à segurança da sociedade e do Estado, e que também são hipóteses previstas expressamente na lei, mas não no critério de se ter a ausência de interesse geral/coletivo.

Assim, poder-se-ia pensar que a restrição constitucional *não se dá pelo interesse em concreto envolvido*, mas sim *por se tratar de informação que ofereça risco à segurança da sociedade ou do Estado* (parte final do art. 5º, XXXIII, da CF/1988). Nesse aspecto, a lei de acesso nada ampliou, pelo contrário, ela apontou caso a caso quando há essas restrições.

Cabe destacar, por oportuno, que o acesso a informações de caráter pessoal não depende de lei, uma vez que ele já era autoaplicável, dado que a sua sonegação gerava a possibilidade de se manejar a ação constitucional do *habeas data* (que justamente pressupõe negação do dado pleiteado).[388] Assim, na perspectiva dos dados de caráter pessoal, a LAI tem quase que uma só importância prática: *permitir o acesso a dados pessoais sem a necessidade de negativa prévia, como assim era exigido no que tange ao remédio constitucional mencionado, conforme dispõe a Súmula nº 2 do STJ*.

Aliás, é bom que se diga que as hipóteses de sigilo de informações pessoais de certo cidadão não podem ser negadas a ele, salvo motivo outro, ou seja, informações que dizem respeito a uma pessoa e são relacionadas a ela de regra não podem ser negadas quando por ela pleiteadas. Veja um exemplo julgado pelo STF:[389] "[...] contribuinte tem direito de obter informações contidas nos registros da Receita Federal do Brasil ou qualquer outro órgão de Administração Fazendária de outras entidades estatais".

Dessa forma, para essa concepção, a Lei de Acesso ganharia a referida importância mais no que se refere à segunda parte do inciso XXXIII do art. 5º da CF/1988, ou seja, quando não se tratar de informação de caráter pessoal. Nesse caso, incidiriam as restrições materiais acerca da segurança da sociedade ou do Estado. Para essa noção, o art. 10, §3º, da LAI aplica-se somente às informações de caráter coletivo ou geral e, neste caso, dispensa-se que o solicitante motive seu pedido quando se tratar de informação de cunho

---

[388] STJ, AgInt no RMS nº 62.448-MG, Rel. Min. Mauro Campbell, 2ª Turma, j. 1º.03.2021.
[389] STF, AgR no RE nº 601.766, Rel. Min. Roberto Barroso, 1ª Turma, j. 29.09.2017.

particular, podendo a informação ser restringida apenas aos casos legais de sigilo. Logo, as informações de caráter pessoal seriam viabilizadas, antes, pelo *habeas data, sem que se aplicasse qualquer hipótese de sigilo*, o que hoje pode ser feito também pela LAI.

Então, realçando o que foi dito, a parte final do art. 5º, XXXIII, da CF/1988 referir-se-ia apenas às informações de ordem coletiva ou geral. Em uma interpretação de completude com o art. 5º, inciso LXXII, da CF/1988 (que tutela o *habeas data*), as informações de caráter coletivo ou geral seriam viabilizadas, hoje, pela LAI, sendo que a vedação quanto a estas últimas teria respaldo apenas na previsão feita pela parte final do art. 5º, XXXIII, da CF/1988, ou seja, em questões que comprometam a segurança estatal.

Esse entendimento reforça a concepção de que a expressão "interesse coletivo ou geral" *não* seria uma "restrição" ao próprio termo "informação", tendo em vista que seriam signos que se opõem à expressão "pessoal". Por isso, não se precisaria provar qualquer nexo de pertinência do interesse para com a informação a que se pretende ter acesso.

Além disso, é importante notar que esses dois termos, "geral" e "coletivo", agora explicitados na LAI, não possuíam paradigma anterior. Portanto, a Administração Pública não pode mais negar um pedido de acesso simplesmente afirmando que não se trata de informação de caráter pessoal.

Ao que parece, o art. 10, §3º, da LAI quer evitar que o agente público queira saber por qual motivo um administrado está fazendo um pedido de informações que não têm direta ligação com a pessoa do solicitante. Assim, para essa concepção, a matéria poderia ser sistematizada desta maneira:

(a) Caso determinado sujeito pedisse informação a seu respeito (ou seja, o dado pretendido tem ligação com seu nome ou com suas relações jurídicas pessoais), não haveria ressalvas de restrição em nome da "segurança da sociedade ou do Estado". Essa interpretação adviria essencialmente da leitura conjugada dos incisos XXXIII e LXXII, ambos do art. 5º da CF/1988. Negado o pedido, permitir-se-ia o manejo do *habeas data* ou de uma ação judicial ordinária, viabilizada pela LAI. Exemplifico: não se considerou existirem riscos à segurança e à privacidade dos familiares das vítimas pela exposição em reportagens noticiosas por acesso a dados alusivos a óbitos relacionados a boletins de ocorrência policial.[390]

(b) Se a informação não se referir à pessoa do requerente, trata-se de dado de caráter coletivo ou geral. Nessa hipótese, o pedido não pode ser negado, a partir da dicção do art. 10, §3º, da LAI, salvo quando se tratar de dado que envolva segurança da sociedade ou do Estado, ou informação que, se revelada, viole a esfera íntima do indivíduo. Veja, aqui incidiriam as restrições da parte final do art. 5º, XXXIII, da CF/1988. Mas, em caso de negativa, tampouco caberá *habeas data*. A questão cingir-se-ia em termos de uma discussão judicial acerca de a vedação ao acesso ser efetivamente legítima a partir dos casos em que a lei ou a Constituição tipificam como hipóteses de sigilo.

Em nossa opinião, esse entendimento, por mais sistemático que seja, não explica a ampliação feita pela LAI, que claramente nega vigência, por assim dizer, à restrição feita pela Constituição. E, desde já, antecipamos nossa opinião no sentido de que o referido inciso XXXIII do art. 5º, ao pautar nexos de pertinência ao interesse no acesso à informação, implementou verdadeiras limitações. Tal norma fundamental fixou balizas e parâmetros específicos, com inegável necessidade de que o acesso tenha certo *nível de pertinência*. Ao dizer que somente se terá acesso às informações cujo interesse seja de três tipos (*particular, geral ou coletivo*), o texto constitucional pautou a atuação do legislador e do administrador no que se refere ao mencionado conhecimento dos dados públicos.

Do contrário, teria silenciado nesse sentido, como fez a Constituição portuguesa. Caso se optasse pelo primeiro entendimento, o art. 5º, XXXIII, deveria ser redigido da seguinte forma: "Todos têm direito a receber dos órgãos públicos informações, que serão prestadas no prazo da lei, sob pena de responsabilidade, [...]". Mas essa não foi a opção do legislador constituinte originário. No caso, determinou-se, em outras palavras, que as informações públicas não sejam fornecidas por mero deleite,

---

[390] STJ, REsp. nº 1.852.629-SP, Rel. Min. Og Fernandes, 2ª Turma, j. 06.10.2020.

por motivos comezinhos, beirando à fofoca etc. A informação deve sim possuir um dos três interesses indicados pelo referido inciso XXXIII, ainda que de maneira indireta. Leva-se em conta que existe uma pertinência, uma demonstração de interesse no que se refere aos pedidos de informação.[391]

Assim, não se pode pensar que o art. 10, §3º, da LAI acabou por evitar que o agente público queira saber por qual motivo alguém está fazendo um pedido de informações que não tem diretamente a ver com o nome dele ou com um interesse coletivo ou geral. Pensar assim será pautar uma verdadeira restrição ao próprio art. 5º, XXXIII, da Constituição Federal. Veja que as informações deverão necessariamente ter ligação com o nome do requerente ou, ao menos, ser de interesse coletivo ou geral. Esse dado deve advir naturalmente da informação solicitada ou, em caso de dúvida, ser provado pelo interessado. Daí, não se pode admitir que o pedido seja "completamente imotivado", como quer o §3º do art. 10.

Interessante que esta linha de raciocínio foi estabelecida pelo STJ, ao manter a negativa de acesso a informações da Polícia Federal, pleiteadas por deputado estadual carioca, quanto às datas de entradas e saídas do país do Governador do Estado do Rio de Janeiro, no período de 1.1.2007 até 14.6.2012. Alegou-se que o referido agente político não estava:

> [...] na defesa de sua prerrogativa parlamentar; nem se tem notícia de que a Assembléia Legislativa do Estado do Rio de Janeiro estivesse apurando eventual irregularidade praticada pelo então Governador, quanto às suas viagens internacionais, o que desautoriza, por si só, o requerido acesso, conforme disposições da Lei de Acesso a Informação n. 12.527/2011.[392]

---

[391] Encontramos eco acerca do nosso posicionamento em: RANIERI, Nina. A obtenção de certidões em repartições públicas: hipóteses constitucionais de expedição e de indeferimento: tentativa de identificação. *Cadernos de Direito Constitucional e Ciência Política*, São Paulo, ano 5, n. 19, abr./jun. 1997. p. 157, quando afirma que: "Daí ser grande o espectro da legitimação. Esta circunstância, contudo, não supre a exigência de informar a autoridade administrativa sobre a legitimidade do propósito". Segundo Ricardo Marcondes Martins (*op. cit.*, p. 143), a ausência de motivação prevista no art. 10, §3º, da LAI é contrária aos princípios (implícitos, é certo) da razoabilidade e da proporcionalidade.

[392] STJ, MS nº 19.807-DF, Rel. Min. Benedito Gonçalves, 1ª Seção, j. 24.05.2017.

Veja que o legislador constituinte estabeleceu duas restrições a serem observadas: a pertinência do interesse (parte inicial do inciso XXXIII do art. 5º) e a vedação de revelar informações relativas à segurança (parte final). Ao que tudo indica, a LAI "esqueceu" de mencionar a primeira delas, especificando de forma muito detalhada a segunda.

Além disso, conforme se percebeu logo no item "1.1" do primeiro capítulo, a Constituição Federal parametrizou o pedido de acesso a informações em três flancos: particular, geral ou coletivo. E é a partir desses três vieses que a questão deve ser interpretada, adicionada à necessária ponderação para com o também direito fundamental à proteção da intimidade e da vida privada.

Nesse contexto, uma *zona negativa* (ou seja, um campo em que a LAI não incide) pode ser estabelecida com muita convicção: *não se pode permitir o acesso a informações que não sejam atreladas ao interesse geral, coletivo ou particular*, o que significa dizer que o tal acesso não pode ser subvertido para práticas *sensacionalistas*, que visem ao *deleite pessoal*, notadamente afrontosas à dignidade humana. Esse parâmetro, como dito, parece-nos muito claro.[393] E ele é referendado de forma expressa pelo STF, quando do deferimento da liminar da Suspensão de Segurança nº 3.902-SP, analisada anteriormente.[394]

Ademais, agora sob um prisma *pragmático*, ainda assim nossa opinião encontra assento. Veja que a atividade administrativa poderia ser realmente paralisada por inúmeros pedidos de acesso feitos sem qualquer motivação, protocolados, por exemplo, por opoentes políticos do atual governo. Pedidos que poderiam ser considerados absurdos (*v.g.* quantas canetas azuis possuem todos os órgãos de determinado estado da nação), ou mesmo por pedidos sem qualquer destino prático. Bem por isto que o Decreto federal nº 7.724/12, no seu art. 13, regulamentou a Lei de Acesso no âmbito da União, colocando condicionantes ao pedido de acesso.

Em resumo, deve-se voltar ao texto da Constituição para se dizer que o cidadão pode pedir uma informação de caráter

---

[393] Assim como já há muito é defendido por: CINTRA; DINAMARCO; GRINOVER. *Teoria geral do processo*, p. 77.
[394] Item "2.4" do Capítulo 2.

particular, geral ou coletivo, nenhuma mais. É isso que a CF/1988 diz. Adicione ao contexto em questão o fato de que a informação somente será fornecida se não acobertada por uma espécie de sigilo. O STJ até mesmo permitiu acesso à informação de dados concernentes às práticas de tortura, desaparecimento e homicídio de dissidentes políticos no regime militar, cometidos no âmbito do DOI-Codi/SP.[395]

Sobre o outro ponto do debate, ou seja, se as hipóteses de sigilo teriam eficácia ou não ante a solicitação de acesso de informação particular (pessoal), poder-se-ia ver a questão também sob dois contornos jurídicos. Para um primeiro entendimento, as informações de caráter pessoal não sofreriam restrição qualquer, justamente por se estar vedando um *direito de defesa* – entendimento já desenvolvido logo antes. O sigilo da LAI ou da parte final do inciso XXXIII repousa sobre dados objetivos, e não subjetivos (pessoais), porque as hipóteses de vedação de acesso não podem ser opostas para com as informações solicitadas pelo próprio indivíduo. Logo, não se poderia ter sigilo para com a própria pessoa, como se pudessem ser estabelecidos segredos pessoais a um sujeito sem sua anuência.[396] Trata-se, assim, de direito do administrado à privacidade, e não de um direito do Estado ao sigilo dos dados, sob pena de se subtrair o direito do indivíduo de conhecer dados relativos à sua pessoa.[397] Então, as restrições mencionadas na parte final do inciso XXXIII aplicam-se somente a terceiros, não ao próprio indivíduo que solicita informação sua.

Outro entendimento dispõe que se pode, em certas situações, opor as hipóteses de sigilo para com pedido de informações de interesse particular. Em outra ótica, essa interpretação ligaria o art. 5º, LXXII, da CF/1988 com os demais dispositivos constitucionais, especialmente com o art. 5º, XXXIII. A partir da unidade da Constituição, os dois dispositivos deveriam ser vistos conjuntamente. Nesse caso, mesmo em se tratando de pedido de ordem pessoal, as hipóteses de sigilo permaneceriam aplicáveis. Essa outra visão

---

[395] STJ, REsp nº 1.836.862-SP, Rel. Min. Og Fernandes, 2ª Turma, j. 22.09.2022.
[396] FERREIRA FILHO. *Curso de direito constitucional*, p. 323-324.
[397] MARTINS JÚNIOR, *op. cit.*, p. 206-207. Conferir ainda: PASSOS. *Mandado de segurança coletivo, mandado de injunção e habeas data*, p. 141-142; GRECO FILHO. *Tutela constitucional das liberdades*, p. 176-178.

sobre o tema, ao que parece, considera que as ressalvas da parte final do art. 5º, XXXIII, da CF/1988 aplicam-se a todo o restante do dispositivo: informações de interesse geral ou coletivo e, *inclusive*, *as de interesse particular*.

Então, sistematicamente, o segundo entendimento agora exposto afirma que a restrição, "ressalvadas aquelas cujo sigilo seja imprescindível à segurança da sociedade e do Estado", incide também nas informações de cunho pessoal. E isso é transportado também ao inciso LXXII do art. 5º. Do contrário, negar-se-ia a incidência dessa parte final do inciso XXXIII a ambas as categorias desse dispositivo (informações de caráter geral/coletivo e particular).

Posicionando-se dessa maneira, interpreta-se que o inciso XXXIII confere um direito a ser efetivado por duas garantias: por meio do *habeas data* (da Lei nº 9.507/97) e pela LAI. As restrições da parte final se aplicam às duas questões, tanto que o art. 1º, *caput*, da própria Lei do *Habeas Data* foi revogado porque não era estabelecida, "[...] ademais, qualquer sorte de ressalva às hipóteses em que o sigilo afigura-se imprescindível à segurança do Estado e da sociedade, conforme determina a própria Constituição (art. 5º, XXXIII)".[398]

Colocando à prova esse segundo entendimento, ao que parece, ele revela um sucesso pragmático maior do que o primeiro. Imaginemos a seguinte situação: a *Agência Brasileira de Inteligência* (ABIN) está investigando determinado sujeito, dado que existem fundadas suspeitas de que ele venha a praticar um ato terrorista. Caso seja dada razão à primeira tese – de que não se pode aplicar qualquer espécie de sigilo ao sujeito que formula pedido de acesso a informações que se liguem a sua pessoa –, este indivíduo espionado poderia pedir para ter acesso às investigações, alegando justamente que não há nenhuma barreira ao acesso a dados de sua pessoa, enfim, que o Estado não poderia se opor à pretensão de disponibilização dos dados de cunho particular.

Contudo, se assim fosse permitido, a investigação estaria fadada ao fracasso, o que, na prática, revela que existem casos de

---

[398] Motivos do veto ao art. 1º, *caput*, da Lei nº 9.507/1997.

sigilo de informações pessoais ligadas a determinado sujeito e que podem ser opostas a ele. Destaca-se que são casos raros e extremos, mas existentes. Assim, como dito, em casos muito peculiares, consideramos que se aplicam as hipóteses de sigilo também à ação constitucional do habeas data, e, claro, à primeira parte do art. 5º, inciso XXXIII, da CF/1988.

Quanto ao segundo item, entende-se que o legislador infraconstitucional restringiu o disposto no art. 5º, XXXIII, da CF/1988, na medida em que dispensou qualquer motivação quando formulado um pedido de acesso, porque a Constituição determina que se tenha um nexo, uma pertinência para com as três categorias de informações. A vontade do legislador constituinte originário não foi respeitada, e esta restrição foi consciente, porque, como dito, do contrário, teria apenas feito referência ao signo "informações", sem qualquer qualitativo.

Pensar que essa ampliação seja possível seria o mesmo que permitir que uma lei diga que o domicílio pode ser invadido em outro caso que não aqueles previstos pela Constituição, ampliando, assim, a restrição do texto constitucional, o que, acredita-se, não é possível. Ou, se assim se pensar, poderia ser considerado como constitucionalmente admissível (mas não é) que uma lei fizesse previsão de outros casos de imunidade tributária, ampliando o âmbito de proteção do dispositivo constitucional específico.

Pode-se dizer, então, que, pela via da interpretação conforme a Constituição, procurar-se-á, por meio de uma redução de um ou mais sentidos, manter o ato normativo infraconstitucional vigente no sistema e de acordo com o texto legislativo fundamental,[399] ou seja, o art. 10, §3º, da LAI estaria conforme o art. 5º, inciso XXXIII, da CF/1988. Aliás, a técnica da *interpretação conforme a Constituição* tem por função principal preservar a ordem jurídica, definindo os contornos dos respectivos âmbitos hermenêuticos das regras infraconstitucionais. Enfim, ela pretende compatibilizá-los com o texto da Constituição Federal, ou melhor, deixar os textos das normas ordinárias de acordo com o texto maior.[400]

---

[399] Art. 28 da Lei nº 9.868, de 11.11.1999.
[400] BARROSO. *Interpretação e aplicação da Constituição*, p. 175; SCHWABE, *op. cit.*, p. 113; MENDES. *Jurisdição constitucional*, p. 222; ALMEIDA JÚNIOR. *Interpretação conforme a Constituição e direito tributário*, p. 46; HEINEN. *Interpretação conforme a Constituição*: análise a partir da doutrina e da jurisprudência, p. 53-54.

Assim, no caso, o intérprete do art. 10, §3º, da LAI deve priorizar uma compreensão que venha ao encontro da Constituição, lendo de acordo com o texto do art. 5º, inciso XXXIII, em sua inteireza. Essa forma de interpretar põe em relevo a unidade da ordem jurídica, o que preenche as lacunas do ordenamento normativo. Produzir-se-ia, portanto, uma "otimização constitucional". Em sendo assim, o intérprete encontrará um sentido constitucional ao caso concreto. O horizonte de possibilidades não se amplia ou se reduz, mas, sim, define-se.[401]

Mostra-se, por lógico e razoável, que não sejam admitidos pedidos levianos, espúrios ou que estejam ligados somente ao deleite pessoal. A LAI não pode servir de um subterfúgio para se praticar abusos de direito. Utilizar de um favor legal para fins ilegítimos e despidos de uma finalidade ética seria o mesmo que praticar um desvio de finalidade ou um abuso de direito, categorias que são, a todo custo, rechaçadas pela ordem jurídica. Considera-se, assim, legítimo que não sejam recebidos os pedidos despidos da devida seriedade. Em termos abrangentes, um pedido desse naipe pode acabar por prejudicar o exercício do direito fundamental de acesso às informações públicas de outro sujeito.

Um bom paradigma para pautar os pedidos de acesso seria a metáfora das "três peneiras de Sócrates". Atribui-se ao filósofo ateniense a construção teórica no sentido de que qualquer coisa que se diga deva, antes, passar pelo filtro da *bondade, da verdade* e *da utilidade*. Do contrário, não se deve pronunciá-la. Assim, analogicamente, quando um pedido de acesso à informação pública não for *útil, verdadeiro* e *bem-intencionado*, deverá ser indeferido de plano. Eis um bom parâmetro à espécie.

Ao mesmo tempo, os entes públicos que se sujeitam à incidência da LAI devem tomar todo o cuidado no sentido de evitar que o acesso virtual não se transforme em um canal que abra espaço para a realização de quedas ou violações de sistemas de dados, como quando feitas por solicitações em massa. Os mencionados sistemas, assim, devem estar preparados, caso haja tais incursões, resguardando-se destas práticas abusivas por meio de mecanismos específicos de tecnologia de informação.

---

[401] Ocorrerá, aqui, o que os italianos chamam de *sentenze interpretative di rigetto o di accoglimento*.

7 Interpretação sistemática com outras legislações

Os pedidos de acesso à informação ou à base de dados digitais foram tutelados pelo art. 30 da *Lei do Governo Digital*, regra esta que segue a mesma lógica da transparência passiva do art. 10, §3º e do art. 11 da LAI. Os mesmos requisitos são exigidos para a solicitação de acesso, com exceção do fato de que o cidadão "[...] poderá solicitar a preservação de sua identidade quando entender que sua identificação prejudicará o princípio da impessoalidade, caso em que o canal responsável deverá resguardar os dados sem repassá-los ao setor, ao órgão ou à entidade responsável pela resposta" (art. 30, §1º, da Lei nº 14.129/2021).

Veja que a lei de 2021 mantém a mesma lógica da LAI, em não exigir do requerente que ele externe os motivos determinantes da solicitação de abertura de base de dados públicos. Tanto o §3º do art. 10 da LAI, como o §4º do art. 30 da *Lei do Governo Digital* dispensam que se tenha qualquer motivação ou nexo a um interesse qualquer. Enfim, manteve-se o veto à possibilidade de exigência relativa aos motivos determinantes da solicitação de informações de interesse público. Considera-se que o direito ao acesso tem via dúplice, e que não se trata somente de uma prerrogativa de se saber acerca dos dados necessários à defesa de um direito pessoal, mas, ao mesmo tempo, traduz um direito de se ter conhecimento dos "esquemas burocráticos" da Administração Pública, como atas, dossiês, atos, registros, diretivas, estatísticas, circulares, notas etc.

Art. 11. O órgão ou entidade pública deverá autorizar ou conceder o acesso imediato à informação disponível.

§1º Não sendo possível conceder o acesso imediato, na forma disposta no caput, o órgão ou entidade que receber o pedido deverá, em prazo não superior a 20 (vinte) dias:

I – comunicar a data, local e modo para se realizar a consulta, efetuar a reprodução ou obter a certidão;

II – indicar as razões de fato ou de direito da recusa, total ou parcial, do acesso pretendido; ou

III – comunicar que não possui a informação, indicar, se for do seu conhecimento, o órgão ou a entidade que a detém, ou, ainda, remeter o requerimento a esse órgão ou entidade, cientificando o interessado da remessa de seu pedido de informação.

§2º O prazo referido no §1º poderá ser prorrogado por mais 10 (dez) dias, mediante justificativa expressa, da qual será cientificado o requerente.

§3º Sem prejuízo da segurança e da proteção das informações e do cumprimento da legislação aplicável, o órgão ou entidade poderá oferecer meios para que o próprio requerente possa pesquisar a informação de que necessitar.

§4º Quando não for autorizado o acesso por se tratar de informação total ou parcialmente sigilosa, o requerente deverá ser informado sobre a possibilidade de recurso, prazos e condições para sua interposição, devendo, ainda, ser-lhe indicada a autoridade competente para sua apreciação.

§5º A informação armazenada em formato digital será fornecida nesse formato, caso haja anuência do requerente.

§6º Caso a informação solicitada esteja disponível ao público em formato impresso, eletrônico ou em qualquer outro meio de acesso universal, serão informados ao requerente, por escrito, o lugar e a forma pela qual se poderá consultar, obter ou reproduzir a referida informação, procedimento esse que desonerará o órgão ou entidade pública da obrigação de seu fornecimento direto, salvo se o requerente declarar não dispor de meios para realizar por si mesmo tais procedimentos.

1 Introdução

O art. 11 da Lei nº 12.527/11 estabelece regras procedimentais por deveras importantes ao acesso às informações públicas. Não seria demasiado dizer que a efetividade da LAI passa em muito pelas determinações desse dispositivo. Em síntese, a regra em pauta fornece os critérios para se constituir a mencionada *transparência passiva*, categoria jurídica mais bem detalhada no item "2.3" do capítulo 2 e quando se comentou o artigo antecedente.

Antes de adentrarmos no estudo das disposições do art. 11, é importante notar que a LAI não fixa um padrão específico de *resposta ao pedido de acesso*, ou seja, *não estabelece sua forma*. É certo que, especialmente a partir das diretrizes do art. 7º da LAI, sabemos como devem ser armazenadas e fornecidas as informações – objeto da resposta –, o que pauta, claro, a maneira como se responderá aos pedidos. Mas não há uma lista de exigências que deve conter a resposta. Para se conferir um mínimo de coerência e unidade nesse sentido, algumas premissas podem ser retiradas a partir de uma interpretação sistemática da lei de acesso. Por exemplo, não se admitiria uma resposta ambígua e parcial.

2 Prazos para a resposta ao pedido de acesso à informação

O *caput* e os §§1º e 2º do art. 11 ocupam-se de estabelecer um prazo para que as informações sejam fornecidas. Esse prazo pode ser fixado da seguinte forma: a regra é que os dados públicos sejam dispensados ao interessado *imediatamente*.[402] É o típico caso no qual o dado é de fácil acesso, ou seja, pode ser alcançado pela autoridade pública com rapidez e simplicidade. Seria ilógico,

---

[402] Como dito, no mais das vezes a informação deve ser prestada de imediato. As respostas aos pedidos de acesso que demandem maior prazo serão concebidas como uma conduta excepcional. Logo, a regra prevista no *caput* do art. 11 determina que a informação deva ser prestada *imediatamente*, sendo esta a conduta a ser considerada normal e corriqueira.

por exemplo, que as informações constantes em banco de dados acessíveis por alguns "cliques" de *mouse* fossem fornecidas em um prazo de trinta dias. Em resumo, o fornecimento de acesso a informações constantes em arquivo público deve ser feito *imediatamente*, esta é a regra. A exceção está disposta nos §§1º e 2º do mesmo art. 11.

Então, quando não for possível a prestação imediata, por conta de que se trata de documento complexo ou de difícil acesso, há a previsão de prazo de vinte dias (§1º), prorrogados por mais dez dias (§2º), mediante justificativa e ciência ao requerente.[403] O que possibilitará um maior ou menor prazo para a resposta será a complexidade da informação requisitada. O importante é que a fixação de prazo ou sua prorrogação, como dito, venham acompanhadas de duas providências:

(a) a motivação dessa decisão, indicando os fundamentos de fato e de direito; e

(b) a notificação do solicitante com a ciência dessa motivação.

Além disso, outro critério deve ser considerado no contexto desses interregnos de tempo, que é o maior ou menor aporte de recursos humanos e financeiros envolvidos e existentes. Logo, para que se possa ter uma maior ou menor agilidade na prestação da informação, deve-se sopesar a quantidade de servidores ou de recursos financeiros envolvidos nesta tarefa. As carências nesse sentido devem ser levadas em conta para a prorrogação do atendimento do pedido. O que não se permite é que essas carências impeçam o acesso, que será dado em um maior ou menor tempo.

Assim, a prorrogação de prazo pode sofrer vários influxos, a serem dispostos em decisão motivada e devidamente comunicada ao solicitante.[404] Mas, é certo que, mais cedo ou mais tarde, os dados serão fornecidos, desde que não se trate de hipótese legal de sigilo.

---

[403] A título comparativo, na Argentina, o prazo de resposta ao pedido de acesso à informação é de dez dias, prorrogáveis por mais dez – art. 7º, da Lei nº 104/1998.

[404] No âmbito federal, caso o pedido não seja respondido no prazo de vinte mais dez dias, o cidadão pode encaminhar reclamação para o responsável, no órgão, pelo monitoramento da lei de acesso. Os contatos dessa autoridade devem estar no sítio virtual pertinente ao órgão. Se a dita reclamação não surtir efeito, deve-se levar o caso à Controladoria Geral da

Deve ser destacado que o §1º acaba por restringir decisão administrativa em três possibilidades, ou seja, o gestor público, quando frente a um pedido de acesso, pode tomar três condutas:
(a) *fornecer a informação*: segundo o dispositivo, o Poder Público deve comunicar data, local e modo para se realizar a consulta, efetuar a reprodução ou obter a certidão. Acrescentar-se-ia, por nossa conta, a possibilidade (o dever) de entregar a informação, quando solicitada, diretamente ou via rede mundial de computadores. Imagine o caso a seguir: um determinado cidadão solicita certos dados acerca de complexa política pública. Tal providência demanda a procura e seleção dos documentos em arquivo público, o que não pode, por razões físicas e lógicas, ser fornecido imediatamente. Assim, em dez dias, os documentos são encontrados e bem podem ser digitalizados e enviados via correio eletrônico. Essa situação deve ser também considerada no dispositivo. Em verdade, para melhor sistematizarmos, o Poder Público pode *fornecer a informação*:
(a.1) enviando-a ao endereço físico ou eletrônico informado;
(a.2) comunicando a data, o local e o modo para realizar consulta à informação, efetuar reprodução ou obter certidão relativa à informação;
(b) *recusar o acesso às informações*: para tanto, devem ser disponibilizadas ao solicitante as razões de fato e de direito referentes à vedação total ou parcial ao acesso pretendido. Veja que essa decisão enfrenta os mesmos problemas encontrados diante do art. 26, parágrafo único, da LAI, ou seja, reconhecemos que, em termos práticos, será muito complicado que se consiga fundamentar a decisão de recusa, por conta de o documento estar acobertado por uma hipótese de sigilo, ao mesmo tempo em que se impede a revelação do próprio dado ou de informação que se avaliou como sendo sigilosa. Uma motivação nesses

---

União (CGU), em até 10 (dez) dias. A CGU terá 5 (cinco) dias para se manifestar (arts. 22 e 23 do Decreto federal nº 7.724/12).

termos sonegaria, quase sempre, os motivos de fato, por justamente não se conseguir fornecê-los sem revelar o próprio conteúdo da informação sigilosa. Em resumo, a decisão sobre a negativa de acesso aos dados secretos dificilmente conseguirá fornecer uma motivação que consiga manter o sigilo.[405] Quando se tratar de hipótese de informação sigilosa, a autoridade deverá indicar:
(b.1) o motivo do sigilo;
(b.2) o grau e o tempo do sigilo;
(b.3) a possibilidade de recurso, os prazos e as condições para sua interposição, e a autoridade competente para sua apreciação.
Em qualquer caso, o administrado pode obter certidão ou cópia da decisão em seu inteiro teor (art. 14). No caso de recusa ao acesso, juntamente com a ciência do interessado acerca dos motivos que levaram à negativa, devem ser cumpridas as determinações constantes no §4º – listadas na letra "b.3" –, ou seja, deve ser informado sobre a possibilidade de recurso, prazos e condições para sua interposição, devendo, ainda, ser-lhe indicada a autoridade competente para sua apreciação. Esta providência é relevante, especialmente ao cidadão comum que desconheça o conteúdo da lei de acesso e todas as possibilidades jurídicas por ela oferecidas. Enfim, estar-se-á dando conhecimento sobre um direito fundamental, o que se mostra completamente condizente com o próprio espírito da LAI;
(c) *comunicar ao interessado*:
(c.1) que não possui a informação;
(c.2) indicar, se for do seu conhecimento, o órgão ou a entidade que a detém; ou, ainda
(c.3) remeter o requerimento a esse órgão ou entidade, cientificando o interessado da remessa de seu pedido de informação.

---

[405] Para uma exposição mais detalhada do problema, consultar os comentários ao parágrafo único do art. 26.

3 Pedido de acesso não tem por objeto pleitear a constituição da informação

Perceba que a LAI não obriga o Poder Público a *criar* ou *constituir* a informação, mas apenas disponibilizar aqueles dados de que dispõe. Significa dizer que, caso a Administração Pública prove que não dispõe da informação, deve comunicar este fato ao interessado, cumprindo, assim, com os ditames da lei. Para exemplificar, imagine que um determinado cidadão solicite a um Município informações relativas à qualidade do ar. Contudo, o referido ente federado não possui sistema que capte e processe esses dados. Basta, então, que informe ao administrado essa situação, porque, pela LAI, não estará obrigado a constituir uma estrutura necessária a esse fim, ou seja, a medir a qualidade do ar.[406]

Também, não pode o pedido de acesso servir para obtenção de esclarecimento sobre entendimento jurisprudencial.[407] O tema deve ficar adstrito ao regramento processual, o qual garante que as partes litigantes, por meio de embargos de declaração, possam sanar eventuais incongruências do julgamento recorrido.

4 A transparência ativa é a regra geral

O §3º do art. 11 prevê que, sempre que possível, a informação deve estar acessível ao cidadão, sem haver a necessidade de solicitação. Fixa-se, então, uma lógica interessante: a necessidade de se aumentar ao máximo a transparência ativa. E essa providência,

---

[406] Refere-se, por oportuno, que nada impede que o interessado promova demanda judicial ou administrativa requerendo seja constituído o aparato necessário para que sejam captados dados relativos à qualidade do ar, cujo sucesso do pleito dependerá do caso concreto a ser analisado em cada esfera. Esta mesma discussão é travada a partir da Lei argentina nº 104/1998, porque ela é omissa quando ao dever de "criar" a informação (AMMIRATO. El derecho de acceso a la información pública y algunas oscuridades de la reglamentación legal vigente en la ciudad de Buenos Aires. *In*: SCHEIBLER (Coord.). *Acceso a la información pública en la ciudad autónoma de Buenos Aires*: Ley 104 anotada y concordada, p. 138-139). No mesmo sentido, "trata-se, certamente, da principal restrição ao direito fundamental ao acesso à informação: o administrado só tem, pelo inciso XXXIII do art. 5º da CF/88, direito de obter do Estado, dados que este possua". (MARTINS, *op. cit.*, p. 135).

[407] Tema assim decidido pelo STF (AgR na Pet nº 7.706, Rel. Min. Roberto Barroso, 1ª Turma, j. 13.10.2020).

quando reforçada, diminui a transparência passiva, porque o cidadão não necessita solicitar os dados de que têm interesse, podendo consultá-los diretamente. Caso a informação esteja disponível ao público em formato impresso, eletrônico ou em outro meio de acesso universal, o órgão ou a entidade deverá orientar o requerente quanto ao local e modo para consultar, obter ou reproduzir a informação.

5 Modos de acesso à informação

Os §§5º e 6º tratam das maneiras como as informações podem ser acessadas pelo solicitante.[408] A regra fixada estabelece a possibilidade de que o administrado possa escolher a maneira como quer receber os dados, enfim, sob qual o formato, se físico, se digital, se verbal etc. Essa seria uma interpretação que advém de uma leitura rápida dos dispositivos mencionados, especialmente do §5º.

Contudo, não se considera lógico e, principalmente, proporcional que a Administração Pública seja obrigada a fornecer os dados em meio físico, quando somente os disponha em meio eletrônico, especialmente se o solicitante não leve uma motivação suficientemente convincente para tal opção. Assim, a "anuência do requerente" de que trata o §5º, em nossa ótica, não pode ser imotivada, conferida como um direito potestativo ilimitado, até porque nenhum direito deve ter este caráter. Caso os dados estiverem abertos, disponíveis eletronicamente, ou puderem ser ofertadas em meio digital ao interessado, resta atendido o direito fundamental.[409] Do contrário, quebrar-se-ia a regra da proporcionalidade que perfaz um equilíbrio entre os meios e os fins.

Para exemplificar, imagine que o Poder Público detenha uma quantidade expressiva de dados somente em meio digital e pretenda fornecê-los desta forma ao requerente. Este não anui em recebê-los eletronicamente, sem manifestar qualquer motivo plausível, enfim, assim se posiciona por mero deleite pessoal. Tal postura claramente

---

[408] E possuem estreita ligação com o que dispõe o art. 12, o qual determina, como regra geral, que o fornecimento dos dados seja gratuito (salvo no que se refere aos custos materiais para sua disponibilização) e quando o solicitante detenha situação econômica não lhe permita fazê-lo sem prejuízo do sustento próprio ou da família.
[409] SILVEIRA, op. cit., p. 250.

vai de encontro aos mais comezinhos princípios da economicidade, da racionalização de recursos e da própria lógica das coisas. Logo, entende-se que o §5º não confere ao indivíduo um direito formativo de escolher imotivadamente o meio que pretende ver respondido o pedido de acesso às informações públicas.

Teríamos uma situação completamente diversa caso o interessado informasse que não possui condições materiais de abrir tais dados, por não possuir recursos eletrônicos específicos, ou mesmo que não detém conhecimento na área da tecnologia da informação. Nesta última hipótese, percebemos uma razoabilidade na não anuência do cidadão e na situação em si mesma considerada. Conclui-se, assim, que a literalidade do §5º deve ser temperada por meio de uma lógica do razoável.[410]

A incidência ou não do disposto no referido parágrafo deve ser temperada também a partir da quantidade de documentos que se quer ter acesso. Imagine que se pleiteie cópia física de milhares de documentos, negando-se, sem nenhum motivo, em recebê-los em meio digital. Essa opção poderia muito claramente levar no mínimo ao retardo do adimplemento de outros pedidos de acesso, o que se mostra razoável fornecer a resposta por outra via, como a eletrônica, por exemplo.

Uma modificação feita pela Lei nº 14.129/2021 em relação à Lei nº 12.5274/2011 consistiu na forma da resposta efetivada. Enquanto que, pelos termos da LAI (art. 11, §5º), caberia ao requerente anuir com o fornecimento dos dados digitalmente. Pela Lei nº 14.129/2021, essa faculdade não existe mais, porque o art. 33 é claro em dizer que "A solicitação de abertura da base de dados será considerada atendida a partir da notificação ao requerente sobre a disponibilização e a catalogação da base de dados para acesso público no site oficial do órgão ou da entidade na internet". Logo, a lei posterior no mínimo eliminou uma *facultas agiendi* em favor do cidadão.

A *Lei do Governo Digital* incorporou nossas críticas feitas no decorrer desta obra. O parágrafo único do art. 34 da Lei nº 14.129/2021

---

[410] Para "pegar emprestada" a famosa expressão cunhada por Luis Recaséns Siches (*Experiencia jurídica, naturaleza de la cosa y lógica "razonable"*).

contempla a possibilidade de não se dar acesso em razão de custos desproporcionais ou não previstos pelo órgão ou pela entidade da Administração Pública. Logo, a proporcionalidade e a economicidade ganham densidade. Perceba que a LAI nada dizia a este aspecto, sendo que, em boa hora, a *Lei do Governo Digital* tratou do tema.

6 Interpretação sistemática

Outro ponto merece toda a nossa atenção: enquanto o art. 11 regulou o pedido de acesso à informação pública, os arts. 32 a 37 da Lei nº 14.129/2021 tutelaram o *pedido de abertura de base de dados*. As pretensões podem ser muito similares, mas não são confundíveis. Veja que o pedido ao acesso a uma "base de dados" tem por objeto a criação de estruturas administrativas que vão facilitar o acesso a dados públicos. Inclusive tal pedido pode impor a criação de mecanismos estruturais para acessar a base de dados, como ferramentas de pesquisa, reformulação do arquivamento e catalogação dos dados, refinamento de seu formato para ficar acessível às definições da LAI e da *Lei do Governo Digital*, como granularidade, integridade, primariedade etc.

Então, a pretensão de abertura da base de dados se revela uma pretensão mais ampla do que aquela relacionada ao pedido de acesso à informação tutelado pela LAI, porque se intenta conferir publicidade a toda uma gama de informações. E o pedido de abertura significará, na prática, transpor dados da transparência passiva, ou seja, que demandam pretensões individuais de acesso, para a transparência ativa – dados de livre acesso ao público.

A solicitação de abertura da base de dados pode ser feita pelo mesmo modo do pedido de acesso tutelado pela LAI (*v.g.*, art. 11). No caso, o requerente também não precisa externar os motivos pelos quais pretende a abertura da referida base, conforme dispõe o art. 10, §3º, da LAI. Mas deve se identificar e indicar, com precisão, qual base de dados pretende a abertura. A tal solicitação será considerada atendida a partir da notificação ao requerente sobre a disponibilização e a catalogação da base de dados para acesso público no *site* oficial do órgão ou da entidade na rede mundial de computadores – art. 33 da Lei nº 14.129/2021. Isso não dispensa, na nossa ótica, que o particular seja cientificado do inteiro teor da decisão. A regra mencionada delimita como o pedido de abertura deverá ser realizado.

Eis um ponto interessante: a implementação da dita abertura de dados deverá se dar pela rede mundial de computadores. Alguma dificuldade poderá ser constatada de modo estrutural, pontual e excepcional. Exemplo: documentos que não podem ser digitalizados sob pena de perecerem podem não ser passíveis de serem disponibilizados a público. Mas a Administração Pública não pode se escusar de abrir os bancos de dados sob o argumento de que a sua base apresenta inconsistências, conforme art. 32 da Lei nº 14.129/2021.

Pedidos complexos e custosos deverão ser ponderados. Exemplo: imagine que um cidadão pleiteie que todo arquivo público de um estado da Federação seja digitalizado e colocado a acesso ao público. Qual o custo desta pretensão? Com certeza envolveria milhões e milhões de reais, o que reclama ponderação para com outras pretensões tão ou mais importantes, que envolvem saúde, segurança, educação etc. Sem contar que é imperioso o diálogo deste pedido para com as previsões orçamentárias. Trata-se de uma ponderação a ser concertada.

No tema, o parágrafo único do art. 34 da Lei nº 14.129/2021 assim dispôs:

> Eventual decisão negativa à solicitação de abertura de base de dados ou decisão de prorrogação de prazo, em razão de custos desproporcionais ou não previstos pelo órgão ou pela entidade da administração pública, deverá ser acompanhada da devida análise técnica que conclua pela inviabilidade orçamentária da solicitação.

Logo, os organismos técnicos deverão exarar parecer dando conta destes pontos – documento este a ser encaminhado ao cidadão.

Caso a pretensão de abertura do banco de dados seja negada, a Administração Pública deverá encaminhar ao solicitante cópia do inteiro teor da decisão negativa de abertura de base de dados – art. 34, *caput* da *Lei do Governo Digital*. Da decisão negativa cabe recurso hierárquico próprio no prazo de dez dias da sua ciência, o qual será julgado pela autoridade hierarquicamente superior àquela que exarou a decisão impugnada, que deverá decidir no prazo de cinco dias (*cf.* art. 35 da Lei nº 14.129/2021).

Art. 12. O serviço de busca e de fornecimento de informação é gratuito.

§1º O órgão ou a entidade poderá cobrar exclusivamente o valor necessário ao ressarcimento dos custos dos serviços e dos materiais utilizados, quando o serviço de busca e de fornecimento da informação exigir reprodução de documentos pelo órgão ou pela entidade pública consultada.

§2º Estará isento de ressarcir os custos previstos no §1º deste artigo aquele cuja situação econômica não lhe permita fazê-lo sem prejuízo do sustento próprio ou da família, declarada nos termos da Lei nº 7.115, de 29 de agosto de 1983.

1 Gratuidade dos pedidos de acesso à informação – Regra geral

O art. 12 enfrenta tema relativo aos *custos para o fornecimento das informações*, especialmente quando se tenha de dispensar recursos materiais para o acesso (por exemplo, cópias de documentos, mídias digitais e postagem).[411] Ele determina que, em regra, *o serviço de busca e fornecimento de informação seja prestado sem custo ao administrado* – art. 12, *caput*. Somente em um caso pode ser cobrado pelo acesso: quando o fornecimento da informação implicar reprodução de documentos. Sendo assim, cria-se aqui uma adequada *assistência gratuita ao acesso às informações*, na mesma linha da assistência judiciária gratuita constante nos processos judiciais – Lei nº 1.060/1950.[412]

A gratuidade no acesso a informações públicas pode ser considerada um importante avanço democrático, porque amplia sensivelmente o alcance das pessoas ao referido direito. Aliás, a impossibilidade de se cobrar por quaisquer despesas já era albergada pela Lei nº 9.265/1996, que disciplinava o inciso LXXVII do art. 5º

---

[411] Conferir exemplificação feita no art. 4º, *caput*, do Decreto nº 7.724/2012.
[412] Dispositivo similar pode ser encontrado no art. 5º da Lei de Acesso nº 104/1998, vigente em Buenos Aires, Argentina.

da Constituição Federal, dispondo sobre a gratuidade dos atos necessários ao exercício da cidadania.[413] Além disso, mesmo que não houvesse previsão legal que vedasse a cobrança de emolumentos de qualquer espécie para viabilizar os pedidos franqueados pela LAI, seria incongruente que as ações constitucionais, judiciais e administrativas e o direito de petição pudessem ser propostos sem custo algum, e, de outro lado, o direito de acesso fosse pago. Seria constituída, então, uma visível situação ilógica em um sistema constitucional de direitos que pretende ser uníssono e congruente. Para ficarmos em um exemplo só, não seria sistemático que se pudesse cobrar pelo pedido de acesso nos termos da Lei nº 12.527/11, quando o particular poderia mover ação judicial de forma gratuita, mas pela via do *habeas data*. Dessa forma, agiu bem o legislador em isentar o requerente no que se refere aos pedidos de acesso à informação.

2 Cobrança pelos serviços e materiais

O §1º do art. 12 permite que os órgãos solicitados cobrem exclusivamente o valor necessário ao ressarcimento dos custos dos serviços e dos materiais utilizados. E isto somente pode ser feito quando o serviço de busca e de fornecimento da informação exigir reprodução de documentos pelo órgão ou pela entidade pública consultada. Então, se pautarmos este texto normativo pelo prisma da interpretação literal, em nenhuma outra hipótese se permitiria a cobrança. Por exemplo: a entrega de um *pendrive* ou outro dispositivo de armazenamento de dados digitais não poderia ser objeto de cobrança. Não entendemos assim. Pautando o texto pela interpretação teleológica, confere-se a possibilidade de cobrança pelo emprego de quaisquer materiais ou custos extraordinários, que não sejam aqueles natural e ordinariamente pagos pelo Poder Público, como remuneração de servidores e manutenção de banco de dados.

---

[413] Conferir especialmente a dicção do art. 1º, III e V, da Lei nº 9.265/1996: "Art. 1º São gratuitos os atos necessários ao exercício da cidadania, assim considerados: [...] III – os pedidos de informações ao poder público, em todos os seus âmbitos, objetivando a instrução de defesa ou a denúncia de irregularidades administrativas na órbita pública; [...] V – quaisquer requerimentos ou petições que visem as garantias individuais e a defesa do interesse público".

No caso da cobrança pelas cópias dos documentos, o órgão ou a entidade, observado o prazo de resposta ao pedido, disponibilizará ao requerente a forma com que deve ressarcir o Poder Público pelos custos. No caso da União, em regra, ser-lhe-á entregue *Guia de Recolhimento da União (GRU)*, ou documento equivalente, para pagamento dos custos dos serviços e dos materiais utilizados.[414]

Nesse caso, a reprodução do documento ocorrerá no prazo de dez dias, contado da comprovação do pagamento pelo requerente ou da entrega de declaração de pobreza por ele firmada, nos termos da Lei nº 7.115/83. Salienta-se que tal prazo para a entrega poderá ser dilatado quando houver justificativas para tanto, por exemplo, devido ao volume ou ao estado dos documentos, e a reprodução demande, assim, prazo superior.

O que não se pode cobrar são os custos da manutenção do SAC, nem mesmo os recursos humanos para fornecer informações, dados ou documentos etc. Essas são despesas que não podem ser repassadas diretamente ao solicitante, porque o serviço público em questão deve ser mantido pelos recursos públicos gerais alocados à satisfação das necessidades públicas, na mesma linha da maioria dos demais deveres constitucionais.

---

[414] Decreto Federal nº 7.724/2012, art. 18, *caput* e parágrafo único.

Art. 13. Quando se tratar de acesso à informação contida em documento cuja manipulação possa prejudicar sua integridade, deverá ser oferecida a consulta de cópia, com certificação de que esta confere com o original.

Parágrafo único. Na impossibilidade de obtenção de cópias, o interessado poderá solicitar que, a suas expensas e sob supervisão de servidor público, a reprodução seja feita por outro meio que não ponha em risco a conservação do documento original.

1 Tutela da integridade da informação

A LAI tomou importante cuidado no que se refere a tutelar as variadas formas de informação disponíveis, sempre conferindo soluções para que eventuais peculiaridades ou ônus não servissem de subterfúgio à negativa de acesso a dados e informações públicas.

No caso, o art. 13 ocupou-se dos documentos frágeis. São objetos que, quando manipulados, podem ser danificados. Imagine o caso dos documentos raros ou históricos, já desgastados com o tempo. Ou mesmo aqueles documentos que, à época, foram digitados ou impressos em papel tipo "seda", cuja fragilidade impede a própria reprodução.

Nesses casos, dependendo do grau de fragilidade, deve ser garantida a reprodução, adicionada à certidão que diga que a cópia confere com o original. A reprodução ainda pode ser feita por outro meio que não ponha em risco a conservação do documento original. Mas, nesse caso, o custo dessa reprodução corre a expensas do interessado e sob supervisão de servidor público. Trata-se de típico caso em que o documento não aceita, sem prejudicar sua integridade, a reprodução comum. Assim, na hipótese de o interessado ter acesso a outra tecnologia que garanta que a informação não seja perdida, mas possa ser reproduzida, ele pode custear este processo, submetendo ao crivo do Poder Público.

Contudo, a LAI, nesse artigo, não previu uma importante situação que pode vir a ocorrer e que deve ser levada em conta, que é quando nem a reprodução seja possível, ou seja, o documento não admite qualquer espécie de manipulação para a digitalização ou cópia, sem que, para tanto, seja fragilizada a sua integridade. Nesse caso, considera-se impossível a tomada de cópias, garantindo-se, por outro lado, a possibilidade de o interessado acessar o documento *in loco*, também com a supervisão de um servidor público capacitado. Seria o típico caso no qual se quer acesso a um documento público histórico, cuja fragilidade é tamanha que deve ser manipulado com extrema sutileza. A sua reprodução, por qualquer via, geraria um risco razoável de perda da sua integridade ou mesmo sua destruição. Nesse caso, o interessado poderá comparecer ao local e tomar ciência dos dados constantes no documento ou requerer certidão que espelhe o conteúdo daquele.

Art. 14. É direito do requerente obter o inteiro teor de decisão de negativa de acesso, por certidão ou cópia.

1 Direito ao acesso aos motivos da negativa de acesso

Esse artigo acaba por complementar o art. 11 da norma que é nosso tema, especialmente o inciso II do §2º e o disposto no §4º. Quando for negado o pedido de acesso à informação, será enviada ao requerente, no prazo de resposta, comunicação com as razões da negativa de acesso e seu fundamento legal,[415] a faculdade de se interpor recurso, seu prazo e indicação da autoridade que o apreciará. No caso de se estar diante da possibilidade de apresentação de pedido de desclassificação da informação, quando for o caso, deve, então, ser indicada a autoridade classificadora, que apreciará o pedido pertinente.

Além de todas essas providências, o art. 14 determina que seja possível ao requerente ter acesso ao inteiro teor da decisão, obtendo cópia ou certidão. Neste último caso, a certidão deve espelhar os elementos da decisão, sem que se soneguem informações bastantes à impugnação, administrativa ou judicial, referentes à vedação ao acesso. Para tanto, os órgãos e as entidades disponibilizarão formulário padrão para apresentação de recurso e de pedido de desclassificação.[416]

---

[415] Nesse caso, deve-se tomar cuidado para respeitar o comando do parágrafo único do art. 28 da LAI, ou seja, não se pode revelar as razões pelas quais a autoridade classificou uma informação como sigilosa.
[416] Art. 19, §2º, do Decreto nº 7.724/2012.

Seção II
Dos Recursos

Art. 15. No caso de indeferimento de acesso a informações ou às razões da negativa do acesso, poderá o interessado interpor recurso contra a decisão no prazo de 10 (dez) dias a contar da sua ciência.

Parágrafo único. O recurso será dirigido à autoridade hierarquicamente superior à que exarou a decisão impugnada, que deverá se manifestar no prazo de 5 (cinco) dias.

1 Recurso da decisão que nega acesso à informação

Os dispositivos da Seção II do Capítulo III disciplinam os recursos administrativos contra as decisões proferidas no limiar de um procedimento que analisa uma solicitação de acesso a informações públicas. Definiu-se que o prazo para a interposição de recurso é de dez dias contados da ciência da decisão. Assim, no momento em que o interessado é cientificado, deve protocolar recurso administrativo pelos meios indicados justamente no ato que lhe deu ciência.

Trata-se de dispositivo de *lei nacional*, ou seja, os demais entes federados não poderão prever um recurso com prazo menor ou mesmo vedarem a possibilidade de impugnação dessa decisão administrativa. E mesmo os elementos do parágrafo único devem ser observados por todas as entidades da federação, ou seja, quem deve julgar o recurso é a autoridade hierarquicamente superior, proferindo decisão no prazo de cinco dias. Tal dispositivo veda que o recurso seja apreciado pela mesma autoridade que negou acesso ou por outra de mesma hierarquia.

Observa-se, contudo, que se considera possível que outra autoridade de hierarquia maior julgue o recurso em primeira instância, não se entende que necessariamente deva ser a autoridade *imediatamente* superior ao administrador público que negou acesso. Pode se pronunciar, em recurso, uma autoridade não necessariamente a um nível hierárquico logo acima, porque a legislação local pode prever outra autoridade superior na hierarquia orgânica de determinado ente público.

Veja que o dispositivo não aloca o advérbio "imediatamente". Ele dispõe que deve ser uma autoridade hierarquicamente superior, sem dizer qual. Logo, admite-se que, em determinado ente, os recursos sejam concentrados na autoridade máxima da estrutura administrativa, ainda que a negativa de acesso seja dada por um agente de escalão inferior em vários níveis.

Quanto ao objeto da regra comentada, cabe mencionar que, no caso desse dispositivo, está-se diante de típico *recurso administrativo hierárquico*, a ser decidido, portanto, pela autoridade superior àquela que proferiu a decisão. Essa autoridade terá o prazo de cinco dias para se manifestar (parágrafo único do art. 15).

2 Prazo do recurso e do julgamento

O recorrente terá *dez dias* para interpor recurso da decisão que nega acesso à informação. Esse prazo, pelos termos do art. 10, é em *dias corridos*, não em dias úteis. É oportuno mencionar que a LAI procurou evitar que a impugnação pudesse ficar à mercê de se proferir ou não uma decisão administrativa. Para tanto, fixou um prazo para análise. A dúvida que se mostra pertinente consiste em saber se o prazo fixado é *próprio* ou *impróprio*. No caso, considera-se um prazo *próprio*, porque é atrelado a uma sanção, a um ônus, qual seja a possibilidade de novo recurso, agora, à autoridade ainda imediatamente superior àquela que estava a deliberar sobre a medida impugnativa primitiva (inicialmente proposta), na forma do art. 16, inciso IV, que segue. Então, caso o primeiro recurso interposto não tenha sido apreciado no prazo de cinco dias, dessa mora cabe nova impugnação administrativa à autoridade imediatamente superior àquela que se quedou inerte.

No caso, o recurso deve conter dados que possam individualizar o recorrente, ao ponto de torná-lo passível de identificação, da mesma maneira que ocorre com o pedido inicial de acesso. Isso deve ocorrer para que ele possa ser notificado da decisão da insurgência. Além disso, é importante mencionar que a lei de acesso, ao prever níveis de recurso, acabou por consagrar a existência do duplo grau de jurisdição.

Art. 16. Negado o acesso a informação pelos órgãos ou entidades do Poder Executivo Federal, o requerente poderá recorrer à Controladoria-Geral da União, que deliberará no prazo de 5 (cinco) dias se:

I – o acesso à informação não classificada como sigilosa for negado;

II – a decisão de negativa de acesso à informação total ou parcialmente classificada como sigilosa não indicar a autoridade classificadora ou a hierarquicamente superior a quem possa ser dirigido pedido de acesso ou desclassificação;

III – os procedimentos de classificação de informação sigilosa estabelecidos nesta Lei não tiverem sido observados; e

IV – estiverem sendo descumpridos prazos ou outros procedimentos previstos nesta Lei.

§1º O recurso previsto neste artigo somente poderá ser dirigido à Controladoria-Geral da União depois de submetido à apreciação de pelo menos uma autoridade hierarquicamente superior àquela que exarou a decisão impugnada, que deliberará no prazo de 5 (cinco) dias.

§2º Verificada a procedência das razões do recurso, a Controladoria-Geral da União determinará ao órgão ou entidade que adote as providências necessárias para dar cumprimento ao disposto nesta Lei.

§3º Negado o acesso à informação pela Controladoria-Geral da União, poderá ser interposto recurso à Comissão Mista de Reavaliação de Informações, a que se refere o art. 35.

1 Recurso da decisão da autoridade que decidiu o recurso administrativo

A partir do momento em que a LAI definiu, no art. 15, *caput* e parágrafo único, as premissas gerais sobre os recursos administrativos referentes às negativas aos pedidos de acesso, passou a delimitar, no dispositivo em questão, o procedimento recursal especificamente alocado no âmbito da União. Então, o art. 16 é claramente *norma federal*, que bem pode servir de parâmetro às demais instituições públicas sujeitas à LAI. Contudo, como é notório, as disposições aqui previstas não obrigam os demais entes federados a observarem essa estrutura.

O artigo prevê a possibilidade de recurso à Controladoria-Geral da União (CGU), quando for negado o acesso à informação, órgão este que deve se manifestar em cinco dias. Essa instituição será a *segunda instância recursal* no âmbito do Poder Executivo federal.

2 Forma do recurso

Entende-se que, assim como o pedido inicial de acesso pode ser vertido de forma escrita ou de maneira virtual, o recurso também pode ser protocolado por estas duas vias. Em resumo, as mesmas facilidades e a mesma abertura que a LAI impõe ao protocolo inicial de acesso também devem ser aplicadas às hipóteses de recurso. Seria ilógico que fosse retirado do acesso inicial todo o tipo de entraves, mas estes fossem mantidos no que se refere à continuidade do processo, enfim, que se alocassem obstáculos no prosseguimento do pedido.

3 Objeto deste recurso

As matérias que podem ser objeto de discussão no recurso estão elencadas nos incisos I a IV do art. 16. Logo, tem-se típico caso de *recurso com fundamentação vinculada*, momento em que o legislador traça um corte horizontal na cognição da medida impugnativa. São as seguintes alegações que podem ser vertidas no recurso administrativo:
 (a) quando o acesso à informação for negado e este dado não esteja classificado como sigiloso;
 (b) quando a decisão de negativa de acesso à informação não indicar a autoridade classificadora ou a hierarquicamente superior a quem possa ser dirigido pedido de acesso ou desclassificação;
 (c) quando se perceber a violação do devido processo legal, por não se ter observado os atos processuais estabelecidos na LAI, no que se refere à classificação das informações. Aqui, há típico vício formal, ou melhor, caso de vício de procedimento; e
 (d) recurso que combata outro vício formal do procedimento em si, como o descumprimento dos prazos na LAI estabelecidos. Um exemplo disso é quando a autoridade

administrativa descumpre o prazo de cinco dias previsto no parágrafo único do art. 15 e cabe (novo) recurso para combater esta morosidade processual.

4 Novo recurso da decisão da CGU

De acordo com o que dispõe o art. 16, §3º, caso a CGU mantenha a decisão da autoridade que recebeu por primeiro o pedido de acesso à informação, ou seja, em segunda instância o interessado também não obtenha sucesso no seu pleito, pode recorrer mais uma vez. Agora, o recurso seria dirigido à Comissão Mista de Reavaliação de Informações, a que se refere o art. 35.

Aliás, é importante destacar que a negativa no fornecimento de uma informação depositada em banco de dados público pode ser impugnada por duas vias. Pode ser interposto recurso contra a decisão que não acolheu a pretensão formulada pelo portal de acesso (*v.g.* transparência passiva), bem como via medida autônoma, ou seja, por pedido de desclassificação, feito, em âmbito federal, à comissão pertinente. Assim, a primeira via consistiria em uma solicitação de acesso feito por um interessado, e, caso negado o pedido, este poderia interpor recurso hierárquico próprio. Já pela segunda via, se solicitaria ao órgão pertinente que revisasse a classificação conferida a um documento declarado como sigiloso. Esse pedido, em âmbito federal, seria apreciado, em alguma medida, pela Comissão de Reavaliação de Informação.

O Decreto Federal nº 7.724/12 estruturou um sistema recursal em variados níveis, o qual segue, a partir das disposições da LAI:

(a) no caso de negativa de acesso, o interessado poderá recorrer à autoridade hierarquicamente superior (art. 21, *caput*, do decreto);

(b) sendo mantida a decisão e desprovido o recurso, cabe nova insurgência à autoridade máxima do órgão ou da entidade (art. 21, parágrafo único);

(c) da decisão referida na letra "b" cabe novo recurso à CGU (art. 23);

(d) da decisão proferida pela CGU ainda cabe novo recurso, agora dirigido à Comissão Mista de Reavaliação de Informações (art. 24).

Assim, percebe-se que, no âmbito da União, foram estruturadas quatro instâncias recursais. De qualquer forma, caso se perceba a omissão das autoridades competentes em responder aos recursos nos prazos fixados pela lei, o interessado pode manejar *reclamação* à autoridade responsável por controlar e assegurar a implementação das disposições da Lei nº 12.527/11, na forma do seu art. 40. Esse responsável será designado pelo dirigente máximo de cada órgão ou entidade da Administração Pública Federal direta e indireta. Da decisão que julga a reclamação, proferida pelo responsável designado pelo art. 40, cabe recurso à CGU.

Nessa parte, a LAI é análoga ao modelo francês, notadamente porque, neste país europeu, no caso de recusa fundada, o solicitante pode endereçar recurso à *Comissão de Acesso aos Documentos Administrativos (Commission d'accès aux documents administratifs – CADA)*, a qual formula um parecer sobre o pedido, submetendo-o à decisão final da autoridade competente.[417] O que muda é que a CADA não é a segunda instância recursal, como é a Comissão Mista de Reavaliação de Informações brasileira, bem como o órgão francês não possui poder decisório, porque apenas emite uma opinião (*avis*).

Quando o documento não for entregue pela CADA, considera-se que ele não é passível de ser acessado pelo cidadão francês. A partir daí, somente o juiz administrativo pode anular a recusa e permitir a comunicação do documento ou da informação.[418]

Entende-se que o modelo federal não necessariamente deverá ser reproduzido no âmbito dos demais entes federados, dado que a realidade de cada qual é, no mais das vezes, completamente diversa daquela encontrada na União. Assim, não obrigatoriamente será previsto o mesmo número de instâncias recursais. Poderão haver mais ou menos, conforme a estruturação feita internamente. Além disso, no que se refere aos demais poderes, Ministério Público e Cortes de Contas, a estruturação do procedimento de acesso deverá ser própria, normatizada conforme a peculiaridade de cada qual. Aliás, esses atos normativos serão complementares à LAI.

---

[417] FRIER; PETIT, *op. cit.*, p. 307.
[418] *Op. cit.*, p. 307-308.

Art. 17. No caso de indeferimento de pedido de desclassificação de informação protocolado em órgão da Administração Pública Federal, poderá o requerente recorrer ao Ministro de Estado da área, sem prejuízo das competências da Comissão Mista de Reavaliação de Informações, previstas no art. 35, e do disposto no art. 16.

§1º O recurso previsto neste artigo somente poderá ser dirigido às autoridades mencionadas depois de submetido à apreciação de pelo menos uma autoridade hierarquicamente superior à autoridade que exarou a decisão impugnada e, no caso das Forças Armadas, ao respectivo Comando.

§2º Indeferido o recurso previsto no caput que tenha como objeto a desclassificação de informação secreta ou ultrassecreta, caberá recurso à Comissão Mista de Reavaliação de Informações prevista no art. 35.

1 Recurso contra a decisão que nega pedido de desclassificação de informação

Enquanto o art. 16 trata dos recursos contra a decisão administrativa que nega acesso à informação, o art. 17 possui objeto diverso, *trata de recurso contra a decisão que nega pedido de desclassificação de informação*, ou seja, pretensão que visa a solicitar que um dado considerado como secreto, reservado etc. seja revisto e, neste caso, colocado a público. Assim, negado o pedido de desclassificação ou de reavaliação pela autoridade classificadora, o requerente poderá apresentar impugnação na forma do art. 17.

Muito embora o referido dispositivo não indique qual seja o prazo específico à impugnação, entende-se ser ele de dez dias, contado da ciência da negativa. Isso porque não se pode presumir que seja maior do que aquele previsto para a primeira insurgência, ao mesmo tempo em que não se poderia concluir que fosse menor, uma vez que, neste último caso, estar-se-ia restringindo um direito sem qualquer previsão legal. À revelia de uma disposição expressa, deve-se tomar em conta, por analogia, o disposto no art. 15.

2 Objeto do recurso

Cumpre mencionar que a parte final do *caput* do art. 17 faz duas ressalvas importantes, as quais seguem:
(a) resguarda a competência da Comissão Mista de Reavaliação de Informações, disciplinada pelo art. 35, dando clara noção de que o recurso não impede a atuação de ofício deste organismo; e
(b) garante o recurso hierárquico contra decisão que nega acesso à informação. Significa dizer, em outros termos, que um cidadão possui duas vias administrativas para ter conhecimento de determinado dado em posse de organismos públicos. Em termos práticos, sendo formulado pedido de acesso e sendo este negado pela autoridade competente, o interessado poderá:
(b.1) interpor recurso administrativo hierárquico contra esta decisão, dirigindo-o à CGU – art. 16; ou
(b.2) formular pedido de desclassificação do documento. Neste caso, o interessado pedirá que o sigilo seja retirado, colocando-se a público o documento, o dado, a informação etc. Pleiteia-se, nesta específica hipótese, que o documento seja reclassificado não mais como sigiloso, combatendo-se os motivos de fato e de direito que levaram a Comissão Mista a classificá-lo como reservado, secreto ou ultrassecreto.

3 Procedimento

A partir daí, podemos ter dois processos administrativos que se conjugam em um esforço comum, tendo, incrivelmente e ao final, o mesmo objeto, que é o combate à interpretação de que a informação a que se quer ter acesso é sigilosa. Muito embora os pedidos sejam diversos, ainda que formalmente falando, os fundamentos, em suma, serão os mesmos.

Da decisão que indefere o pedido de desclassificação de informação protocolado em órgão da Administração Pública

Federal, cabe recurso ao Ministro de Estado da área ou à autoridade com as mesmas prerrogativas. Em termos práticos, significa dizer que, quando o pedido de acesso tem por objeto questões ligadas a políticas públicas culturais, por exemplo, será competente para apreciar o recurso o ministério responsável por esta pasta (quando criado, seria especificamente o Ministério da Cultura).

Ou ainda, a autoridade com as mesmas prerrogativas será competente para decidir sobre a insurgência. Essa previsão feita pela LAI é importante, porque certas autoridades não são denominadas de "Ministros de Estados", mas mesmo assim ganham este *status*, atuando com as mesmas prerrogativas e tendo os mesmos deveres constantes no art. 87 da Constituição Federal. Pode-se dizer, assim, que todas as autoridades nominadas no parágrafo único do art. 25 da Lei nº 10.683/2003, muito embora sem serem chamadas de "ministros", gozam desta concepção jurídica. São os casos do Advogado-Geral da União, do Chefe da Casa Civil da Presidência da República, dos titulares das Secretarias da Presidência da República, do Presidente do Banco Central do Brasil etc.

O §1º do art. 17 determina que o recurso, antes de ser analisado pelo Ministro de Estado, deve cumprir uma providência preliminar de ser submetido à apreciação de pelo menos uma autoridade hierarquicamente superior à autoridade que exarou a decisão impugnada, mas, claro, inferior ao próprio Ministro de Estado. No caso das Forças Armadas, quem fará essa análise prévia é o seu respectivo Comando.

Se essas autoridades também negarem a solicitação de desclassificação, o interessado ainda terá mais uma instância para interpor recurso (a terceira, sendo duas delas recursais). Nesse caso, ele deve dirigir sua insurgência junto à *Comissão Mista de Reavaliação de Informações* prevista no art. 35.[419] Muito embora o dispositivo novamente silencie quando ao prazo específico para se manejar a medida impugnativa, considera-se também como razoável a fixação de um prazo de dez dias. Salienta-se que não se entende como possível que essas medidas processuais, diante do silêncio legislativo, estejam despidas de prazo. Tal

---

[419] Tudo de acordo com a previsão feita no art. 17, §2º, da LAI.

compreensão violaria os basilares primados da segurança jurídica, especialmente diante da circunstância de que as medidas processuais, em geral, possuem prazo fixado. Não se pode, por lógico, deixar inconclusa a questão, permitindo que, *ad eternum*, possa-se interpor recurso.

Art. 18. Os procedimentos de revisão de decisões denegatórias proferidas no recurso previsto no art. 15 e de revisão de classificação de documentos sigilosos serão objeto de regulamentação própria dos Poderes Legislativo e Judiciário e do Ministério Público, em seus respectivos âmbitos, assegurado ao solicitante, em qualquer caso, o direito de ser informado sobre o andamento de seu pedido.

1 Regulamentação dos recursos administrativos tutelados pela LAI

Muito mais do que uma delegação legislativa aos demais entes federados, o art. 18 efetiva um verdadeiro dever. Ele impõe que os Poderes Legislativo e Judiciário e o Ministério Público regulamentem o procedimento de revisão das decisões denegatórias de acesso à informação, cujos contornos gerais foram estabelecidos no art. 15. Destaca-se que a União deve seguir aquilo que determina o art. 16, sendo que não se veda que ela regule a matéria, de maneira mais pormenorizada, por meio de ato administrativo normativo (infralegal), sem, contudo, contrariar o disposto na LAI. Da mesma forma, muito embora o dispositivo silencie, o Poder Executivo dos Estados, dos Municípios e do Distrito Federal deve normatizar a matéria em seu respectivo âmbito interno. Além disso, o dispositivo comentado obriga que se tenha, no limiar dessas entidades, uma regulamentação no que se refere ao procedimento de solicitação de reclassificação dos documentos – lembrando que, para a União, este rito foi disciplinado no art. 17.[420]

Cabe referir que a ressalva feita na parte final do art. 18, ou seja, impondo que o interessado seja sempre informado sobre o andamento de seu pedido, vem ao encontro do próprio espírito

---

[420] Destaca-se, ainda, que, na seara federal, o Decreto nº 7.724-12 ocupou-se da tarefa de dar os contornos jurídicos necessários a se permitir a plena operacionalização da *Lei de Acesso à Informação*.

da lei. Sem falar que ela guarda pertinência com as balizas mais comezinhas do devido processo legal, do contraditório e da ampla defesa. Para tanto, essa medida não pode ser sonegada nos regulamentos de cada entidade mencionada no artigo.

Art. 19. (VETADO).

§1º (VETADO).

§2º Os órgãos do Poder Judiciário e do Ministério Público informarão ao Conselho Nacional de Justiça e ao Conselho Nacional do Ministério Público, respectivamente, as decisões que, em grau de recurso, negarem acesso a informações de interesse público.

1 Partes do dispositivo que foram vetadas

O *caput* e o §1º do art. 19 foram vetados. A cabeça do dispositivo determinava que, quando negado recurso pela autoridade referida no art. 15, parágrafo único, os órgãos e as entidades públicas deveriam informar esta situação aos Tribunais de Contas, a cujas fiscalizações estiverem submetidos os órgãos que indeferiram os pedidos de acesso, acompanhados das razões da denegação, quando se tratar de matéria sujeita à fiscalização contábil, financeira, orçamentária e patrimonial das referidas cortes. Já o §1º, na mesma linha do *caput*, determinava que, quando o pedido de acesso fosse indeferido, mas seu conteúdo abordasse matéria relativa à defesa de direitos fundamentais, deveria ser encaminhada cópia do processo ao Ministério Público.

De acordo com as razões expostas na mensagem enviada, à época, pela Presidenta da República ao Senado Federal, entendeu-se que tais providências violavam a separação dos poderes, dado que os processos de acesso deveriam ser resolvidos no âmbito interno da Administração Pública, como corolário da autonomia administrativa. Além disso, mesmo ausente tal disciplina jurídica, nada impede o controle externo exercido por tais organismos.

2 Recurso no âmbito do Poder Judiciário e Ministério Público

Já o §2º, mantido e em vigor, determina que devam ser comunicadas ao CNJ e ao CNMP as decisões que negam, em grau de recurso, acesso a informações de interesse público. A partir do texto deste dispositivo, devem ser feitas algumas ressalvas.

Primeiramente, os referidos conselhos são órgãos do Poder Judiciário e do Ministério Público, respectivamente.[421] Foram constituídos a partir das reformas constitucionais operadas pela Emenda Constitucional nº 45/2004, tendo, segundo o texto constitucional, a função de controle da atuação administrativa e financeira do Poder Judiciário e do Ministério Público e do cumprimento dos deveres funcionais dos seus membros.[422] Ao interpretar os dispositivos constitucionais que disciplinaram esses dois órgãos, o STF foi categórico em afirmar que eles possuem natureza meramente administrativa, sendo considerados órgãos internos de controle administrativo, financeiro e disciplinar da magistratura e dos Ministérios Públicos. Ao final, reconheceu a sua constitucionalidade. Além disso, ficou declarado, especificamente no que se refere ao CNJ, que sua competência se relaciona apenas aos órgãos e juízes situados hierarquicamente abaixo do STF.[423]

A segunda ressalva a ser feita é que as decisões de primeira instância que neguem acesso aos documentos de interesse público não precisam ser comunicadas ao CNJ ou ao CNMP, somente quando proferidas em grau de recurso. Veja que o dispositivo não contempla qual nível de recurso (se em segunda instância, terceira instância etc.). Considera-se que o silêncio da lei deve ser interpretado restritivamente, ou seja, de maneira a contemplar todas as decisões proferidas diante de um recurso administrativo, não importando em qual nível hierárquico seja proferido.

A terceira ressalva é que o §2º do art. 19 apenas contempla a necessidade de se comunicar as decisões que neguem acesso a informações de interesse público, sem fazer previsão às decisões que neguem o pedido de reclassificação ou de desclassificação dos dados considerados sigilosos. Veja que, neste último caso, como

---

[421] Art. 92, inciso I-A, e art. 130-A, ambos da Constituição Federal de 1988.
[422] Arts. 103-B, §4º (enunciado e incisos), e 130-A, §2º (enunciado e incisos), ambos da Constituição Federal de 1988.
[423] Tais premissas foram fixadas quando do julgamento da Ação Direito de Inconstitucionalidade nº 3.367-DF. Muito embora tal ação refira-se apenas ao CNJ, tais considerações podem ser estendidas ao CNMP (STF, ADI nº 3.367/DF, Rel. Min. Cezar Peluso, Pleno, j. 13.04.05).

bem analisamos nos comentários feitos ao art. 17, os fundamentos básicos dos dois pedidos são os mesmos. Sendo assim, em uma interpretação sistemática, percebemos que a LAI se preocupou em tratar em conjunto as duas vias de pedido de acesso, inclusive no que se refere ao sistema recursal de cada qual (arts. 15, 16 e 17). Contudo, no que se refere à determinação de se enviar informações sobre as decisões administrativas ao CNJ e ao CNMP, o art. 19 ocupou-se apenas de uma das vias, qual seja, a negativa de acesso, deixando de lado a necessidade de se enviar dados sobre as decisões que negam as solicitações de desclassificação ou de reclassificação.

3 Determinação de comunicação da negativa de acesso

Por último, a regra ora comentada traz uma restrição na sua parte final. Tanto o Poder Judiciário como o Ministério Público deverão informar ao CNJ e ao CNMP, respectivamente, somente as decisões administrativas que negaram acesso, em grau recursal, no que se refere às informações de "interesse público". A primeira dificuldade imposta pela LAI consiste em trazer um mínimo contorno conceitual à expressão, tarefa que, aliás, nunca logrou obter um mínimo consenso nas ciências sociais ou humanas. Até porque a complexidade já encontra assento no signo "interesse" que, convenhamos, congrega inúmeras divergências dogmático-teóricas.

Não raramente são encontradas na doutrina como expressões equivalentes "fim público" e "interesse público", porque o fim que uma coletividade persegue visa a assegurar o interesse coletivo. Os dois termos podem até ter uma mesma *denotação* (uso da palavra em seu sentido real, original), mas possuem certamente uma diferente *conotação* (uso da palavra em um sentido simbólico, representando a mesma coisa com um perfil não equivalente).

O substantivo *fim* representa qualquer coisa que está ao termo de um percurso, que se acabará no momento em que for realizada. Já o *interesse* pressupõe algo que é permanente, que perdura no tempo. As diversas conotações se explicam porque se fala cada vez mais em interesse no âmbito do Estado, da política, do Governo, e menos em fins, dado o caráter permanente que a estes signos se atribui.[424] Mas o termo "interesse", ainda assim, não está imune a toda a sorte de variações conceituais.

Para aqueles que diferenciam os dois signos, o interesse, em um conceito, por assim dizer, *lato*, seria a situação almejada por um homem[425] que se constitui pela finalidade de obter bens. Quando esse homem consegue obter esse bem, permitindo que dele desfrute, satisfaz uma *necessidade*. Assim, Francesco Carnelutti[426] chamou de "interesse" essa busca pelo implemento da *satisfação*.[427]

Na verdade, a noção de *interesse* é o eixo central da obra do autor italiano porque compõe o conteúdo primordial da definição de *lide* traçada por ele. Destaca-se, o que é por deveras conhecido, que, para a obra desse doutrinador, a jurisdição cumpre justamente o papel de mediar o conflito de interesses, conferindo uma solução justa a esse embate. Jurisdição, então, seria a justa composição da lide. Pressupõe um conflito de interesses, qualificado pela pretensão de alguém e a resistência de outrem. Sem lide não há jurisdição. Para haver processo jurisdicional é preciso a existência de uma pretensão em face de outrem que bem pode resistir a ela.[428]

Para se estabelecer o conteúdo do interesse público, no mínimo, devem ser sopeados todos os demais interesses ligados à situação tratada, sejam estatais ou particulares. Para isso, a autoridade que deve atuar sob essa perspectiva age de forma *arbitral*.[429] Assim, como produto desse sopesamento de valores, obtém-se uma "minuta" do mencionado interesse.[430]

---

[424] CORSO, *op. cit.*, p. 169.
[425] CAMPOS. *Comentários ao Código de Processo Civil*, p. 5.
[426] *Sistema del diritto processuale civile*, v. 1, p. 7.
[427] Em outras palavras, interesse pode ser conceituado como "esta relação de complementariedade fundada em uma necessidade que se estabelece entre (*inter*) estes seres (*esse*) recebe o nome de interesse" (CAMARGO. *Direito econômico*: aplicação e eficácia, p. 32-33).
[428] A teoria é falha, porque na jurisdição voluntária não há conflito de interesses. Neste caso, nem sempre há uma situação de litígio prévio (contencioso anterior). Além disso, a composição da lide pode dar-se por outros agentes que não sejam os jurisdicionais. Ademais, os processos executivos ficariam excluídos da jurisdição, uma vez que, nestes, não há mais uma pretensão resistida. A partir dessas críticas, o próprio Carnelutti remodelou sua teoria, construindo, então, o conceito de "pretensão resistida" ou "insatisfeita", incluindo, assim, a execução forçada no âmbito da jurisdição.
[429] A determinação de um interesse geral pressupõe, em efeito, a arbitragem entre as pretensões públicas e as privadas (GONDOUIN; INSEGRGUET-BRISSET; VAN LANG, *op. cit.*, p. 232).
[430] Há doutrinadores que estabelecem uma diferença entre o *interesse público* e o *interesse coletivo*. Há certos interesses de indivíduos que se refletem ou são os mesmos percebidos

Essa *arbitragem* deve ser feita a partir de dois critérios, a saber:
(a) *critério quantitativo*: o qual pensa o interesse coletivo erigindo o interesse do maior número de envolvidos na situação;
(b) *critério qualitativo*: o qual compreende o interesse geral, elegendo um valor superior dentre os demais postos em causa, valor este que sobeja, que transcende as preocupações individuais.

Para os franceses, o *interesse público* deve ser compreendido em um processo que se inicia nas normas constitucionais,[431] ao ponto de ser visualizado na produção normativa do Poder Legislativo.[432] A partir daí, o interesse público pode ser inserido na base da atividade da Administração Pública[433] e, por fim, deve ser compreendido como presente na ação jurisdicional prestada pelos órgãos do Poder Judiciário, quando decide eventual conflito de pretensões.[434]

Partindo do núcleo normativo do acesso às informações, que é o art. 5º, inciso XXXIII, da Constituição Federal, cumpre interpretar se todas as informações de interesse geral, coletivo ou particular poderiam ser incluídas na expressão "interesse público" ou quais destas categorias não seriam abarcadas pelo termo.

De plano, considera-se que nem todas as informações estariam incluídas no âmbito de proteção do art. 19, §2º, parte final, porque, se assim fosse, o legislador teria limitado o texto nor-

---

na coletividade, ou seja, em um sem-número de pessoas, o que se entende como sendo o "interesse coletivo". Para que este interesse dito "coletivo" seja entendido como um *interesse público*, é necessário que o Estado o coloque como sendo um de seus fins. É claro que em todo o interesse público se encontra um interesse coletivo; mas nem todo o interesse coletivo será reputado como sendo público. Neste caso, deverá estar catalogado como uma das finalidades perseguidas pelo Estado (VÁZQUEZ, *op. cit.*, p. 434).

[431] Por exemplo, o preâmbulo da Constituição francesa de 1946 afirma que a saúde e a proteção da família são questões de "interesse geral" (*sic*). Sobre o valor jurídico do preâmbulo, consultar: CHAPUS, *op. cit.*, p. 43-46.

[432] As expressões "interesse geral" ou "interesse público" são encontradas especialmente em leis que tratam da *ordem pública*, como na Lei de 1976, a qual compreende a proteção da natureza como uma preocupação de "interesse geral" (*sic*).

[433] Na França, considera-se que uma atividade assumida por uma pessoa jurídica de direito privado não pode ser considerada como sendo um *serviço público*, caso ausente o interesse geral nesta perspectiva. Por outro lado, toda a atividade de interesse geral pode ser qualificada, caso presente este fundamento, como um serviço de natureza pública. Justifica, pois, o uso dos *poderes exorbitantes*.

[434] GONDOUIN; INSEGRGUET-BRISSET; VAN LANG, *op. cit.*, p. 231-233.

mativo em "informações" (de todo o gênero), não o adjetivando. No momento em que ínseriu a palavra "público", ele acabou por, invariavelmente, limitar o alcance de quais informações devem ser enviadas ao CNJ e ao CNMP.

Por consequência lógica, considera-se que as *informações de interesse particular*, quando negado acesso a elas pelo Ministério Público ou pelo Poder Judiciário em grau de recurso, não precisam ser enviadas aos conselhos mencionados. Esse tipo de informação, a nosso ver, não pode ser inserido no âmbito semântico (e normativo) da expressão "interesse público", por atrelar-se a uma perspectiva individual, própria de cada um.

No que se refere às duas outras categorias jurídicas de interesse geral ou coletivo, em regra, devem ser contempladas na expressão "interesse público", porque cumprem com os pressupostos qualitativo e quantitativo antes mencionados. Observa-se, porém, que as informações de caráter coletivo podem bem não ser de interesse público, mas sim de um interesse particular de uma série de pessoas. Em assim sendo, não se aplicaria o disposto no art. 19, §2º.

Art. 20. Aplica-se subsidiariamente, no que couber, a Lei nº 9.784, de 29 de janeiro de 1999, ao procedimento de que trata este Capítulo.

1 Aplicação subsidiária da *Lei do Processo Administrativo Federal* – Lei nº 9.784/1999

A LAI, pela via do art. 20, promove uma autêntica interpretação sistemática, determinando a incidência da Lei nº 9.784/99 – *Lei do Processo Administrativo Federal* – de maneira subsidiária. Cria-se, assim, uma verdadeira *cláusula de subsidiariedade*.[435] Destaca-se, por oportuno, que esse dispositivo dialoga com o disposto no art. 69 do diploma normativo federal mencionado.[436]

Nesse contexto, não se pode negar a pretensão *universalista* da Lei nº 9.784/99, ou seja, sua tentativa de uniformizar, ao máximo, os procedimentos no âmbito da Administração Pública Federal. Por isso, os seus dispositivos podem ser adaptados com facilidade à LAI naquilo que não conflitem, até porque as *situações especiais* levarão à edição de *leis especiais* de procedimento.

Além disso, a simples referência, em uma lei, à necessidade de se ter processo ou à sua disciplina não afasta a incidência da Lei nº 9.784/99. Por exemplo, caso estejam previstas, em lei especial, certas sanções administrativas e elas não possuam regramento processual específico, ou seja, esta norma hipotética não tenha disciplinado qualquer processo administrativo para a imposição das penalidades ali previstas, conclui-se que inexiste um "regime especial administrativo" com autonomia bastante a excluir a aplicação da legislação geral – da Lei nº 9.784/99, o que, a toda vista, não é o caso da LAI. Em Portugal, para se ter uma ideia,

---

[435] A *aplicação subsidiária* significa reduzir a incidência normativa da Lei do Processo Administrativo Federal diante de procedimentos que tenham previsão de um rito específico ou, "[...] caso a Lei nº 9.784/99 traga algum dispositivo que não conflite com os processos específicos, o dispositivo é de aplicação cogente" (MOREIRA, *op. cit.*, p. 308).

[436] Art. 69. Os processos administrativos específicos continuarão a reger-se por lei própria, aplicando-se-lhes apenas subsidiariamente os preceitos desta Lei.

a Lei do Procedimento Administrativo lá vigente é regra geral. Contudo, os seus dispositivos aplicam-se igualmente aos processos administrativos especiais (como os de concurso público, de abertura de loteamento etc.), na medida em que a regulamentação própria destes não disponha de modo diverso, e desde que essa aplicação não cause diminuição das garantias dos particulares (art. 2º).[437]

---

[437] AMORIM; GONÇALVES; OLIVEIRA, op. cit., 2006, p. 857-860.

CAPÍTULO IV
DAS RESTRIÇÕES DE ACESSO À INFORMAÇÃO

Seção I
Disposições Gerais

Art. 21. Não poderá ser negado acesso à informação necessária à tutela judicial ou administrativa de direitos fundamentais.

Parágrafo único. As informações ou documentos que versem sobre condutas que impliquem violação dos direitos humanos praticada por agentes públicos ou a mando de autoridades públicas não poderão ser objeto de restrição de acesso.

1 Interpretação *pro* acesso à informação – Diretriz hermenêutica

O Capítulo IV trata das restrições ao acesso à informação, tutelando as hipóteses em que os dados em poder da Administração Pública não podem ser divulgados. A partir de uma compreensão de completude, entende-se que a Lei nº 12.527/11 trata essas hipóteses como situações excepcionais. Ressalta-se que a regra geral imposta por essa legislação determina a transparência, sendo interpretados, de maneira restritiva, os casos de vedação ao acesso.

Então, o presente tópico da LAI inaugura uma polêmica antiga e já comentada nesta obra, qual seja, a dicotomia entre a publicidade de dados estatais e o seu resguardo. Esse embate já há muito é tido como o pano de fundo que delimita os limites da transparência administrativa. Eis o objeto mediato do Capítulo IV da Lei nº 12.527/11.

Modernamente, como se viu especialmente no capítulo 1, a opacidade da esfera administrativa, a cultura do segredo, o Poder Público que se mostra invisível, o sigilo dos dados, a inacessibilidade às informações públicas são perspectivas que não se compadecem com o aparelho de Estado inserido em um regime democrático de direito. Isso porque a imposição de uma maior participação popular, a exigência de uma postura ética, o fomento dos direitos fundamentais e a expansão do controle dos atos administrativos pelo Poder Judiciário criaram um verdadeiro compromisso pela transparência das atividades administrativas.[438]

Essa "cultura do segredo" não foi minimizada ou demolida com facilidade, sendo travada uma lenta luta histórica neste sentido. As vedações ao acesso aos dados públicos tinham por base variadas razões, a saber: manutenção dos privilégios, posse das informações como mecanismo mantenedor do poder, minimização das pressões sobre o aparelho estatal etc.[439]

A LAI, então, passa a tratar as hipóteses de sigilo de dados como exceção, o que tributa, a esta matéria em específico, uma interpretação restritiva. Nesse sentido, os arts. 22, 23 e 31 estabelecem casos em que o sigilo é passível de ser fixado. Mesmo que existam essas possibilidades específicas, considera-se, como já dito, que há um embate muito anterior, de certa forma antecipado pela dicção do art. 21, que trata da *colidência* entre o direito fundamental de acesso e as normas constitucionais que ressalvam o sigilo de certos dados. E será justamente esse debate que estabelecerá um panorama hermenêutico à espécie. Dessa forma, a análise das hipóteses de vedação ao acesso revelará, antes e acima de tudo, um debate sobre os limites de incidência de normas constitucionais (por exemplo, o inciso XXXIII do art. 5º da Constituição Federal mediado com o inciso X do mesmo artigo).

Por tudo isso que é muito claro que os casos de sigilo deverão ser percebidos no caso concreto, mesmo diante da listagem feita pelos dispositivos da LAI. Ainda que se tenham dispostos de modo objetivo os casos em que se veda o fornecimento de informações depositadas em banco de dados público, será a razoabilidade o fio condutor à solução de cada situação.

2 Ponderação de valores – Razoabilidade

Para tanto, propõe-se a inserção de um *modelo realista* e *exato* na interpretação das hipóteses de sigilo, porque, assim, percebe-se a

---

[438] Os direitos e garantias enumerados na Constituição, ou de seu texto retirados implicitamente, partem do princípio da soberania popular e da forma republicana de governo.
[439] MARTINS JÚNIOR, *op. cit.*, p. 156.

colisão dos dois valores em comento, de acordo com o contexto em que estão inseridos.[440] Aqui, poderia, assim, ser fixada uma *fórmula de sopesamento* que poderia ter as seguintes premissas, a indicarem se a informação deve ou não ser classificada como sigilosa:
(a) avaliação dos danos decorrentes da não realização do acesso;
(b) determinação da importância do sigilo;
(c) verificação se a importância do interesse contrário justifica a lesão do outro direito em pauta, ou seja, se o sigilo da informação é justificado em face do direito ao acesso.

O art. 21, em uma leitura literal, garante o conhecimento de certa informação pública para defesa dos direitos fundamentais, pautando que este acesso deva ser irrestrito. Ao que parece, a uma primeira vista, o referido dispositivo faz um *recorte jurídico* nos arts. 22, 23 e 31 e nas demais hipóteses legais de sigilo. Sendo assim, poder-se-ia pensar que, mesmo que um documento fosse classificado como ultrassecreto, ainda assim deveria ser revelado. Visualizando a regra de forma isolada, pode-se pensar que há um acesso universal e irrestrito, uma verdadeira imunidade ao sigilo, quando se tratar de um dado que tenha de ser obtido à defesa de um direito catalogado como fundamental.

Posicionando-se dessa forma, seria possível defender que não se permitiria pautar o art. 21, ou seja, impor-lhe limites externos. Negar-se-ia, através desse ponto de vista, que essa regra implementa um direito fundamental, a partir de um conflito entre normas de direitos dessa mesma categoria, ou seja, nega-se uma discussão que seria anterior, qual seja, a ponderação mencionada. Isso porque, interpretar-se-ia que o art. 21 não seria uma *norma-princípio*, tendo em vista que, aqui, o que se tem são regras sobre a execução em concreto de um direito fundamental, e, portanto, não se poderia falar em regras de ponderação. Interpretar-se-ia esse ato normativo de maneira irrestrita, gerando um direito também irrestrito à informação.

---

[440] A representação argumentativa para este último esquema somente é possível se o Tribunal Constitucional é aceito como "[...] instância de reflexão do processo político". E esse processo é feito pela via do discurso (ALEXY. Direitos fundamentais no Estado constitucional democrático: para a relação entre direitos do homem, direitos fundamentais, democracia e jurisdição constitucional. *Revista de Direito Administrativo– RDA*, p. 66).

Pela ótica apresentada, pensa-se na aplicação do conteúdo da regra de maneira absoluta, sem que se tenha qualquer tipo de restrição no seu âmbito de incidência, ainda que pela via de um controle prévio de constitucionalidade. Nesse sentido, percebe-se que, por exemplo, dados sobre atos de tortura não poderiam ser mantidos em segredo em nome da segurança do Estado, e, menos ainda, a intimidade ou a privacidade do torturador.

Então, o artigo em questão seria lido como verdadeira regra que contempla um completo e total direito subjetivo ao acesso de qualquer dado coligado à defesa de um direito fundamental (*caput*) ou de um direito humano violado por autoridade pública (parágrafo único). Assim, em uma interpretação sistemática, sobretudo na combinação com os arts. 22 e 23, obter-se-ia a seguinte compreensão: nem mesmo o acesso a documento de órgão de segurança, informação ou contrainformação pode ser negado caso se trate de dado que garanta um direito subjetivo fundamental ao interessado.

Outra interpretação a ser conferida parte de uma diferente premissa. Pode-se pensar que o dispositivo determina o acesso aos dados para a defesa dos direitos fundamentais, sendo que, por certo, não pode ser interpretado de maneira isolada das demais regras da LAI. Assim, o acesso será permitido justamente naquilo que não foi declarado como sigiloso, justamente por, por exemplo, atingir outra regra que protege outro direito fundamental.

Em verdade, tanto o art. 21 como o art. 23 ou o art. 31 implementam, no âmbito infraconstitucional, direitos fundamentais. Logo, poder-se-ia pensar que se está diante de *normas-princípio* – lembrando que, no nível infraconstitucional, podem ser encontradas normas desta natureza.[441] Não se estaria frente a uma norma imediatamente descritiva de comportamentos devidos ou

---

[441] Admitindo, aqui e desde já, a ampla incidência das explicações e premissas construídas por Humberto Ávila (*Teoria dos princípios*: da definição à aplicação dos princípios jurídicos, p. 70-71). Para se compreender os princípios, a partir da obra do autor, é necessário perceber a lógica em que eles se estabelecem no sistema, porque atuam como *normas imediatamente finalísticas*, ou seja, os princípios já compreendem um fim a ser atingido. É como se partissem de uma orientação prática para alcançar conteúdos previamente desejados. Nesse sentido, se diz que o fim almejado pelo princípio estabelece um estado ideal de coisas a ser atingido, como forma geral para enquadrar os vários conteúdos de um fim. Então, pode-se dizer que a busca do fim é o ponto de partida para a realização ou para a procura pelos meios. E esta procura será feita por meio da aplicabilidade dos princípios.

atribuídos de poder (o que a doutrina classificaria simplesmente como uma *regra*).⁴⁴²

O que se propõe nessa segunda via interpretativa é que, se tanto o art. 21 como o art. 31 (por exemplo) implementam direitos fundamentais no nível infraconstitucional, pensa-se que há uma discussão anterior, em nível constitucional, entre dois direitos fundamentais coligados com cada ato normativo mencionado, sendo que, neste último caso, o debate será tutelado sob a perspectiva do balanceamento de bens. No exemplo dado, ter-se-ia uma ponderação entre o direito fundamental de acesso e o direito fundamental à preservação da intimidade.⁴⁴³

3 Interpretação conforme a Constituição

A discussão que se faria, por detrás e antes da aplicação do art. 21, residiria sobre a *constitucionalidade* da regra. Mas não necessariamente se travaria um debate sobre a inconstitucionalidade de pronúncia total/parcial do texto, mas sim, no que se refere a uma maior ou menor incidência do âmbito de proteção, que pode ser feito por uma das medidas autônomas de controle (*v.g.* interpretação conforme a Constituição ou declaração parcial de inconstitucionalidade sem redução de texto). E essa perspectiva surgiria como corolário da supremacia da Constituição. Cabe esclarecer que esse texto normativo sempre deve ser interpretado previamente, porque pauta a aplicação ou não, ou a aplicação parcial/total das normas infraconstitucionais.

Aliás, essa ponderação já é feita quando da classificação da informação como reservada, secreta ou ultrassecreta (art. 24 da

---

⁴⁴² ÁVILA, *op. cit.*, p. 63.
⁴⁴³ Veja que o STJ, no julgado que segue, aplicou esta ponderação de valores ao decidir pelo acesso ou não à informação: "Dentre os direitos inerentes à personalidade, encontra-se a proteção ao patrimônio imaterial do indivíduo, o que gera para o transgressor, dentre outras cominações, o dever de indenizar a vítima, a fim de compensá-la pelo sofrimento desnecessariamente causado. Todavia, esse direito não possui caráter absoluto, devendo ser compatibilizado com outros valores igualmente tutelados pelo ordenamento jurídico, a exemplo do direito à informação. Tratando-se de suposto ato de corrupção praticado por autoridade pública, essa intangibilidade da esfera individual ainda sofre temperamentos em face do interesse coletivo existente e da repercussão da conduta praticada sobre o patrimônio público" (STJ, Resp. nº 1.314.163-GO, Rel. Min. Castro Meira, 2ª Turma, j. 11.12.12).

LAI), uma vez que se deve avaliar se a restrição é proporcional ao fim perseguido, ou seja, se o direito guarnecido pela restrição, também fundamental, tem mais densidade do que o direito de acesso, que, como dito, possui a mesma hierarquia normativa. Esse balanceamento entre os dois valores jurídico-constitucionais envolvidos é sempre feito quando da classificação dos dados. E, no caso, diante de uma solicitação de permissão de acesso, ter-se-á de perceber se o direito fundamental guarnecido, que indicou pela manutenção do sigilo, ainda possui mais densidade do que o direito fundamental de acesso.

Sendo assim, toda a vez que se pensar em colocar a público uma informação antes reputada secreta, estar-se-á ponderando acerca de dois direitos fundamentais que incidem à espécie. E isso será feito, seja quando de um pedido de acesso, seja frente a um pedido de desclassificação. Dessa forma, a ponderação sempre é anterior.

Veja que os direitos fundamentais vivem na *lógica da ponderação*, e não lógica do "tudo ou nada", como bem se disse na doutrina, em uma frase que se tornou um baluarte. Sendo assim, o acesso aos direitos fundamentais será permitido quando isto não viole outro direito fundamental, *v.g.* o direito à intimidade (disciplinado pelo art. 5º, X, da Constituição Federal e implementado pelo art. 31). Assim, nessa segunda interpretação, pensa-se que as normas da LAI plasmam, em nível abaixo do texto constitucional, direitos fundamentais, fator que não permite deixar de lado a regra da ponderação, *ainda* que neste nível normativo. Se isso for verdadeiro, o direito fundamental ao acesso, para poder ser aplicado, *deve ter mais densidade* em relação a outro direito.

Dessa maneira, por essa outra via hermenêutica aberta, não se pode pensar que, *a priori*, qualquer informação pode ser acessada para a defesa de um direito fundamental. *O art. 21, caput, não dá acesso irrestrito às informações públicas*. Exemplifica-se da seguinte maneira: certo sujeito prestou concurso público e foi examinado por uma junta de expertos em psicologia, sendo reprovado em um exame psicotécnico. Outro sujeito, sob o pretexto de garantir em juízo seu *direito fundamental à herança* (art. 5º, XXX, da CF/1988) ou seu direito fundamental de propriedade (art. 5º, XXII, da CF/1988), quer acesso a esse exame para provar que o outro administrado, que foi reprovado no exame psíquico, é incapaz e, portanto, não pode litigar em juízo sem representação ou assistência.

Veja que, nesse exemplo, caso fosse dado acesso irrestrito aos dados públicos, poderiam ser violados outros direitos tão fundamentais quanto o direito de acesso. Nessa situação, estar-se-ia malbrandando o direito fundamental à intimidade (art. 5º, X, da CF/1988). A hipótese descrita, caricata, é certo, bem constitui um panorama que pode ser criado cotidianamente. Sendo assim, essa opção hermenêutica poderia considerar que o art. 21 "reforçou" o direito de se ter acesso às informações públicas para a defesa dos direitos fundamentais, sem que se neguem as restrições ao acesso, previstas nos demais dispositivos. Logo, o art. 21 deveria ser combinado com os arts. 22, 23 e 31, todos da LAI, e com as demais previsões de segredo de dados previstas em leis esparsas.

Outro exemplo pode aclarar ainda mais essa segunda proposta hermenêutica conferida ao art. 21. Dispõe o art. 5º, inciso XIV, da CF/1988 que "[...] é assegurado a todos o acesso à informação e resguardado o sigilo da fonte, quando necessário ao exercício profissional". A partir disso, imagine um canal de televisão público (completamente estatal) sendo demandado, pela via do art. 21 da LAI, a fornecer as informações sobre a fonte, cujo sigilo foi resguardado pelo próprio texto constitucional. O sigilo da fonte é um direito fundamental que não pode ser desconsiderado pelo art. 21, *caput*, e nem pelo seu parágrafo único. Seria o mesmo que uma lei infraconstitucional retirar a vigência de norma constitucional, o que prova que o dispositivo ora comentado não pode ser visto de forma plena, sem uma mediação constitucional e sistemática para com os demais artigos da LAI.

Veja que o debate sobre a superação de certas situações de sigilo, ainda que estas atinjam direitos pessoais (vida privada, por exemplo), poderia ser considerado como possível, justamente com base na necessária tutela dos direitos fundamentais. E isso já foi concebido pelo STF em outras oportunidades.[444]

---

[444] "RECURSO EM MANDADO DE SEGURANÇA. SUPERIOR TRIBUNAL MILITAR. CÓPIA DE PROCESSOS E DOS ÁUDIOS DE SESSÕES. FONTE HISTÓRICA PARA OBRA LITERÁRIA. Âmbito de proteção do direito à informação (art. 5º, XIV da Constituição Federal).
1. Não se cogita da violação de direitos previstos no Estatuto da Ordem dos Advogados do Brasil (art. 7º, XIII, XIV e XV da L. 8.906/1996), uma vez que os impetrantes não requisitaram

No entanto, deve ser destacado que o direito de acesso não deve ser confundido com o direito de se obter ciência sobre dados pessoais de outros sujeitos que estão em poder do Estado, já que estas informações estão inseridas no rol de garantias fundamentais, que contém, também, o direito à intimidade, à vida privada, à honra e à imagem das pessoas. E, em resumo, esses direitos não são demolidos pelo direito de acesso à informação pública.

4 Informações relacionadas à proteção dos direitos humanos

Como se não bastasse, o *caput* do art. 21, se lido em conjunto com o parágrafo único, traz mais complexidade ao debate. Veja que o segundo dispositivo é expresso em dizer que, para a defesa dos *direitos humanos violados por autoridade pública, não se poderá ter restrição de acesso*. Logo, nesse caso, a LAI foi expressa. Deve-se ter em mente que um parágrafo (assim como os incisos, as alíneas etc.) é sempre um acessório à cabeça do artigo, porque ele explica ou detalha esta última. Dessa forma, não se pode desmembrar o *caput* e o parágrafo único do art. 21 no processo de interpretação, devendo ser compreendidos em conjunto.

Logo, o parágrafo único fez questão de deixar expressa a possibilidade de se superar as restrições de acesso também aos direitos humanos, tratando-os como categoria distinta dos direitos fundamentais. Mas, no caso, confere o mesmo efeito jurídico, que

acesso às fontes documentais e fonográficas no exercício da função advocatícia, mas como pesquisadores.
2. A publicidade e o direito à informação não podem ser restringidos com base em atos de natureza discricionária, salvo quando justificados, em casos excepcionais, para a defesa da honra, da imagem e da intimidade de terceiros ou quando a medida for essencial para a proteção do interesse público.
3. A coleta de dados históricos a partir de documentos públicos e registros fonográficos, mesmo que para fins particulares, constitui-se em motivação legítima a garantir o acesso a tais informações.
4. No caso, tratava-se da busca por fontes a subsidiar elaboração de livro (em homenagem a advogados defensores de acusados de crimes políticos durante determinada época) a partir dos registros documentais e fonográficos de sessões de julgamento público.
5. Não configuração de situação excepcional a limitar a incidência da publicidade dos documentos públicos (arts. 23 e 24 da L. 8.159/1991) e do direito à informação. Recurso ordinário provido" (STF, RMS nº 23.036/RJ, Rel. p/ o acórdão Min. Nelson Jobim, 2ª Turma, j. 28.03.06).

é a impossibilidade de restrição ao acesso às informações públicas. No parágrafo único, o legislador repetiu a ressalva feita no *caput*, deixando claro que tanto os direitos fundamentais quanto os direitos humanos não se sujeitam a restrições de acesso. Sendo assim, o debate feito anteriormente, que demonstrou que podem existir duas vias hermenêuticas ao texto do art. 21, *caput*, pode ser trazido também ao parágrafo único, adaptando-o à especificidade de cada qual. Dessa forma, permite-se que essas duas interpretações sejam aplicadas ao art. 21 como um todo.

Quanto ao parágrafo único, merece ser destacado mais um aspecto, o fato que ele é mais restrito do que o *caput* – e este é mais um argumento sólido no sentido de que a LAI tratou os institutos *direito fundamental* e *direito humano* como categorias jurídicas diversas, a par de alguns autores considerarem como análogos. No caso do parágrafo, as informações somente poderão ser consideradas irrestritas para a defesa de direitos humanos quando estes forem *violados por agente público ou a mando de autoridade pública*. Sendo assim, o vilipêndio dessa categoria de direitos por um agente privado não conferirá esse acesso irrestrito.

Em verdade, parece-nos que o parágrafo único tem a intenção de dar uma resposta jurídica ao *direito à verdade*. Esse dispositivo abriu um caminho interessante e franco, por exemplo, à possibilidade de acesso a documentos e a informações relativas às violações de direitos humanos praticados no período de ditadura militar. Essencialmente, essa norma acabará por dar maior intensidade ao direito à verdade, franqueando aos interessados acessarem dados que revelem casos de tortura, prisões ilegais, casos de desaparecimento etc.[445] Assim, a distinção que está posta (dicotomia entre direitos fundamentais e direitos humanos) fica expressa a partir do texto do art. 21.[446]

---

[445] Não temos dúvida de que a intenção maior do parágrafo único do art. 21 da LAI é dar acesso aos arquivos da ditadura militar, tanto é que o art. 31, §4º, parte final, da LAI, também possui dispositivo neste sentido.

[446] Uma distinção já há muito também apresentada pela doutrina. Por todos: SARLET. *Dignidade da Pessoa humana e direitos fundamentais na Constituição Federal de 1988* ou GUERRA FILHO. *Processo constitucional e direitos fundamentais*. Este último afirma que, na origem e historicamente, os direitos humanos e fundamentais até bem podem se confundir. Contudo, enquanto categorias de direito positivo, eles não se confundem (*op. cit.*, p. 37). No mesmo sentido, conferir a distinção que fazemos em: HEINEN. Em defesa do positivismo jurídico dos direitos humanos. *Antídoto*, p. 156-157.

Aliás, é bom que se diga que o direito à verdade tem por fundamento-base justamente o direito ao acesso à informação. E é justamente esse o motivo principal que norteou as sentenças da CorteIDH que trataram do direito à verdade,[447] por exemplo.

Mas há um obstáculo maior a ser enfrentado e que, a nosso ver, deixa o art. 21 em um quadrante ainda mais complexo, que é *o que seria direito fundamental*. E, claro, por conseguinte, devemos perguntar *o que é direito humano e se ele é uma categoria jurídica diversa dos direitos fundamentais*. É certo que as respostas a esses questionamentos acabarão por demarcar o âmbito de incidência do artigo como um todo.

Para tanto, inúmeras seriam as teorias a serem postas em jogo, cada qual com um catatau bastante expressivo de doutrinadores. Em uma síntese por deveras apertada, poderíamos dizer que a conceituação pretendida terá de passar pela distinção entre as categorias de *direitos naturais* e *direitos humanos*. Nesse ponto, é relevante o estudo acerca da opção metodológico-dogmática entre concepções naturalistas ou positivistas dos direitos humanos. A escolha fornecerá, por certo, uma ou outra noção acerca dessa categoria jurídica.

Veja que esse breve panorama confere grande imprecisão terminológica aos termos "direitos fundamentais" e "humanos", o que leva o intérprete a uma variedade de conceitos e, não raro, a uma má aplicação das normas. Para começar, não se considera que os direitos humanos e fundamentais seriam categorias jurídicas similares, até para ser coerente com a própria opção feita pela LAI. Em resumo, direito fundamental não se confunde com direito humano e nem existe uma relação necessária entre eles.[448] Eles são diferentes em uma série de fatores:

(a) plano de positivação:
 (a.1) os direitos humanos seriam categorias jurídicas de direito externo (direito internacional público),

---

[447] CorteIDH. *Caso Carpio Nicolle y otros*, sentença 22.11.04; CorteIDH. *Caso Masacre Plan de Sánchez*, sentença de 19.11.04; CorteIDH. *Caso Tibi*, sentença de 07.09.04.

[448] Para Cristina Queiroz (*Direitos fundamentais*: teoria geral, p. 26), a expressão "direitos fundamentais" tem sua gênese na Constituição alemã editada na Igreja de São Paulo de Frankfurt, em 1848. Ali constava, em seu texto, uma parte específica denominada "os direitos fundamentais do povo alemão" (art. IV / §25). Segundo a autora, quando o texto normativo fazia referência a uma categoria de direitos dita "fundamental", queria se referir que se tratavam de direitos reconhecidos pelo povo alemão, e não de direitos criados pelo Estado.

previstos em tratados internacionais, pactos multilaterais etc.;
(a.2) os direitos fundamentais seriam categorias do sistema jurídico interno, previstos na Constituição, o que leva em consequência a diferenças no seu plano de aplicação. Em uma breve síntese, pode-se dizer que o primeiro é oriundo do direito internacional público, ou seja, derivado de tratados e convenções internacionais (conforme arts. 4º e 5º, §3º, da CF/1988), ao passo que direito fundamental é aquele garantido como tal pela Constituição, e, portanto, com uma estatura especial, uma vez que nem todo direito previsto na Constituição é fundamental (*vide* as normas *formalmente* constitucionais);
(b) plano espacial – âmbito de eficácia:
(b.1) os direitos humanos são aplicáveis a todos os Estados que adquiram o pacto. Veja que os Estados podem não aderir a certos tratados, e, portanto, alguns direitos humanos podem não vigorar para eles;
(b.2) ao passo que os direitos fundamentais são delimitados a certo espaço, ou seja, onde vigora aquela Constituição, e, portanto, são aplicáveis a seus cidadãos.

Além disso, cabe referir que pode até mesmo se impor os direitos humanos a um país, de forma que eles são aplicados de maneira não espontânea. Essa media pode ser implementada por meio de uma organização internacional que determine suas decisões aos Estados (muito embora, saiba-se que, na prática, muitas vezes esta imposição, ainda que imposta, não possui efeito empírico qualquer).

Além disso, ao contrário dos direitos fundamentais, nem sempre os direitos humanos têm hierarquia constitucional (art. 5º, §§2º e 3º, da CF/1988). Por fim, nem todos os direitos humanos têm identidade absoluta com todos os direitos fundamentais previstos na Constituição Federal, porque podem existir direitos fundamentais não previstos no plano do direito internacional e vice-versa.

Visto isso, tem-se que os direitos fundamentais não necessariamente se confundem com os direitos humanos. Portanto, a conclusão lógica é a de que a diferenciação feita no parágrafo único foi correta, o que constitui uma primeira resposta aos questionamentos feitos inicialmente.[449] Nesse caso, resta-nos definir minimamente cada qual dessas categorias jurídicas.

Como dito, nem todos os dispositivos da CF/1988 são direitos de tipologia "fundamental". Há normas constitucionais que claramente não podem ser inseridas nessa categoria jurídica (*v.g.* art. 242, §2º),[450] podendo ser plenamente constituída uma *zona negativa*.

De outro lado, há dispositivos que podem ser inseridos em uma *zona* positiva, ou seja, que nitidamente são percebidos como sendo direitos fundamentais (*v.g.* todo o Título II da CF/1988). Contudo, outras normas constitucionais constantes em uma *zona cinzenta* (duvidosa, portanto) merecem uma análise mais detida. Nesse caso, a classificação como sendo um direito fundamental será feita via extensão sistemática a outros títulos, capítulos ou artigos da CF/1988, sempre tendo por norte um vetor teleológico.

Exemplificando o exposto, o STF já decidiu que as normas que tratam de imunidade tributária (art. 150) devem estar inseridas na categoria de direitos fundamentais,[451] muito embora a própria Constituição não seja expressa neste sentido. Essa conclusão é obtida a partir de uma interpretação teleológico-sistemática. O fato de se poder discutir se alguns direitos constitucionais em espécie são ou não fundamentais não impede um núcleo duro a respeito de sua definição.

Quanto à interpretação dos dois dispositivos (*caput* e parágrafo único), entende-se que o primeiro é uma norma geral, tanto que está inserido nas "Disposições Gerais" do Capítulo IV da LAI. Tem a missão de resguardar do sigilo a tutela de direitos nas vias judicial e administrativa, já ministrando uma interpretação prévia de que os direitos fundamentais a serem tutelados, em princípio, suplantariam

---

[449] Qual seja: os direitos fundamentais não se confundem com os direitos humanos, porque, enquanto estes são previstos em pactos internacionais, merecendo efeitos jurídicos próprios, aqueles possuem estatura constitucional.

[450] CF/1988, art. 242 [...] §2º: "O Colégio Pedro II, localizado na cidade do Rio de Janeiro, será mantido na órbita federal".

[451] "Os princípios constitucionais tributários, assim, sobre representarem importante conquista político-jurídica dos contribuintes, constituem expressão fundamental dos direitos individuais outorgados aos particulares pelo ordenamento estatal. Desde que existem para impor limitações ao poder de tributar do estado, esses postulados tem por destinatário exclusivo o poder estatal, que se submete a imperatividade de suas restrições" (STF, ADI nº 712/MC, Rel. Min. Celso de Mello, Pleno, j. 07.10.92).

as hipóteses de restrição de acesso. Mas como bem se exemplificou anteriormente, isso pode não ocorrer caso se opte pela segunda via hermenêutica exposta, pois, neste caso, a aplicação, no particular, seria feita por *ponderação* (caso a caso), e não da forma como posta na perspectiva das regras (postulado do "tudo ou nada").

Já o parágrafo único vai mais além, não afasta apenas hipóteses de restrição de acesso em caso de tutela judicial ou administrativa de direitos humanos. Ele simplesmente afasta a *possibilidade de haver* uma restrição de acesso, porque esse tipo de direito não pode ser classificado como sigiloso, na linha da lista feita pelo art. 23 da LAI. Não podem ser restritas em qualquer caso as informações que envolvam violação de direitos humanos praticada por agentes públicos ou a mando de autoridades públicas. Perceba que o parágrafo único fez um recorte jurídico bem delimitado.

Assim, nos demais casos que envolvam apenas a tutela ou a defesa de direitos humanos, sem que se tenha uma violação por agente público ou a mando de autoridade pública, o parágrafo único do art. 21 não será aplicável. Incidiria, à espécie, o disposto no art. 31, §3º, IV, ou seja, a restrição *ainda assim pode ser afastada*. Mas nesse caso, o impedimento ao acesso *já existe*, o que não se poderia pensar frente à situação tutelada pelo parágrafo em comento.

Para resumir, enquanto que, no art. 21, parágrafo único, é vedado alocar qualquer restrição a casos em que se perceba violação de direitos humanos por autoridade pública ou a mando desta, no caso do art. 31, §3º, IV, a restrição até pode existir, mas pode ser desconsiderada. E esse último dispositivo pode ser aplicado para qualquer matéria envolvendo os direitos humanos que não só nos casos de violação por autoridade estatal.

Art. 22. O disposto nesta Lei não exclui as demais hipóteses legais de sigilo e de segredo de justiça nem as hipóteses de segredo industrial decorrentes da exploração direta de atividade econômica pelo Estado ou por pessoa física ou entidade privada que tenha qualquer vínculo com o poder público.

1 Introdução

No contexto brasileiro, é notório que, durante alguns períodos da nossa história, a transparência dos atos estatais praticamente foi aniquilada. Como exemplo recente, pode-se ter por base a vigência do regime militar (1964 a 1985), no qual o direito de acesso a informações públicas foi suspenso, como assim se fez com inúmeros direitos fundamentais. A partir desse marco histórico, fica patente que a Constituição Federal, promulgada em 5 de outubro de 1988, tentou reverter radicalmente esse quadro, deixando-o pendurado na "parede da história", a ser percebido, quiçá, como uma amarga lembrança de um passado recente.

O regime de exceção utilizou de inúmeros mecanismos de repressão, sendo que a garantia da sua eficácia passava, inarredavelmente, pelo sigilo de certos atos. Criou-se, para tanto, um verdadeiro *sistema de atos estatais reservados* (v.g. art. 31 do Decreto nº 79.099/1977). Malbrandou-se, por completo, os princípios democrático e republicano, que impõem uma gestão transparente. Tamanho foi o uso de atos sigilosos que se tornou, à época, legítima *praxis*. Todos esses atos deram base à "doutrina da segurança nacional", como se esta fosse um "cheque em branco" para o cometimento dos mais variados tipos de abuso aos direitos fundamentais do cidadão.[452]

---

[452] À época, Marcelo Caetano (*Direito constitucional*, v. 2, p. 137) abordou a "doutrina da segurança nacional" de uma forma, por assim dizer, "inusitada", ligando-a justamente a um padrão "democrático" – o que, na nossa ótica, mostra-se irrazoável. E este elo fica estampado quando o autor cita, elogiosamente, o discurso do Presidente Castello Branco, proclamado à época. Esta passagem demonstra como podem ser transviadas as noções de *democracia* e de *segurança nacional*.

Os esforços para implementar ações concretas para pavimentar o acesso à informação pública são pautados sempre a reboque de controvérsias que despertam resistência à disponibilização de certos dados. E, por isso, muitas vezes, percebe-se a existência de cláusulas restritivas em leis e regulamentos que justamente deveriam ser destinados a facilitar o acesso aos documentos e dados públicos. Esse fato revela uma apropriação indevida por parte de uma burocracia e de um burocratismo que, em vez de tornar os dados públicos disponíveis para a população, ou seja, às pessoas, esconde-se sob o pretexto de preservar um tal de "interesse público", muitas vezes imerso nele próprio, distante das premissas mais básicas que o formatam, como a democracia e o republicanismo.

2 Previsão constitucional de casos de sigilo de informações públicas

Para tanto, a CF/1988 procurou romper com essa perspectiva, cobrando do Estado que era (re)inaugurado uma postura "pró-transparência", ainda que esta publicidade fosse relativa. Assim, essa foi uma preocupação constante do legislador constituinte, guardadas algumas exceções (hipóteses constitucionais de sigilo), que podem ser sistematizadas em dois grandes grupos,[453] conforme segue:

(a) sigilo indispensável ao exercício da atividade estatal e à proteção da ordem pública. Seriam os casos dos sigilos das propostas em licitações públicas, documentos que não são revelados como viabilizadores de estratégias militares etc.;

(b) sigilo que guarnece a privacidade do cidadão. É o caso de uma informação que possa colocar o próprio cidadão em perigo ou que lhe traga prejuízos de ordem material ou moral.

---

[453] Perspectiva que parte da opinião exposta por Carlos Ari Sundfeld [Princípio da publicidade administrativa (direito de certidão, vista e intimação). *Revista de Direito Administrativo – RDA*, p. 103-106].

Aliás, o acesso à informação pública pode ser relativizado de variadas maneiras, muitas delas utilizadas em muitos períodos históricos. Não somente a vedação ao acesso, nas hipóteses legais de sigilo, marca uma limitação ao conhecimento dos dados públicos. Também o condicionamento à possibilidade de publicidade posterior, o condicionamento quanto a fases ou momentos em que o dado público é revelado, o condicionamento no que se refere à limitação de legitimados ao acesso e o condicionamento ao fim da informação podem gerar um abrandamento substancial ao direito de acesso.[454] No caso, o art. 22 ocupou-se apenas daquilo que poderia ser dispensado ao conhecimento público, enfim, tutela o condicionamento do conteúdo das informações. Aqui, diante dessa regra e dos arts. 23 e 31, especialmente, o direito de informação cede.[455]

Também não se pode esquecer que as exceções ao acesso são expressamente previstas em lei ou no texto constitucional, constituindo um sistema limitado. Assim, deve-se interpretar o conceito de informação, tal como definido pela LAI, de forma ampla e, em princípio, limitada apenas pelas exceções expressamente previstas nos arts. 22, 23 e 31 e nas leis esparsas que tratam do tema. Logo, o cidadão tem um inegável direito de acesso a todas as informações armazenadas pelo Estado, salvo algumas exceções que servem para salvaguardar outros direitos, como a privacidade, a honra, os sigilos bancário, fiscal e comercial, bem como para proteger a segurança do Estado, a qual se relaciona com o desenvolvimento correto da administração.

3 Âmbito de proteção do art. 22 da LAI

O art. 22, ora comentado, prevê uma "norma geral de sigilo", ou seja, faz uma previsão genérica de informações que

---

[454] A LC nº 105/2001 traz exemplos muito claros no que se refere aos condicionamentos referidos. P.ex., certas informações somente podem ser acessadas pelo Banco Central, pela Comissão de Valores Mobiliários e pelo Ministério Público (condicionamento quanto aos legitimados), sendo os dados acessados somente para apurar irregularidades (condicionamento quanto à finalidade) – art. 9º.

[455] "É evidente, porém, que, ao admitir a existência de um foro reservado da Administração, não estamos a 'expulsar' os cidadãos dos domínios da actividade administrativa discricionária, zona onde se justifica o acesso à informação e ao procedimento, dada precisamente a sua difícil revisibilidade judicial" (AMORIM; GONÇALVES; OLIVEIRA, op. cit., p. 326).

podem ser qualificadas como sigilosas, criando uma espécie de "foro íntimo da Administração Pública". E o primeiro ponto a ser tratado a partir da parte inicial da regra em questão consiste na interpretação da *cláusula de manutenção dos demais casos de sigilo previstos na legislação esparsa*. Significa dizer que a LAI não deu cabo de revogar as outras normas que restringem o acesso a determinados dados. A tarefa do jurista, assim, estende-se na necessidade de se dar *unidade* do ordenamento jurídico no que se refere a esse tema específico.

A "norma geral" que apresentamos, em relação ao comentado art. 22, tem ligação e significado apenas no que se refere à manutenção das hipóteses de sigilo em leis esparsas. Isso não significa dizer que o sigilo possa ser visto ou compreendido de maneira genérica ou abstrata. Ao contrário. As situações deste jaez *sempre serão percebidas no caso concreto*, até porque, se fará uma ponderação entre o direito de acesso e o direito de sigilo. Como toda ponderação entre valores constitucionalmente protegidos é feita sempre em concreto, não se pode antecipar uma "cláusula geral de sigilo", em que os casos a serem analisados pudessem ser solucionados *a priori*.[456]

O Decreto Federal nº 7.724, de 16 de maio de 2012, define informação sigilosa no art. 3º, inciso IV, como: "[...] informação submetida temporariamente à restrição de acesso público em razão de sua imprescindibilidade para a segurança da sociedade e do Estado, e aquelas abrangidas pelas demais hipóteses legais de sigilo". Aliás, neste aspecto, já há muito se entende que o princípio da publicidade na Administração Pública encontra óbice no direito ao sigilo de determinados atos que possam atentar contra a segurança da sociedade e do Estado (art. 5º, XXXIII, da CF/1988).

4 Previsão de sigilo de informações em leis esparsas

A partir do texto da CF/1988 e da legislação infraconstitucional esparsa, pode-se elaborar uma lista de casos de sigilo "extra-LAI",

---

[456] "Nesse domínio, a eventual necessidade de sigilo não poderia ser invocada de forma genérica, devendo ser concretamente justificada." (Voto do Min. Roberto Barroso em STF, MS 28.178-DF, Rel. Min. Roberto Barroso, Pleno, j. 3.12.2014).

ou seja, de situações em que se determina que as informações devem ser resguardadas.[457] Confira:
- o sigilo das comunicações (art. 5º, XII, da CF/1988);[458]
- o sigilo de dados (art. 5º, X e XII, da CF/1988);[459]
- o sigilo da fonte (art. 5º, XIV, da CF/1988);
- o sigilo das votações (arts. 5º, XXXVIII, "b"; 14; 52, III, IV e XI; 55, §2º; 66, §4º; 119, I; 120, §1º, I; e 130-A, §3º);
- no *estado de sítio*, a publicidade dos atos estatais pode ser reduzida (art. 139, inciso III, da CF/1988). Contudo, entende-se que, mesmo frente a esse dispositivo constitucional, jamais poderiam ser criadas restrições ao direito de acesso à informação, a tal ponto de aniquilar tal direito. A utilização desse tipo de recurso violaria o texto constitucional, bem como estaria distante dos compromissos internacionais a que o Brasil se obrigou. Em qualquer caso, a questão foi devidamente posta pela legislação ora comentada, conferindo normas gerais sobre o tema;
- o sigilo do inquérito policial nos casos admitidos pelo Código de Processo Penal – CPP (art. 20, *caput*, do CPP);
- o sigilo dos registros criminais em nome do acusado, na forma estabelecida pelo art. 20, parágrafo único, do CPP. No caso, os atestados ou as certidões somente podem fazer referência a condenações anteriores;[460]
- o sigilo profissional (art. 154 do Código Penal (CP) e art. 230 do Código Penal Militar (CPM)), inclusive no que se refere à

---

[457] O art. 6º, do Decreto Federal nº 7.724/2012 disciplina áreas em que a LAI não incidirá: "Art. 6º O acesso à informação disciplinado neste Decreto não se aplica: I – às hipóteses de sigilo previstas na legislação, como fiscal, bancário, de operações e serviços no mercado de capitais, comercial, profissional, industrial e segredo de justiça; e II – às informações referentes a projetos de pesquisa e desenvolvimento científicos ou tecnológicos cujo sigilo seja imprescindível à segurança da sociedade e do Estado, na forma do §1º do art. 7º da Lei nº 12.527, de 2011".

[458] "Não é válida a interceptação telefônica realizada sem prévia autorização judicial, ainda que haja posterior consentimento de um dos interlocutores para ser tratada como escuta telefônica e utilizada como prova em processo penal" (STJ, HC nº 161.053/SP, Rel. Min. Jorge Mussi, 5ª Turma, j. 27.11.2012). No mesmo sentido: STF, HC nº 108147/PR, Rel. Min. Cármen Lúcia, 2ª Turma, 11.12.2012.

[459] No caso, deve ser destacado o recorte teórico fixado pelo STF: o que é inviolável é o *processo de comunicação ou de transmissão dos dados, e não os dados em si ou o seu registro* (STF, MS nº 23.452, Rel. Min. Celso de Mello, Pleno, j. 16.09.1999).

[460] STJ, RMS nº 10.151, Rel. Min. Félix Fischer, 5º Turma, j. 02.09.1999.

desobrigação de depor em juízo (arts. 347, II, e 406, II, ambos do Código de Processo Civil (CPC), art. 207 do CPP, art. 229, I, do Código Civil e arts. 17 a 19 do revogado Código Comercial);
- o sigilo pertinente aos administradores de sociedades anônimas, no que se refere a certos tipos de informação (art. 155, da Lei nº 6.404/76);
- o segredo particular (art. 153 do CP e art. 228 do CPM);
- o sigilo fiscal[461] e bancário (art. 198 do Código Tributário Nacional (CTN), Lei nº 5.172/1966 e Leis Complementares nºs 104 e 105/2001);[462]
- o sigilo de operação ou serviço prestado por instituição financeira (Lei Complementar nº 105/2001 e art. 18 da Lei nº 7.492/1986);
- o art. 150 da Lei nº 8.112/90, que trata do sigilo do processo administrativo disciplinar quando for necessário à apuração das irregularidades;[463]

---

[461] O sigilo fiscal (ou de dados relativos a este âmbito) é tema bastante controverso. A exemplo disto, a complexidade mencionada levou o STF a declarar como matéria de *repercussão geral*, os casos que pedem acesso ao *Sistema de Conta Corrente de Pessoa Jurídica (SINCOR)* da Receita Federal (STF, 673.707-MG RG, Rel. Min. Luiz Fux, j. 06.9.2012. Em outro julgado, o STJ decidiu que: "O habeas data não é via adequada para obter acesso a dados contidos em Registro de Procedimento Fiscal (RPF). Isso, porque, o RPF, por definição, é documento de uso privativo da Receita Federal; não tem caráter público, nem pode ser transmitido a terceiros. Além disso, não contém somente informações relativas à pessoa do impetrante, mas, principalmente, informações sobre as atividades desenvolvidas pelos auditores fiscais no desempenho de suas funções. Nessa linha, o acesso a esse documento pode, em tese, obstar o regular desempenho do poder de polícia da Receita Federal." (STJ, REsp 1.411.585-PE, Rel. Min. Humberto Martins, 2ª Turma j. 5.8.2014).

[462] "A quebra de sigilo bancário deve ser excepcional, uma medida que deve guardar estrita conexão com a ordem jurídica vigente" (STJ, Resp. nº 152.455/SP, Rel. Min. Hélio Mosimann, 2ª Turma, j. 20.11.97). Sobre a importância de se manter o sigilo bancário, conferir: MELO. *Curso de direito tributário*, p. 445.

[463] O STF (Informativo nº 734) decidiu que não se aplica a Súmula Vinculante nº 14 ("É direito do defensor, no interesse do representado, ter acesso amplo aos elementos de prova que, já documentados em procedimento investigatório realizado por órgão com competência de polícia judiciária, digam respeito ao exercício do direito de defesa") à sindicância administrativa. Assim, a comissão processante pode negar acesso aos autos deste expediente investigativo. O STJ possui o mesmo entendimento sobre o tema, *tendo firmado-o, inclusive, após a edição da LAI*: "[...]SINDICÂNCIA INVESTIGATIVA OU APURATÓRIA DE SUPOSTA INFRAÇÃO COMETIDA POR SERVIDORES PÚBLICOS – NATUREZA INQUISITORIAL – DESNECESSIDADE DE CONTRADITÓRIO E AMPLA DEFESA – AUSÊNCIA DE DIREITO LÍQUIDO E CERTO AO ACESSO ÀS INFORMAÇÕES CONSTANTES DO PROCESSO. À luz dos arts. 7º, §3º, e 23, VIII, da Lei 12.527/2011, bem como do art. 6º da Portaria CGU nº 335/2006, considerando o caráter sigiloso do conteúdo do procedimento apuratório, não se vislumbra direito líquido e certo dos impetrantes ao acesso às informações constantes do processo,

- o dever do servidor em guardar sigilo sobre assunto da repartição (art. 116, VIII, da Lei nº 8.112/90), podendo a quebra de sigilo funcional ser tipificada como crime (art. 325 do CP). Tal revelação de dados sigilosos acaba por acarretar penalidades administrativas ao funcionário público (art. 132, IX, da mesma lei) e penais (art. 325 do CP) ou, ainda, expiação por ato de improbidade administrativa (art. 11, inciso III, da Lei nº 8.429/1990);
- o sigilo dos processos que correm perante os Tribunais de Contas (arts. 53 a 55 da Lei nº 8.443/1992);
- o sigilo da proposta apresentada em procedimento licitatório (art. 3º, §3º, da Lei nº 8.666/93);
- o Código de Ética Profissional do Servidor Público Civil do Poder Executivo Federal prevê casos de sigilo na atuação do servidor público (item VII da Seção I do Capítulo I do Decreto nº 1.171/94);
- o sigilo industrial (art. 195 da Lei nº 9.279/1996), inclusive no que se refere ao procedimento de exame de patentes (arts. 30 e 75 da mesma lei);
- o sigilo contido na área das telecomunicações (art. 39 da Lei nº 9.472/1997);
- o sigilo envolvendo a proteção de vítimas e de testemunhas incluídas em programa específico constituído pela Lei nº 9.807/1999;
- o sigilo dos atos da ABIN (art. 9º da Lei nº 9.883/1999);
- outro caso de sigilo previsto em lei especial se relaciona aos respectivos registros de acesso a aplicações de internet, porque estes não podem ser guardados (art. 14 da Lei nº 12.965/2014), e deverão ser mantidos em sigilo, em ambiente controlado e de segurança, pelo prazo de seis meses, nos termos do regulamento (art. 15, *caput*). Claro que ordem judicial poderá quebrar o sigilo ou obrigar um provedor a manter os registros de acesso (§1º do art. 15). A Lei nº 13.787/2018 disciplinou como deve se dar o manuseio e o sigilo de prontuários de pacientes

---

notadamente as relativas à pessoa do denunciante. [...]." (STJ, MS 19.243-DF, Rel. Min. Eliana Calmon, 1ª Seção, j. 11.9.2013).

médicos. As várias regras ali dispostas protegem a integridade dos dados contidos nos referidos documentos, regulando como eles vêm a ser armazenados, protegidos e descartados.

Lembra-se que toda recusa ao acesso livre à informação pública deve ser justificada, com embasamento no interesse da coletividade, seja da sociedade em si ou do Estado, para haver a preservação da incolumidade de cada qual. Assim, sob o manto da discricionariedade ou do poder de polícia, não pode a Administração Pública restringir o acesso do cidadão a documentos, informações ou dados de caráter público.[464]

Ainda, podem ser considerados excepcionados do princípio da publicidade os inquéritos policiais declarados sigilosos (art. 20 do CPP) e os pedidos de retificação de dados (art. 5º, LXXII, "b", da CF/1988), desde que assim seja expressamente determinado pela autoridade competente.

A LAI reservou, ainda que de forma genérica, dispositivos que fixam uma *zona negativa*, ou seja, quais são as matérias que estão acobertadas pelo sigilo e em que termos este deve ser processado. Assim, o administrador público tem o dever de, em certos temas, não proceder a qualquer divulgação.

A primeira hipótese de sigilo é abordada em termos abrangentes pelo art. 22, como foi visto precedentemente. Posteriormente, o art. 23 traz outros exemplos de casos de vedação de acesso. Em momento posterior (art. 31), a norma em pauta dispõe sobre uma nova forma de sigilo de dados, qual seja, quando afete a intimidade e a vida privada da pessoa, como corolários do direito de personalidade. Neste último caso, não pode vir a lume informações sobre os empréstimos consignados de um servidor ou quanto ele paga de pensão alimentícia. São dados que não compõem o dever de transparência disciplinado pela

---

[464] Esta premissa há muito já estava plasmada em precedente do STF, que, ao que parece, "antecipou" a teleologia da LAI: "A publicidade e o direito à informação não podem ser restringidos com base em atos de natureza discricionária, salvo quando justificados, em casos excepcionais, para a defesa da honra, da imagem e da intimidade de terceiros ou quando a medida for essencial para a proteção do interesse público. A coleta de dados históricos a partir de documentos públicos e registros fonográficos, mesmo que para fins particulares, constitui-se em motivação legítima a garantir o acesso a tais informações" (STF, RMS nº 23.036/RJ, Rel. Min. Maurício Corrêa, Rel. p/ acórdão Min. Nelson Jobim, 2ª Turma, j. 28.03.2006).

lei. Além disso, consideram-se acobertados pela vedação do art. 31 os prontuários médicos relativos ao servidor público, os dados referentes ao imposto de renda, aos registros bancários etc. Esses dados somente poderão ser acessados pelo interessado[465] ou pelos demais depois de passado um período de cem anos.

5 Ponderação de bens constitucionalmente protegidos

Conforme já anunciamos exaustivamente em várias passagens do texto precedente desta obra, o direito de acesso à informação é previsto expressamente no texto da CF/88 (por todos: art. 5º, inciso XXXIIII).[466] Assim, deverá ser ponderado com outros direitos garantidos no mesmo texto. Aliás, a própria parte final do referido inciso XXXIII deixa clara esta evidência, na medida em que expressa casos em que será vedado conhecer o conteúdo de certos dados, de modo que o intérprete, a cada pedido de acesso, deverá ponderar este direito com outros também constitucionalmente protegidos. E se assim o é, deverá perfazer um juízo de ponderação para avaliar qual direito tem maior densidade no caso concreto.

Ainda em 2011, o direito de acesso à informação, conjuntamente com o direito fundamental de reunião (inciso XVI do art. 5º) e com o direito constitucional de manifestação de pensamento e expressão (incisos IV e IX do art. 5º), fundamentou a interpretação conforme ao art. 33, §3º, da Lei nº 11.343/2006 (*Lei de Drogas*), para impedir qualquer criminalização de manifestações sobre a descriminalização do uso de entorpecentes ilícitos. O STF, à época, definiu que se deveria:

> [...] excluir qualquer significado que enseje a proibição de manifestações e debates públicos acerca da descriminalização ou legalização do uso de drogas ou de qualquer substância que leve o ser humano ao entorpecimento episódico, ou então viciado, das suas faculdades psicofísicas.[467]

---

[465] Que pode viabilizar o acesso por meio do remédio constitucional do *habeas data* (art. 5º, LXXII, CF/1988 e Lei nº 9.507/1997).

[466] Acesso a informações públicas e direito fundamental (por todos: STF, ED no RE nº 586.484, Rel. Min. Gilmar Mendes, 2ª Turma, j. 24.02.2015).

[467] STF, ADI nº 4.274, Rel. Min. Ayres Britto, Pleno, j. 23.11.2011.

Perceba que o STF empreende esta técnica a todo julgado que avaliar se a informação é pública ou sigilosa.[468] E muitas vezes, o tema será tão complexo, que envolverá a ponderação de outros direitos constitucionais, como exemplo, a liberdade de expressão. Veja este julgado da Suprema Corte nacional: determinados livros foram publicados anunciando a metodologia dos testes psicológicos. Assim, os conselhos profissionais pertinentes editaram regras proibindo estas divulgações, alegando violação do exercício da profissão e do sigilo destas técnicas. O STF entendeu que a ordenação mencionada violava o acesso à informação e o direito de expressão, "[...] uma vez que não proporciona útil e necessária tutela à saúde pública e ao exercício regular de profissão relacionada à saúde humana, é restrição desproporcional à liberdade de *acesso à informação* e à livre comunicação social".[469]

Aliás, a indevida vedação de acesso ou a não divulgação de dados que deveriam vir a público de ofício pode prejudicar outros direitos fundamentais. Um caso interessante foi julgado pela Suprema Corte durante a pandemia causada pela Covid-19 (coronavírus) em 2021. O Governo federal, à época, interrompeu abruptamente a coleta e, por conseguinte, a divulgação de informações epidemiológicas, imprescindíveis para a análise da série histórica de evolução da referida pandemia. Entendeu a Corte que isto violava o direito à saúde e à segurança das pessoas, ofendendo preceitos fundamentais da Constituição Federal.[470]

6 Direito estrangeiro

É interessante notar que, na França, a Lei de 12 de abril de 2000, que deu nova roupagem ao regime de acesso livre aos dados públicos, entendeu que são suscetíveis de serem conhecidos tanto os documentos que contêm "dados pessoais" (*données*

---

[468] Conferir os vários julgados citados ao longo desta obra em temas como sigilo da remuneração de cada servidor público; o que seriam dados sensíveis ligados à intimidade e vida privada; quais seriam os limites do sigilo fiscal etc.

[469] STF, ADI nº 3.481-DF, Rel. Min. Alexandre de Moraes, Pleno, j. 08.03.2021.

[470] STF, ADPF nº 690, Rel. Min. Alexandre de Moraes, Pleno, j. 15.03.2021 (houve o julgamento conjunto das arguições de descumprimento de preceito fundamental nºs 690, 691 e 692).

personnelles)⁴⁷¹ como aqueles que não possuem esta característica. Contudo, quanto aos primeiros, a lei o faz de maneira restritiva, ou seja, dispõe que não se comunicam essas informações para aqueles sujeitos que não demonstrem um interesse na obtenção do referido acesso.⁴⁷²

Assim, jamais se comunicariam a terceiros os documentos médicos, psicológicos, industriais ou comerciais relativos a outras pessoas, nem mesmo os documentos que comportem um juízo de valor sobre determinado indivíduo ou qualquer dado que permitiria fazer um julgamento sobre o comportamento da pessoa e que, derivado deste, pudesse a ela ser prejudicial.

É interessante notar que a lei francesa de acesso à informação faz um corte no seu âmbito de incidência, dizendo, expressamente, que ela não se aplica aos:

(a) documentos de direito privado;
(b) documentos pertencentes a um:
 (b.1) procedimento judicial;
 (b.2) procedimento administrativo;⁴⁷³ e
(c) atos das assembleias parlamentares.

Quis a lei francesa que todos os "documentos administrativos" – no sentido legal do termo – ficassem sujeitos à regra de acesso, o que significa dizer que seriam todos aqueles que se relacionam ao exercício do poder de polícia ou à prestação de um serviço público.⁴⁷⁴

A título comparativo, a lei francesa sobre o acesso à informação, da mesma maneira, declarou sigilosos certos dados afetos à soberania do país, como as deliberações do Governo, como os dados relativos à defesa nacional, atinentes à política externa, ao câmbio ou ao crédito público. Ainda, excluiu o acesso de dados

---

⁴⁷¹ A Alemanha considerou tão importante disciplinar a matéria sobre dados pessoais, que editou lei específica para normatizar o tema: BDSG – Lei Federal sobre a Proteção de Dados Pessoais.
⁴⁷² CHAPUS, *op. cit.*, p. 483. A lei utilizou, primeiramente, a palavra *concernent* e, após, o vocábulo *intéressent*.
⁴⁷³ Lembrando que o sistema jurisdicional francês é dúplice: possui a via de direito comum e a via de direito público – administrativo. Para uma noção abrangente do sistema: LAFERRIÈRE. *Traté de la jurisdiction administrative et des recours contentieux*; CHAPUS. *Droit du contentieus administratif*.
⁴⁷⁴ CHAPUS. *Droit administratif géneral*, p. 485-486.

atinentes a infrações fiscais ou a documentos e dados que são preparatórios aos processos judiciais.[475] Da mesma forma, não se podem fornecer os documentos inacabados, como os projetos, as minutas de decisões etc. Também não se fornecem os documentos internos – como a grade de horário de saída e de chegada dos correios.[476]

Dessa maneira, compreende-se que o legislador francês atuou a partir de uma ótica diferente do legislador brasileiro. Justifica-se essa diversidade a partir do contexto cultural e histórico vivenciado pelas duas nações, o qual formata uma noção diferente do que se considera importante catalogar como uma informação sigilosa.

O importante é notar que as restrições somente serão admitidas quando *razoáveis, oportunas* e *indispensáveis*. Enfim, devem estar aptas a satisfazer um interesse público imperativo, sendo restringido o direito de acesso na menor escala possível. Assim, as limitações devem ser vistas diante de um plano coletivo e ser o menos intensas possível. Logo, a LAI deve ser vista como "um ato normativo generoso", dado a contribuir o mais possível com todo o tipo de mecanismos que efetive o acesso às informações públicas.

---

[475] CE, 2 dez 1987, *Mlle Porkony*; CE, 12 out. 1992, *Assoc. SOS Défense*.

[476] Ainda, o Estado francês recusa-se a fornecer informações sobre porte de armas (CE, 13 fev. 1992, *Soc. Securipost*).

Seção II
Da Classificação da Informação quanto ao Grau e Prazos de Sigilo

Art. 23. São consideradas imprescindíveis à segurança da sociedade ou do Estado e, portanto, passíveis de classificação as informações cuja divulgação ou acesso irrestrito possam:

I – pôr em risco a defesa e a soberania nacionais ou a integridade do território nacional;

II – prejudicar ou pôr em risco a condução de negociações ou as relações internacionais do País, ou as que tenham sido fornecidas em caráter sigiloso por outros Estados e organismos internacionais;

III – pôr em risco a vida, a segurança ou a saúde da população;

IV – oferecer elevado risco à estabilidade financeira, econômica ou monetária do País;

V – prejudicar ou causar risco a planos ou operações estratégicos das Forças Armadas;

VI – prejudicar ou causar risco a projetos de pesquisa e desenvolvimento científico ou tecnológico, assim como a sistemas, bens, instalações ou áreas de interesse estratégico nacional;

VII – pôr em risco a segurança de instituições ou de altas autoridades nacionais ou estrangeiras e seus familiares; ou

VIII – comprometer atividades de inteligência, bem como de investigação ou fiscalização em andamento, relacionadas com a prevenção ou repressão de infrações.

1 Lista taxativa de casos de sigilo

Logo de início, o art. 23 impõe o sigilo sobre a segurança de dois, por assim dizer, "organismos": a *sociedade* ou o *Estado*. Assim, as demais hipóteses de sigilo catalogadas nos incisos que seguem devem estar coligadas com a proteção dessas duas entidades. Os termos devem ser interpretados em sentido amplo, compreendendo, no signo "Estado", o *Primeiro Setor* (público) e, no termo "sociedade", os *Segundo* (mercado) e *Terceiro Setores* (fomento).

Quanto à primeira palavra, deve-se compreender não somente a noção orgânica do art. 1º do texto constitucional, mas também a noção funcional do Estado. Enfim, considera-se que o art. 23, *caput*, visou a tutelar as informações que garantam a segurança do aparelho estatal como um todo, sendo este constituído pelas pessoas que o compõem e pelas funções públicas exercidas.

Aliás, deve-se ter em mente que o art. 23 é *numerus clausus*, ou seja, taxativo. Ele não admite, salvo expressa previsão em lei, outras formas de sigilo. Pensar o contrário seria subverter a teleologia da LAI, que tem como baluarte a transparência como regra e o sigilo como exceção. Além disso, cada um dos incisos, por serem exceção, merecem uma *interpretação restritiva*.[477]

Em verdade, o valor jurídico da transparência terá de ser mediado, nos casos concretos, com os outros valores constitucionais. Em cada situação apresentada, o intérprete deverá fazer um balanceamento entre os bens jurídicos postos em jogo, enfim, perfazer uma digna ponderação. Assim, não raras vezes, por exemplo, a publicidade é ponderada com o interesse público da Administração Pública em resguardar informações de relevante sigilo.[478] Será o "teste de razoabilidade" que terá condições de fornecer uma resposta.[479]

---

[477] Em uma rápida análise, pode-se notar que a lista do art. 23 aproxima-se com o rol de funções e de responsabilidades do Presidente da República, estabelecidas no art. 84, da CF/1988. Esta lista, é claro, distancia-se das atribuições conferidas aos Chefes dos Executivos dos Estados e dos Municípios. Mas de todo não autoriza que se faça uma interpretação no sentido de que o art. 23 somente se refere ao ente federado União. Muito pelo contrário.

[478] O Decreto Federal nº 7.724/2012, na linha do que dispõe o art. 24, §5º, da LAI, perfaz, de forma expressa em seu texto, uma ponderação entre o interesse público e a utilização do critério menos restritivo possível. Assim, estes dois valores devem ser considerados no que se refere à classificação da informação sigilosa, sendo, segundo o referido decreto, considerada: "Art. 27 [...] I – a gravidade do risco ou dano à segurança da sociedade e do Estado; e II – o prazo máximo de classificação em grau de sigilo ou o evento que defina seu termo final".

[479] Como todo direito fundamental, a publicidade pode ser ponderada com outros valores constitucionais, como, p. ex., a parte final do art. 5º, XXXIII, da Constituição Federal, que determina o sigilo nos casos de se manter a "[...] segurança da sociedade e do Estado". No caso *Lawton* v. *Steele* (1894), o *Justice* Brown conferiu as linhas mestras do *"teste de razoabilidade"*, utilizado até hoje em todo o mundo: (a) o interesse no caso deve ser geral; a Suprema Corte carece de interferência quando a intervenção é meramente particular; (b) verificação da necessidade da constrição do direito para o alcance do fim pretendido. Estas premissas foram chamadas de "teste de razoabilidade mínimo". Em sendo assim, o legislador seria o primeiro órgão estatal a auferir a razoabilidade de uma norma. O Poder Judiciário faria a conferência da razoabilidade somente depois de editada e vigente a norma. De 1880 a 1920, os Estados Unidos obtiveram um rápido crescimento econômico, adentrando com afinco na era liberal. Quando o

2 Risco à defesa e soberania nacionais ou à integridade do território nacional

O inciso I possui três núcleos centrais a serem protegidos, que são a *defesa*,[480] a *soberania*[481] e o *território*.[482] Esses são três elementos

---

estado intervinha na economia por meio de regras, estas eram questionadas na Suprema Corte. Este órgão judicial, por sua vez, não se furtou em adotar uma postura liberal, o que permitiu o franco desenvolvimento do *substancial due process of law* e da técnica da razoabilidade. Passada uma longa evolução, a Corte máxima norte-americana definiu o rito e os requisitos de como seria feito o *teste de razoabilidade*, ou seja, como se deveria processar a aplicação do instituto. Para a utilização do referido teste, certos questionamentos devem ser respondidos, o que são, por certo, seus elementos centrais. O esquema apresentado a seguir influenciou o mundo inteiro, sendo de extrema valia hermenêutica a qualquer jurista ou legislador: (a) avaliação do valor alegado como constrito: (a.1) o bem ou a liberdade são tutelados pelo *due process of law*?; (a.2) esta restrição provém de um agente estatal?; (a.3) qual o grau de restrição?; (b) avaliação do fim escolhido que o Estado quer promover: (b.1) o fim é constitucionalmente aceito ou possível?; (b.2) o fim corresponde aos reais motivos da restrição?; (c) avaliação dos pesos dos valores postos em jogo: (c.1) há nexo de causa entre o meio escolhido e o fim pretendido?; (c.2) não existe meio menos intrusivo?; (c.3) o fim tem um peso suficiente para justificar a restrição?. A razoabilidade, assim, ficou claramente definida no limiar do *comon law*. Assim, a Suprema Corte passou a conviver com dois "testes de razoabilidade", um fraco e outro forte. No fraco, o enfrentamento da razoabilidade não precisa ser profundo. A mera aparência de razoabilidade entre o meio e fim, ou seja, a mera equidade na restrição permite a manutenção do ato legislativo questionado. Normalmente o "teste de razoabilidade fraco" é aplicado em legislações que tratam da ordem econômica. O "teste de razoabilidade forte", que pode ser conferido diante do detalhado esquema acima exposto, deve ser percorrido para se julgar um ato normativo inconstitucional, sendo que a motivação para se declarar um ato como não sendo razoável é muito maior. Verificar, por exemplo, o caso *Roe v. Wade* (1973). Tais explicações são detalhadas a partir da obra de Letícia de Campos Velho Martel (*op. cit.*).

[480] O termo "defesa" possui especificidades, ou melhor, pode ser considerado uma expressão genérica, da qual derivam subespécies. "Numa primeira acepção, 'defesa da pátria' significa defesa de uma agressão externa ao território, ao espaço aéreo e às águas territoriais nacionais. A preparação para tal defesa compreende o adestramento do pessoal militar, o aprontamento de planos defensivos capazes de repelir a agressão, e a correspondente atividade de espionagem e contraespionagem. Uma segunda acepção de sentido moderno e democrático do serviço de 'defesa da pátria" estende os seus objetivos à defesa das instituições que garantem o funcionamento e a vida democrática do Estado: o Parlamento, o Governo, as regiões, as administrações locais, etc." (BOBBIO. *Dicionário de política*, p. 505).

[481] "Em sentido lato, o conceito político-jurídico de Soberania indica o poder de mando de última instância, numa sociedade política e, consequentemente, a diferença entre esta e as demais associações humanas em cuja organização não se encontra este poder supremo, exclusivo e não derivado. Este conceito está, pois, intimamente ligado ao de poder político: de fato a Soberania pretende ser a racionalização jurídica do poder, no sentido da transformação da força em poder legítimo, do poder de fato em poder de direito. Obviamente, são diferentes as formas de caracterização da Soberania, de acordo com as diferentes formas de organização do poder que ocorreram na história humana: em todas elas é possível sempre identificar uma autoridade suprema, mesmo que, na prática, esta autoridade se explicite ou venha a ser exercida de modos bastante diferentes" (BOBBIO, *op. cit.*, p. 1179).

[482] "Território e população colocam-se como *pressupostos objetivos* e como *dimensões espaciais* e *pessoais* no seio dos quais se move o *poder organizado*, que é poder *soberano*, enquanto

de diferente acepção, não sendo considerados sinônimos, mas com um alto grau de interdependência.

A *defesa* não pode ser confundida com "forças armadas". Em um sentido alargado e abrangente, ela é estritamente condicionada a uma exigência de conservação das estruturas políticas e jurídicas, dado que são importantes à própria constituição do Estado, que, em última análise, identifica-se com o *território*, com o *povo* e com o *poder* organizado.[483] A *soberania*, a partir de uma concepção moderna (e estamos falando do final do século XVI), indica a plenitude com que o Estado pode exercer seu poder, de forma exclusiva, em um determinado espaço geográfico, sendo sujeito único e exclusivo da política ali exercida. Trata-se, em verdade, de um conceito político-jurídico.[484] Já o *território* procura dar os contornos da integridade de uma nação, "[...] sendo que recebe ampla tutela nas constituições, na legislação penal e na legislação específica de defesa, nos tratados internacionais e, em particular, nos que tratam da segurança coletiva".[485]

Com efeito, os temas específicos marcados pelo inciso I ligam-se a assuntos referentes aos elementos que compõem o Estado, como a integridade do território nacional, a soberania nacional, a segurança do povo etc. Tratam-se de típicas funções catalogadas na competência do Chefe de Governo da nossa Nação.[486] Cabe destacar que as questões relativas à segurança nacional, além de serem pautadas em vários organismos, têm como peça-chave o Gabinete de Segurança Institucional da Presidência da República – conforme previsão feita pela Lei nº 12.462/11, que altera a redação da Lei nº 10.683/03.

Sobre o objeto tutelado pelo inciso I do art. 23 da LAI, podemos abordar um caso interessante, que se tratava de pedido feito pelo

---

última instância de decisão, com poderes para impor-se às diversas vontades individuais e coletivas que ele controla" (BOBBIO, *op. cit.*, p. 312).

[483] BOBBIO, *op. cit.*, p. 312.
[484] BOBBIO, *op. cit.*, p. 1179-1180.
[485] BOBBIO, *op. cit.*, p. 314.
[486] O tema é de tamanha importância, que a Constituição Federal dispõe que se considera crime de responsabilidade colocar em risco a segurança nacional (art. 85, inciso IV). Além disso, o disposto nos arts. 89 a 91 do texto constitucional, que tratam das atribuições dos Conselhos da República e de Defesa, devem ser amplamente considerados à espécie. O Ministério da Defesa também é órgão-chave em matéria de segurança nacional, assim como a Agência Brasileira de Inteligência, a ABIN.

Ministério Público para ter acesso a dados colhidos pelo Ministério da Aeronáutica, diante de acidente aéreo, a fim de que estas informações pudessem subsidiar a persecução penal. O STJ decidiu que não se poderia negar a disposição das informações requeridas, dado que não havia comprometimento da segurança nacional no caso em questão.[487] Em outro caso interessante, a mesma corte de justiça[488] decidiu que não atenta contra a segurança do Presidente e do Vice-Presidente da República, ou de suas famílias, o conhecimento dos gastos efetuados com cartão corporativo do Governo Federal.

Ainda no tema, não se consideram sigilosas as informações relativas às verbas indenizatórias para exercício da atividade parlamentar. Estes dados não se amoldam em nenhuma hipótese de sigilo, seja ligado à segurança ou à intimidade, que justifique genericamente seu caráter sigiloso.[489]

3 Comprometimento das relações internacionais

O inciso II disciplina os casos em que o acesso aos dados públicos possa comprometer as relações internacionais mantidas pelo Estado brasileiro. A regra procura, novamente, proteger uma questão candente que se liga, de forma íntima, à soberania brasileira. De acordo com o art. 84, VII, da CF/1988, cabe ao Presidente da República estabelecer as relações com os Estados estrangeiros. Dessa forma, o núcleo principal das informações sobre esse tema é de responsabilidade da União.

Em um julgado bastante interessante sobre o tema,[490] o Superior Tribunal de Justiça definiu que o Ministério das Relações Exteriores não pode sonegar o nome de quem recebe passaporte diplomático emitido na forma do parágrafo 3º do art. 6º do Anexo do Decreto 5.978/2006. Em um balanceamento de bens, considerou-se que o interesse público pertence à esfera pública. Logo, "[...] o que se faz em seu nome está sujeito ao controle social, não podendo o ato discricionário de emissão daquele documento ficar restrito ao

---
[487] STJ, MS nº 5.370, 1ª Seção, Rel. Min. Demócrito Reinaldo, j. 12.11.1997.
[488] STJ, MS nº 20.895-DF, Rel. Min. Napoleão Maia Filho, 1ª Seção, j. 12.11.2014.
[489] Assim decidiu o STF (MS nº 28.178, Rel. Min. Roberto Barroso, Pleno, j. 04.03.2015).
[490] STJ, MS 16.179-DF, Rel. Min. Ari Pargendler, 1ª Seção, j. 9.4.2014.

domínio do círculo do poder". A partir disto, trouxe a lume uma premissa bastante contundente, a saber: *a noção de interesse público não pode ser linearmente confundida com "razões de Estado"*. Claro que não deixou de referir que até é possível que o interesse público justifique o sigilo, mas não no caso julgado naquela ação constitucional.

4 Risco à vida, à segurança e à saúde da população

As informações que possam colocar em risco a vida, a segurança e a saúde da população são consideradas hipóteses de sigilo, na linha do texto do inciso III. Trata-se de dispositivo de suma importância, porque preserva, do conhecimento público, informações que possam levar à violação da incolumidade da população. Muitas vezes, a perseguição de um agente criminoso ou terrorista não deve ser divulgada para permitir o sucesso da captura e para evitar o alarme da população. Imagine outra situação: certo laboratório público, diante de pesquisas preliminares, descobre que determinado medicamento possui potencial de cura a outra doença que não aquela para o qual foi originalmente criado. Perceba que essa informação somente poderá ser divulgada quando os testes assegurarem que o fármaco possui essa efetiva potencialidade, sem causar efeitos colaterais inadmissíveis ao ser humano. Neste último caso, a divulgação prematura dos dados pode conduzir a população, na ânsia pela cura, a um consumo desenfreado do remédio, sem que se saibam, ao certo, os efeitos danosos dele.

Contudo, há informações que *devem* ser divulgadas justamente para garantir a proteção à saúde e à segurança dos indivíduos, como no caso de se ter uma epidemia, uma queimada, um desastre ambiental etc. O conhecimento rápido dessas informações é de importância vital na salvaguarda da incolumidade de todos os atingidos.

5 Estabilidade econômica, financeira e monetária do país

Já o inciso IV do art. 23 da LAI trata de tema de suma importância, que é a estabilidade econômica, financeira e monetária do País, temas ligados à soberania da Nação brasileira. O sigilo de certos dados e informações é aspecto vital para a salvaguarda internacional do País, bem como para a manutenção do equilíbrio econômico nacional. Veja que o montante de reservas cambiais pode ser uma informação importantíssima para a estratégia econômica do governo, o que franqueia seu sigilo.

Por isso, fica clara a estrita relação entre o inciso IV e os princípios fundamentais da República (art. 1º, inciso I, da CF/1988) e da ordem econômica e financeira (art. 170, *caput* e inciso I, da CF/1988), ambos tendo como princípio reitor a preservação da soberania. E o Ministério da Fazenda possui atuação singular nessa área, devendo capitanear, certamente, a análise da maioria dos pedidos de acesso à informação nessa matéria,[491] bem como prestar assessoria no que se refere à classificação de dados e informações pertinentes à temática do inciso IV.

Tanto em épocas de amarga inflação generalizada como em épocas de estabilidade financeira, o sigilo das informações monetárias, cambiais e financeiras foi sempre nodal à espécie. Aliás, cada vez mais assim o será, especialmente a partir da intensa inserção do Brasil no cenário econômico internacional.

6 Risco a planos ou operações estratégicas das Forças Armadas

Os planos estratégicos das forças armadas, sem sombra de dúvidas, guardam, por sua natureza, a necessidade intrínseca de sigilo (art. 23, inciso V). Perceba que se trata de típica questão de segurança nacional. A disponibilidade de informações desse jaez compromete e fragiliza por completo a defesa da Nação, por ofertar aos demais países, por exemplo, dados precisos do

---

[491] Lei nº 10.683, de 28 de maio de 2003, art. 27: "Os assuntos que constituem áreas de competência de cada Ministério são os seguintes: [...] XII – Ministério da Fazenda: a) moeda, crédito, instituições financeiras, capitalização, poupança popular, seguros privados e previdência privada aberta; b) política, administração, fiscalização e arrecadação tributária e aduaneira; c) administração financeira e contabilidade públicas; d) administração das dívidas públicas interna e externa; e) negociações econômicas e financeiras com governos, organismos multilaterais e agências governamentais; f) preços em geral e tarifas públicas e administradas; g) fiscalização e controle do comércio exterior; h) realização de estudos e pesquisas para acompanhamento da conjuntura econômica".

posicionamento das tropas brasileiras, seu tipo de armamento, a quantidade de homens à disposição bélica etc., o que levaria ao completo enfraquecimento da defesa nacional, deixando-a por deveras vulnerável.

7 Risco aos projetos de pesquisa

Os projetos de pesquisa são típicas atuações estratégicas que devem ser mantidas em segredo (inciso VI do art. 23), uma vez que geram, ainda que potencialmente, uma vantagem econômica e institucional no cenário nacional e internacional. Dados desse teor são sensíveis ao desfalque da concorrência, motivo pelo qual elimina, por completo, a possibilidade de acesso pela via da LAI. É interessante notar que um projeto científico que recebeu investimento público durante anos pode deixar de gerar benefícios à população pela simples revelação do seu conteúdo. Pense no caso de um centro de pesquisa médica estatal ter descoberto a cura de uma doença grave e, antes mesmo de patentear tal invento, os dados são fornecidos a um laboratório privado, pela via da lei de acesso. O laboratório se antecipa nesse intento e passa a vender o fármaco no mercado, a um alto custo, enquanto que, se o remédio fosse dispensado pelo laboratório estatal, não teria, quiçá, custo algum.

8 Risco às instituições ou altas autoridades nacionais ou estrangeiras e seus familiares

O inciso VII traz disposição que visa, antes de tudo, a proteger a soberania nacional, na medida em que guarnece quem representa o Estado brasileiro em última instância. Assim, informações que possam pôr em risco a segurança de instituições ou de altas autoridades nacionais ou estrangeiras e seus familiares não devem ser divulgadas. Veja que comprometeria a segurança do Presidente da República caso se revelassem dados relativos aos seus horários, à sua agenda, ao itinerário que a frota oficial faz ou fará etc.

Veja que o STJ entendeu que a divulgação de elementos relativos a gastos custeados diretamente pelo Erário referentes a ex-presidentes da República não está vedada pela LAI. "Por isso, as compras efetuadas com cartão de pagamentos do Governo Federal pela ex-chefe do Escritório da Presidência da República em São Paulo durante [...] podem ser publicizadas de forma detalhada". Mas fez uma ressalva:

> [...] devem ser classificadas como reservadas informações que ensejam a mera possibilidade de colocar em risco a segurança das pessoas mencionadas no §2.º do art. 24 da Lei n.º 12.527/2011, impondo-se a ressalva legal para a divulgação de dados pormenorizados que se refiram à atual Presidente, ao Vice-Presidente da República, respectivos cônjuges e filhos(as), no período que corresponder à duração de seus mandatos.

Logo, os gastos com o "cartão corporativo" devem ser considerados sigilosos durante o mandato em curso, mas este sigilo não persiste com o seu término.[492]

9 Risco a atividades de inteligência ou de investigação

Por fim, não se podem revelar as informações que possam prejudicar atividades de inteligência, bem como de investigação ou fiscalização em andamento, relacionadas com a prevenção ou repressão de infrações (inciso VIII). Conforme se depreende da listagem que segue, essa previsão de sigilo já era prevista em inúmeros dispositivos legais específicos e tem sua razão de ser por motivos óbvios. No tema, um julgado interessante levado ao STJ determinou:

> [...] Autoridade Central brasileira disponibilize à parte impetrante, única e tão somente, informações que revelem a existência, ou não, de eventuais pedidos de cooperação internacional formulados, isolada ou reciprocamente, pelas Autoridades Centrais brasileira e norte-americana, relativos às ações penais especificadas na petição inicial destes autos. Positivada que resulte a existência de pedidos de cooperação em relação a qualquer delas, a autoridade impetrada, então, deverá se restringir a informar apenas aqueles dados objetivamente relacionados nas letras a, b, c e d, do item 2 do artigo IV do mencionado Acordo Bilateral.

---

[492] STJ, AgRg na MC nº 25.006-DF, Rel. Min. Laurita Vaz, Corte Especial, j. 04.05.2016.

Tratava-se de pedido de acesso de investigado na chamada Operação Lava Jato.[493]

10 Outros casos de sigilo previstos em leis esparsas

Assim, no que se refere ao sistema jurídico brasileiro, podemos sistematizar os casos de sigilo na lista de itens que segue:[494]
- (a) quando se tratar de segredo de justiça (art. 22, segunda parte, da LAI), norma complementada pelo art. 155, I, do CPC;
- (b) quando se tratar de segredo industrial decorrente da exploração direta de atividade econômica pelo Estado ou por pessoa física ou entidade privada que tenha qualquer vínculo com o Poder Público (art. 22, terceira parte, da LAI);
- (c) quando puser em risco a defesa e a soberania nacionais ou a integridade do território nacional (art. 23, I, da LAI);[495]
- (d) quando prejudicar ou pôr em risco a condução de negociações ou as relações internacionais do País (art. 23, II, primeira parte, da LAI);
- (e) quando se tratar de informações que tenham sido fornecidas em caráter sigiloso por outros Estados e organismos internacionais (art. 23, II, segunda parte, da LAI);
- (f) quando puser em risco a vida, a segurança ou a saúde da população (art. 23, III);
- (g) quando oferecer elevado risco à estabilidade financeira, econômica ou monetária do País (art. 23, IV);

---

[493] STJ, MS nº 26.627-DF, Rel. Min. Sérgio Kukina, 1ª Seção, j. 27.04.2022.

[494] A título comparativo, apresentam-se alguns casos de sigilo definidos na legislação esparsa de Portugal: a proteção de invenções, patentes, modelos e desenhos industriais ficou disciplinada nos arts. 57º *et seq.*, 93º *et seq.*, 139º e 141º, todos do *Código da Propriedade Industrial* (DL nº 16/1995); a proteção ao direito do autor de invento científico ou de obra literária ou artística ficou protegida no art. 9º, do DL nº 63/1985, aliado aos arts. 9º e 10º, da *Convenção de Berna*, ratificada e incorporada por Portugal; os arts. 13º, 18º e 45º do *Código de Mercado de Valores Mobiliários* (DL nº 142-A/1991) tratam da proteção do segredo profissional dos membros dos órgãos da comissão de valores mobiliários de Portugal; o sigilo dos atos profissionais dos advogados ficou albergado pelo art. 81º, DL nº 84/1994, que institui o *Estatuto da Ordem dos Advogados*; mesmo segredo ficou estendido aos médicos (DL nº 282/1977, que trata do *Estatuto da Ordem dos Médicos*), etc.

[495] Cabe referir que as situações de sigilo guarnecidas pelos incisos do art. 23 devem sempre estar coligadas ao *caput* deste mesmo dispositivo, ou seja, a informação não deve ser revelada desde que seja considerada imprescindível à segurança da sociedade ou do Estado.

(h) quando prejudicar ou causar risco a planos ou operações estratégicos das Forças Armadas (art. 23, V);
(i) quando possa prejudicar ou causar risco a projetos de pesquisa e desenvolvimento científico ou tecnológico (art. 23, VI, primeira parte);
(j) quando possa prejudicar sistemas, bens, instalações ou áreas de interesse estratégico nacional (art. 23, VI, segunda parte);
(k) quando puser em risco a segurança de instituições ou de altas autoridades nacionais ou estrangeiras e seus familiares (art. 23, VII);
(l) quando comprometer atividades de inteligência, bem como de investigação ou fiscalização em andamento, relacionadas com a prevenção ou repressão de infrações (art. 23, XIX);
(m) quando desrespeite a intimidade, a vida privada, a honra e a imagem das pessoas, bem como as liberdades e garantias individuais (art. 31, *caput*);
(n) as demais hipóteses legais de sigilo, podendo ser exemplificadas as seguintes:

(n.1) o sigilo das comunicações (art. 5º, XII, da CF/1988);
(n.2) o sigilo de dados (art. 5º, X e XII, da CF/1988);
(n.3) o sigilo da fonte (art. 5º, XIV, da CF/1988);
(n.4) o sigilo das votações (arts. 5º, XXXVIII, "b"; 14; 52, III, IV e XI; 55, §2º; 66, §4º; 119, I; 120, §1º, I; e 130-A, §3º, da CF/1988);
(n.5) o sigilo quando decretado *estado de sítio* (art. 139, inciso III, da CF/1988);
(n.6) o sigilo do inquérito policial (art. 20, *caput*, do CPP);
(n.7) o sigilo dos registros criminais em nome do acusado, (art. 20, parágrafo único, do CPP);
(n.8) o sigilo profissional (art. 154 do CP e art. 230 do CPM);
(n.9) o segredo particular (art. 153 do CP e art. 228 do CPM);
(n.10) o sigilo fiscal e bancário (art. 198 do CTN, Lei nº 5.172/1966, Leis Complementares nºs 104 e 105/2001);
(n.11) o sigilo de operação ou serviço prestado por instituição financeira (Lei Complementar nº 105/2001 e art. 18 da Lei nº 7.492/86);

(n.12) o sigilo do processo administrativo disciplinar quando for necessário à apuração das irregularidades (art. 150 da Lei nº 8.112/90);
(n.13) o sigilo sobre assunto da repartição, sendo dever do funcionário público em manter este segredo (art. 116, inciso VIII, da Lei nº 8.112/90 e art. 325 do CP);
(n.14) o sigilo dos processos que correm perante os Tribunais de Contas (arts. 53 a 55 da Lei nº 8.443/92);
(n.15) o sigilo da proposta apresentada em procedimento licitatório (art. 3º, §3º, da Lei nº 8.666/93);
(n.16) o sigilo na atuação do servidor público (item VII da Seção I do Capítulo I do Decreto nº 1.171/94 – *Código de Ética Profissional do Servidor Público Civil do Poder Executivo Federal*);
(n.17) o sigilo industrial (art. 195 da Lei nº 9.279/96), inclusive no que se refere ao procedimento de exame de patentes (arts. 30 e 75 da mesma lei);
(n.18) o sigilo contido na área das telecomunicações (art. 39 da Lei nº 9.472/97);
(n.19) o sigilo envolvendo a proteção de vítimas e de testemunhas (Lei nº 9.807/99);
(n.20) o sigilo dos atos da ABIN (art. 9º da Lei nº 9.883/99).
(n.21) o sigilo pertinente aos administradores de sociedades anônimas, no que se refere a certos tipos de informação (art. 155, §1º, da Lei nº 6.404/76). Tal proteção incide sobre dois objetos: as informações de cunho estratégico da empresa e os dados ligados ao mercado de valores mobiliários. O referido sigilo ainda vem normatizado por várias diretivas (atos normativos) expedidas pela Comissão de Valores Mobiliários.

Veja que o caso de sigilo previsto no art. 86 do Decreto-Lei nº 200/67[496] foi considerado não recepcionado pela CF/88 na ADPF nº 129. O STF considerou que ele impunha restrição ao direito de acesso à informação não amparada pelo art. 5º, inciso XXXIII, da CF/88.

---

[496] Decreto-Lei nº 200/1967: "Art. 86. A movimentação dos créditos destinados à realização de despesas reservadas ou confidenciais será feita sigilosamente e nesse caráter serão tomadas as contas dos responsáveis".

A título exemplificativo, quanto ao *segredo profissional*, inúmeras leis já faziam previsão acerca desta "imunidade" no que se refere ao acesso a este tipo de informação. São as hipóteses, *v.g.*, do art. 7º, II, da Lei nº 8.906/1994[497] (*Estatuto da Advocacia e da Ordem dos Advogados do Brasil – OAB*) e dos arts. 73 a 79 da Resolução nº 1.931/2009, aprovada pelo Conselho Federal de Medicina, que institui o *Código de Ética Médica*.[498]

O *Estatuto da Criança e Adolescente (ECA)* – Lei nº 8.069/1990 – possui inúmeros dispositivos determinando o sigilo de informações que possam expor a criança ou o adolescente. Enfim, os processos que tenham como parte uma dessas pessoas naturais devem correr sigilosamente, somente tendo acesso a eles as partes e seus respectivos advogados, os serventuários da justiça, o magistrado e os membros do Ministério Público.

Ainda, muito conhecidos são os casos em que se decreta o *segredo de justiça*, previsto no art. 155 do CPC, nos seguintes casos: "I – em que o exigir o interesse público; II – que dizem respeito a casamento, filiação, separação dos cônjuges, conversão desta em divórcio, alimentos e guarda de menores". Trata-se de norma que visa a proteger as próprias partes demandantes.

Aliás, as hipóteses de restrição de acesso normalmente têm por fundamento-base a proteção de outro bem jurídico.[499] É o caso do art. 20 do CPP, que trata dos casos em que a autoridade policial pode decretar o sigilo do inquérito policial, para o fim de permitir a investigação de delitos.[500]

---

[497] Lei nº 8.906/1994, art. 7º: "São direitos do advogado: [...] II – a inviolabilidade de seu escritório ou local de trabalho, bem como de seus instrumentos de trabalho, de sua correspondência escrita, eletrônica, telefônica e telemática, desde que relativas ao exercício da advocacia".

[498] Resolução nº 1.931, de 17 de setembro de 2009, aprovada pelo Conselho Federal de Medicina: "[...] Capítulo IX Sigilo Profissional. É vedado ao médico: Art. 73. Revelar fato de que tenha conhecimento em virtude do exercício de sua profissão, salvo por motivo justo, dever legal ou consentimento, por escrito, do paciente".

[499] Bem por isso que Delpiazzo (*op. cit.*, p. 6-7) afirma que a restrição deve ser motivada a tal ponto, que tal fundamentação supere a regra geral em prol da transparência. Não se pode esquecer, como bem adverte o autor, que estas razões sejam legítimas e atendíveis, sempre tendo por pano de fundo os primados republicanos do País.

[500] "O acórdão recorrido, além de fundamentar a sua decisão na necessidade da manutenção do sigilo do procedimento investigatório, acrescentou que o acesso ao inquérito colocaria em risco a segurança do Estado e da sociedade, fundamento este intacado pela parte recorrente. Óbice da Súmula 283 desta Casa Maior da Justiça brasileira.

Contudo, neste último caso, essa hipótese de sigilo não pode ser oposta ao acusado ou ao seu advogado,[501] sendo que a doutrina[502] e a jurisprudência[503] acompanham este posicionamento. Ainda, referente ao tema, a Súmula Vinculante nº 14, do STF, estabeleceu importantes paradigmas ao tema, constando que: "É direito do defensor, no interesse do representado, ter acesso amplo aos elementos de prova que, já documentados em procedimento investigatório realizado por órgão com competência de polícia judiciária, digam respeito ao exercício do direito de defesa".

O *sigilo fiscal* reclama que não sejam divulgadas questões relativas ao balanço das empresas, à contabilidade, ao ativo e ao passivo, enfim, dados que reflitam o percentual de impostos arrecadados ou que deixaram de ser arrecadados. Essas informações, em nossa ótica, não podem ser divulgadas pelo agente público quando este as recebeu nos limites da sua atuação profissional – conforme dispõe a cabeça do art. 198 do CTN. Destaca-se, outrossim, que o mesmo artigo, nos incisos I e II, excetua a hipótese de sigilo fiscal em dois casos:

(a) quando há requisição de autoridade judiciária no interesse da justiça; e

(b) no caso de solicitações de autoridade administrativa no interesse da Administração Pública, desde que seja comprovada a instauração regular de processo administrativo,

---

Agravo regimental desprovido" (STF, RE nº 376.749/RS, AgR, Rel. Min. Carlos Britto, 1ª Turma, j. 30.06.2004).

[501] Essa hipótese de sigilo não atinge o advogado, salvo os casos de segredo de justiça legalmente previstos e declarados pelo magistrado (art. 7º, XIII e XIV, e §1º, da Lei nº 8.906/1994).

[502] SAAD. *O direito de defesa no inquérito policial*, p. 340, 366; MIRABETE. *Código de processo penal interpretado*: referências doutrinárias, indicações legais, resenha jurisprudencial, p. 62.

[503] "Investigação sigilosa do Ministério Público Federal. Sigilo inoponível ao patrono do suspeito ou investigado. Intervenção nos autos. Elementos documentados. Acesso amplo. Assistência técnica ao cliente ou constituinte. Prerrogativa profissional garantida. Resguardo da eficácia das investigações em curso ou por fazer. Desnecessidade de constarem dos autos do procedimento investigatório. HC concedido. Inteligência do art. 5º, LXIII, da CF, art. 20 do CPP, art. 7º, XIV, da Lei nº 8.906/94, art. 16 do CPPM, e art. 26 da Lei nº 6.368/76 Precedentes. É direito do advogado, suscetível de ser garantido por habeas corpus, o de, em tutela ou no interesse do cliente envolvido nas investigações, ter acesso amplo aos elementos que, já documentados em procedimento investigatório realizado por órgão com competência de polícia judiciária ou por órgão do Ministério Público, digam respeito ao constituinte" (STF, HC nº 88.190/RJ, Rel. Min. Cezar Peluso, 2ª Turma, j. 29.08.2006).

no órgão ou na entidade respectiva, com o objetivo de investigar o sujeito passivo a que se refere a informação, por prática de infração administrativa.[504]

Para a apuração do montante devido, quando da constituição do crédito tributário, é necessário que o fisco tenha conhecimento do trânsito de valores patrimoniais dos cidadãos e das demais instituições. Tal medida, além disso, visa a apurar a legitimidade das transações e o cumprimento das obrigações fiscais. O desconhecimento desses dados pode sim acarretar um prejuízo sensível ou mesmo impossibilitar por completo a atuação da fazenda pública. Aqui, da mesma forma como em outros momentos, percebemos a evidência de um debate muito anterior, calcado em um juízo de ponderação entre dois valores constitucionais: a intimidade e o interesse público.[505] Restou, assim, ao intérprete definir os limites desse segredo, que, por consequência lógica, delimitam os limites da atuação dos agentes tributários na quebra (ou não) do sigilo bancário, por exemplo.[506]

A partir dos dispositivos constantes no Código Tributário Nacional, podemos concluir que a Fazenda Pública não pode divulgar as informações fiscais relativas aos contribuintes, conforme disposições constantes neste diploma normativo. Contudo, o próprio CTN excepciona casos em que a divulgação é permitida, a saber:

(a) requisição judicial;
(b) solicitação de autoridade administrativa;
(c) permuta entre as Fazendas da União, dos Estados, dos Municípios e do Distrito Federal (art. 199, CTN);
(d) representações fiscais para fins penais;
(e) inscrições da Dívida Ativa da Fazenda Pública;
(f) diante de parcelamento ou moratória.

Nesse contexto, a Lei Complementar nº 105/2001 estabeleceu a possibilidade de as autoridades fazendárias federais quebrarem

---

[504] Veja que os livros comerciais não estão sujeitos ao sigilo, na linha do que dispõe a Súmula nº 439, STF. Contudo, a análise deve se limitar aos pontos objeto da investigação.
[505] MELO, op. cit., p. 446. Conferir ainda: PAULSEN. Curso de direito tributário, p. 213.
[506] "O sigilo bancário, espécie de direito à privacidade protegido pela Constituição de 1988, não é absoluto, pois deve ceder diante dos interesses público, social e da Justiça. Assim, deve ceder também na forma e com observância de procedimento legal e com respeito ao princípio da razoabilidade. Precedentes" (STF, AI nº 655.298 AgR, Rel. Min. Eros Grau, 2ª Turma, j. 04.9.07).

o sigilo fiscal, podendo solicitar, sem reserva de jurisdição, diretamente ao Banco Central, à Comissão de Valores Mobiliários ou às instituições financeiras, certos dados bancários e financeiros do contribuinte. Antes da edição dessa legislação, a jurisprudência não concedia permissão de quebra do sigilo sem a reserva de jurisdição, ou seja, despida de uma decisão judicial pertinente, questionando, justamente, a constitucionalidade desta medida.[507] Contudo, essa jurisprudência foi superada, reconhecendo-se, assim, a possibilidade de os agentes fazendários solicitarem dados bancários dos contribuintes sem a necessidade de uma decisão judicial que lhes dê amparo.[508]

No entanto, a questão ainda tem consumido disputas judiciais, recebendo tamanha controvérsia jurídica que o próprio STF atribuiu repercussão geral ao tema.[509] E essa medida não veio ao acaso, uma vez que, no próprio âmbito da Suprema Corte, a constitucionalidade da referida lei não é matéria pacífica.[510] Também, foi fixada tese no Tema nº 582: "Cabimento de habeas data para fins de *acesso a informações* incluídas em banco de dados denominado SINCOR – Sistema de Conta-Corrente de Pessoa Jurídica, da Receita Federal".

É importante perceber que somente as autoridades nominadas na Lei Complementar nº 105/2001 é que possuem a prerrogativa da quebra de sigilo. Os dispositivos da referida legislação não podem ser

---

[507] STJ, Resp. nº 121.642/DF, Rel. Min. Demócrito Reinaldo, 1ª Turma, j. 21.08.97.

[508] STJ, Resp. nº 498.354/SC, Rel. Min. Luiz Fux, 1ª Turma, j. 02.12.03; AgRg no Resp. nº 513.540/PR, Rel. Min. Teori Albino Zavascki, 1ª Turma, j. 07.02.06.

[509] CONSTITUCIONAL. SIGILO BANCÁRIO. FORNECIMENTO DE INFORMAÇÕES SOBRE MOVIMENTAÇÃO BANCÁRIA DE CONTRIBUINTES, PELAS INSTITUIÇÕES FINANCEIRAS, DIRETAMENTE AO FISCO, SEM PRÉVIA AUTORIZAÇÃO JUDICIAL (LEI COMPLEMENTAR 105/2001). POSSIBILIDADE DE APLICAÇÃO DA LEI 10.174/2001 PARA APURAÇÃO DE CRÉDITOS TRIBUTÁRIOS REFERENTES A EXERCÍCIOS ANTERIORES AO DE SUA VIGÊNCIA. RELEVÂNCIA JURÍDICA DA QUESTÃO CONSTITUCIONAL. EXISTÊNCIA DE REPERCUSSÃO GERAL. (STF, RE nº 601.314 RG/SP, Rel. Min. Ricardo Lewandowski, j. 22.10.09).

[510] "SIGILO DE DADOS BANCÁRIOS – RECEITA FEDERAL. Conflita com a Carta da República norma legal atribuindo à Receita Federal – parte na relação jurídico-tributária – o afastamento do sigilo de dados relativos ao contribuinte. [...]" (STF, RE nº 389.808/PR, Rel. Min. Marco Aurélio, Pleno, j. 15.12.10). Em sentido contrário: "Agravo regimental em recurso extraordinário. Possibilidade de quebra de sigilo bancário pela autoridade administrativa sem prévia autorização do Judiciário" (STF, RE nº 261.278 AgR-PR, Rel. Min. Carlos Velloso, Rel. para o acórdão Min. Gilmar Mendes, 2ª Turma, j. 01.04.08).

interpretados extensivamente,[511] da mesma maneira que se mostra ilegítimo o envio à Receita Federal de dados sigilosos colhidos em inquérito policial, com autorização do Poder Judiciário.[512] Dessa forma, em termos práticos, consideram-se albergadas pelo art. 198 do CTN, ou seja, de caráter sigiloso, as informações relativas à arrecadação de cada contribuinte. Assim, os órgãos fiscais não poderiam fornecer dados de quanto foi o recolhimento de imposto de produtos industrializados (IPI) ou de imposto sobre circulação de mercadorias e serviços (ICMS) de contribuintes específicos.

A partir dessa perspectiva, poder-se-ia questionar se os *incentivos fiscais* estariam inseridos no âmbito de proteção do dispositivo, ou seja, se estariam englobados pelo termo "situação econômica e financeira". Mais especificamente: poderia um cidadão solicitar informações sobre um incentivo fiscal concedido a um contribuinte específico? Se a resposta for positiva, quais os limites para essa solicitação?

Os incentivos fiscais podem ser considerados como sendo um método indutor da economia por meio de investimentos privilegiados, que tem por meta atrair os particulares para atuar em determinados setores considerados vitais ao Estado, tornando estes sujeitos colaboradores das metas econômicas e sociais estabelecidas pelo ente público. Os incentivos fiscais podem derivar de inúmeros

---

[511] Dessa forma, declarou-se que o Tribunal de Contas da União não possui legitimidade para quebrar o sigilo fiscal dos contribuintes, sem reserva de jurisdição. "MANDADO DE SEGURANÇA. TRIBUNAL DE CONTAS DA UNIÃO. QUEBRA DE SIGILO BANCÁRIO. IMPOSSIBILIDADE. SEGURANÇA CONCEDIDA. O Tribunal de Contas da União, a despeito da relevância das suas funções, não está autorizado a requisitar informações que importem a quebra de sigilo bancário, por não figurar dentre aqueles a quem o legislador conferiu essa possibilidade, nos termos do art. 38 da Lei 4.595/1964, revogado pela Lei Complementar 105/2001. Não há como admitir-se interpretação extensiva, por tal implicar restrição a direito fundamental positivado no art. 5º, X, da Constituição. Precedente do Pleno (MS nº 22801, rel. min. Menezes Direito, *DJe*-047 de 14.03.2008.) Ordem concedida" (STF, MS nº 22.934/DF, Rel. Min. Joaquim Barbosa, 2ª Turma, j. 17.04.12).

[512] PENAL E PROCESSUAL PENAL. INQUÉRITO. QUEBRA DE SIGILO BANCÁRIO. COMPARTILHAMENTO DAS INFORMAÇÕES COM A RECEITA FEDERAL. IMPOSSIBILIDADE. AGRAVO IMPROVIDO. I – Não é cabível, em sede de inquérito, encaminhar à Receita Federal informações bancárias obtidas por meio de requisição judicial quando o delito investigado for de natureza diversa daquele apurado pelo fisco. II – Ademais, a autoridade fiscal, em sede de procedimento administrativo, pode utilizar-se da faculdade insculpida no art. 6º da LC 105/2001, do que resulta desnecessário o compartilhamento *in casu*. III – Agravo regimental desprovido. (STF, Inq. nº 2.593 AgR-DF, Rel. Min. Ricardo Lewandowski, Pleno, j. 09.12.10).

mecanismos, como imunidades, isenções, créditos-prêmio, alíquotas reduzidas, bonificações etc. Então, com muita facilidade, pode-se compreender que os incentivos fiscais se aproximam de uma espécie de *renúncia de receita*.

Sendo assim, principalmente frente aos elementos dogmáticos dos incentivos fiscais, considera-se que eles não estariam albergados pelo sigilo fiscal do art. 198 do CTN. O que não impede que sejam compreendidos como estando incluídos em outra forma de sigilo. Por exemplo, por hipótese, determinado incentivo fiscal visa a guarnecer a segurança nacional, logo, sua revelação pode pôr em risco esta última, sendo, então, vedado o acesso aos dados relativos ao incentivo. Claro que a autoridade pública, em caso de enquadrar o incentivo nesse exemplo hipotético, deverá expedir a devida motivação.

Então, em regra, as informações sobre os incentivos fiscais devem ser de conhecimento de todos. Há, aqui, nítido interesse público incidente no sentido de que cada um do povo possa saber sobre um tema que é de interesse da coletividade, *v.g.*, ligado ao tema de despesas públicas (no caso, à renúncia de receitas). Esse é, ao nosso sentir, um assunto de estrita ligação com a necessidade de transparência e de controle social do exercício da atividade pública.

Há casos em que a informação sobre o incentivo confunde-se com informações pessoais ou mesmo com questões de sigilo fiscal. Logo, o dado sobre o incentivo pode trazer, conjuntamente, informações sobre a situação econômica do contribuinte. Nesses casos, a autoridade deve, ao máximo, tentar partilhar a informação e fornecer aquilo que seja passível de conhecimento geral, ou seja, aquilo que não comprometa a integridade econômica do contribuinte, violando sua intimidade. Não se pode, no caso, corromper a situação econômica ou financeira da empresa.[513]

A LAI permitiu que os dados sigilosos sejam disponibilizados depois de certo tempo.[514] O combate à corrupção, por exemplo, terá uma nova ferramenta, porque, além de ser indispensável ao exercício

---

[513] No que se refere a dados relativos à natureza ou ao estado dos negócios, ou à atividade da empresa, a revelação de informações públicas conexas a estas categorias deve ser feita com todo o cuidado.

[514] Lembrando que a LAI veda o sigilo eterno, o que implementa um controle efetivo sobre a máquina pública.

da cidadania e à promoção da ética, o acesso à informação pública reveste-se de um dos mais fortes instrumentos de combate a esta chaga. A ampliação da transparência é, por assim dizer, questão muito em voga nesse aspecto.

      Por fim, resta dizer que o art. 23 irrompe uma lista de matérias que podem receber a pecha de sigilosas. Contudo, o grau do sigilo e seu respectivo prazo serão tutelados pelo art. 24. Em termos mais objetivos, será o dispositivo seguinte que conferirá uma qualificação às hipóteses de sigilo discriminadas pelo artigo ora comentado.

Art. 24. A informação em poder dos órgãos e entidades públicas, observado o seu teor e em razão de sua imprescindibilidade à segurança da sociedade ou do Estado, poderá ser classificada como ultrassecreta, secreta ou reservada.

§1º Os prazos máximos de restrição de acesso à informação, conforme a classificação prevista no caput, vigoram a partir da data de sua produção e são os seguintes:

I – ultrassecreta: 25 (vinte e cinco) anos;

II – secreta: 15 (quinze) anos; e

III – reservada: 5 (cinco) anos.

§2º As informações que puderem colocar em risco a segurança do Presidente e Vice-Presidente da República e respectivos cônjuges e filhos(as) serão classificadas como reservadas e ficarão sob sigilo até o término do mandato em exercício ou do último mandato, em caso de reeleição.

§3º Alternativamente aos prazos previstos no §1º, poderá ser estabelecida como termo final de restrição de acesso a ocorrência de determinado evento, desde que este ocorra antes do transcurso do prazo máximo de classificação.

§4º Transcorrido o prazo de classificação ou consumado o evento que defina o seu termo final, a informação tornar-se-á, automaticamente, de acesso público.

§5º Para a classificação da informação em determinado grau de sigilo, deverá ser observado o interesse público da informação e utilizado o critério menos restritivo possível, considerados:

I – a gravidade do risco ou dano à segurança da sociedade e do Estado; e

II – o prazo máximo de restrição de acesso ou o evento que defina seu termo final.

1 Níveis de classificação

O art. 24 da LAI tem como objeto disciplinar quais seriam os níveis de classificação das informações, ou seja, quais seriam os prazos máximos de sigilo de cada tipo de informação, de acordo com um maior ou menor grau ofertado. Logo, a sistemática albergada pela LAI conecta o grau da informação para com um maior ou menor prazo de sigilo.

A regra ora analisada deve ser reputada de natureza *nacional*, aplicável, portanto, a todos os entes federados indistintamente. Significa dizer, então, que não podem a União, os Estados, os Municípios e o Distrito Federal prever outros níveis de sigilo em sua legislação interna. Logo, a classificação de documentos e informações públicas passa a ser uniforme em toda a Nação, de acordo com as premissas estipuladas pelo art. 24.

A informação em poder dos órgãos e entidades públicas terá um maior ou menor grau de sigilo, observado o seu teor e em razão de sua imprescindibilidade à segurança da sociedade ou do Estado. Logo, serão esses dois vetores que conduzirão a um maior ou a um menor nível de vedação ao acesso dos documentos e das informações públicas. Em termos objetivos, os dados públicos poderão ser classificados como:

(a) *ultrassecretos*, com prazo máximo de restrição de acesso em vinte e cinco anos;
(b) *secretos*, com prazo máximo de quinze anos; ou
(c) *reservados*, com restrição de, no máximo, cinco anos.

Antes da LAI, o Decreto nº 4.553/02 dispunha uma classificação muito parecida com a estruturação feita pelo art. 24, em pauta. Diferenciava-se, contudo, no que se refere aos prazos, que, no decreto, eram por deveras mais elásticos, contendo, inclusive, prazos infinitos de sigilo no que se refere aos documentos tidos por ultrassecretos.

2 Prazos de sigilo

É importante mencionar que o §1º do artigo comentado determina que os prazos máximos de restrição de acesso à informação vigoram a partir da data da produção do dado ou do documento. Logo, no momento em que o documento é produzido – e não a partir de quando é classificado – que inicia o prazo de sigilo, nos limites temporais mencionados.

O §2º do art. 24 estabelece uma regra interessante, porque desde já classifica um tipo de informação em determinado nível, reduzindo, neste caso, por completo a discricionariedade do administrador público. Assim, as informações que colocam em risco a segurança do Presidente e Vice-Presidente e respectivos cônjuges e filhos serão classificadas como reservadas e ficarão sob sigilo até o término do mandato corrente ou até findar o último, em caso de reeleição. Logo, nesses casos, a lei, de antemão, já disse qual será o nível de sigilo.

Veja que a LAI estabeleceu prazos *máximos*, o que, por óbvio, não impede que o gestor público estabeleça ínterins menores, tendo, para tanto, como baluartes hermenêuticos *o interesse público da informação* e *o critério menos restritivo possível, considerando a gravidade do risco ou o dano à segurança da sociedade e do Estado* (art. 24, §5º). Parece válido destacar, nesse contexto, que, muito embora o §1º expressamente estabeleça prazos de restrição de acesso à informação, levando em consideração a classificação dada, o §3º ainda assim permite, alternativamente, a marcação, como termo final de restrição de acesso, a ocorrência de determinado evento, desde que este ocorra antes do transcurso do prazo máximo de classificação. Assim, transcorrido o prazo de classificação ou consumado o evento que defina o seu termo final, a informação tornar-se-á, automaticamente, de acesso público.

Exemplificativamente, o órgão responsável por classificar os documentos públicos pode, alternativamente, dizer que determinado dado é de natureza *secreta* e que ficará restrito por doze anos, salvo se antes não se extinguir o órgão que produziu os dados ora classificados. Assim, transcorrido esse prazo ou consumado o evento que define o seu termo final, a informação se tornará, automaticamente, de acesso público (§4º do art. 24).

É bom que se diga que a LAI impõe, como dever do Estado, controlar o acesso e a divulgação de informações sigilosas produzidas por seus órgãos e entidades, assegurando a sua proteção, controlando e permitindo o acesso somente a pessoas que tenham a real e comprovada necessidade de conhecê-la. Outra obrigação é a proteção dessa informação contra perda, alteração indevida, transmissão e divulgação não autorizada.

Nesse contexto, o art. 24 é mais um dos dispositivos que estampa a lógica da LAI, qual seja, de inverter o paradigma até então vigente. O sigilo, que antes era regra, virou exceção, pois, além de a lei impor várias limitações à possibilidade de restrição do acesso à informação, passou-se a exigir uma aferição contínua das razões que justificaram tal vedação de conhecimento público do dado. Os órgãos públicos ficaram, assim, obrigados a revisar periodicamente as informações classificadas como sigilosas para verificar a real necessidade da manutenção desta classificação ou não e mais para adequar todos os documentos aos níveis de sigilo dispostos pelo art. 24.

3 Competência para classificar os documentos de acordo com o nível de sigilo

Aliás, é importante mencionar que a classificação apresentada nesse dispositivo possui sujeitos ativos específicos que podem conferir determinado grau de sigilo. A LAI teve uma preocupação importante em definir quem efetivamente poderia ou não classificar os documentos, enfim, quem está ou não autorizado pela normativa legal para classificar os documentos, a saber:
   (a) classificações *sigilosa* e *ultrassecreta*: competem ao Presidente da República, ministros, Forças Armadas, chefes de missões diplomáticas e consulares permanentes no exterior e Ministro das Relações Exteriores;
   (b) classificação de informações sigilosas como *secretas*: compete aos titulares da Administração Pública indireta; e
   (c) classificação de informações sigilosas como *reservadas*: cabe às autoridades mencionadas anteriormente e às que exerçam funções de direção, comando ou chefia nível DAS 101.5, ou superior, do Grupo Direção e Assessoramento Superiores, ou de hierarquia equivalente.[515]

Por oportuno, destaca-se que um dos princípios administrativos mais importantes a ser considerado nesse contexto será o *princípio da motivação*. Os procedimentos elencados pela lei que é tema desta obra devem ter como norte, especialmente, o dever de motivar.

---

[515] Para um maior detalhamento a respeito, consultar os comentários feitos ao art. 27.

E isso fica ainda mais patente no tocante à classificação das informações. Ressalta-se que tal classificação deverá ser, sempre, devidamente motivada e justificada. O ato em questão deverá, no mínimo, ter os seguintes elementos, todos eles dispostos no art. 28: assunto, fundamentação conforme critérios do art. 24 para aquela classificação, prazo da restrição do acesso, de acordo com os limites da mesma regra mencionada, e autoridade responsável pela classificação.[516]

Para finalizar, uma questão interessante pode surgir: um documento partitivo, ou seja, contendo informações independentes, pode reclamar graus de sigilo diferentes. Logo, parte dos dados nele contidos, por exemplo, pode receber um grau de sigilo reservado, enquanto outros bem reclamam um grau de sigilo maior (*v.g.* secreto ou ultrassecreto). Nesse caso, o art. 33 do Decreto nº 7.724/12 trouxe à tona uma solução inteligente: na situação de um documento que contenha informações classificadas em diferentes graus de sigilo, será atribuído a ele tratamento do grau de sigilo mais elevado, ficando assegurado o acesso às partes não classificadas por meio de certidão, extrato ou cópia, com ocultação da parte sob sigilo.

---

[516] Não menos importante relembrar que, se estivermos diante de um documento que possa ter sua informação partida, ou seja, fornecido parte do seu conteúdo sem comprometer o restante dos dados, e o sigilo recair parcialmente sobre o documento, será assegurado ao cidadão acesso à parte não abrangida pela reserva de acesso – art. 7º, §2º.

Seção III
Da Proteção e do Controle de Informações Sigilosas

Art. 25. É dever do Estado controlar o acesso e a divulgação de informações sigilosas produzidas por seus órgãos e entidades, assegurando a sua proteção.

§1º O acesso, a divulgação e o tratamento de informação classificada como sigilosa ficarão restritos a pessoas que tenham necessidade de conhecê-la e que sejam devidamente credenciadas na forma do regulamento, sem prejuízo das atribuições dos agentes públicos autorizados por lei.

§2º O acesso à informação classificada como sigilosa cria a obrigação para aquele que a obteve de resguardar o sigilo.

§3º Regulamento disporá sobre procedimentos e medidas a serem adotados para o tratamento de informação sigilosa, de modo a protegê-la contra perda, alteração indevida, acesso, transmissão e divulgação não autorizados.

1 Controle das informações sigilosas como uma política de Estado

De acordo com o que foi exposto, as informações sigilosas, apesar de acabarem sendo exceção frente à regra da acessibilidade, são assim classificadas porque possuem determinado grau de importância em um campo específico. Por exemplo: no caso do campo tecnológico, existem informações que serão classificadas como não passíveis de serem acessadas pelo público em geral, como no caso de dados que, se revelados, puderem prejudicar ou causar risco a projetos de pesquisa e desenvolvimento científico ou tecnológico (art. 23, inciso VI). Assim, esse grau de importância conferido gera a necessidade de que se estabeleçam procedimentos e contenções mínimas ao seu resguardo.

As informações detidas pelo Poder Público, apesar de serem, em geral, de acesso pleno pelo administrado, quando puderem causar algum risco a um determinado bem guarnecido expressamente pela legislação, devem ser classificadas como sigilosas. Sendo assim, quando a mencionada exceção existe, é porque se trata de um caso muito peculiar, que reclama a intervenção do legislador ou do administrador público. Nesse caso, o sigilo da informação passa a ter uma importância vultosa, o que reforma as medidas jurídico-administrativas verificadas no art. 25.

Aliás, se bem visualizadas as hipóteses de sigilo constantes no art. 23, todas elas tratam de casos em que se possa pôr em risco algum bem jurídico de muita relevância à sociedade ou à Nação. Sendo assim, é dever do Estado assegurar o sigilo das informações classificadas como não passíveis de serem conhecidas. Dessa forma, o acesso, a divulgação e o tratamento da informação classificada em qualquer grau de sigilo ficarão restritos a pessoas que tenham necessidade de conhecer o seu conteúdo.

Imagine o caso de uma informação que, se revelada, possa causar risco à estabilidade financeira, econômica ou monetária do País – art. 23, IV. Nada impede, por óbvio, que determinadas autoridades ligadas ao planejamento econômico do País possam ter acesso a elas. O mesmo se diga às informações ligadas ao desenvolvimento científico, certos dados, caso de livre acesso, podem comprometer o sucesso das pesquisas. Mas, por ululante, não se pode vedar o conhecimento das informações aos próprios pesquisadores.

Para tanto, quando uma informação for classificada como sigilosa, as limitadas pessoas que possam ter acesso a ela devem ser credenciadas segundo as normas fixadas, sem prejuízo das atribuições dos agentes públicos autorizados por lei. O cuidado com o manuseio e com a revelação de dados sigilosos foi tamanho, que também foi sancionado como falta funcional grave, prevista nos incisos II e IV do art. 32 da LAI,[517] o mau uso dos dados classificados como secretos.

2 Limites ao acesso de autoridades às informações sigilosas

Portanto, somente pode acessar os documentos públicos quem detém legitimidade para tal mister, em suma, quem for *credenciado* para

---

[517] Para tanto, o Decreto nº 7.845/2012 definiu como deverá ser o manuseio de documentos classificados como sigilosos. Ali, ficaram definidas importantes medidas na contenção do vazamento das informações a que se deve guardar segredo.

manusear as informações ou os dados que não podem ser revelados, por terem sido classificados como sigilosos (art. 25, §2º). No âmbito federal, o parágrafo único do art. 18 do Decreto nº 7.845/2012 permitiu que pessoa não credenciada ou não autorizada por ato normativo qualquer pode, excepcionalmente, ter permissão para acessar as informações classificadas em qualquer grau de sigilo, mediante assinatura de *Termo de Compromisso de Manutenção de Sigilo (TCMS)*. Por meio desse documento, o terceiro obrigar-se-á a manter o sigilo da informação, sob pena de responsabilidade penal, civil e administrativa, na forma da lei.

3 Regulamentação do acesso a dados sigilosos

A par das determinações constantes nos dispositivos do art. 25, o §3º impõe que os entes sujeitos à LAI regulamentem, em seus âmbitos internos, como se processará o manuseio dos documentos sigilosos. Essa determinação é importantíssima, especialmente para detalhar os cuidados para que a informação não seja levada a público, colocando em risco bens por deveras importantes e resguardados pela Constituição Federal e pela Lei nº 12.527/11. A medida em pauta, aliás, é fruto da necessidade de uma procedimentalização da atuação administrativa, que revelará a segurança e a previsibilidade necessárias à consignação do resguardo das informações classificadas como ultrassecretas, secretas ou reservadas. E todo esse procedimento deverá ser conhecido por todos os agentes estatais compreendidos no art. 26.

No âmbito federal, ao seu turno, o acesso, a divulgação e o tratamento de informação classificada em qualquer grau de sigilo ficarão restritos a pessoas que tenham necessidade de conhecê-la. Ainda, o Decreto nº 7.724/12, no art. 43, previu que outras autoridades que queiram ou possam ter acesso aos dados classificados como sigilosos deverão ser credenciadas segundo as normas fixadas pelo *Núcleo de Segurança e Credenciamento*, instituído no âmbito do Gabinete de Segurança Institucional da Presidência da República. Então, três são as possibilidades de acesso a documentos com algum grau de sigilo:

(a) pessoas que tenham necessidade de conhecer as informações;
(b) pessoas credenciadas segundo as normas fixadas pelo *Núcleo de Segurança e Credenciamento*;

(c) pessoas que recebem a possibilidade de acesso por disposição expressa em lei (*v.g.* certas autoridades da Agência Brasileira de Inteligência possuem permissão de acesso, por via legislativa).

Esse sistema de credenciamento ficou mais bem detalhado a partir da edição do Decreto Federal nº 7.845, de 14 de novembro de 2012, que estabelece procedimentos de segurança e tratamento de informação classificada em qualquer grau de sigilo no âmbito do Poder Executivo federal. Além disso, esse ato normativo dispõe sobre o *Núcleo de Segurança e Credenciamento*,[518] conforme o disposto nos arts. 25, 27, 29, 35, §5º, e 37, todos da Lei nº 12.527, de 18 de novembro de 2011.

---

[518] Cuja composição ficou estabelecida no art. 4º, do Decreto nº 7.845/2012.

Art. 26. As autoridades públicas adotarão as providências necessárias para que o pessoal a elas subordinado hierarquicamente conheça as normas e observe as medidas e procedimentos de segurança para tratamento de informações sigilosas.
Parágrafo único. A pessoa física ou entidade privada que, em razão de qualquer vínculo com o poder público, executar atividades de tratamento de informações sigilosas adotará as providências necessárias para que seus empregados, prepostos ou representantes observem as medidas e procedimentos de segurança das informações resultantes da aplicação desta Lei.

Em verdade, o art. 26 é uma extensão do dispositivo que o antecede, ampliando as determinações sobre o devido tratamento das informações sigilosas. Assim, tanto o conteúdo do art. 25 como o regulamento imposto no §3º da mesma regra devem ser conhecidos pelo pessoal subordinado hierarquicamente às autoridades públicas (*caput* do art. 26), bem como por pessoa física ou por entidade privada que, em razão de qualquer vínculo com o Poder Público, executar atividades de tratamento de informações sigilosas (parágrafo único do art. 26).

Então, as autoridades, por meio da capacitação dos servidores, adotarão as providências necessárias para que o pessoal a elas subordinado conheça as normas e observe as medidas e os procedimentos de segurança para tratamento de informações classificadas em qualquer grau de sigilo. Essa medida implementa, em um padrão empírico, o *princípio da eficiência*.[519] Aliás, julgamos que o sucesso pragmático da LAI passa, inexoravelmente, por medidas pedagógicas tais quais aquela determinada pelo art. 26.

---

[519] O dispositivo comentado foi repetido pelo art. 44 do Decreto Federal nº 7.724/2012.

Seção IV
Dos Procedimentos de Classificação,
Reclassificação e Desclassificação

Art. 27. A classificação do sigilo de informações no âmbito da Administração Pública Federal é de competência:

I – no grau de ultrassecreto, das seguintes autoridades:

a) Presidente da República;

b) Vice-Presidente da República;

c) Ministros de Estado e autoridades com as mesmas prerrogativas;

d) Comandantes da Marinha, do Exército e da Aeronáutica; e

e) Chefes de Missões Diplomáticas e Consulares permanentes no exterior;

II – no grau de secreto, das autoridades referidas no inciso I, dos titulares de autarquias, fundações ou empresas públicas e sociedades de economia mista; e

III – no grau de reservado, das autoridades referidas nos incisos I e II e das que exerçam funções de direção, comando ou chefia, nível DAS 101.5, ou superior, do Grupo-Direção e Assessoramento Superiores, ou de hierarquia equivalente, de acordo com regulamentação específica de cada órgão ou entidade, observado o disposto nesta Lei.

§1º A competência prevista nos incisos I e II, no que se refere à classificação como ultrassecreta e secreta, poderá ser delegada pela autoridade responsável a agente público, inclusive em missão no exterior, vedada a subdelegação.

§2º A classificação de informação no grau de sigilo ultrassecreto pelas autoridades previstas nas alíneas "d" e "e" do inciso I deverá ser ratificada pelos respectivos Ministros de Estado, no prazo previsto em regulamento.

§3º A autoridade ou outro agente público que classificar informação como ultrassecreta deverá encaminhar a decisão de que trata o art. 28 à Comissão Mista de Reavaliação de Informações, a que se refere o art. 35, no prazo previsto em regulamento.

1 Natureza do dispositivo e eficácia

Trata-se de dispositivo com nítida característica de *lei federal*, ou seja, tem como escopo organizar o procedimento de classificação, reclassificação e desclassificação das informações sigilosas no âmbito específico da União. Assim, a regra em questão não tem efeitos jurídicos, não obriga os demais entes federados a respeitarem essa construção jurídica. Apesar disso, considera-se um importante paradigma para os demais Estados, Municípios e Distrito Federal, quando da respectiva regulamentação interna, na forma do que dispõe o art. 45 da LAI.

Defende-se, aqui, que deve existir uma mínima simetria entre a estrutura imposta pelo art. 27 e aquela a ser alocada no âmbito dos demais entes federados, por uma questão de lógica jurídica. Para ficarmos em um exemplo, seria no mínimo irrazoável que a maior autoridade de determinada instituição ficasse sujeita à classificação de sigilo dada por uma autoridade inferior, sem ter poderes para rever ou também para reclassificar ou desclassificar. Se assim fosse, existiria uma real subversão em termos de hierarquia administrativa, o que prova ser importante se ter uma simetria lógica da normativa interna a ser expedida pelos demais entes federados, para com o que dispõe os arts. 27 e seguintes da LAI.

Da mesma forma, esse dispositivo não tem eficácia para com o Poder Legislativo, Judiciário, Ministérios Públicos e Tribunal de Contas, ainda que pertencentes à esfera federal. Tal impossibilidade de se gerar efeitos nesse sentido deve-se à autonomia conferida a todos eles.

2 Competência para declarar o sigilo de uma informação

O art. 27, então, dá cabo de definir competências para classificar (dizer, pela primeira vez, qual o nível do sigilo de uma informação – o que levará a um maior ou menor prazo de sigilo), reclassificar (modificar o nível de sigilo) ou desclassificar (tornar público um dado que era secreto). Assim, o paradigma normativo utilizado pelo dispositivo ora comentado consistiu em atrelar a competência para definir o maior nível de sigilo às autoridades que estão no topo da cadeia hierárquica da organização jurídico-administrativa. E a declaração de sigilo das informações de nível de médio e baixo foi delegada às autoridades de patamar hierárquico médio e mais inferior, na estrutura orgânica da Administração Pública Federal.

Então, tal estrutura orgânica ficou assim constituída:

Natureza da informação	Prazo (art. 24, §1º)	Autoridade competente para declarar
ULTRASSE-CRETA	25 anos	(a) Presidente da República; (b) Vice-Presidente da República; (c) Ministros de Estado e autoridades com as mesmas prerrogativas; (d) Comandantes da Marinha, do Exército e da Aeronáutica; e (e) chefes de missões diplomáticas e consulares permanentes no exterior.
SECRETA	15 anos	(a) as autoridades que podem declarar um documento como sendo de natureza ultrassecreta (definidas no inciso I); (b) os titulares, diretores, presidentes etc. de autarquias, fundações, empresas públicas ou sociedades de economia mista.
RESERVADA	5 anos	(a) as autoridades que podem declarar uma informação como sendo de natureza ultrassecreta ou secreta (referidas nos incisos I e II do art. 27); (b) as autoridades que exerçam funções de direção, comando ou chefia, nível DAS 101.5, ou superior; (c) as autoridades que exerçam função do Grupo-Direção e Assessoramento Superiores, ou de hierarquia equivalente, de acordo com regulamentação específica de cada órgão ou entidade, observado o disposto na LAI.

As competências para a classificação das informações como ultrassecreta (inciso I) e secreta (inciso II) poderão ser delegadas[520] pela autoridade responsável ao agente público, inclusive em missão no exterior. Temos aqui típico caso de delegação de competências

---

[520] Oswaldo Aranha Bandeira de Mello conceituava a *delegação*, dizendo que esta consiste "[...] no ato jurídico pela qual o titular de um cargo público transfere a titular de outro cargo público o exercício da competência que, legal ou constitucionalmente lhe fora atribuída" (*Princípios gerais do direito administrativo*, v. 2, p. 122).

administrativas,[521] sendo certo que é vedada a subdelegação (§1º). Contudo, o Decreto Federal nº 7.724/12 vedou a delegação de classificação nos graus de sigilo ultrassecreto ou secreto – art. 30, §1º. Trata-se de típica renúncia de uma faculdade conferida pela lei, sendo que a Administração Pública Federal, muito embora pudesse transferir a competência, reduziu esta discricionariedade "a zero", ou seja, optou por vedar o transpasse da competência. Em resumo, enquanto a LAI permitiu a transferência das funções administrativas inseridas no art. 27, o decreto federal vedou tal faculdade.

3 Avocação e delegação de competência

Além disso, a *avocação de competências*,[522] ainda que não prevista expressamente no texto da LAI, pode ser concebida como sendo possível a partir de uma interpretação sistemática, porque as autoridades superiores detêm as mesmas competências das autoridades inferiores, o que permite a transferência de funções de um agente de hierarquia inferior ao superior. Aliás, é importante ser destacado que tanto a delegação como a avocação são institutos que advêm do *poder hierárquico*.[523] A hierarquia administrativa organiza o ente estatal em *níveis de competência* e pode ser encontrada em todas as esferas da federação (União, Estados, Município e Distrito Federal) e em cada ente administrativo autônomo (autarquias, fundações públicas, empresas públicas, sociedades de economia mista etc.).

No momento em que essas entidades cada vez mais se desconcentram, a fim de atender às pretensões da comunidade em que se inserem, é necessário organizar estruturalmente o plexo de relações entre os órgãos que tratam de dar cabo às referidas demandas sociais. A eficiência na prestação do serviço público não advém

---

[521] Sobre a delegação de competências, conferir arts. 12 a 14, da Lei nº 9.784/99.
[522] Com previsão expressa no art. 15, da Lei nº 9.784/99.
[523] Transportando ao âmbito jurídico, hierarquia representa *comando, subordinação, escalonação, dependência* (UYEDA. *Da competência em matéria administrativa*, p. 119). Lembrando que o poder hierárquico não se confunde, é certo, com o *poder arbitrário*. E isso foi bem diagnosticado por Giddens: "Outra vez as ideais de envolvimento democrático devem especificar os níveis de participação, tendo em vista que o poder hierárquico não é inevitavelmente opressivo, da mesma maneira que nem toda autoridade é inerentemente exploradora" (GIDDENS. *Modernidade e identidade*, p. 196).

somente de uma organização territorial, mas também de uma prévia divisão orgânica de tarefas em nível vertical, fato que permite que possa existir uma melhor fiscalização e ordenação.[524] Assim, a hierarquia administrativa passa a ser quase que uma decorrência lógica do escalonamento na distribuição de competências. Dentro dessa verticalidade, surgem relações de subordinação em que se encontram aqueles que mandam e aqueles que devem obediência, sendo que este poder é exercido de forma *contínua* e *permanente*.[525]

Logo, da mesma forma como ocorre com a delegação, a *avocação* é uma maneira de modificar as competências administrativas originariamente previstas, sendo que ambas advêm deste poder hierárquico contínuo e permanente. A avocação se perfaz quando uma autoridade com hierarquia superior subtrai as competências originárias de uma autoridade de nível inferior. Aqui, a autoridade superior decide no lugar da autoridade que é subordinada. Na delegação, ao contrário, um órgão decide que outro decidirá por ele. Por isso que "avocação" vem do latim, *avocatione*, que significa "chamamento", no caso, de uma competência a um juízo superior.

Dessa forma, pode-se dizer que uma medida é o inverso da outra, ao ponto de Agustín Gordillo explicar que a avocação de competência "[...] es el proceso inverso de la delegación, o sea, que el superior ejerza competencia que corresponde al inferior".[526] Logo, por tudo isso, conclui-se que ambas as formas jurídicas de transferência de competência são passíveis de serem aceitas no âmbito da LAI.

---

[524] GIGENA. *Lecciones de derecho administrativo*, p. 92.
[525] OTERO. *Conceito e fundamento da hierarquia administrativa*, p. 382.
[526] GORDILLO. *Tratado de derecho administrativo*, t. 1, p. XII-17. O autor argentino ainda pondera ser pouco frequente o uso do instituto no limiar da atividade estatal, porque existem outros mecanismos que podem fazer as vezes dele, ou seja, gerar o mesmo efeito prático. Por exemplo: o agente superior pode orientar o inferior a desempenhar sua competência de determinada maneira, sem que precise, para tanto, valer-se da avocação administrativa. Ademais, o *poder de revisar* ou de *revogar* os atos administrativos praticados por um subordinado, conferido ao superior hierárquico, minimiza gritantemente a utilidade da avocação.

Art. 28. A classificação de informação em qualquer grau de sigilo deverá ser formalizada em decisão que conterá, no mínimo, os seguintes elementos:

I – assunto sobre o qual versa a informação;

II – fundamento da classificação, observados os critérios estabelecidos no art. 24;

III – indicação do prazo de sigilo, contado em anos, meses ou dias, ou do evento que defina o seu termo final, conforme limites previstos no art. 24; e

IV – identificação da autoridade que a classificou.

Parágrafo único. A decisão referida no *caput* será mantida no mesmo grau de sigilo da informação classificada.

1 Conteúdo da decisão que classifica uma informação como sigilosa

O art. 28 da lei de acesso disciplina o conteúdo mínimo que a decisão administrativa deva ter. São itens essenciais que devem ser respeitados pela autoridade (re)avaliadora das situações de sigilo de dados. Em verdade, são elementos que normalmente constam em qualquer decisão administrativa. Mesmo assim, a LAI preocupou-se com que a decisão administrativa fosse o mais transparente possível.

Veja, por exemplo, que o inciso IV determina que seja mencionada expressamente a autoridade que declarou o sigilo, o que é de suma importância, porque dialoga com o art. 32 da própria lei de acesso. Do contrário, jamais se poderiam aplicar as sanções por se "agir com dolo ou má-fé na análise das solicitações de acesso à informação" (inciso III do art. 32) ou por "impor sigilo à informação para obter proveito pessoal ou de terceiro, ou para fins de ocultação de ato ilegal cometido por si ou por outrem" (inciso V), ou, ainda, por "destruir ou subtrair, por qualquer meio, documentos concernentes a possíveis violações de direitos humanos por parte de agentes do Estado" (inciso VII), entre outros. Tal impossibilidade se daria justamente por não se saber quem era o responsável por classificar o documento, a informação ou o dado. Logo, o comando do inciso IV do art. 28 mostra-se essencial à espécie.

2 Formalização

No âmbito da União, a classificação da informação gerará um documento específico, o *Termo de Classificação de Informação (TCI)*, que deve seguir anexo à própria informação.[527] Ficou estabelecido, assim, um verdadeiro *check list* que deve fazer parte desse específico termo.[528] Salienta-se que todo o TCI deve ser encaminhado à Comissão Mista de Reavaliação de Informações no prazo de trinta dias, contado da decisão de classificação ou de ratificação.[529]

3 Sigilo da decisão que veda acesso à informação

O parágrafo único do art. 28 traz uma disposição interessante e que merece uma análise cuidadosa, ele determina que a decisão que declarou sigiloso um documento permaneça inacessível ao público pelo mesmo prazo de sigilo dado à informação classificada. Essa regra deve ser vista com parcimônia.

Ao que tudo indica, o legislador tomou o cuidado de preservar o sigilo da informação, que poderia ser quebrado quando revelada a motivação da decisão que classificou um documento como secreto. O acesso ao conteúdo de uma informação preservada do conhecimento público poderia corromper o próprio sigilo pela via da fundamentação dada à decisão que assim determinou a vedação de acesso. Veja: a motivação será obrigatória (inciso II do art. 28), e nem se poderia pensar diferente, contudo, ela será inacessível pelo prazo do sigilo.

Parece-nos que, do dispositivo em questão, origina-se uma grave incongruência: se os motivos não podem ser acessíveis pelo administrado, ele terá uma séria dificuldade de impugnar (para

---

[527] Art. 31, *caput* e §1º, do Decreto nº 7.724/2012.
[528] A saber: Decreto nº 7.724/2012, art. 31: "A decisão que classificar a informação em qualquer grau de sigilo deverá ser formalizada no Termo de Classificação de Informação – TCI, conforme modelo contido no Anexo, e conterá o seguinte: I – código de indexação de documento; II – grau de sigilo; III – categoria na qual se enquadra a informação; IV – tipo de documento; V – data da produção do documento; VI – indicação de dispositivo legal que fundamenta a classificação; VII – razões da classificação, observados os critérios estabelecidos no art. 27; VIII – indicação do prazo de sigilo, contado em anos, meses ou dias, ou do evento que defina o seu termo final, observados os limites previstos no art. 28; IX – data da classificação; e X – identificação da autoridade que classificou a informação".
[529] Art. 32, do Decreto nº 7.724/2012.

não dizer que será impossível), administrativa ou judicialmente, a decisão. O desconhecimento dos fundamentos mínimos da decisão acaba por gerar um evidente círculo vicioso, porque a autoridade pública pode classificar um documento que não necessariamente é sigiloso, mas só se descobrirá isso muito tempo depois, quando ele nem mais pode ficar inacessível.

Dessa forma, consideramos que a interpretação do parágrafo único do art. 28 anda na "contramão" do próprio "espírito da LAI". Para tanto, a fim de proporcionar a esse caso um arranjo jurídico harmônico, entendemos que uma mínima fundamentação deva ser revelada ao interessado, sempre preservando o sigilo do dado. Logo, a decisão administrativa que implica a vedação de acesso a determinado documento deve ser conhecida do público, cuidando-se ao máximo para que não se revele o conteúdo do dado que se quer tratar como ultrassecreto, secreto ou reservado.

Contudo, reconhecemos que, em termos práticos, será muito difícil que se consiga perfazer uma fundamentação que consiga impedir a revelação do dado ou da informação que se avaliou como sendo sigilosa. Uma motivação nesses termos sonegaria, quase sempre, os motivos de fato. Em resumo, a decisão sobre a negativa de acesso aos dados secretos dificilmente conseguirá fornecer uma motivação que consiga manter o sigilo.

A partir desse contexto, pensamos ser possível uma interpretação compatível com a possibilidade de controle dos motivos da decisão administrativa que classificou a informação como sigilosa. Em uma situação-limite, poder-se-ia conferir o seguinte arranjo jurídico:

(a) o cidadão faria um pedido administrativo via LAI, e a Administração Pública negaria acesso ao dado;
(b) a partir daí, a Administração Pública teria de tentar, se possível, proferir decisão externando os motivos da recusa ao acesso, sem que, para tanto, revelem-se os dados a que se conferiu sigilo;
(c) caso não seja possível fazer essa dissociação, o Poder Público seguirá à risca o parágrafo único do art. 28, negando os dados sem uma motivação suficiente. A partir dessa situação-limite, o cidadão acionaria o Poder Judiciário para saber os motivos da negativa. Nesse

caso, a Administração Pública, citada, revelaria apenas ao juiz (e somente a ele) os "verdadeiros e integrais" motivos de se ter conferido sigilo à informação. Salienta-se, nesse caso, que o processo, por lógico, correria em segredo de justiça, sendo acessado somente pelo juiz, pelos serventuários da Justiça ou, quiçá, pelo agente do Ministério Público, quando este intervém no feito como *custus legis*;

(d) na hipótese de o magistrado acolher os argumentos do Estado, a demanda será julgada improcedente, sem a revelação integral do que foi dito ao juiz, arquivando-se o processo sem a possibilidade de acesso por qualquer pessoa. Nesse caso, pode-se ir além: os autos deveriam ser devolvidos ao Poder Público, a fim de que não se corra o risco de que seu conteúdo caia em acesso público. Destaca-se, por oportuno, que a negativa de acesso à contestação do Estado deverá seguir a mesma sistemática até a última instância, em caso de recurso, a fim de não se permitir que se revele o conteúdo da informação secreta;

(e) mas, no caso de o juiz não concordar com os argumentos do Poder Público, decidindo contrariamente a eles, determinaria que se prestassem as informações públicas. Mas estaria proibido de revelar, no relatório ou na fundamentação da sentença, elementos que poderiam revelar o conteúdo da informação a que se quer ter acesso, pelos mesmos motivos da vedação na decisão administrativa, pois existe a possibilidade de, via recurso, o tribunal mudar a decisão de primeira instância. Note-se que, ainda nesse caso, a fundamentação de sentença dificilmente conseguiria dissociar-se da revelação do conteúdo da documentação que originou essa decisão, possuindo o mesmo dilema enfrentado na seara administrativa. A motivação, aqui, também teria rarefeitos os motivos de fato.[530]

---

[530] Enfim, seria por deveras difícil dissociar os argumentos do juiz, do conteúdo do sigilo, ou seja, motivar sem revelar. Na prática, seria bem complexa esta tarefa. Penso que a decisão do juiz ficaria sempre despida dos motivos fáticos, tendo que o administrado recorrer, sem saber a real razão do acolhimento do pedido.

Destaca-se que, mesmo em primeiro grau, a apelação da sentença de procedência deverá sempre ser recebida com *efeito suspensivo*, sob pena de se violar o *periculum in mora* inverso, ou seja, criar uma situação irreversível. Isso porque, uma vez revelada a informação, não se teria mais qualquer sentido em se continuar debatendo. O processo perderia sentido.[531]

---

[531] Esse foi o entendimento adotado no STF (MS nº 28.177-AgR-MC, Rel. Min. Marco Aurélio, Pleno, j. 30.09.09, noticiado no Informativo nº 561).

Art. 29. A classificação das informações será reavaliada pela autoridade classificadora ou por autoridade hierarquicamente superior, mediante provocação ou de ofício, nos termos e prazos previstos em regulamento, com vistas à sua desclassificação ou à redução do prazo de sigilo, observado o disposto no art. 24.

§1º O regulamento a que se refere o caput deverá considerar as peculiaridades das informações produzidas no exterior por autoridades ou agentes públicos.

§2º Na reavaliação a que se refere o caput, deverão ser examinadas a permanência dos motivos do sigilo e a possibilidade de danos decorrentes do acesso ou da divulgação da informação.

§3º Na hipótese de redução do prazo de sigilo da informação, o novo prazo de restrição manterá como termo inicial a data da sua produção.

1 Avaliação permanente dos casos de sigilo

Como visto, a LAI brasileira estabeleceu um regime de publicidade ampla das informações e dos dados em posse do Poder Público, porque o conhecimento destes se dá de forma plena. Quando não é permitido o acesso, esta vedação é efetivada por meio de condições, limites, sujeitos exclusivos etc. Assim, as restrições à publicidade têm a potencialidade de compreender a proteção de outros valores fundamentais, que não só a transparência, uma vez que é imprescindível que se advogue a defesa de todos os direitos fundamentais. Dessa maneira, certas restrições ao acesso são alocadas quando se possui mais densidade, no caso concreto, à proteção de outro direito fundamental que não aquele catalogado no art. 5º, inciso XXXIII, da Constituição Federal.

Sendo assim, a autoridade pública, no momento que está a classificar uma informação como sigilosa, compreende que seria importante conferir um nível de garantia de outro direito constitucionalmente previsto (por exemplo, intimidade, segurança das instituições estatais, proteção às relações econômicas etc.). Muito embora o texto constitucional não advogue para a premência de um direito fundamental em relação a outro, o legislador infraconstitucional tributou, pela via da Lei nº 12.527/11, a prevalência do acesso às informações de ordem pública. Logo, além de se fixar, como já dito nesta obra, um padrão hermenêutico em prol do acesso, as hipóteses de sigilo transformaram-se em situações excepcionais, em casos peculiares, enfim, muito específicos.

2 Cuidados para manutenção do sigilo

Com base nesse panorama, além de todos os cuidados para com a fixação clara e objetiva do que pode ser deferido ao sigilo, quem pode tratar as informações desta forma, como deverão ser constituídas as vedações ao acesso, os cuidados que se deve ter para com a manutenção do sigilo etc., a LAI ainda fixou várias possibilidades de se rever esta decisão administrativa. E isso pode ser feito de ofício, com base na *autotutela administrativa*, ou por provocação.

Nos Estados Unidos, a gestão documental pública de informações desse jaez possui um regramento específico. Nesse país, quando um documento é desclassificado, significa que ele foi posto a público. Lá, o prazo máximo de sigilo é de dez anos. Na França, esse prazo passa para cinquenta anos.[532]

No caso, o art. 29 fixa um dever de se ter uma avaliação contínua do acerto da decisão administrativa que determinou a impossibilidade de acesso ao conteúdo de um documento ou ao conhecimento de uma informação. Essa decisão que, originalmente, entendeu que se deveria fixar uma restrição ao conhecimento de um dado público estará continuamente sendo reavaliada. E essa periodicidade deve ser fixada via regulamento.

Para exemplificar, imagine que um documento tenha sido declarado secreto por um prazo de sete anos. O regulamento do órgão a que o documento pertence pode determinar uma nova avaliação desta decisão a cada ano. Então, anualmente as autoridades indicadas no art. 29, *caput*, poderão tomar as seguintes decisões:
 (a) manter o prazo de sigilo intacto;
 (b) reduzir tal interregno de tempo a um lapso menor. No caso, ele poderia ser reduzido de sete para cinco anos,

---
[532] MARTINS JÚNIOR, *op. cit.*, p. 212-213.

por exemplo. É importante perceber a ressalva feita pelo §3º do art. 29, no sentido de manter, como termo inicial, a data da produção da informação;
(c) entender que o documento não merece mais ser considerado como sendo sigiloso, sendo, então, desclassificado e colocado de imediato ao conhecimento público.

No caso de informações produzidas no exterior por autoridades ou agentes públicos, o §1º determina que sejam consideradas as peculiaridades incidentes à espécie, mormente pelo fato de que o tal documento foi produzido diante de uma realidade muitas vezes completamente diversa da nacional. O requerimento de desclassificação e reavaliação será apreciado pela autoridade hierarquicamente superior que estiver lotada em território brasileiro.

Cabe destacar que o pedido de reclassificação formulado por um cidadão independe de prévio pedido de acesso. São pretensões que não se subordinam.

Art. 30. A autoridade máxima de cada órgão ou entidade publicará, anualmente, em sítio à disposição na internet e destinado à veiculação de dados e informações administrativas, nos termos de regulamento:

I – rol das informações que tenham sido desclassificadas nos últimos 12 (doze) meses;

II – rol de documentos classificados em cada grau de sigilo, com identificação para referência futura;

III – relatório estatístico contendo a quantidade de pedidos de informação recebidos, atendidos e indeferidos, bem como informações genéricas sobre os solicitantes.

§1º Os órgãos e entidades deverão manter exemplar da publicação prevista no *caput* para consulta pública em suas sedes.

§2º Os órgãos e entidades manterão extrato com a lista de informações classificadas, acompanhadas da data, do grau de sigilo e dos fundamentos da classificação.

1 Transparência da (des)classificação das informações sigilosas

De acordo com o art. 30, a autoridade máxima fica obrigada a publicar, anualmente, em sítio virtual oficial, informações que tenham sido desclassificadas nos últimos doze meses, documentos classificados em cada grau de sigilo e relatório estatístico dos pedidos de acesso à informação. Ela está obrigada também a disponibilizar cópia física da publicação referida na sede de cada unidade pública que se sujeita à LAI.

A autoridade referida no art. 30 ainda é responsável por elaborar e divulgar extrato com a lista de informações classificadas como sigilosas. Essa divulgação deve conter, no mínimo, a data da classificação dos dados (esta data pode ser o marco inicial da contagem do prazo de restrição de acesso dessa informação), a indicação do grau de sigilo imposto àquela informação (ultrassecreta, secreta e reservada) e, em obediência ao princípio da motivação, a exposição dos fundamentos da classificação.

Aqui é plasmada a denominada "transparência anual", permitindo com que todos os administrados tenham conhecimento periódico de como vem se desenvolvendo o acesso às informações públicas. Essa visão macro é fundamental para que se possa, por exemplo, estabelecer um controle eficiente sobre o que vem ou não sendo classificado como sigiloso.

Especificamente no que se refere ao inciso II do art. 30, há determinação no sentido de que se deva ter a possibilidade de acompanhar a origem do documento, com identificação para referência futura. No âmbito federal, essa providência consegue ser alcançada porque o relatório deve indicar o código de indexação de documento, a categoria na qual se enquadra a informação, a indicação de dispositivo legal que fundamenta a classificação e a data da produção, data da classificação e prazo da classificação, conforme o art. 45, inciso II e alíneas, do Decreto nº 7.724/12.

Seção V
Das Informações Pessoais

Art. 31. O tratamento das informações pessoais deve ser feito de forma transparente e com respeito à intimidade, vida privada, honra e imagem das pessoas, bem como às liberdades e garantias individuais.

§1º As informações pessoais, a que se refere este artigo, relativas à intimidade, vida privada, honra e imagem:

I – terão seu acesso restrito, independentemente de classificação de sigilo e pelo prazo máximo de 100 (cem) anos a contar da sua data de produção, a agentes públicos legalmente autorizados e à pessoa a que elas se referirem; e

II – poderão ter autorizada sua divulgação ou acesso por terceiros diante de previsão legal ou consentimento expresso da pessoa a que elas se referirem.

§2º Aquele que obtiver acesso às informações de que trata este artigo será responsabilizado por seu uso indevido.

§3º O consentimento referido no inciso II do §1º não será exigido quando as informações forem necessárias:

I – à prevenção e diagnóstico médico, quando a pessoa estiver física ou legalmente incapaz, e para utilização única e exclusivamente para o tratamento médico;

II – à realização de estatísticas e pesquisas científicas de evidente interesse público ou geral, previstos em lei, sendo vedada a identificação da pessoa a que as informações se referirem;

III – ao cumprimento de ordem judicial;

IV – à defesa de direitos humanos; ou

V – à proteção do interesse público e geral preponderante.

§4º A restrição de acesso à informação relativa à vida privada, honra e imagem de pessoa não poderá ser invocada com o intuito de prejudicar processo de apuração de irregularidades em que o titular das informações estiver envolvido, bem como em ações voltadas para a recuperação de fatos históricos de maior relevância.

§5º Regulamento disporá sobre os procedimentos para tratamento de informação pessoal.

1 Introdução

Os *dados de natureza pessoal* estão ligados intimamente com a *autodeterminação de uma pessoa*.[533] Mesmo sob o influxo das mais modernas tecnologias, deve-se dar ao indivíduo a garantia de que ele possui liberdade em decidir o que, quando e como um dado relativo à sua pessoa pode se tornar de conhecimento notório.[534] A insegurança em se saber se algum dado pessoal tornou-se público, impedindo que se avalie o que foi ou não tornado público sem uma decisão consciente do indivíduo realmente não permite dar guarita à autodeterminação.[535] Uma ordem jurídico-normativa calcada nesses patamares de insegurança não se compadece com o direito fundamental à intimidade.

Assim, amiúde do que foi exposto, tal dispositivo consagra o que se convencionou denominar de "autodeterminação informacional", que tem uma acolhida franca nos cenários jurídicos de vários países.[536] Esse instituto tributa o dever de proteção para com o *desvio de finalidade* das informações de caráter pessoal, conferindo, por conseguinte, obrigações anexas, como a imposição de que a informação seja exata, atual, determinada pelo sujeito a que se refere etc.

---

[533] Conforme Catarina Sarmento Castro (*op. cit.*, p. 28), a *autodeterminação informativa*, no seu aspecto *subjetivo*, garante posições subjetivas para com o Estado na defesa e no combate a abusos neste sentido.

[534] Esse poder que o indivíduo possui de decidir o quê, quando, de que modo, enfim, aquilo que será feito com suas informações constitui o que a jurisprudência alemã consolidou como sendo o *Recht auf informationelle Selbstbestimmunng*.

[535] "Quem não consegue determinar com suficiente segurança quais informações sobre sua pessoa são conhecidas em certas áreas de seu meio social, e quem não consegue avaliar mais ou menos o conhecimento de possíveis parceiros na comunicação, pode ser inibido substancialmente em sua liberdade de planejar ou decidir com autodeterminação" (SCHWABE, *op. cit.*, p. 237).

[536] Sobre o sistema jurídico português, segue a exposição feita por Canotilho e por Vital Moreira: "[...] em rigor, trata-se de um direito à autodeterminação sobre informações referentes a dados pessoais que exige uma protecção clara quanto ao <<desvio dos fins>> a que se destinam essas informações. Daí as exigências jurídico-constitucionais relativas às finalidades das informações: (1) legitimidade; (2) determinabilidade; (3) explicitação; (4) adequação e proporcionalidade; (5) exatidão e actualidade; (6) limitação temporal. Todos esses requisitos permitem o controlo dos fins, impedindo-se, designadamente, que haja tratamento de dados relativos a finalidades não legítimas ou não especificadas, excessivas relativamente a estas mesmas finalidades ou que tenham como referência dados inexactos ou desactualizados ou, ainda, mantidos por lapsos temporais injustificados" (CANOTILHO; MOREIRA. *Constituição da República portuguesa anotada*, v. 1, p. 553).

Por trás desse direito, pende uma contenda entre um espaço individual (que pode ser chamado de "só meu" ou "só seu") e um espaço comum ("nosso" ou "de todos"). Os limites da autodeterminação informacional constituirão os limites de cada um desses espaços. Avançando em um, diminui-se o outro.

A divulgação não autorizada, não prejudica somente o indivíduo, mas toda a coletividade, porque a autodeterminação é condição inerente à atuação livre de uma comunidade democrática, cujas bases assentam-se na ação e na participação dos seus cidadãos. A autodeterminação deixa, assim, de ser considerada apenas um bem individual, mas, da mesma forma, passa a tomar escopo de um bem comum, porque a sua violação acaba por prejudicar uma condição elementar a se ter uma comunidade livre e fundada na potencialidade de os cidadãos poderem participar dela e agir a partir dela.[537]

2 Direito à privacidade e à vida privada

Aliás, é importante deixar estampado que o direito à privacidade consiste em tutela indispensável ao exercício pleno da cidadania.[538] E, por isso, deve ser protegida também pelo aparelho estatal. Afinal, trata-se de um direito de se ter o controle sobre as informações concernentes diretamente à própria pessoa, sendo este o núcleo essencial do direito à intimidade/privacidade. Assim, qualquer um pode excluir a divulgação ou o conhecimento daquilo que só se refere ao indivíduo.[539]

A autodeterminação, como oposição à *arcana práxis*, gera um direito de o particular controlar e determinar os seus dados particulares. O art. 5º, inciso X, da CF/1988 confere aos sujeitos liberdade para decidir o que pode ser mantido ou não na indiscrição. E, para tanto, inúmeros meios de defesa foram previstos no texto constitucional, inclusive o *habeas data*.[540]

---

[537] Decisão (*Urteil*) do Primeiro Senado, proferida em 15 de dezembro de 1983, após audiência de 18 e 19 de outubro de 1983 – 1 BvR 209, 269, 362, 420, 440, 484/1983.
[538] TEPEDINO. *Temas de direito civil*, p. 558.
[539] MARTINS JÚNIOR, *op. cit.*, p. 180; FARIAS. *Colisão de direitos*: a honra, a intimidade, a vida privada e a imagem *versus* a liberdade de expressão e informação, p. 113.
[540] CANOTILHO; MOREIRA, *op. cit.*, p. 515.

Deve estar bastante evidente que o sigilo de dados relativos à intimidade e à vida privada não pode ser oposto ao pretendente. Dito de outro modo: o Poder Público não pode negar acesso aos dados do solicitante, alegando que estaria a prejudicar a intimidade dele próprio. As informações de caráter pessoal podem ser pleiteadas tanto no âmbito administrativo (direito de petição – art. 5º, inciso XXXIV, alínea "a", da CF/88), como na via judicial, por meio de ações específicas ou se valendo do mandado de segurança[541] ou do *habeas data*. Exemplo julgado pelo STJ:

> No caso dos autos, trata-se de requerimento formulado por ex-funcionário pleiteando a obtenção de documentos relativos à sua vida funcional [junto ao Banco do Brasil S/A], no período entre 1990/1992, ocasião que não configura, por óbvio, quaisquer hipóteses de sigilo ou restrição.[542]

3 Sigilo das informações relativas à intimidade e à vida privada

O art. 31 elenca as hipóteses de informações que se consideram de caráter *pessoal*, ou seja, que possuem acesso restrito *independentemente de classificação*, salvo nos casos visualizados nas exceções dos §§3º e 4º, a seguir analisadas. A preocupação do legislador em fazer essa ressalva visa justamente a preservar os efeitos deletérios de uma *publicidade negativa*, ou seja, que possa vir a causar um prejuízo a determinado(s) sujeito(s).[543] Assim,

---

[541] Sobre a possibilidade de impetrar mandado de segurança para ter acesso à informação: STJ, MS nº 26.627-DF, Rel. Min. Sérgio Kukina, 1ª Seção, j. 27.04.2022.

[542] STJ, MS nº 19.303-DF, Rel. Min. Napoleão Nunes Maia Filho, 1ª Seção, j. 14.12.2016.

[543] Esta preocupação já foi manifestada pelo STJ: "PROCESSUAL PENAL – INQUÉRITO POLICIAL – CERTIDÃO NEGATIVA – A INSTAURAÇÃO DO INQUÉRITO POLICIAL, EM PRINCIPIO, E CONDUTA LICITA. O ESTADO BUSCA IDENTIFICAR AUTORIA E RECOLHER ELEMENTOS DA MATERIALIDADE DE INFRAÇÃO PENAL. DAI, A POSSIBILIDADE DE ALGUÉM SOLICITAR CERTIDÃO PARA IDENTIFICA-LO. CUMPRE, POREM, CONSIDERAR, CONSOANTE A NOSSA CULTURA, OS EFEITOS NEGATIVOS DECORRENTES DESSA CERTIDÃO, EVIDENCIANDO, ATE PROVA EM CONTRARIO, QUE O INDICIADO PRATICOU A INFRAÇÃO PENAL. O EXATO SIGNIFICADO JURÍDICO DO INQUÉRITO SÓ E CONHECIDO DE TÉCNICOS. A EXPEDIÇÃO DE CERTIDÃO, DEVE SER DISCIPLINADA, EVITANDO-SE PUBLICIDADE NEGATIVA, AS VEZES DESAIROSA, QUE ESTIGMATIZA A PESSOA ANTES DA CONDENAÇÃO. ULTRAPASSADO O PRAZO LEGAL PARA CONCLUIR O INQUÉRITO, A CERTIDÃO SOMENTE SERÁ EXPEDIDA POR SOLICITAÇÃO DE

tal dispositivo tem como norte salvaguardar, no que se refere às informações ligadas ao sujeito, que a identidade pessoal não seja alterada por informações inexatas ou incompletas.[544] Contudo, é importante destacar que o indivíduo não tem, necessariamente, um direito ilimitado sobre as informações. Ele não detém um domínio absoluto sobre elas, especialmente a partir do texto do art. 31 da LAI. A informação, mesmo quando relativa à pessoa, ainda assim possui um "recorte da realidade social", ou seja, não se associa somente ao sujeito a que ela se liga. Daí porque a legislação em questão, especialmente no §3º, previu exceções a essa hipótese de sigilo.[545] Esse pode ser considerado um caso claro de relativização do direito à autodeterminação.[546]

4 Parâmetro de definição do sigilo de dados desta natureza

O fio condutor a uma mediação entre o sigilo de dados pessoais e a possibilidade de acesso a eles será conferido, inexoravelmente, pelo *princípio da razoabilidade*, o que resulta da própria essência dos direitos fundamentais.[547] A limitação de qualquer direito sempre deve ser alocada como imprescindível para a proteção de outros objetos jurídicos também guarnecidos pela ordem jurídico-normativa.[548] Na Alemanha, o Tribunal Constitucional Federal decidiu que o legislador deveria tomar todo o tipo de cuidado necessário, tanto em nível organizacional como em nível processual, a fim de guarnecer o direito de personalidade, especialmente no que se refere aos dados pessoais dos indivíduos.[549]

MAGISTRADO, MEMBRO DO MINISTÉRIO PUBLICO, AUTORIDADE POLICIAL. OU AGENTE DO ESTADO. EM REQUERIMENTO FUNDAMENTADO, EXPLICITANDO O USO DO DOCUMENTO" (STJ, RMS nº 5.195, Rel. Min. Luiz Vicente Cernicchiaro, 6ª Turma, j. 17.10.1995).

[544] Na mesma perspectiva de José Adércio Leite Sampaio (*Direito à intimidade e à vida privada*, p. 519-520, 529).

[545] MARTINS, *op. cit.*, p. 139.

[546] BVerfGE 4, 7 [15]; BVerfGE 45, 400 [420].

[547] Até porque, como bem refere Gustavo Tepedino (*op. cit.*, p. 558), o *direito à intimidade é um direito casuístico por excelência*. Será a interpretação do fato concreto que realçará a solução ao caso em foco.

[548] BVerfGE 19, 342 [348];

[549] BVerfGE 53, 30 [65]; 63, 131 [143].

Veja que essa razoabilidade não pode apenas decidir acerca dos *tipos de dados que podem ou não ter de ser fornecidos*, mas, de igual maneira, qual *o alcance do sigilo de dados pessoais albergado pelo art. 31*. Veja que o dado em si, assim estanque, pode não dizer nada. Por isso, deve ser avaliado o contexto em que se insere, qual sua utilidade e qual sua ligação para com os direitos de personalidade.

Percebe-se, então, que subjaz por trás do art. 31 um conflito que já era concebido em nível constitucional, qual seja, o embate entre o direito à intimidade e o direito também fundamental de acesso às informações públicas. Logo, quando se define o âmbito de proteção dos direitos fundamentais, automaticamente o intérprete se depara com uma colisão de direitos. Esse entrechoque pode operar restrições e ampliações a um ou outro dos direitos fundamentais em jogo, o que revela não só que o processo hermenêutico é materializador das restrições dos direitos fundamentais como também que, no âmbito da mencionada colisão dos vários direitos fundamentais, haverá uma relativização de um em relação ao outro.[550] E essa mediação foi plasmada com maior detalhe no limiar do texto do art. 31.

Aliás, o referido tribunal germânico, no conflito entre o direito à informação e a intimidade, não raras vezes decidiu pela coletividade, demonstrando que a intimidade não é um direito irrestrito.[551] Determinou que os sujeitos, individualmente considerados, aceitassem determinações em favor da coletividade.[552]

A partir do texto da regra em pauta, percebe-se que as informações de caráter pessoal congregam quatro objetos. São informações relativas:

---

[550] Aliás, "[...] a restrição é quase trivial no âmbito dos direitos individuais" (MENDES, *op. cit.*, p. 213).

[551] BVerfGE 4, 7 [15]; 8, 274 [329]; 27, 1 [7]; 27, 344 [351 s.]; 33, 303 [334]; 50, 290 [353]; 56, 37 [49].

[552] A explicação de Jürgen Schwabe para este fenômeno é interessante: "*Gemeinschaftsgebundenheit* e *Gemeinschaftsbezogenheit* do indivíduo constituem o paradigma social próprio da tradição alemã, que se contrapõe ao individualismo da tradição calvinista anglo-saxã. A radicalização histórica deste paradigma se deu no 'princípio do povo' (*Volksprinzip*) vigente no terceiro Reich. Na ordem constitucional instaurada pela *Grundgesetz*, porém, a liberdade individual impõe sempre limites também e precipuamente à ação do Estado em prol da coletividade, o que não significa totalizar o indivíduo. A fórmula proposta sintetizada por esses dois conceitos é o compromisso entre os dois extremos, positivado constitucionalmente por meio do sistema de reservas legais existente na *Grundgesetz*" (*op. cit.*, p. 238).

(a) à intimidade;
(b) à vida privada;
(c) à honra; e
(d) à imagem das pessoas. (Todas elas terão seu acesso restrito, independentemente de classificação de sigilo, pelo prazo de cem anos, a contar da sua data de produção. Perceba que as informações de cunho pessoal nem sequer precisam ser alocadas em uma das hipóteses do art. 24, §1º, da LAI. Assim, a lei de acesso estabelece quatro graus de sigilo: *ultrassecreto, secreto, reservado e informações de caráter pessoal*).[553]

5 Procedimento de auferição da informação íntima ou privada

Esse dispositivo é complementado pelo art. 5º, inciso X, da CF/1988: "[...] são invioláveis a intimidade, a vida privada, a honra e a imagem das pessoas, assegurado o direito a indenização pelo dano material ou moral decorrente de sua violação". A mesma proteção vem prevista no item XII da Declaração Universal dos Direitos Humanos, de 1948, da ONU: "Ninguém será sujeito a interferências na sua vida privada, na sua família, no seu lar ou na sua correspondência, nem a ataques à sua honra e reputação. Toda pessoa tem direito à proteção da lei contra tais interferências ou ataques";[554] ou mesmo na parte final do art. 46 da Lei nº 9.784/99.

No que se refere aos casos de proteção da divulgação de dados ou de informações referentes à esfera íntima/privada, o art. 31 da LAI deve, em uma interpretação de completude, ser harmonizado com

---

[553] "Quanto às informações pessoais, possuem acesso restrito, independentemente de classificação de sigilo, pelo prazo máximo de 100 anos, a contar de sua data de publicação. Nos termos da lei, consideram-se informações pessoais aquelas relacionadas à pessoa natural identificada ou identificável, que dizem respeito à intimidade, vida privada, honra e imagem, bem como às suas liberdades e garantias individuais" (MOTA JÚNIOR, *op. cit.*, p. 1049).

[554] "O livre desenvolvimento da personalidade pressupõe, sob as modernas condições do processamento de dados, a proteção do indivíduo contra levantamento, armazenagem, uso e transmissão irrestritos de seus dados pessoais. Esta proteção, portanto, é abrangida pelo direito fundamental do art. 2 I c./c. art. 1 I GG. O direito fundamental garante o poder do cidadão de determinar em princípio ele mesmo sobre a exibição e o uso de seus dados pessoais" (SCHWABE, *op. cit.*, p. 238).

os arts. 20 e 21 do Código Civil.⁵⁵⁵ Essas regras dão uma importante base normativa para os elementos nucleares do suporte fático do dispositivo ora comentado.

No caso do diploma privado de regras, a questão deve ser vista da seguinte maneira, podendo ser sistematizada assim:

(a) a vida privada da pessoa natural é inviolável (art. 21). Aqui, podemos incluir também as informações e os dados relativos ao que o código considera como sendo "vida privada";

(b) no que se refere à revelação de escritos, à transmissão da palavra ou à publicação, à exposição ou à utilização da imagem de uma pessoa, o art. 20 do Código Civil determina que estes objetos podem ser divulgados, salvo:

(b.1) se proibidos pelo sujeito que possui ligação a estes escritos, palavras ou imagem, mas somente se (1) lhe atingirem a honra, (2) a boa fama ou (3) a respeitabilidade, ou se (4) destinarem a fins comerciais, e, ainda assim, essa proibição não terá efeitos se (5) autorizadas, ou (6) se necessárias à administração da justiça ou (7) à manutenção da ordem pública.

Veja que os dispositivos do Código Civil se referem às informações e aos dados constantes e inseridos no âmbito das relações privadas, porque, no âmbito das relações jurídico-administrativas, a matéria será regulada, no que couber, pelo art. 31 da LAI. Então, é perceptível que o Código Civil pode ser um diploma normativo complementar a esse dispositivo da Lei nº 12.527/11.

Mas pode-se dizer que será o art. 5º, inciso X, da CF/1988 o fundamento constitucional chave para se dar um anteparo ao acesso a esse tipo de dado. Perceba que os quatro itens mencionados pelo art. 31 repetem a previsão feita no texto constitucional. A proteção aos dados pessoais é uma decorrência da inviolabilidade da vida

---

⁵⁵⁵ Código Civil, art. 20: "Salvo se autorizadas, ou se necessárias à administração da justiça ou à manutenção da ordem pública, a divulgação de escritos, a transmissão da palavra, ou a publicação, a exposição ou a utilização da imagem de uma pessoa poderão ser proibidas, a seu requerimento e sem prejuízo da indenização que couber, se lhe atingirem a honra, a boa fama ou a respeitabilidade, ou se se destinarem a fins comerciais. Parágrafo único. Em se tratando de morto ou de ausente, são partes legítimas para requerer essa proteção o cônjuge, os ascendentes ou os descendentes"; art. 21: "A vida privada da pessoa natural é inviolável, e o juiz, a requerimento do interessado, adotará as providências necessárias para impedir ou fazer cessar ato contrário a esta norma".

privada. Esses dados somente podem ser acessados pelo consentimento pessoal do titular.[556] Dessa premissa, derivam algumas dimensões, como uma *positiva*, que permite ao titular da informação pessoal ter acesso a ela; ou deriva uma *dimensão negativa*, coligada, essencialmente, ao direito de impedir a divulgação dos dados.

6 Esfera de proteção

Assim, a expressão "vida privada" deve fazer referência àquilo que é particular, em sentido lato, sendo que a intimidade está em um círculo ainda menor de sigilo, ou seja, naquilo que é mais reservado ainda, mais peculiar, "mais da pessoa". A intimidade é o foro íntimo do indivíduo (seus sentimentos, desejos, opiniões, pensamentos etc.), tratando de relações de um ser humano consigo mesmo, de acordo com seus amálgamas naturalistas. Dentro desse círculo de proteção, estabelecem-se relações subjetivas de trato íntimo da pessoa, relações familiares e de amizade. A vida privada, ao seu turno, abre mais seu espectro de proteção para proteger as relações próximas travadas com o indivíduo no seu cotidiano, como as relações fraternais, familiares, afetivas etc.[557]

Em outros termos, na *esfera privada*, o direito tutelará a discrição. Já na *esfera íntima*, serão tutelados o segredo, a honra, enfim, a

---

[556] NERY JÚNIOR; NERY. *Código Civil anotado e legislação extravagante*, p. 166.
[557] A distinção entre a privacidade e a intimidade é feita com muita propriedade por Tércio Sampaio Ferraz Júnior: "No recôndito da privacidade se esconde, pois, em primeiro lugar a intimidade. A intimidade não exige publicidade, porque não envolve direitos de terceiros. No âmbito da privacidade, a intimidade é o mais exclusivo dos seus direitos. Há, porém, uma certa gradação dos direitos da privacidade. [...] Assim, o inciso X do art. 5º da Constituição, ao tornar invioláveis *a intimidade, a vida privada, a honra e a imagem das pessoas*, assegura-lhes o domínio exclusivo em vários sentidos. Embora os comentadores não vejam diferença entre vida privada e intimidade (cf. FERREIRA FILHO, p. 34, CRETELLA JÚNIOR, p. 257), pode-se vislumbrar um diferente grau de exclusividade entre ambas. A intimidade é o âmbito do exclusivo que alguém reserva para si, sem nenhuma repercussão social, nem mesmo ao alcance de sua vida privada que, por mais isolada que seja, é sempre um viver entre os outros (na família, no trabalho, no lazer em comum). Não há um conceito absoluto de intimidade, embora se possa dizer que o seu atributo básico é o estar-só, não exclui o segredo e a autonomia. [...]. Já a vida privada envolve a proteção de formas exclusivas *de convivência*. Trata-se de situações em que a comunicação é inevitável (em termos de relação de alguém com alguém que, entre si, trocam mensagens), das quais, em princípio, são excluídos terceiros. Seu atributo máximo é o segredo, embora inclua também a autonomia e, eventualmente, o estar-só com os seus" (Sigilo de dados: o direito à privacidade e os limites à função fiscalizadora do Estado. *Revista da Faculdade de Direito da Universidade de São Paulo*, p. 442).

possibilidade de se "estar consigo mesmo". É neste último campo que deverão ser protegidas as informações ligadas ao nome e à reputação e que se encontram no âmbito dos *dados de caráter pessoal*.[558] Assim, a garantia constitucional de preservação da intimidade e da vida privada franqueia ao indivíduo a possibilidade de controlar o trânsito de informações relativas à sua pessoa.[559]

Já a vida pública trata de relações mantidas no seio social, entre o indivíduo e os demais sujeitos da coletividade, ou mesmo pode se tratar de uma relação estabelecida com o corpo social, sem que, para tanto, se tenha um caráter reservado no seu trânsito jurídico. Assim, podem-se estabelecer círculos concêntricos entre os três institutos, na seguinte ordem: vida pública > vida privada > intimidade. Em uma representação gráfica, temos a seguinte estrutura:

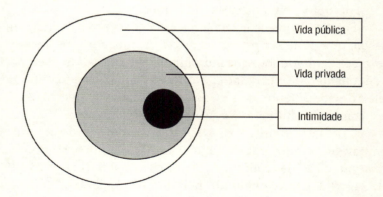

---

[558] COSTA JÚNIOR. *O direito de estar só*: tutela penal da intimidade, p. 23-24. Cabe referir, por oportuno, que parte da doutrina não distingue os institutos da *intimidade* e da *privacidade*, dados os vários pontos em comum entre ambos, bem como pelo fato de que, em última análise, as duas categorias jurídicas têm por fundamento o princípio da dignidade da pessoa humana.

[559] "A distinção é decisiva: o objeto protegido no direito à inviolabilidade do sigilo não são os dados em si, mas a sua comunicação restringida (liberdade de negação). A troca de informações (comunicação) privativa é que não pode ser violada por sujeito estranho à comunicação. [...] Note-se, antes de mais nada, que dos quatro meios de comunicação ali mencionados – correspondência, telegrafia, dados, telefonia – só o último se caracteriza por sua instantaneidade. Isto é, a comunicação telefônica só é enquanto ocorre. Encerrada não deixa vestígios [...] Por isso, no interesse público (investigação criminal ou instrução processual penal), é o único meio de comunicação que exigiu do constituinte uma ressalva expressa" (FERRAZ JÚNIOR, *op. cit.*, p. 447).

Então, pode-se perceber que o indivíduo possui níveis de relacionamento social mantidos cotidianamente. São liames que ligam um sujeito a outro ou à sociedade em geral, ou consigo mesmo, como nos casos de relacionamento profissional, amoroso, religioso, familiar etc. E o constituinte originário de 1988, atento a essas perspectivas, deu ampla proteção à esfera privada do indivíduo.

A *intimidade* relaciona-se às relações subjetivas mantidas pelo indivíduo, normalmente ligadas a questões familiares, fraternais, amorosas, de amizade etc. Já a *vida privada* engloba as demais relações subjetivas não abrangidas pela intimidade, ou seja, encampa os demais relacionamentos dos indivíduos, como aqueles ligados à seara educacional, de gênero, comercial, profissional etc.[560]

Já a *honra*, ao seu turno, liga-se à dignidade e ao decoro do ser humano, caracterizada por um conjunto de qualidades. Reclama, assim, o respeito dos demais sujeitos, a fim de zelar, por exemplo, acerca do nome, da reputação, da fama etc.

Por fim, pode-se estabelecer uma concepção da imagem da pessoa, que pode ser *pessoal* ou *social*. A imagem consiste em um plexo de peculiaridades que individualizam a pessoa no meio social. Ela é considerada o conjunto de atributos de um sujeito, tributando a ele a devida autenticidade. Consiste na tutela do aspecto físico, ou seja, como o ser humano é perceptível visivelmente.

O objeto jurídico não passou despercebido no direito comparado, sendo concebido, nos Estados Unidos, como *right of privacy*, e na Itália, como o *diritto di riservatezza* (Lei nº 241/1990, art. 24, nº 2, complementada pela Lei nº 675/1996).[561] Dada sua importância, esse direito foi acoplado no art. 8º da Diretiva nº 95/1946, e no art. 4º da Convenção de Estrasburgo nº 108/1991, oriundas da comunidade europeia. Na Espanha, não se permite que terceiros acessem dados de natureza íntima, sendo um direito exclusivo do próprio interessado (art. 37, nº 3, da Lei nº 30/1992).

---

[560] "O homem tem direito aos seus segredos. Essa é a dimensão natural da disposição constitucional que protege a intimidade, a vida privada, a honra e a imagem das pessoas" (NERY JÚNIOR; NERY, *op. cit.*, p. 165).

[561] Ao que consta, a legislação italiana determina que a possibilidade de acesso a informações de cunho privado seja objeto de regulamento próprio. Contudo, em uma apreciação ampla, parece-nos que o direito de acesso, neste País, prefere o direito de privacidade, porque várias são as possibilidades legais para acesso a dados pessoais.

Em Portugal, da mesma forma, não se permite o acesso a dados de foco particular, ou seja, que não sejam de caráter público, segundo previsão feita em lei (art. 62º do *Código do Procedimento Administrativo*).[562] Na Argentina, a proteção das informações relativas à intimidade ou à vida privada é conferida pela Lei Nacional nº 25.326, regulada pelo Decreto nº 1.172/03 e, na Cidade Autônoma de Buenos Aires, pela Lei nº 1.845.[563] Assim, a proteção das informações de caráter pessoal foi disciplinada com muita propriedade pelo direito comparado.

O direito à intimidade tem extensão em duas vias: tanto na proteção de dados sensíveis às pessoas naturais ou jurídicas contra o assédio de outros particulares como no que tange à inflexão do Estado neste sentido. No último caso, cria-se uma margem negativa na atuação do Poder Público, estabelecendo um limite no qual a função estatal não pode ter qualquer ingerência.

7 Âmbito de proteção do art. 31 da LAI

Em verdade, os limites de incidência do art. 31 da LAI e, claro, do próprio art. 5º, inciso X, da CF/1988, advêm da correta distinção entre os *dados sensíveis e não sensíveis*, ambos espécies de *dados nominativos* (os quais se ligam a alguma pessoa, natural ou jurídica). Isso porque a proteção conferida por esses dispositivos alberga somente os *dados nominativos sensíveis*. Significa dizer que os *dados não sensíveis não estão inseridos no sigilo por essas regras normatizado*, logo, não são objeto de proteção, por exemplo, pelo art. 31 da LAI. Em relação a isso, cabe destacar que:

(a) os *dados sensíveis* são aqueles que pertencem ao indivíduo, que não estão em domínio público e, portanto, não são suscetíveis de apropriação por terceiros. Enfim, são dados que informam características que só dizem respeito a uma relação de um sujeito consigo mesmo. Seria o caso de dados relativos à vida sexual, ao histórico clínico da pessoa, a questões raciais, à afiliação sindical, às suas relações

---

[562] AMORIM; GONÇALVES; OLIVEIRA, *op. cit.*, p. 331-336.
[563] O assunto é explorado com propriedade por Marcela Basterra (*op. cit.*)

afetivas, às suas preferências religiosas ou políticas, aos traços da personalidade etc.[564]

(b) os *dados não sensíveis* não estão inseridos na esfera de proteção da privacidade ou da intimidade. São informações de conhecimento público ou de acesso geral. Em regra, podem ser apropriados, armazenados e utilizados sem gerar consequências jurídicas a outrem. Veja que o fato de se ter acesso ao nome de uma pessoa (saber que alguém se chama de uma determinada maneira), ao estado civil (se é casado, solteiro, divorciado etc.), à profissão etc. não gera o dever de indenizar, como regra geral. O que se exige, por óbvio, é a verdade sobre essas informações. Contudo, saber acerca delas não é informação privativa. Tanto é verdade que qualquer cidadão pode requerer uma certidão de casamento de quem quer que seja. É informação pública.

Dessa maneira, a violação à intimidade de um indivíduo atingirá dados sensíveis, porque afeta importantes informações relativas às esferas do ser humano, que somente dizem respeito a um determinado sujeito. Por exemplo, saber o número do cadastro de pessoas jurídicas de uma empresa, que é dado não sensível, não gera qualquer ofensa à intimidade de ninguém. Diferentemente disso é ter acesso às pesquisas tecnológicas realizadas por essa pessoa jurídica.

Normalmente será a lei que dará a certeza em se saber se um dado é sensível ou não. Contudo, quando o ato normativo pertinente não apresenta a clareza necessária para essa compreensão, o intérprete deverá perceber se esse dado se liga às dimensões da intimidade e da privacidade, ou seja, se não são privativos da pessoa e, portanto, não estão acobertados por sigilo. Um dado será não sensível quando se entender que é a partir dele que a comunicação entre os membros de uma comunidade se torna possível. Sua natureza pública torna-os fundamentais ao convívio social.

Mas mesmo os dados não sensíveis não podem ser aplicados a determinado fim de maneira abusiva. É importante destacar que o art. 32, inciso II, da Lei nº 12.527/11 responsabiliza o interessado pelo uso indevido dos dados dessa espécie.

---

[564] SCHEIBLER, *op. cit.*, p. 75.

Além disso, muito embora a lei de acesso nada tenha dito sobre isso, consideramos que não se podem revelar dados que causem uma *discriminação social ao indivíduo* (por exemplo, dados que revelem que um sujeito sofre de doença mental, é viciado em drogas, é antissocial etc.), *ainda que não sensíveis*, salvo se fosse garantido o anonimato. Aliás, a revelação de dados que violam a intimidade ou a vida privada são por deveras deletérios à confiança dos indivíduos na lei, podendo, a longo prazo, levar a um total descrédito para com as regras de transparência.

Assim, quando uma informação tenha ligação – ainda que indireta – a uma pessoa, julgamos que deva ter seu acesso automaticamente restrito. E essa limitação, repita-se, não depende de classificação, salvo as hipóteses previstas nos §§3º e 4º do art. 31. Porém, como dito, essa vedação de conhecimento geral do dado pessoal é relativa. Tais informações poderão ter franqueada sua divulgação ou seu acesso por terceiros, diante de previsão legal ou consentimento expresso da pessoa a que elas se referirem. Para tanto, nesse caso, o acesso à informação pessoal por terceiro será condicionado a que este assine um *termo de responsabilidade*, que disporá sobre a finalidade e a destinação da informação que quer conhecer, bem como sobre as obrigações a que se submeterá o requerente.[565] Contudo, fica dispensada a autorização para sua divulgação ou acesso a terceiros nos casos de apuração de irregularidades, cumprimento de ordem judicial, defesa de direitos humanos e proteção de interesse público preponderante, de acordo com o que trata o art. 31 e seus parágrafos e incisos.

8 Sistematização do âmbito de proteção do art. 31 da LAI

O seguinte esquema permite uma visualização completa da sistematização feita pela LAI:
(a) as informações de caráter pessoal não podem ser divulgadas (regra);

---

[565] Art. 61, *caput*, do Decreto nº 7.724/2012.

(b) o acesso a informações será permitido (exceção):
(b.1) por lei;
(b.2) por consentimento expresso da pessoa a que elas se referirem;
(b.2.1) não se exige o consentimento (exceção da exceção):
(b.2.1.1) a prevenção e diagnóstico médico, quando a pessoa estiver física ou legalmente incapaz, e para utilização única e exclusivamente para o tratamento médico;
(b.2.1.2) à realização de estatísticas e pesquisas científicas de evidente interesse público ou geral, previstos em lei, sendo vedada a identificação da pessoa a que as informações se referirem;
(b.2.1.3) ao cumprimento de ordem judicial;
(b.2.1.4) à defesa de direitos humanos; ou
(b.2.1.5) à proteção do interesse público e geral preponderante;
(b.2.1.6) quando a restrição é invocada no intuito de prejudicar processo de apuração de irregularidades em que o titular das informações estiver envolvido (§4º, parte inicial);
(b.2.1.7) em ações voltadas para a recuperação de fatos históricos de maior relevância (§4º, parte inicial).

Cabe referir que a última letra "b.2.1.7" trata exatamente do *direito à verdade*, que tem uma tutela orgânica a partir da Lei nº 12.528/11. Tal norma instituiu a "Comissão da Verdade", regulamentando o art. 8º do ADCT, que visa a esclarecer possíveis violações aos direitos humanos, especialmente praticados no período ditatorial brasileiro, ocorrido nos anos 60 a 80.[566]

---

[566] O direito à verdade é um conceito uníssono em termos de direito internacional, plasmado nos arts. 32 e 33, do Protocolo Adicional de Genebra.

Nesse sentido, de tal categoria derivam duas dimensões: a *negativa*, que determina ao Estado que não intervenha na formação da verdade histórica, não se opondo ao acesso aos dados públicos; e a concepção *positiva*, que impõe ao mesmo ente público a formatação de políticas públicas que facilitem, por exemplo, o acesso às informações.

O direito à verdade, entre outras questões, implica a reparação dos danos causados por agentes do Estado, os quais também incluem condições gerais econômicas, sociais, médicas, jurídicas, para tentar recuperar a memória das vítimas e aliviar um pouco a tragédia causada às famílias afetadas. A regra em questão, aliás, vem ao encontro do que vem sendo decidido pela CorteIDH.[567] Dessa maneira, o art. 31, §4º, parte final, cumpre um papel nodal nesse contexto.

9 Responsabilização pelo uso indevido das informações íntimas ou privadas

Avançando na análise do dispositivo em pauta, pode-se dizer que o §2º do art. 31 faz uma importante advertência, afirmando que aquele que passa a deter ou a ter conhecimento das informações, por meio da LAI, poderá ser responsabilizado caso faça uso indevido delas. O legislador, assim, determina que as informações obtidas não possam ser utilizadas para a violação de outros diretos, maculando esferas jurídicas alheias. Aliás, esse cuidado se justifica para que a LAI não seja utilizada como subterfúgio para condutas ilícitas ou imorais, enfim, para corromper a ordem das coisas.

A intimidade e a vida privada, tuteladas pelo art. 5º, inciso X, da CF/88, podem ser agredidas quando informações desta natureza são reveladas sem o consentimento do titular. Eis o núcleo central

---

[567] "Son inadmisibles las disposiciones de amnistía, las disposiciones de prescripción y el establecimiento de excluyentes de responsabilidad que pretendan impedir la investigación y sanción de los responsables de las violaciones graves de los derechos humanos tales como la tortura, las ejecuciones sumarias, extralegales o arbitrarias y las desapariciones forzadas, todas ellas prohibidas por contravenir derechos inderogables reconocidos por el Derecho Internacionnal de los Derechos Humanos" (CorteIDH, *Caso Barrios Altos*, Sentença de 14.03.2001); Temos, ainda, como precedentes, o *Caso "del Carazco"*, cuja sentença data de 29.08.2002 e o *Caso "Trujillo Oroza"*, cujo julgamento se deu em 27.02.2002.

do art. 31 da LAI. Outras legislações também se preocuparam em dar concretude ao referido direito fundamental, como o *Marco Civil da* Internet (Lei nº 12.965/2014, art. 8º): "A garantia do direito à privacidade e à liberdade de expressão nas comunicações é condição para o pleno exercício do direito de acesso à internet". A tal ponto de tal norma jurídica considerar nulas de pleno direito as cláusulas contratuais que violem os tais direitos – parágrafo único do mencionado art. 8º.[568]

---

[568] O referido dispositivo é complementado pelo art. 10 da mesma Lei nº 12.965/2014: "A guarda e a disponibilização dos registros de conexão e de acesso a aplicações de internet de que trata esta Lei, bem como de dados pessoais e do conteúdo de comunicações privadas, devem atender à preservação da intimidade, da vida privada, da honra e da imagem das partes direta ou indiretamente envolvidas".

CAPÍTULO V
DAS RESPONSABILIDADES

Art. 32. Constituem condutas ilícitas que ensejam responsabilidade do agente público ou militar:

I – recusar-se a fornecer informação requerida nos termos desta Lei, retardar deliberadamente o seu fornecimento ou fornecê-la intencionalmente de forma incorreta, incompleta ou imprecisa;

II – utilizar indevidamente, bem como subtrair, destruir, inutilizar, desfigurar, alterar ou ocultar, total ou parcialmente, informação que se encontre sob sua guarda ou a que tenha acesso ou conhecimento em razão do exercício das atribuições de cargo, emprego ou função pública;

III – agir com dolo ou má-fé na análise das solicitações de acesso à informação;

IV – divulgar ou permitir a divulgação ou acessar ou permitir acesso indevido à informação sigilosa ou informação pessoal;

V – impor sigilo à informação para obter proveito pessoal ou de terceiro, ou para fins de ocultação de ato ilegal cometido por si ou por outrem;

VI – ocultar da revisão de autoridade superior competente informação sigilosa para beneficiar a si ou a outrem, ou em prejuízo de terceiros; e

VII – destruir ou subtrair, por qualquer meio, documentos concernentes a possíveis violações de direitos humanos por parte de agentes do Estado.

§1º Atendido o princípio do contraditório, da ampla defesa e do devido processo legal, as condutas descritas no *caput* serão consideradas:

I – para fins dos regulamentos disciplinares das Forças Armadas, transgressões militares médias ou graves, segundo os critérios neles estabelecidos, desde que não tipificadas em lei como crime ou contravenção penal; ou

II – para fins do disposto na Lei nº 8.112, de 11 de dezembro de 1990, e suas alterações, infrações administrativas, que deverão ser apenadas, no mínimo, com suspensão, segundo os critérios nela estabelecidos.

§2º Pelas condutas descritas no *caput*, poderá o militar ou agente público responder, também, por improbidade administrativa, conforme o disposto nas Leis nº 1.079, de 10 de abril de 1950, e 8.429, de 2 de junho de 1992.

1 Responsabilização dos agentes públicos, civis ou militares

Em relação à responsabilização dos agentes públicos, civis ou militares, quando da inobservância das disposições legais da Lei nº 12.527/11, esta mesma norma passa a tipificar, expressamente, várias condutas ilícitas que podem ser sancionadas, por exemplo, na esfera administrativa, por meio do poder disciplinar. Fixaram-se, para tanto, comportamentos proscritos, detalhados nos incisos I a VII do art. 32. Além disso, são estabelecidas como penalidades, além das eventuais tipificações pela prática de crime, contravenção penal ou improbidade administrativa,[569] em relação aos servidores públicos federais e aos militares das Forças Armadas, no mínimo, a sanção de suspensão (quanto aos primeiros) e as correspondentes à transgressão militar média ou grave (quanto aos últimos). Aqui, entende-se que a *dimensão ética* da transparência gera uma base conceitual ao dispositivo em pauta, porque impõe o dever de os agentes sociais terem fidelidade para com o interesse público, desacostumado a atitudes distanciadas da legalidade.[570]

No que tange especificamente aos atos de improbidade administrativa, a recusa no fornecimento de informações já era caracterizada como ato de improbidade administrativa por ser violadora dos princípios administrativos (art. 11, inciso IV, da Lei nº 8.429/92). Da mesma forma, os Ministros de Estado e os órgãos subordinados diretamente à Presidência da República sujeitam-se a crime de responsabilidade caso não atendam aos pedidos de acesso à informação (art. 13, nºs 3 e 4,[571] da Lei nº 1.079/1950). E o acesso à informação ainda foi tipificado como delito de responsabilidade dos prefeitos quando estes não respondem, injustificadamente, aos pedidos de convocação ou solicitações de acesso formuladas pela Câmara de Vereadores (art. 4º, inciso III, do Decreto nº 201/1967).

---

[569] STJ, HC nº 379.402-PA, Rel. Min. Antônio Saldanha Palheiro, 6ª Turma, j. 11.12.2019.
[570] Sobre a dimensão ética da transparência, consultar: DELPIAZZO, *op. cit.*, p. 8.
[571] No caso desse dispositivo, os Ministros de Estado ficam sujeitos às penalidades do art. 13, da Lei nº 1.079/1950 quando não atenderem a convocação ou a pedido de informações formulado pelo Congresso Nacional.

A arquitetura normativa da LAI ficaria seriamente prejudicada caso estivesse ausente a previsão de condutas inibidoras ao desvio de finalidade no uso das informações públicas, especialmente no que se refere às informações de cunho sigiloso. Há de se ter responsabilidade no trato dos dados públicos e no cumprimento dos comandos da lei de acesso. O dever de sigilo, por exemplo, deve ser imposto a todo o agente estatal, mesmo depois de cessado eventual liame que detenha para com os entes ou órgãos públicos.

2 Condutas puníveis

Dessa forma, a partir do texto do art. 32 da LAI, podemos dividir as condutas dos sujeitos ativos em comissivas ou omissivas. Já no que tange aos próprios sujeitos ativos, a lei estabeleceu regimes diversos de expiação. Assim, podemos visualizar pelo menos três regimes disciplinares diferentes:

(a) regime disciplinar dos *agentes públicos civis* (art. 32);
(b) regime disciplinar dos *agentes públicos militares* (art. 32);
(c) regime disciplinar dos *agentes não públicos* – sujeitos que não pertençam aos quadros da Administração Pública, mas que se submetem à LAI (art. 33).

Especificamente aos agentes públicos, o rol de condutas é de caráter múltiplo e de conteúdo variado (para utilizar uma expressão típica do direito penal), ou seja, descreve inúmeras condutas (verbos nucleares) que podem caracterizar uma infração administrativa. Todo esse rol de expiações constante nos incisos I a VII do art. 32 procura coibir os abusos e as ilegalidades para com o impedimento do acesso aos documentos, para com o tratamento dos documentos (destruição, subtração etc.), para com a proteção do sigilo ou dos documentos de caráter pessoal (impedindo, por exemplo, que seu conteúdo seja revelado), ou, ainda, no caso do sujeito ativo praticar fraude ou beneficiar-se indevidamente nos procedimentos de solicitação de acesso.

3 Devido processo legal

O §1º, ao seu turno, impõe o respeito ao devido processo legal no que se refere à aplicação das sanções administrativas, garantindo-se ao acusado a ampla defesa e o contraditório. Em certa medida, tal dispositivo é redundante porque repete aquilo que já vem determinado pelo art. 5º, inciso LV, da CF/1988, bem como reitera a interpretação conferida à Súmula Vinculante nº 3, do STF. Sem falar que os diplomas legais que tutelam os procedimentos disciplinares dos agentes estatais normalmente também fazem a previsão expressa nesse sentido. Logo, tal dispositivo reforça premissas jurídicas consolidadas no cenário jurídico-normativo nacional.

4 Infrações disciplinares dos servidores públicos federais

O referido parágrafo do art. 32 ainda determina que as condutas listadas nos incisos sejam, em âmbito federal, consideradas penalidades administrativas, civis ou militares, de acordo com o estatuto que rege cada agente público. Tal dispositivo merece uma análise cuidadosa. Partindo da sistematização feita anteriormente e já avançando no rol de penalidades aplicáveis à pessoa física ou entidade privada (não classificada como agente público), constante no art. 33, podemos concluir que:

SUJEITO ATIVO DA CONDUTA ILÍCITA	PENALIDADE A incidência de um dos incisos do art. 32 ou 33, conforme o caso, considerar-se-á:
(a) agentes públicos civis	infração administrativa sancionada com no mínimo a pena de suspensão, na forma da Lei nº 8.112/1990 (art. 32, §1º, inciso II);
(b) agentes públicos militares	transgressão militar média ou grave, segundo os critérios estabelecidos em lei específica, desde que não tipificadas como crime ou contravenção penal (art. 32, §1º, inciso I);
(c) agentes não públicos – pessoa física ou entidade privada	I – advertência; II – multa; III – rescisão do vínculo com o Poder Público; IV – suspensão temporária de participar em licitação e impedimento de contratar com a Administração Pública por prazo não superior a dois anos; e V – declaração de inidoneidade para licitar ou contratar com a Administração Pública, até que seja promovida a reabilitação perante a própria autoridade que aplicou a penalidade (art. 33).

Esse rol de penas, especificamente no que tange aos servidores públicos, civis ou militares (itens "a" e "b"), refere-se somente aos agentes estatais *federais*, não podendo ser estendido aos demais servidores dos outros entes federados. Em resumo, pode-se afirmar com segurança que o §1º do art. 32 é *regra de natureza federal*. Logo, em relação aos servidores estaduais, distritais e municipais, caberá à lei de cada qual estabelecer as penalidades correspondentes em seus regramentos disciplinares vigentes. Aliás, não se tem como aplicar *diretamente* a LAI sem prévia e expressa previsão em lei oriunda de cada ente da federação. Portanto, para se poder aplicar qualquer sanção aos agentes públicos estaduais, municipais ou distritais, será necessário editar regras específicas neste sentido.

5 Infrações disciplinares dos servidores públicos dos demais entes da Federação

Então, cada membro da federação brasileira deverá editar a sua respectiva lei, trazendo ao bojo dos estatutos que regem o seu funcionalismo público, as disposições normativas do art. 32 da Lei nº 12.527/11. Contudo, poder-se-ia questionar se tais estatutos poderão ou não disciplinar sanções mais brandas do que aquelas previstas na regra ora comentada. Seria esse um parâmetro a ser observado no âmbito dos Estados, Municípios e Distrito Federal?

Ao nosso juízo, a resposta a essa questão deve ser negativa, ou seja, o §1º do art. 32 não fixa qualquer parâmetro aos demais entes federados, sendo regra puramente federal. E essa tese é alicerçada em dois motivos básicos:

  (a) pelo princípio da autonomia federativa, cada entidade tem poder para legislar autonomamente sobre o regime jurídico que disciplina os direitos e deveres, seus servidores civis e militares (respeitadas, por óbvio, as regras da CF/1988);
  (b) isso se reforça porque, no momento em que a União legislou com base no seu regime jurídico único e com base na sua legislação para seus militares, implicitamente ela reconhece que Estados e Municípios tiveram sua autonomia preservada para legislar sobre a mesma matéria em relação a seus servidores e corpo de militares.

Dessa forma, com base nessa autonomia, cabem aos demais entes livremente decidir sobre as penas e a sua graduação. No mais, os demais dispositivos do art. 32 (*caput* e §2º) e art. 33 seriam típicas normas nacionais, de aplicação indistinta e uniforme a todos os entes federados.

6 Relação com a *Lei de Improbidade Administrativa*

É importante mencionar que as expiações administrativas não repelem as eventuais sanções por improbidade administrativa (Lei nº 8.429, de 2 de junho de 1992) e por crime de responsabilidade (*v.g.* Lei nº 1.079, de 10 de abril de 1950) – art. 32, §2º. Muito embora o referido §2º não mencione expressamente, também não configura *bis in idem* a aplicação do Decreto-Lei nº 201/1967, que trata dos crimes de responsabilidade de prefeitos e vereadores. Pode-se entender, assim, que o referido parágrafo consagra a independência relativa de instâncias, já há muito acolhida pelas cortes nacionais.[572]

Somente a título de ilustração, as sanções por mau uso das informações sigilosas (revelação, destruição etc.) já eram previstas no art. 10 da Lei Complementar nº 105/2001 ou no art. 11, inciso III, da Lei nº 8.429/92 (*Lei de Improbidade Administrativa*).[573] Sendo assim, as disposições do art. 32, e também do art. 33, vêm na linha de uma preocupação já há muito consagrada no direito positivo.

A "publicização" dos dados públicos se impõe como um dever funcional aos agentes estatais (servidores públicos, agentes políticos, pessoas físicas ou representantes de pessoas jurídicas que executem o tratamento de informações, em razão de vínculo com o Estado).[574] Há, assim, um dever de agir na divulgação desses dados. Quando uma dessas autoridades administrativas descumpre esse dever, seja fornecendo uma informação incorreta, seja descumprindo os prazos estabelecidos pela lei, seja omitindo-se, seja recusando acesso, o que

---

[572] Por todos: STJ, MS nº 15.054/DF, Rel. originário Min. Napoleão Nunes Maia Filho, Rel. para acórdão Min. Gilson Dipp, 3ª Seção, j. 25.05.2011.
[573] Lei nº 8.429/1992, art. 11, inc. III: "[...] revelar fato ou circunstância de que tem ciência em razão das atribuições e que deva permanecer em segredo, propiciando beneficiamento por informação privilegiada ou colocando em risco a segurança da sociedade e do Estado; [...]".
[574] SILVEIRA, *op. cit.*, p. 243.

gera um sigilo que não se fez previsão em lei, tais condutas acarretam a possibilidade de sancionamento disciplinar, criminal e/ou aplicação de pena por ato de improbidade administrativa. Para tanto, como corolário do devido processo legal, deverá ser aberto processo administrativo ou judicial pertinente – dependendo do tipo de expiação –, garantindo-se manutenção da ampla defesa e do contraditório.

Art. 33. A pessoa física ou entidade privada que detiver informações em virtude de vínculo de qualquer natureza com o poder público e deixar de observar o disposto nesta Lei estará sujeita às seguintes sanções:

I – advertência;

II – multa;

III – rescisão do vínculo com o poder público;

IV – suspensão temporária de participar em licitação e impedimento de contratar com a Administração Pública por prazo não superior a 2 (dois) anos; e

V – declaração de inidoneidade para licitar ou contratar com a Administração Pública, até que seja promovida a reabilitação perante a própria autoridade que aplicou a penalidade.

§1º As sanções previstas nos incisos I, III e IV poderão ser aplicadas juntamente com a do inciso II, assegurado o direito de defesa do interessado, no respectivo processo, no prazo de 10 (dez) dias.

§2º A reabilitação referida no inciso V será autorizada somente quando o interessado efetivar o ressarcimento ao órgão ou entidade dos prejuízos resultantes e após decorrido o prazo da sanção aplicada com base no inciso IV.

§3º A aplicação da sanção prevista no inciso V é de competência exclusiva da autoridade máxima do órgão ou entidade pública, facultada a defesa do interessado, no respectivo processo, no prazo de 10 (dez) dias da abertura de vista.

1 Sanções pelo mau uso das informações

Em relação àquelas pessoas físicas ou entidades privadas que detenham informações em razão de vínculos com o Poder Público e que venham a descumprir as disposições da referida lei que trata do acesso à informação, a elas aplicam-se sanções de advertência, multa,[575]

---

[575] No âmbito federal, a multa não pode ser inferior a R$1.000,00 (mil reais), nem superior a R$200.000,00 (duzentos mil reais), no caso de pessoa natural (inciso I do art. 66 do Decreto nº 7.724/2012), e também não inferior a R$5.000,00 (cinco mil reais), nem superior a R$600.000,00 (seiscentos mil reais), no caso de pessoa jurídica (inciso II do mesmo artigo).

rescisão do vínculo com o Poder Público, suspensão temporária de licitar ou contratar com a administração por até dois anos e declaração de inidoneidade para licitar ou contratar com a Administração Pública até sua reabilitação pela autoridade que aplicou a penalidade. Tudo isso ficou disciplinado nos termos do art. 33 da LAI, de acordo com o procedimento e os parâmetros estabelecidos nos §§1º a 3º.

Não seria lógico nem sistemático que a LAI estruturasse todo um manancial de ferramentas jurídicas para a punição do servidor público que descumpre com as determinações desta legislação, deixando à margem de qualquer expiação os particulares que mantêm vínculos com o Poder Público. De certo que, caso essa omissão assim existisse, aquele que quisesse violar os deveres impostos pela LAI poderia utilizar de uma pessoa jurídica de direito privado para tal mister, ficando à mercê de uma sanção. Logo, considera-se importantíssimo o cuidado tomado pela Lei nº 12.527/11.

2 Aplicação das penas

Tendo em conta o texto do §1º do art. 33, considera-se que as penalidades devem ser aplicadas de forma individual, somente podendo ser cumuladas com a pena de multa (inciso II). Então, evidentemente não se pode aplicar a pena de advertência (inciso I) somada à pena de suspensão temporária de participar de licitação (inciso IV). Perceba que, quando a LAI quis que se cumulassem as penas, ela o fez de forma expressa, como é o caso da multa, a qual pode ser aplicada conjuntamente com as sanções de advertência, rescisão do vínculo com o Poder Público, suspensão temporária de participar em licitação e impedimento de contratar com a Administração Pública por prazo não superior a dois anos (incisos I, III e IV).

A penalidade constante no inciso V reclama uma análise mais cuidadosa, tendo os §§2º e 3º do art. 33 se ocupado de ofertar maiores detalhes. Tal inciso determina que se possa aplicar uma pena de declaração de inidoneidade para licitar ou contratar com a Administração Pública, até que seja promovida a reabilitação perante a própria autoridade que aplicou a expiação. O §2º considera que a reabilitação somente será autorizada quando o interessado efetivar o ressarcimento dos prejuízos resultantes ao órgão ou à entidade lesados, aliado ao fato de ter de aguardar o prazo da sanção aplicada com base no inciso IV.

Sendo assim, conclui-se que a penalidade do inciso V deve estar atrelada ao inciso IV, justamente porque a parte final do §2º infere que um dos requisitos para a reabilitação é a superação do prazo fixado a partir da pena do dito inciso IV. Assim, consideramos que o inciso V é uma espécie de *qualificadora* ao dispositivo antecedente, especialmente quando se perceber que a conduta violadora da LAI causou alguma espécie de dano à Administração Pública.

Em síntese, a pena de declaração de inidoneidade para licitar ou contratar com o Poder Público (inciso V) somente é cumulada com a sanção de suspensão temporária de participar de licitações ou de contratar com o Poder Público (inciso IV), sendo somente possível esta conjunção quando verificada a ocorrência de dano à entidade ou órgão público. Nesse caso, o particular somente voltaria a contratar com o Estado no momento em que efetuasse a reparação integral do prejuízo causado, bem como quando passado o prazo mínimo de suspensão fixado a partir do limite dado pelo inciso IV.

No caso, a aplicação da sanção de declaração de inidoneidade para licitar ou contratar com o Poder Público (inciso V) é de competência exclusiva da autoridade máxima do órgão ou da entidade pública – tudo de acordo com o §3º. Ainda, adverte-se que é facultada ao interessado propor defesa, no respectivo processo, no prazo de dez dias da abertura de vista. O interessante é que não há a fixação de qualquer outro parâmetro para a constituição mínima de um rito processual – estabelecimento de formas, demais prazos e atos etc. – quiçá no que se refere à aplicação das outras penalidades. Assim, é um tanto desconexa a previsão de um prazo de defesa somente a uma penalidade, ficando à mercê de uma regulamentação específica no que se refere às outras expiações previstas no art. 33 da LAI.

Diante dessa omissão, sugere-se a aplicação, por analogia e de forma subsidiária, no âmbito federal, da Lei nº 9.784/99, a *Lei do Processo Administrativo Federal*, na linha do que justamente dispõe a própria LAI, em seu art. 20. No âmbito das demais entidades federadas, deve ser aplicado, por analogia, o disposto nas respectivas leis do processo administrativo que vigem em cada âmbito interno.

Art. 34. Os órgãos e entidades públicas respondem diretamente pelos danos causados em decorrência da divulgação não autorizada ou utilização indevida de informações sigilosas ou informações pessoais, cabendo a apuração de responsabilidade funcional nos casos de dolo ou culpa, assegurado o respectivo direito de regresso.

Parágrafo único. O disposto neste artigo aplica-se à pessoa física ou entidade privada que, em virtude de vínculo de qualquer natureza com órgãos ou entidades, tenha acesso a informação sigilosa ou pessoal e a submeta a tratamento indevido.

1 Responsabilidade civil pelo mau uso das informações

Por derradeiro, a lei prevê que os órgãos ou as entidades públicas responderão por danos causados em decorrência da divulgação não autorizada ou utilização indevida de informações sigilosas ou informações pessoais, independentemente de prova de culpa ou dolo. Esse regime de responsabilidade aplica-se também à pessoa física ou à entidade privada, quando for o caso, ou seja, quando existir um vínculo que a ligue com a pessoa jurídica de direito público. A apuração do dever de indenizar do Poder Público será implementada independentemente de o agente ter ou não responsabilidade funcional (dolo ou culpa), garantido o direito de regresso em relação ao servidor que causou o dano.

A essência da responsabilidade civil assenta-se, fundamentalmente, na pesquisa ou na indagação de como o comportamento contribui para o prejuízo sofrido pela vítima. Assim procedendo, não se considera qualquer fato humano apto a gerar o efeito ressarcitório. Uma determinada conduta somente será geradora daquele efeito quando a ordem jurídica lhe dá guarita e a reveste de certos requisitos ou de certas características. Dessa maneira, sobreleva notar que a teoria da responsabilidade erige o pressuposto da obrigação de indenizar ou de reparar o dano a partir de certos elementos, sendo que a responsabilidade de nível *objetiva* dispensa que se tenha um comportamento *culposo* ou *doloso* do agente, ou simplesmente a sua *culpa* ou seu *dolo*, não abrangendo o elemento subjetivo no seu contexto.

2 Natureza da responsabilidade civil

O art. 34, *caput*, constitui verdadeiro regime de responsabilidade civil *objetiva* do Estado (*lato sensu*) no que se refere aos danos causados pelos entes públicos, na linha da regra geral consagrada no art. 37, §6º, da Constituição Federal. Assim, a vítima de eventual ato danoso deve fazer prova da existência de conduta estatal (ativa ou omissiva),[576] do nexo de causa dessa conduta para com o último elemento de prova, o dano.[577]

Na nossa ótica, não se trata de responsabilidade do tipo *integral* (lastreada no *risco integral*),[578] mas sim de típica responsabilidade do tipo *objetiva*, calcada na "teoria do risco administrativo". Veja que, caso a Administração Pública prove uma excludente do nexo causal, não haverá direito à indenização. Na prática, fica admitido que a responsabilidade civil do Poder Público seja excluída provada culpa exclusiva da vítima, caso fortuito ou força maior, ou ato de terceiro.[579]

---

[576] Muito embora existam sérias divergências no sentido de atribuir o regime da responsabilidade civil subjetiva ou objetiva aos atos omissivos estatais. Tanto é verdade, que a questão foi posta sob o regime de repercussão geral no STF, AgR RE-SP, Rel. Min. Joaquim Barbosa, 2ª Turma, j. 1º.02.2011. A questão foi analisada várias vezes pela Suprema Corte, tendo ela se manifestado pelo reconhecimento da responsabilidade subjetiva do Estado quando frente a condutas omissivas praticadas por ele (STF, RE nº 372.472/RN, Rel. Min. Carlos Velloso, 2ª Turma, 04.11.2003). Contudo, outrora, o mesmo STF já havia reconhecido a responsabilidade civil objetiva em caso de omissão (STF, RE nº 283.989/PR, Rel. Min. Ilmar Galvão, 1ª Turma, j. 28.05.2002).

[577] Este regime de responsabilidade civil objetiva derivado do uso indevido da informação já era consagrado no art. 11, da LC nº 105/2001.

[578] A "Teoria do risco integral" também é considerada uma modalidade extremada da teoria do risco administrativo, sendo de rara aceitação em outras nações, justamente porque pode conduzir a abusos e a iniquidades sociais. Diante deste panorama, o Poder Público fica obrigado a sempre reparar o prejuízo, mesmo quando a vítima é culpada pelo dano. A diferença básica entre risco administrativo e risco integral reside no fato de que o primeiro admite as causas excludentes da responsabilidade do Estado (*v.g.* culpa exclusiva da vítima, culpa exclusiva de terceiro ou força maior/caso fortuito), o que não acontece com a segunda teoria.

[579] "A responsabilidade civil do Estado, responsabilidade objetiva, com base no risco administrativo, que admite pesquisa em torno da culpa do particular, para o fim de abrandar ou mesmo excluir a responsabilidade estatal, ocorre, em síntese, diante dos seguintes requisitos: a) do dano; b) da ação administrativa; c) e desde que haja nexo causal entre o dano e a ação administrativa. A consideração no sentido da licitude da ação

Para dar base a essa tese, podemos nos valer de dois paradigmas, um comparativo e outro empírico. O primeiro pode ser contemplado a partir do texto das Leis nºs 10.309/2001 e 10.744/2003, estas sim típicas leis que estabelecem a responsabilidade *integral* da União por danos causados por ato terrorista em aeronaves. No caso, o ente público federal ressarcirá os prejuízos mesmo que o dano tenha sido provocado por um terceiro, o que, diante da responsabilidade *objetiva*, seria típica excludente do nexo causal. Assim, se comparados os textos de ambas as leis para com o art. 34, ora comentado, perceber-se-á uma diferença abissal.

É de todo importante consignar que responsabilidade não se presume, que advém da lei ou do contrato. Significa dizer que, quando a lei quis que a responsabilidade fosse constituída com base no risco integral, assim o fez de forma expressa. No caso da LAI, essa responsabilidade não pode ser presumida como sendo integral, porque o texto do art. 34 não é expresso a este respeito. Ao contrário, ele replica muito do texto do art. 37, §6º, da CF/1988.[580]

De outro lado, empiricamente não se conseguiria visualizar caso de responsabilidade integral. Imagine que uma determinada repartição pública seja inundada por uma enxurrada violenta e imprevista, fazendo com que documentos sigilosos fossem espalhados pela força das águas, o que permitiu o conhecimento dos seus conteúdos pelo público em geral. No caso, não se poderia pensar na responsabilidade civil do Estado pelo vazamento das informações classificadas como secretas. O mesmo raciocínio deve ser aplicado quando se trata de um terceiro que invade o órgão público e furta informações, sem que se tenha provada qualquer falha no sistema de vigilância e de segurança, provando-se,

---

administrativa é irrelevante, pois o que interessa, é isto: sofrendo o particular um prejuízo, em razão da atuação estatal, regular ou irregular, no interesse da coletividade, é devida a indenização, que se assenta no princípio da igualdade dos ônus e encargos sociais" (STF, RE nº 113.587/SP, Rel. Min. Carlos Velloso, 2ª Turma, j. 18.02.92).

[580] Veja a preocupação da doutrina a este respeito: "É, contudo, preocupante a banalização da idéia de responsabilidade civil do Estado, pois quem estuda o tema sabe que é preciso haver uma singularidade para que seja reconhecido o direito a indenização em virtude de dano ou prejuízo causado pelo Poder Público. Isso porque, se assim não se proceder, corre-se o risco de usurpar os direitos fundamentais e as garantias postas à disposição dos cidadãos, transformando-as em instrumentos destinados a proteger privilégios e interesses corporativos" (BRANCO; COELHO; MENDES, *op. cit.*, p. 886).

nesta hipótese, que o Estado havia investido sensivelmente em equipamentos e recursos humanos a proteção dos dados. Nessas duas situações, não há que se falar em responsabilidade objetiva, porque são plenamente admitidas as excludentes do nexo causal, o que, na responsabilidade dita integral, isso seria impensável.

É necessário que se estabeleça uma *relação de causalidade* entre a injuridicidade da ação e o mal causado ou, em outras palavras, é preciso que se esteja certo que, sem este fato, o dano não teria acontecido. Para que se concretize a responsabilidade do art. 34, ora comentado, é indispensável estabelecer uma interligação entre a ofensa à norma e o prejuízo sofrido, de tal modo que se possa afirmar ter havido o dano decorrente da conduta estatal. No caso, pode estar presente o fator volitivo ou pode não estar. Isso é relevante. O que importa é determinar que o dano foi causado pela conduta de um sujeito ligado ao Estado. Em se tratando de elemento causal, cumpre ao lesado prová-lo no curso da ação de indenização. Se a causalidade resta incerta, em razão de uma impossibilidade de prova, o juiz deve rejeitar a ação de perdas e danos.

Com a assunção da teoria do risco administrativo, o juiz não tem de examinar o caráter lícito ou ilícito do ato imputado ao pretenso responsável. Veja que as questões de responsabilidade se transformam em simples problemas *objetivos* que se reduzem à pesquisa de uma relação de causalidade. As disposições constitucionais (art. 37, §6º) estabelecem que o Estado responde pelos danos causados ao particular, com direito de regresso contra o servidor caso este houver procedido culposamente. Assim dispondo, o texto constitucional (e o art. 34) adota a doutrina do *risco administrativo*. A apuração da culpa somente se procederá para que o Estado, mediante ação de *in rem verso*, possa ressarcir-se contra o funcionário causador do prejuízo.

Assim, considera-se que o art. 34 prevê típico caso de responsabilidade civil objetiva, lastreada no risco administrativo. A isso acrescentamos que a teoria adotada é aquela do dano direto e imediato ou da interrupção do nexo causal. Seria verdadeiro absurdo jurídico imputar ao Estado, à revelia da lei, um dano que ele não causou. Essa espécie de responsabilidade civil no caso de violação de casos de sigilo, ou seja, na hipótese em que não se tome cuidado em dar acesso aos dados somente a quem detenha legitimidade, já era reconhecida como possível[581] e na modalidade dita objetiva. Já mesmo antes da edição da LAI, havia uma preocupação nesse sentido.

3 Aplicação da responsabilidade civil pelo mau uso das informações à pessoa física ou entidade privada

Avançando na análise do dispositivo em pauta, pode-se dizer que a previsão feita pelo parágrafo único do art. 34 não pode ser considerada uma novidade. É importante consignar que a CF/1988 compreendeu expressamente, no art. 37, §6º, a responsabilidade das pessoas jurídicas de direito privado que prestam serviços públicos. Tanto o ordenamento jurídico como a jurisprudência reconhecem a possibilidade de se responsabilizar um particular, que possui certa ligação com o Poder Público, por eventuais danos causados aos administrados. Um caso típico são os *delegados de função*, tais quais os notários e registradores.[582] Outro caso de responsabilização do particular que recebe um múnus estatal a desempenhar foi o de um depositário judicial que acabou por deixar perecer certo bem sob sua custódia.[583] Portanto, a previsão feita nesse dispositivo não pode ser considerada inédita.

Além disso, é importante chancelar a possibilidade de responsabilização das pessoas jurídicas de direito privado que mantenham vínculo com o Poder Público, justamente por evitar que os agentes estatais utilizassem interposta pessoa. Sendo assim, essa ampliação visa também a impedir a burla da lei nesse sentido.

---

[581] "No âmbito judicial, a quebra do sigilo bancário não exige prévia oitiva do investigado e tanto a Justiça Federal como a do Estado podem determiná-la. O indivíduo que não se conforme com a quebra do seu sigilo pode contestá-la em juízo, até mesmo pela via do *habeas corpus*. Uma vez quebrado o sigilo, os autos que recebem essas informações devem correr em segredo de justiça. Há responsabilidade civil do Estado no descaso para com esse dever. [...] Não se revela condizente com o Estado constitucional garantidor de direitos fundamentais impor à sociedade como um todo o ônus de arcar com vultosas indenizações decorrentes de danos causados pelo Estado, sem que isso seja objeto de uma investigação mais precisa e adequada às circunstâncias em que ocorreu o suposto fato danoso" (BRANCO; COELHO; MENDES, *op. cit.*, p. 886).

[582] STJ, REsp nº 1.134.677/PR, Rel. Min. Nancy Andrighi, 3ª Turma, j. 07.04.2011.

[583] STJ, REsp nº 648.818/RJ, Rel. Min. Francisco Falcão, 1ª Turma, j. 28.06.05.

CAPÍTULO VI
DISPOSIÇÕES FINAIS E TRANSITÓRIAS

Art. 35. (VETADO).

§1º É instituída a Comissão Mista de Reavaliação de Informações, que decidirá, no âmbito da Administração Pública Federal, sobre o tratamento e a classificação de informações sigilosas e terá competência para:

I – requisitar da autoridade que classificar informação como ultrassecreta e secreta esclarecimento ou conteúdo, parcial ou integral da informação;

II – rever a classificação de informações ultrassecretas ou secretas, de ofício ou mediante provocação de pessoa interessada, observado o disposto no art. 7º e demais dispositivos desta Lei; e

III – prorrogar o prazo de sigilo de informação classificada como ultrassecreta, sempre por prazo determinado, enquanto o seu acesso ou divulgação puder ocasionar ameaça externa à soberania nacional ou à integridade do território nacional ou grave risco às relações internacionais do País, observado o prazo previsto no §1º do art. 24.

§2º O prazo referido no inciso III é limitado a uma única renovação.

§3º A revisão de ofício a que se refere o inciso II do §1º deverá ocorrer, no máximo, a cada 4 (quatro) anos, após a reavaliação prevista no art. 39, quando se tratar de documentos ultrassecretos ou secretos.

§4º A não deliberação sobre a revisão pela Comissão Mista de Reavaliação de Informações nos prazos previstos no §3º implicará a desclassificação automática das informações.

§5º Regulamento disporá sobre a composição, organização e funcionamento da Comissão Mista de Reavaliação de Informações, observado o mandato de 2 (dois) anos para seus integrantes e demais disposições desta Lei.

1 Comissão Mista de Reavaliação de Informações

O art. 35 da LAI traça as diretrizes básicas da atuação da *Comissão Mista de Reavaliação de Informações*, definindo seu escopo, seu plexo de funções, sua estrutura interna etc. Além disso, a mencionada regra implementa importantes marcos normativos no que tange à classificação de documentos. Essa disciplina normativa relaciona-se apenas aos entes do Poder Executivo federal, deixando à autonomia administrativa dos demais entes federados ou autônomos a tarefa de normatizar a matéria. Não que o art. 35, como tantos outros, não possa servir de importante paradigma.

Primeiramente, salienta-se que o *caput* do art. 35, que foi vetado, dispunha sobre a composição da referida comissão. Inseriam-se, em seu colegiado, membros dos Poderes Legislativo e Judiciário. Assim, conforme as razões expostas nos motivos do veto, tal artigo não foi sancionado justamente porque a previsão de outros membros em órgão do Executivo violaria a separação dos poderes. Ao que tudo indica, então, o veto baseou-se em um fundamento jurídico, mais especificamente, em uma eventual contrariedade ao art. 2º do texto constitucional. É importante notar que a negativa de vigência da cabeça do art. 35 não prejudica nem causa qualquer incompatibilidade material para com os demais dispositivos da mesma regra.

Atualmente, o Decreto Federal nº 7.724/12, no art. 46, listou um sem número de órgãos que compõem a *Comissão Mista de Reavaliação de Informações*, rol este que passa por vários ministérios, Casa Civil, Advocacia-Geral da União etc. Cada órgão mencionado pelo art. 46 indicará um representante e um suplente para compor a aludida comissão.

2 Competências da Comissão Mista de Reavaliação de Informações

A competência administrativa da Comissão Mista, prevista no §1º, deve ser conjugada com as demais atribuições previstas em outros dispositivos da LAI. A fim de sistematizarmos a matéria, passamos a listar o rol mínimo de funções delimitadas nos atos normativos específicos sobre o tema:
(a) requisitar esclarecimento ou conteúdo, parcial ou integral, da informação da autoridade que a classificar como ultrassecreta e secreta (art. 35, §1º, inciso I, da LAI e art. 47, inciso II, do Decreto nº 7.724/12);

(b) rever a classificação de informações ultrassecretas ou secretas, de ofício ou mediante provocação de pessoa interessada, observado o disposto no art. 7º e demais regras da lei de acesso (art. 35, §1º, inciso II).[584] O §3º do art. 35 determina que a reavaliação de ofício seja feita periodicamente, em um interstício não superior a quatro anos. Isso permite com que se tenha uma verificação contínua da permanência das razões de fato e de direito que implicaram a vedação de acesso a certas informações *secretas* ou *ultrassecretas*. A questão peculiar que se põe à vista consiste em verificar que, caso esse prazo seja descumprido, presume-se que a classificação tenha sido extinta, ou seja, não mais subsista. Aqui se tem uma ocorrência interessante na qual a lei atribui efeitos jurídicos ao *silêncio administrativo*[585] (art. 35, §4º), que deixa de ser considerado fato para se tornar ato administrativo;

(c) prorrogar o prazo de sigilo de informação classificada como ultrassecreta, sempre por prazo determinado, enquanto o seu acesso ou divulgação puder ocasionar ameaça externa à soberania nacional ou à integridade do território nacional ou grave risco às relações internacionais do País, observado o prazo previsto no §1º do art. 24 – neste caso, a prorrogação pode ser lastreada em todos os fundamentos que permitem com que se classifique uma informação em determinado nível de sigilo (art. 35, §1º, inciso III e art. 47, inciso IV, do Decreto nº 7.724/12). Esta prorrogação somente pode ser feita uma única vez (§2º do art. 35), e limitada aos prazos máximos constantes no art. 24;

---

[584] Coliga-se com este dispositivo o art. 47, inciso I, do Decreto nº 7.724/2012.

[585] De acordo com a maioria da doutrina, o debate sobre o silêncio administrativo tem solução simples, na medida em que será a norma incidente que dirá se deste instituto se origina ou não efeitos jurídicos. Será o ordenamento que poderá dar uma significação determinada a esta ausência. Caso assim não o faça, o silêncio será reputado como *fato administrativo*. Neste sentido: GORDILLO. *Tratado de derecho administrativo*, t. 3, p. III-3; PEREIRA. *Erro e ilegalidade no acto administrativo*, p. 88. Conferir ainda a monografia de Elena Pulici (*Il silenzio della pubblica amministrazione*: questioni processuali), bem como o texto de Felipe Estrela de Los Santos (O valor do silêncio da Administração Pública na hipótese de ausência de pronúncia em face do reclamo do administrado. *Revista da Procuradoria-Geral do Estado*, p. 89-124).

(d) julgar recurso da decisão da CGU que nega de acesso à informação (art. 16, §3º, da LAI e art. 24, do Decreto nº 7.724/12 e art. 47, inciso III, alínea "a", do Decreto nº 7.724/12);

(e) julgar recurso quando o respectivo Ministro de Estado ou autoridade com a mesma prerrogativa denegar precedente recurso interposto que visa a combater a decisão que não acolhe pedido de desclassificação. No caso, o interessado poderá ter mais uma instância para interpor recurso, depois de já ter recorrido à referida autoridade superior da Administração Pública Federal. Significa dizer que deve dirigir sua insurgência junto à Comissão Mista de Reavaliação de Informações (art. 17, §2º, da LAI, e art. 47, inciso III, alínea "b", do Decreto nº 7.724/12);

(f) receber e analisar as decisões que classificam um documento como ultrassecreto quando esta opção seja feita por outra autoridade (arts. 27, §3º, e 28, ambos da Lei nº 12.527/11). Os órgãos federais deverão enviar o *TCI* no prazo de trinta dias, contado da decisão de ratificação ou de classificação (art. 32, do Decreto nº 7.724/12);[586]

(g) reavaliar as informações classificadas como ultrassecretas e secretas no prazo máximo de dois anos (art. 39, *caput* e §2º);

(h) estabelecer orientações normativas de caráter geral, a fim de suprir eventuais lacunas na aplicação da LAI (art. 47, inciso V, do Decreto nº 7.724/12). Nesse caso, o referido dispositivo permite que a comissão regulamente, *secundum legem* ou *intra legem*, os nichos legislativos deixados pela Lei nº 12.527/11. Esses atos normativos podem ser expedidos tanto quando a própria lei de acesso determine, como quando não exista uma previsão expressa, mas se possa depreender a necessidade neste sentido.

O Decreto nº 7.724/12 dá cabo de disciplinar, em âmbito infralegal, as determinações do §5º do art. 35, ou seja, detalha melhor a Comissão Mista de Reavaliação de Informações. Além do fato de que tais membros somente possam exercer mandato por até dois anos, momento em que devem deixar o referido órgão

---

[586] Tal dispositivo é referendado pelo art. 19, do Decreto Federal nº 7.845/2012.

colegiado,[587] cabe dizer que tal órgão se reunirá, ordinariamente, uma vez por mês e, extraordinariamente, sempre que convocado por seu presidente, devendo ter, no mínimo, a presença de seis integrantes (art. 48, *caput* e parágrafo único, do Decreto).

O ato normativo em questão ainda previu prazos para análise dos pedidos e dos recursos (em regra, devem ser decididos em até três seções após o protocolo da pretensão – arts. 49 a 51), bem como o quórum para análise das ditas pretensões, que pode ser por maioria absoluta ou simples, dependendo da matéria, tendo o representante da Casa Civil da Presidência da República o voto de desempate. O regimento interno do referido órgão de reavaliação das informações foi aprovado na terceira reunião ordinária, sendo publicado no *Diário Oficial da União*, em 24 de dezembro de 2012. Trata-se da Resolução nº 1, de 21 de dezembro do mesmo ano.

---

[587] Parte final do art. 35, §5º, da LAI.

Art. 36. O tratamento de informação sigilosa resultante de tratados, acordos ou atos internacionais atenderá às normas e recomendações constantes desses instrumentos.

1 Tratamento de informação sigilosa resultante de tratados, acordos ou atos internacionais

Nesse caso, a lei de acesso ressalvou o que dispõem os pactos internacionais que o Brasil é signatário, permitindo que, no plano transnacional, pudessem ser mantidas as obrigações contraídas. Veja que o dispositivo não faz qualquer ressalva no que se refere a terem os tratados e pactos sido recepcionados pelo direito interno, ou seja, se passaram ou não pelo processo de internalização.

A importância dos tratados no direito transnacional é vultosa, sendo considerada, no *Estatuto da Corte Internacional*, situada em Haia, como uma das principais fontes do direito internacional. Tais pactos são regulados por uma norma específica, que é a *Convenção de Viena sobre o Direito dos Tratados*, sendo chamada de "Código dos Tratados" ou de "Lei dos Tratados". Destaca-se que o nosso País ratificou tal pacto, sendo considerada lei interna.[588]

No plano das nações, a figura do *tratado* significa uma espécie de "acordo internacional" entre nações independentes, sendo firmado a partir do que se conhece por *animus contraendi*, formando um vínculo juridicamente válido. Esse *animus* é importante e se diferencia dos *stand-by arrangements* (ajuste, arranjos).[589] O tratado é uma composição de vontades levada, em geral, a efeito

---

[588] A convenção foi celebrada em 1969, sendo que entrou em vigor no plano internacional em 1980. Esta demora se deu pelo fato de que tal pacto necessitava de que trinta e cinco países ratificassem seu texto. No Brasil, ela foi aprovada pelo Congresso Nacional pela via do Decreto Legislativo nº 496/2009, e dado pleno vigor pelo Decreto Presidencial nº 7.030/2009.

[589] Manifestações de vontade que são bem menos vinculantes do que os acordos (*agreements*). Seriam os típicos pactos sem conotação contratual, como as normas de *soft law* que, claro, não têm *animus contraendi* (por exemplo, agenda 21), as recomendações da Organização Internacional do Trabalho etc.

de maneira formal[590] entre Estados, soberanos e reconhecidos, ou por organizações internacionais intergovernamentais, de natureza pública, criadas por tratados internacionais entre países. Tais pactos regem-se pelo regime jurídico internacional, o que reflete a opção feita pelo art. 36 da LAI.[591]

É importante salientar que, para os limites do dispositivo ora comentado, devem ser considerados como albergados pelo seu âmbito de proteção não somente os tratados internacionais que o Brasil aderiu ou ratificou, mas igualmente os demais acordos e atos internacionais. Pode-se dizer que o art. 36 cria um nicho em que a LAI não incide, de modo que, no momento em que um tratado, acordo ou ato passa a gerar efeitos, ele afasta a eficácia da Lei nº 12.527/11.

2 Interpretação sistemática com a *Lei Geral de Proteção de Dados*

De se notar que a *Lei Geral de Proteção de Dados* (Lei nº 13.709/2018), a qual justamente aborda o tema do tratamento de dados, dispõe que ela *não se aplica* às informações pessoais

> [...] provenientes de fora do território nacional e que não sejam objeto de comunicação, uso compartilhado de dados com agentes de tratamento brasileiros ou objeto de transferência internacional de dados com outro país que não o de proveniência, desde que o país de proveniência proporcione grau de proteção de dados pessoais adequado ao previsto nesta Lei. (Art. 4º, inciso IV)

Considera-se "transferência internacional de dados" o repasse destas informações para país estrangeiro ou organismo internacional do qual o país seja membro (art. 5º, inciso XV). Então, compatibilizando o texto dos dois dispositivos, entende-se que o tratamento destes dados deve respeitar o que determina o próprio tratado, mas também os limites normativos da LGPD. Esse conceito

---

[590] Contudo, o *nomen júris* não é de todo importante. Muitas vezes o que se conveniona conceituar como "tratado internacional", na prática, é denominado de "acordo", "carta", "*modus vivendi*", "convenção", "pacto", "protocolo", "declaração", "ato reversais" etc. Tais opções revelam uma sistematização duvidosa no direito internacional.
[591] A Convenção de Viena mencionada define o tratado no art. 2º, item 1, "a".

toma por base o famoso julgado do Tribunal Constitucional europeu Tribunal de Justiça Europeu *Bodil Lindqvist vs. Åklagarkammaren i Jönköping*.[592] Na época, considerou-se transferência de dados quando estes são entregues de um computador diretamente a outro, e não quando são depositados em uma página da internet e por terceiro baixados ao computador pessoal. Se assim fosse, o art. 33 aplicar-se-ia indistintamente a todos os dados dispostos na rede mundial de computadores.

O tema se mostra tão relevante que a LGPD reservou um tópico específico para sua disciplina normativa – *cf.* arts. 33 a 36. Em primeiro lugar, o relacionamento do Brasil com outras nações ou organismos internacionais deve ser recíproco. De nada adianta aqui se tomar cuidado com o tratamento de dados, quando que em outros locais isso não ocorre. Logo, a transferência internacional de dados pessoais pressupõe e somente será permitida quando países ou organismos internacionais proporcionem grau de proteção de dados pessoais *adequado* ao previsto na LGPD (art. 33, *caput*, inciso I).[593]

Mas não só. Ainda que se tenha este grau de proteção no âmbito externo ao Brasil, o controlador deverá oferecer e comprovar garantias de cumprimento dos princípios, dos direitos do titular e do regime de proteção de dados previstos na LGPD,[594] o que atesta, em certa medida, a extraterritorialidade do referido marco normativo. Como visto, não há necessidade de que o nível de proteção da informação seja "equivalente" entre os dos países, mas que a instituição estrangeira que receberá os dados transferidos seja submetida a um nível de proteção "adequado".[595] Claro que se deverá ter, nesta relação de transferência de dados, um grau de reciprocidade bastante equitativo, mas não necessariamente igual.[596]

Também, a ANPD poderá validar cláusulas e modelos-padrão para aumentar a segurança jurídica destas transferências de dados – art. 33, *caput*, inciso II, da LGPD. De modo que, quando

---

[592] Processo C-101/01.
[593] Segue a mesma lógica do art. 25º da Diretiva nº 95/46 da União Europeia.
[594] Lei nº 13.709/2018, art. 33, *caput*, inc. II.
[595] Cf. art. 33, *caput*, inc. I, da Lei nº 13.709/2018.
[596] Consultar a decisão do Tribunal Europeu no caso *Maximillian Schrems vs. Data Protection Commissioner* (Processo C-362/14).

forem adotadas, garantem a legitimidade da transferência. Seria o que o direito europeu denomina de *binding corporate rules (BCR)*, espécies de *guidelines* que foram estruturadas pelo *European Data Protection Board (EDPB)*. No caso, o sistema de proteção e tratamento de dados pode-se valer de selos ou atestados de cumprimento das boas práticas no tema.

Os negócios jurídicos devem cuidar de prever cláusulas contratuais específicas para determinada transferência, adotar as normas corporativas globais ou empregar selos, certificados e códigos de conduta regularmente emitidos. Essas condicionantes elevam o grau de segurança jurídica em relação a dita transferência.

De outro lado, não se pode confundir "transferência de dados" com "trânsito de dados". Um exemplo pode aclarar: imagine que se esteja a enviar uma mensagem eletrônica do Brasil a Dubai, mas momentaneamente a mensagem passa por uma estrutura de informática de Singapura, onde a empresa gestora do *e-mail* tem sede. Ora, Singapura não precisa tratar os dados, uma vez que eles somente passarão por lá.

A doutrina fornece uma série de exemplos de transferência de dados:

- compartilhamento de base de dados de RH entre empresas do mesmo grupo (matriz-filial);
- armazenamento de dados em *data centers* fisicamente localizados no exterior;
- terceirização de serviço de atendimento ao consumidor;
- contratação de provedor de computação em serviço de nuvem estrangeiro;
- contratação de provedor de e-mail estrangeiro.[597]

É claro que existem códigos e institucionalidades que passam ao largo dessas formalidades. Em certas situações, o tratamento de dados é tutelado até mesmo por "códigos de boas práticas" não escritos, como é o caso da transferência necessária para a cooperação jurídica internacional entre órgãos públicos de inteligência, de

---

[597] CHAVES, Luis Fernando Prado. Art. 33. *In*: BLUM, Renato Opice; MALDONADO, Viviane Nóbrega (Coord.). *LGPD* – Lei Geral de Proteção de Dados comentada. São Paulo: Revista dos Tribunais, 2020.

investigação e de persecução, de acordo com os instrumentos de direito internacional (art. 33, inciso III, da LGPD), ou "[...] quando a transferência for necessária para a proteção da vida ou da incolumidade física do titular ou de terceiro" (art. 33, inciso IV).

Caso a transferência internacional não seja objeto de uma das hipóteses tuteladas pela LGPD, o interessado deveria pretender autorização à Autoridade Nacional de Proteção de Dados (ANPD), a qual pode autorizar a transferência (art. 33, *caput*, inciso V, da Lei nº 13.709/2018), a qual deve analisar os pedidos de acordo com os critérios do art. 34 da referida legislação. Cabe um alerta: a referida instituição pública deverá analisar os pedidos de modo ágil, a fim de que não se prejudiquem as relações comerciais ou de outra ordem mantidas com organismos e empresas estrangeiras.

3 Efeitos dos tratados internacionais – Processo de internalização

Assim, especificamente no que se refere a um tratado, para que ele passe a gerar efeitos e para os limites da lei de acesso, este pacto deve cumprir quatro fases, a saber:
(a) fase internacional primeira:
    (a.1) estabelecimento de negociações preliminares;
    (a.2) adoção do texto – que nada mais é do que a anuência do Estado-parte ao conteúdo do tratado;
    (a.3) assinatura – que consagra a autenticação do tratado;
(b) fase interna primeira:
    (b.1) por primeiro, o tratado deve passar pelo *referendo congressual* como condição para ulterior ratificação (art. 49, inciso I, da CF/1988). Ambas as casas do Congresso Nacional devem deliberar se o Brasil pode ou deve assumir estes encargos no plano estrangeiro;
(c) fase internacional segunda:
    (c.1) após o referendo ser concedido pelo parlamento brasileiro, pratica-se a ratificação do tratado, que pode ser considerada a confirmação da sua assinatura. Trata-se, pois, do aceite definitivo do tratado, feita

pessoalmente pelo Presidente da República. Para tanto, esse personagem envia *Carta de Ratificação* (ato internacional) ao secretariado das Nações Unidas (ONU);

(d) fase interna segunda:

(d.1) tendo ratificado o tratado, o Chefe da Nação promulga-o por meio de decreto, o qual é publicado no *Diário Oficial da União*. Então, a partir desse momento é que esse pacto passa a ter vigência no território nacional. Assim, somente a partir desse momento é que a LAI terá sua vigência afastada, deixando ao tratado, ao acordo ou ao ato regular sobre o acesso à informação pública.[598]

---

[598] Na linha do que dispõe: MEDEIROS. *O poder de celebrar tratados*: competência dos poderes constituídos para a celebração de tratados, à luz do direito internacional, do direito comparado e do direito constitucional brasileiro. Ou ainda, sobre o processo de formação dos tratados, conferir: MAZZUOLI. *Direito dos tratados*, especialmente cap. 1-3, parte II. É importante notar, como bem explicam os autores, que, dependendo do caso, o rito pode sofrer alguns câmbios. Procuramos, assim, expor as linhas gerais do procedimento.

Art. 37. É instituído, no âmbito do Gabinete de Segurança Institucional da Presidência da República, o Núcleo de Segurança e Credenciamento (NSC), que tem por objetivos:

I – promover e propor a regulamentação do credenciamento de segurança de pessoas físicas, empresas, órgãos e entidades para tratamento de informações sigilosas; e

II – garantir a segurança de informações sigilosas, inclusive aquelas provenientes de países ou organizações internacionais com os quais a República Federativa do Brasil tenha firmado tratado, acordo, contrato ou qualquer outro ato internacional, sem prejuízo das atribuições do Ministério das Relações Exteriores e dos demais órgãos competentes.

Parágrafo único. Regulamento disporá sobre a composição, organização e funcionamento do NSC.

1 Núcleo de Segurança e Credenciamento (NSC)

Por mais uma oportunidade, a LAI preocupa-se em instituir um importante órgão na estrutura orgânica da União. O *Núcleo de Segurança e Credenciamento (NSC)*, que ficará alocado no âmbito do *Gabinete de Segurança Institucional da Presidência da República*, tem por função normatizar o credenciamento de pessoas físicas, empresas, órgãos e entidades para tratamento de informações de acesso vedado, garantindo a segurança de que o sigilo será mantido. Ainda, ele deve garantir a segurança de informações sigilosas, inclusive daquelas provenientes de países ou organizações internacionais com os quais a República Federativa do Brasil tenha firmado tratado, acordo, contrato ou qualquer outro ato internacional, sem prejuízo das atribuições do Ministério das Relações Exteriores e dos demais órgãos competentes.[599]

---

[599] Decreto nº 7.724/2012, art. 43: "O acesso, a divulgação e o tratamento de informação classificada em qualquer grau de sigilo ficarão restritos a pessoas que tenham necessidade de conhecê-la e que sejam credenciadas segundo as normas fixadas pelo Núcleo de Segurança e Credenciamento, instituído no âmbito do Gabinete de Segurança Institucional da Presidência da República, sem prejuízo das atribuições de agentes públicos autorizados por lei".

Nesse contexto, a fim de estruturar de maneira mais específica esse órgão e cumprindo com a determinação do parágrafo único do art. 37 da LAI, foi editado o Decreto Federal nº 7.845, de 14 de novembro de 2012. No art. 4º deste último ato normativo, por exemplo, encontra-se a lista dos representantes de vários órgãos federais que compõem o NSC, sendo as competências dele detalhadas no art. 5º. Em resumo, tal decreto federal instituiu todo um manancial de ferramentas jurídicas, a fim de garantir a segurança das informações.

2 Funções do *Núcleo de Segurança e Credenciamento* (NSC)

O NSC tem como funções principais a habilitação de "órgãos de registro nível 1", a seguir detalhado, que têm como missão o credenciamento de segurança de órgãos e entidades públicas e privadas e pessoas para o tratamento de informação classificada, bem como os respectivos "postos de controle" destes órgãos, para armazenamento de informação classificada em qualquer grau de sigilo. Também compete ao NSC habilitar entidade privada que mantenha vínculo de qualquer natureza com o Gabinete de Segurança Institucional da Presidência da República para o tratamento de informação classificada, bem como credenciar pessoa que mantenha vínculo de qualquer natureza com o Gabinete de Segurança Institucional da Presidência da República para o tratamento de informação classificada. Além disso, para garantir que as determinações desse órgão estejam sendo cumpridas, ainda lhe foi facultado o direito de realizar inspeção e investigação para credenciamento de segurança, necessária à execução das competências que lhe foram ofertadas, bem como de fiscalizar o cumprimento de normas e procedimentos de credenciamento de segurança e tratamento de informação classificada.[600]

3 Outras instituições

Cabe destacar, como dito, que foram criadas outras instituições além do NSC, como, por exemplo:

---

[600] Art. 3º, do Decreto Federal nº 7.845/2012.

(a) o *órgão de registro nível 1*, que é inserido em um ministério ou órgão de nível equivalente, a ser habilitado pelo Núcleo de Segurança e Credenciamento. Ele tem como missão habilitar "órgão de registro nível 2" (a seguir explicitado) para credenciar pessoa para o tratamento de informação classificada ou posto de controle de órgãos e entidades públicas ou privadas que com ele mantenham vínculo de qualquer natureza, para o armazenamento de informação classificada em qualquer grau de sigilo, ou, ainda, credenciar pessoa que com ele mantenha vínculo de qualquer natureza para o tratamento de informação classificada, ou, por fim, realizar inspeção e investigação para credenciamento de segurança, necessária à execução das suas funções administrativas. Também, ainda compete ao referido órgão vigiar o cumprimento das normas e dos procedimentos de credenciamento de segurança e tratamento de informação classificada, no âmbito de suas competências;

(b) o *órgão de registro nível 2*, que pode ser encontrado em órgão ou entidade pública vinculada a "órgão de registro nível 1" e ser por este habilitado. Ele tem por competência realizar investigação e credenciar pessoa que com ele mantenha vínculo de qualquer natureza para o tratamento de informação classificada;

(c) o *posto de controle*, que é uma unidade de órgão ou de entidade pública ou privada, habilitada, responsável pelo armazenamento de informação classificada em qualquer grau de sigilo. Ele tem por função efetivar o controle das credenciais de segurança das pessoas que com ele mantenham vínculo de qualquer natureza, bem como o dever de garantir a segurança da informação classificada em qualquer grau de sigilo sob sua responsabilidade.

4 Cuidados com o trânsito das informações secretas

Assim, um documento sigiloso passa a contar com inúmeras proteções jurídicas e materiais, sendo que seu manuseio, transporte, conhecimento, expedição, tramitação, comunicação, reprodução etc. depende de uma série de medidas administrativas e providências de ordem física, todas elas bem detalhadas no Decreto nº 7.845/12. Ao seu turno, quando a informação sigilosa transitar por sistemas de informação, deverão ser utilizados canais de comunicação seguros que atendam aos padrões mínimos de qualidade e de segurança definidos pelo Poder Executivo federal, de forma a mitigar o risco de quebra de segurança.[601] A autenticidade do usuário na rede de dados deverá ser garantida, no mínimo, pela utilização de certificado digital, o que revela uma medida importante na contenção de fraudes ao sistema. Além disso, é importante que os órgãos públicos utilizem de mecanismos, como a criptografia dos dados, baseados em algoritmo de Estado, a fim de dificultar sobremaneira a violação e a interceptação de informações consideradas públicas.

Quanto aos negócios jurídicos realizados pelo Poder Público que detenham informações do tipo secreta, será importante a tomada de alguns cuidados. A celebração de contrato, convênio, acordo, ajuste, termo de cooperação ou protocolo de intenção cujo objeto contenha informação classificada em qualquer grau de sigilo ou cuja execução envolva informação assim classificada é condicionada à assinatura de TCMS e ao estabelecimento de cláusulas contratuais que prevejam, por exemplo, a obrigação de manter sigilo relativo ao objeto e à sua execução, sendo possível a alteração da cláusula de segurança a qualquer momento, mesmo assim não estipulado previamente. Além disso, o contratado fica obrigado a informar a identificação, para fins de concessão de credencial de segurança e assinatura do TCMS, das pessoas que poderão ter acesso à informação classificada em qualquer grau de sigilo e material de acesso restrito, bem como se sujeitar às inspeções para habilitação de segurança e sua manutenção. Por fim, independentemente de se ter previsão expressa, o interessado em contratar fica responsável em relação aos procedimentos de segurança relativa à subcontratação, no todo ou em parte.[602]

Por fim, ainda no âmbito do NSC, a informação classificada em qualquer grau de sigilo ou o documento que a contenha receberá o que o Decreto nº 7.845/12, arts. 50 a 53, denominou de *Código de Indexação de Documento que contém Informação Classificada* (CIDIC),

---

[601] Decreto nº 7.845/2012, art. 38, *caput* e parágrafos.
[602] Decreto nº 7.845/2012, art. 48.

composto por elementos que garantirão a proteção e a restrição temporária de acesso à informação classificada. Ele é composto de duas partes: a primeira contém um número único de protocolo, que serve para identificar o dado classificado como ultrassecreto, secreto ou reservado; e a segunda parte é composta da indicação do grau de sigilo, da categoria relativa, exclusivamente, ao primeiro nível do Vocabulário Controlado do Governo Eletrônico, do registro da data de produção da informação classificada, do registro da potencial data de desclassificação da informação classificada e da indicação de ocorrência ou não reclassificação do dado sigiloso, mencionando-se a data de prorrogação da manutenção da classificação.

Art. 38. Aplica-se, no que couber, a Lei nº 9.507, de 12 de novembro de 1997, em relação à informação de pessoa, física ou jurídica, constante de registro ou banco de dados de entidades governamentais ou de caráter público.

1 Habeas data

A Lei nº 9.507, de 12 de novembro de 1997, disciplinou, em âmbito infraconstitucional, a ação do *habeas data*, previsto no art. 5º, LXXII, da CF/1988. Esse remédio constitucional ganhou forma e o detalhamento necessários a partir da edição de tal legislação, garantindo ao cidadão uma legítima *autodeterminação informativa*.

Em verdade, esse *writ* foi originalmente previsto para ser a ação desse efetivo acesso às informações detidas pelos organismos estatais, viabilizando o direito fundamental catalogado no art. 5º, inciso XXXIII, da Constituição Federal, especificamente no que tange às informações de cunho pessoal. Veja que o constituinte originário já havia feito uma previsão importante de acesso às informações de caráter individual, seja para pessoa natural ou jurídica. Se é solicitada informação a respeito de determinado sujeito, algo referente ao seu nome, e o pedido é negado, tal situação permite o uso do *habeas data*.

Tal *writ* não somente tutela a *exatidão* da informação, mas, igualmente, o direito de propriedade a ela.[603] Mostra-se como uma importante garantia constitucional de vários direitos fundamentais catalogados no texto normativo fundamental. Logo, o *habeas data* assegura o acesso a informações referentes à pessoa do impetrante, guardadas em bancos de dados governamentais ou de caráter público, possibilitando, igualmente, a retificação desses dados.

Contudo, a jurisprudência (Súmula nº 2, do STJ)[604] e a doutrina passaram a entender que o *habeas data* reclamava um pressuposto importante: a negativa prévia da Administração Pública em fornecer

---

[603] GORDILLO. *Tratado de derecho administrativo*, t. 2, p. III-26. O autor argentino explica melhor a ação constitucional no *Tratado de derecho administrativo*, t. 1, p. III-19, 20.
[604] STJ, HD nº 84, Rel. Min. Maria Thereza de Assis Moura, Terceira Seção, j. 27.9.2006.

a informação solicitada. Assim, não teria interesse de agir o autor que promovesse um *writ* dessa natureza sem antes exaurir a via administrativa. Aliás, a própria legislação que disciplina o *habeas data* exige, como condição de ação, a comprovação de que o direito foi buscado sem sucesso na esfera administrativa. Exige-se, nesse sentido, uma demonstração do interesse de agir.[605]

Assim, a LAI complementa a *Lei do Habeas Data* justamente por permitir acesso a informações que não possuem caráter individual (não se referem ao nome de um determinado sujeito).[606] Nessa situação, trata-se de informação de caráter coletivo ou geral, cuja solicitação deve ser viabilizada especialmente pelo art. 10 da LAI, salvo quando se trate de dado que envolva segurança da sociedade ou do Estado, ou, ainda, quando pertinente à intimidade do indivíduo. Nesse caso, pontue-se, não se aplicará a legislação relativa ao *habeas data*, como bem ressalva o art. 38.

2 Interpretação sistemática

A partir da exposição feita, o panorama normativo posto pode ser sistematizado da seguinte forma:
(a) Lei nº 9.507/97: tutela informações de caráter pessoal;
(b) Lei nº 12.527/11: tutela informações de caráter geral, coletivo ou individual.

Assim, conclui-se que o acesso a informações de caráter pessoal não dependia necessariamente da edição da Lei nº 12.527/11, muito embora tenha sido potencializado por ela, porque era ainda antes um direito autoaplicável no que se refere, como dito, às informações de cunho pessoal, sendo que a sonegação neste sentido gerava a aplicação da Lei do Habeas

---

[605] Essa exigência pode ser considerada de duvidosa constitucionalidade, justamente porque a Constituição Federal, com exceção de um único caso (art. 217, §1º), não exige o esgotamento prévio da esfera administrativa para se ingressar na via jurisdicional. Aliás, quando assim exigiu, fez de forma expressa, sendo o caso da justiça desportiva, a qual deve ser exaurida antes de se buscar a guarita do Poder Judiciário. Além disso, esta condição contrasta com o direito fundamental ao livre acesso ao Poder Judiciário. Contudo, no que se refere ao *habeas data*, a jurisprudência chancelou a exigência de esgotamento prévio do processo administrativo (STF, RHD nº 22/DF, Rel. Min. Celso de Mello, Pleno, j. 09.09.91; e como mencionado, conferir a dicção da Súmula nº 2, STJ).

[606] MORAIS. *As crises do Estado e da Constituição e a transformação espacial dos direitos humanos*, p. 76.

Data (que pressupõe negação da informação). Nessa perspectiva e nesse tópico específico, a LAI não tem importância prática e, por isso, manda aplicar, de forma subsidiária, ou melhor, no que couber, a Lei nº 9.507/97. Em resumo, a lei de acesso contorna um nicho normativo importante, qual seja, a Administração Pública simplesmente não pode mais negar a informação de caráter geral ou coletivo, sob o argumento de que não se trata de informação de caráter pessoal, porque hoje o acesso está tutelado de forma global e rigorosa pela LAI.

Por razões históricas, a Assembleia Constituinte de 1987-1988 tinha a intenção de criar um canal que abrisse a possibilidade de se perseguir as informações de caráter pessoal, fazendo isso pela via do *habeas data*. O direito à informação dessa natureza foi instituído, na época, pensando em se franquear o acesso às informações dos órgãos de repressão da ditadura, formatando o que se denomina "direito à verdade". A ação constitucional em pauta foi inspirada em análoga providência prevista na Constituição Federal portuguesa.[607] Contudo, no Brasil, é nítido seu objetivo em coibir abusos dos governos autoritários anteriores, praticados pelos órgãos de informação contra pessoas "fichadas", sem possibilidade de defesa. Então, o *habeas data* possui escopo informativo e retificativo.

3 Objeto do *habeas data*

Podemos dizer que essa ação constitucional também tem por objeto proteger a esfera íntima dos indivíduos contra usos abusivos de registros de dados pessoais coletados por meios fraudulentos, desleais ou ilícitos. Ela visa a dar uma proteção contundente contra a introdução equivocada ou dolosa de dados não verídicos ou distorcidos nesses registros, ou mesmo retirar qualquer informação

---

[607] Muito embora José Cretella Júnior observa que já na Constituição Federal de 1934 já havia previsão do acesso à informação. "Não há, assim, nenhuma novidade, a não ser no nome – habeas data –, porque o mandado de segurança, desde que foi instituído poderia, como pode ser hoje, impetrado, para exigir dos órgãos públicos informações que a eles se refiram" (CRETELLA JÚNIOR, *op. cit.*, v. 2, p. 773).

sensível que ali esteja depositada e que não poderia ter sido ali alocada, como quando inseridas informações referentes à origem racial, opinião política, religiosa etc. O *habeas data* ainda se presta a impedir a conservação de dados falsos ou com fins diversos dos autorizados em lei. Cabe referir, por oportuno, que o direito de interpor o *habeas* é personalíssimo do titular dos dados, que, no entanto, pode ser brasileiro ou estrangeiro.

Portanto, no caso de as informações serem pertinentes à própria pessoa do interessado e houver a recusa explícita por parte da autoridade administrativa,[608] o acesso aos dados pode ser viabilizado tanto pela LAI quanto pela via do *habeas data*. Contudo, na hipótese da informação ou dos dados pretendidos e negados referirem-se a terceiros, ou a recusa não for expressa, o sujeito de direito deve, hoje, perfazer pedido por meio dos mecanismos jurídicos trazidos à tona pela Lei nº 12.527/11. Antigamente, deveria se socorrer de outra ação judicial (*v.g.* mandado de segurança, ação comum etc.).

---

[608] Requisito esse imposto pela Súmula nº 2 do STJ: "Não cabe o *habeas data* (CF, art. 5º, LXXII, letra 'a') se não houve recusa de informações por parte da autoridade administrativa".

Art. 39. Os órgãos e entidades públicas deverão proceder à reavaliação das informações classificadas como ultrassecretas e secretas no prazo máximo de 2 (dois) anos, contado do termo inicial de vigência desta Lei.

§1º A restrição de acesso a informações, em razão da reavaliação prevista no caput, deverá observar os prazos e condições previstos nesta Lei.

§2º No âmbito da Administração Pública Federal, a reavaliação prevista no caput poderá ser revista, a qualquer tempo, pela Comissão Mista de Reavaliação de Informações, observados os termos desta Lei.

§3º Enquanto não transcorrido o prazo de reavaliação previsto no *caput*, será mantida a classificação da informação nos termos da legislação precedente.

§4º As informações classificadas como secretas e ultrassecretas não reavaliadas no prazo previsto no caput serão consideradas, automaticamente, de acesso público.

1 Classificação dos documentos produzidos antes da vigência da LAI

O art. 39 cuida de dar um destino aos documentos classificados como secretos ou ultrassecretos antes da vigência da LAI, de modo que se possa estabelecer uma espécie de "regime de transição" entre aquilo que foi outrora considerado sigiloso e as novas premissas jurídicas estabelecidas pela vigente lei de acesso. Significa dizer que essa legislação não pauta o câmbio social a que se comprometeu por meio de um rompimento abrupto do que fora antes consignado, nítido de uma postura radical. Ela estabelece, ao contrário, uma "zona de amortecimento" entre a conjuntura anterior e posterior à edição da Lei nº 12.527/11.

Assim, no prazo de dois anos, todos os entes públicos deverão reavaliar todos os documentos reputados como secretos ou ultrassecretos, classificando-os novamente. Esse prazo é oportuno, porque permite que os órgãos públicos possam se organizar e dar cabo de analisar um sem número de documentos.⁶⁰⁹ A complexidade e a responsabilidade desta tarefa são imensas, porque tal trabalho de avaliação reclama a constituição de equipes (comissões, grupos etc.), para catalogarem, analisarem e classificarem os documentos nos seus mais diversos aspectos. Para tanto, tais equipes terão de ser constituídas com profissionais de diversas áreas do conhecimento, especialmente a partir da premissa de que a dita avaliação não prescinde de múltiplos juízos de valor.⁶¹⁰ A partir do trabalho das equipes, deverá ser constituído um registro geral acerca do "ciclo de vida dos documentos", para que se detenha o efetivo controle sobre as avaliações e classificações.

2 Reclassificação e critérios

Aliás, deve-se perceber que a reavaliação das informações é feita a partir da incidência da proporcionalidade (*Verhältnismässigkeitsprinzip*), tendente a dar maior alcance ao fim pretendido pela norma, sem que se utilize do modo menos invasivo, adequando, com harmonia, os meios e os fins. Há, aqui, o dever de criar medidas normativas para a proteção do indivíduo, da segurança nacional, dos direitos fundamentais, da dignidade do homem, do desenvolvimento nacional etc., sempre tendo estes padrões axiológicos em mente. Será exigido do administrador, sempre com fundamento constitucional, a regulamentação concreta dos processos de revalidação, isto é, a obrigação de pautar eventual censura sobre o conteúdo de um dado ou de uma informação a partir da adequação (*geeignetheit*) e da necessidade (*erforderlichkeit*) da manutenção do segredo, o que

---

⁶⁰⁹ Para se ter uma ideia da importância do tema, a União criou a *Comissão Permanente de Avaliação de Documentos Sigilosos (CPADS)*, com as seguintes atribuições: "Decreto nº 7.724/2012, art. 34 [...] I – opinar sobre a informação produzida no âmbito de sua atuação para fins de classificação em qualquer grau de sigilo; II – assessorar a autoridade classificadora ou a autoridade hierarquicamente superior quanto à desclassificação, reclassificação ou reavaliação de informação classificada em qualquer grau de sigilo; III – propor o destino final das informações desclassificadas, indicando os documentos para guarda permanente, observado o disposto na Lei nº 8.159, de 8 de janeiro de 1991; e IV – subsidiar a elaboração do rol anual de informações desclassificadas e documentos classificados em cada grau de sigilo, a ser disponibilizado na Internet".

⁶¹⁰ Valor este que pode ser *primário* (relacionado aos próprios motivos que geraram o documento), ou *secundário* (relativo ao potencial do documento como fonte de pesquisa).

deve vir muito claro a partir de ato legislativo pertinente. Resumidamente, o resultado obtido com a intervenção na esfera de direitos do particular deve ser proporcional à sua carga coativa.

Essa nova noção dada ao sigilo vai depender do tipo, do alcance e dos usos possíveis dos dados sob análise, assim como do perigo de seu abuso.[611] Por exemplo, uma *maior* significação social das informações imputará um *menor* prazo de sigilo.

Quando o administrador público analisar os documentos outrora classificados como secretos ou ultrassecretos, catalogados assim sob a égide de outra lei, deverá pautar sua análise conjugando dois paradigmas: *as disposições contemporâneas da LAI* em face da *realidade social*. Os dias de hoje bem podem revelar a necessidade de um menor ou maior grau de sigilo, dependendo dessas duas circunstâncias. Veja que não só a LAI pode exigir um maior/menor prazo de sigilo, como a realidade pode impor esta perspectiva.

Contudo, quando percebida a necessidade de se ainda manter a vedação ao acesso à informação por parte do público em geral, tal dado deverá ser colocado sob sigilo nos prazos estabelecidos pela LAI, constantes no art. 24, §1º (vinte e cinco, quinze e cinco anos), ou no prazo do art. 31, §1º, inciso I (cem anos, a contar de sua produção, quando se tratar de informação relativa à intimidade, à vida privada, à honra e à imagem), conforme art. 39, §1º.

3 Providências a serem feitas durante a análise dos dados

No entanto, no limiar desses dois anos, enquanto o trabalho de análise das informações é feito, o §3º do art. 39 determina que será mantida a classificação da informação nos termos da legislação precedente. Por fim, o §4º traz à tona outro caso interessante de significação jurídica do *silêncio administrativo,* analisado mais detidamente quando se comentou o art. 35, §4º. Assim, ficou disposto que, caso a Administração Pública ficar inerte, ou seja, nada

---

[611] Esses foram os paradigmas utilizados pelo Tribunal Constitucional Federal alemão para conceder ou não acesso aos dados sigilosos ou pessoais (BVerfGE 49, 89 [142]; 53, 30 [61]).

disser, reputa-se que o documento, a informação ou o dado deve ser considerado como de pleno acesso ao público. A mesma lógica foi disposta pelo art. 30, §6º, da Lei nº 14.129/2021: "Consideram-se automaticamente passíveis de abertura as bases de dados que não contenham informações protegidas por lei".

Art. 40. No prazo de 60 (sessenta) dias, a contar da vigência desta Lei, o dirigente máximo de cada órgão ou entidade da Administração Pública Federal direta e indireta designará autoridade que lhe seja diretamente subordinada para, no âmbito do respectivo órgão ou entidade, exercer as seguintes atribuições:

I – assegurar o cumprimento das normas relativas ao acesso a informação, de forma eficiente e adequada aos objetivos desta Lei;

II – monitorar a implementação do disposto nesta Lei e apresentar relatórios periódicos sobre o seu cumprimento;

III – recomendar as medidas indispensáveis à implementação e ao aperfeiçoamento das normas e procedimentos necessários ao correto cumprimento do disposto nesta Lei; e

IV – orientar as respectivas unidades no que se refere ao cumprimento do disposto nesta Lei e seus regulamentos.

Essas atribuições tratam-se de determinações transitórias que perderão sentido após alguns meses de vigência da LAI. O art. 40 é claro em estabelecer obrigações apenas no âmbito federal, impondo que o dirigente máximo de cada órgão ou entidade da Administração Pública Federal direta ou indireta deva designar autoridade que lhe seja diretamente subordinada para, no âmbito do respectivo órgão ou entidade, exercer as atribuições catalogadas nos incisos da regra ora comentada.[612] E isso deve ser feito no prazo máximo de sessenta dias. Significa dizer que o legislador trouxe a possibilidade de que se demande judicialmente para se fazer cumprir as tarefas catalogadas nos incisos, mediante uma ação cominatória, por exemplo.

Em verdade, a LAI destaca um determinado sujeito que deverá colocar em prática e monitorar o desenvolvimento das determinações desta legislação, sejam elas estruturais ou jurídicas, trazendo, periodicamente, ao conhecimento do chefe máximo de cada ente público federal, o desenrolar deste processo. A lei de

---

[612] Na seara federal, o Decreto nº 7.724/2012 disciplinou essa matéria no art. 66.

acesso, assim, cria um mecanismo interessante de apoio ao gestor na transição imposta pela Lei nº 12.527/11. Lembre-se que esse conjunto de dispositivos implementaram mudanças profundas no seio dos aparelhos estatais, sejam de ordem cultural, orgânica, normativa etc., o que reclama medidas de minimização e de acoplamento natural deste câmbio.[613]

Essa autoridade, em âmbito federal, será a competente para receber reclamações dos interessados quando se perceber omissão de resposta ao pedido de acesso à informação – art. 22 do Decreto nº 7.724/12. Essa providência vem ao encontro do dispositivo ora comentado.

---

[613] E as mudanças são visíveis. Veja que a Resolução nº 102, de 15 de dezembro de 2009, alterada pela Resolução nº 151, de 5 de julho de 2012, ambas do Conselho Nacional de Justiça (CNJ), gerou a necessidade de se editar o Ato Normativo nº 17, o qual dispõe, no art. 2º, *caput*, que qualquer pessoa pode requerer informações de seu interesse particular, ou de interesse coletivo ou geral, ao Superior Tribunal Militar e aos órgãos de primeira instância da Justiça Militar da União. *Antes, haviam obstáculos ao acesso de certos expedientes processuais nesta justiça.* Então, a partir da ulterior normatização contida na Lei nº 12.527/2011, inexistiria mais qualquer restrição quanto ao acesso à informação no âmbito da Justiça Militar (tudo de acordo com o que foi noticiado pelo próprio presidente do Superior Tribunal Militar na Rcl nº 11.949, STF). Eis uma evidente modificação pragmática implementada pela LAI.

Art. 41. O Poder Executivo Federal designará órgão da Administração Pública Federal responsável:

I – pela promoção de campanha de abrangência nacional de fomento à cultura da transparência na Administração Pública e conscientização do direito fundamental de acesso à informação;

II – pelo treinamento de agentes públicos no que se refere ao desenvolvimento de práticas relacionadas à transparência na Administração Pública;

III – pelo monitoramento da aplicação da lei no âmbito da Administração Pública Federal, concentrando e consolidando a publicação de informações estatísticas relacionadas no art. 30;

IV – pelo encaminhamento ao Congresso Nacional de relatório anual com informações atinentes à implementação desta Lei.

O art. 41 da LAI traz importantes disposições para constituir elementos consistentes ao seu sucesso pragmático, ou seja, para que a *cultura da transparência* ganhe efetivo estofo social. Para tanto, a União, por meio de órgão que designar, deve promover campanhas pedagógicas nesse sentido, fazendo com que a população tenha consciência desse direito fundamental. No caso, foi designada a CGU para esses misteres – art. 68 do Decreto Federal nº 7.724/12.

Além disso, a eficiência das disposições da LAI somente pode ser alcançada pelo treinamento dos servidores públicos que detenham funções pertinentes ao acesso à informação (inciso II). Aliás, nesse ponto, é importante mencionar que a capacitação dos agentes humanos envolvidos deve ser vista como corolário do *princípio da eficiência administrativa*.[614]

---

[614] O postulado em pauta impõe o dever de capacitar constantemente os agentes estatais, como medida de qualificação da própria atividade prestada pelo Estado. A referida capacitação dos agentes estatais tornou-se uma necessidade fundamental no cumprimento deste princípio. Para tanto, o art. 39, §2º, determinou a criação das *Escolas de Governo*, que tem por missão "[...] a formação e o aperfeiçoamento dos servidores públicos, constituindo-se a participação nos cursos um dos requisitos para a promoção na carreira, facultada, para isso, a celebração de convênios ou contratos entre os entes federados". Destaca-se que o dispositivo em pauta induz o servidor público a se qualificar, como requisito para a promoção na carreira. Além disso, para se ter uma ideia, há muito o art. 25, inciso

Outra medida salutar consiste no envio de relatório anual com informações atinentes à implementação dessa lei ao Congresso Nacional (inciso IV do art. 41). Essa providência potencializa o controle e a checagem do Poder Legislativo em relação ao Poder Executivo, o que permite com que o primeiro saiba, com exatidão, como vêm sendo desenvolvidas as atividades da Administração Pública no que se refere ao acesso a informações públicas.

V, do Decreto-Lei nº 200/1967, atenta para a necessidade de qualificar os dirigentes da Administração Pública.

Art. 42. O Poder Executivo regulamentará o disposto nesta Lei no prazo de 180 (cento e oitenta) dias a contar da data de sua publicação.

1 Regulamentação da LAI

Em regra, uma vez que seja ultimado o processo legislativo primário, passa a ser permitida a normatização infralegal em decorrência de eventual necessidade de permitir a execução desta regra ou para melhor explicá-la ou aplicá-la. É importante cientificar que, em geral, a lei traz consigo elementos necessários para sua execução. Logo, na maioria das vezes, ela é *autoaplicável*. Mesmo nesse caso, o Poder Público pode regulamentar a lei. Neste sentido, definiu o STF que: "Não extrapola o poder regulamentar da Administração, a edição de portaria ou resolução que apenas discipline a forma de divulgação de informação que interessa à coletividade, com base em princípios constitucionais e na legislação de regência".[615]

A competência conferida ao Presidente da República determina que se fixe um plexo de regras para que sejam implementadas as medidas necessárias a se atingir o interesse público. E uma dessas medidas é a possibilidade de se fixarem diretivas aos subordinados. Enfim, a possibilidade de se regulamentarem certas situações.[616]

2 Lei e regulamento

Nesse ponto, cumpre diferenciar o que, no Brasil, conhece-se por "lei" e por "regulamento". Segundo Geraldo Ataliba, "[...] a lei tem cunho inaugural, inovador – e o regulamento é ato menor, inferior, de aplicação. É ato secundário e, pois, meramente

---

[615] STF, RE 766390 AgR-DF, Rel. Min. Ricardo Lewandowski, 2ª Turma, j. 24.6.2014.
[616] Na decisão de 07 de fevereiro de 1936, o Conselho de Estado francês, no caso *Jamart*, decidiu que o ministro (e, de forma mais larga, todo o chefe de um serviço) dispõe de certo poder regulamentar, a fim de organizar o bom funcionamento dos serviços sobre sua responsabilidade (CE, 07 fev. 1936, *Jamart*).

administrativo".⁶¹⁷ Em termos sintéticos, mas objetivos, os *regulamentos de execução* – referenciados pelo art. 42, ora comentado – são aqueles atos normativos expedidos com o escopo de esclarecer os elementos do suporte fático da lei. Pode-se dizer que o ato legislativo emanado pelos parlamentos passa a ter mais contato com a realidade social pela via do poder normativo.⁶¹⁸ Tais atos regulamentares infralegais têm por finalidade tributar um melhor cumprimento das leis e dos objetivos que o legislador estabeleceu.

Trata-se, pois, de uma atividade normativa *secundária*, porque a atuação primária possui parâmetro de validade diretamente retirado do texto constitucional. No caso, os regulamentos de execução serão válidos a partir das leis, ou seja, como dito, de modo secundário. A Constituição Federal fornecerá um parâmetro mediato de validade, mas não direto.

Ainda, não seria demasiado dizer que, em muitos casos, é desejável que se disponha de leis genéricas para que o câmbio da realidade não torne as leis formais obsoletas. À medida que ocorrem modificações na vida social, a lei pode perder atualidade e, por conta disso, sua força normativa. É preciso, então, buscar estabilidade nas determinações legislativas, e a solução para este problema passa pela via dos *atos normativos infralegais*.

Esse "regulamento" mencionado pela doutrina pode ser ainda mais especificado pela expressão "regulamento executivo", ou seja, aquele ato normativo que não age à margem da lei. Ao contrário, ele apenas a clarifica e procura ofertar mecanismos a se perfazer uma maior operacionalidade a ela. Essa regulamentação tem como objetivo muito mais ser um "facilitador" à aplicação da lei do que a condicionar. Porém, certas leis existem, mas sua eficácia é condicionada à expedição de um regulamento pela Administração

---

⁶¹⁷ *República e Constituição*, p. 136. O sistema normativo italiano disciplina a matéria no art. 17, da Lei nº 1.400, de 1988, especificando cinco espécies de regulamento, podendo ser resumidos em três classes: os *regulamentos executivos* que apenas aclaram aquilo que já está disciplinado pela lei, assegurando somente sua execução; os *regulamentos de atuação* que dão cabo de detalhar normas de princípio; e os *regulamentos independentes*, que disciplinam matérias na falta da lei (CORSO, *op. cit.*, p. 62).

⁶¹⁸ CASSAGNE. *Derecho administrativo*, t. 1, p. 180. Na Argentina, pode-se dizer que os regulamentos possuem fundamento constitucional no art. 99, inciso 2º, da Constituição Nacional.

Pública. Assim, se a lei não estabelece determinados conceitos ou elementos, torna-se impossível ser aplicada.

Os regulamentos podem ser uma importante fonte de solução de problemas não ou mal resolvidos pela lei. Eles tornam-se, assim, ferramentas jurídicas fundamentais, apesar de muitas vezes esquecidas, que permitem que se tenham arranjos normativos que, sem violar o parâmetro máximo da lei, implementam sua melhor aplicação.

3 Objeto da regulamentação da LAI

Nesse contexto, a LAI determinou que fossem expedidos regulamentos normativos para sua máxima operacionalização, qualificando a transparência das informações de caráter público. Nesse sentido, a partir da expedição de atos normativos infralegais, poderiam ser criados mecanismos apaziguadores de eventuais colisões de direitos fundamentais (*v.g.*, direito à informação em relação ao direito à intimidade etc.). A título de exemplo, podemos citar alguns casos nos quais seria importante a mediação normativa pela via dos regulamentos, criando uma harmonia jurídico-normativa no sistema legal.

Veja a seguinte situação: poderia se determinar que alguns dados fossem revelados apenas *sob reserva de utilização em determinadas finalidades ou áreas*. Seria importante que, quando necessário, diante do processo de classificação, fossem definidos o *sentido* e a *finalidade* dos dados, ou seja, que eventual acesso fosse limitado a determinado campo. Um exemplo disso é que certos dados só seriam liberados para fins estatísticos porque, para outros temas, poderiam ser considerados como sendo violadores do direito de personalidade – conforme art. 31. Assim, no nosso exemplo hipotético, as informações somente seriam acessadas para um propósito específico. Caso fosse descumprida essa determinação, o agente seria responsabilizado.

A lei poderia ter adotado esse arranjo jurídico interessante e apaziguador, mas não o fez. Muitas vezes, a armazenagem de dados para fins indeterminados ou indetermináveis se mostra completamente violador à dignidade humana ou à segurança das relações jurídicas. Toda informação a que se dá acesso deve ser utilizada para um fim específico, devendo ser aplicadas ao estrito mote a que se propõe.

Nem sequer foi prevista possibilidade de se alocarem restrições à transmissão, à divulgação ou à utilização das informações, o que poderia bem ser conveniente e oportuno em certos casos. Os dados, quando acessados, devem conservar essa característica, ou seja, deve se continuar a ter ciência sobre sua utilização, e quem os detêm deve fazer bom uso deles.

Por fim, a lei não previu um tema que consideramos vital, não foi feita menção acerca dos limites à manipulação dos dados, especialmente quando se tratar de informações ligadas a determinados sujeitos. Previamente ao uso multifuncional dos dados, devem ser identificadas as tendências à sua manipulação escrupulosa. E o legislador deveria ter se preocupado com muito mais propriedade acerca desse tema. Salienta-se que a manipulação de informações sempre ganhou restrições destacadas pelas leis de proteção a elas. Tudo isso como corolário ao direito à autodeterminação sobre a informação, o qual é garantido constitucionalmente.

Sendo assim, no que couber, cabe aos regulamentos dar cabo de tentar implementar qualitativamente a LAI, promovendo uma harmonia jurídica no âmbito interno de cada entidade federada. Esses "arranjos jurídicos" serão fundamentais para o desenvolvimento da "cultura da transparência", bem como para o condicionamento a uma maior e melhor regulação da matéria. O tema só foi normatizado por legislação infraconstitucional com a edição da *Lei Geral de Proteção de Dados* – Lei nº 13.709/2018.

Art. 43. O inciso VI do art. 116 da Lei nº 8.112, de 11 de dezembro de 1990, passa a vigorar com a seguinte redação:

"Art. 116. [...] VI – levar as irregularidades de que tiver ciência em razão do cargo ao conhecimento da autoridade superior ou, quando houver suspeita de envolvimento desta, ao conhecimento de outra autoridade competente para apuração;" (NR)

1 Modificação no *Estatuto dos Servidores Civis da União* – Art. 116 da Lei nº 8.112/1990

O art. 43 promove uma alteração interessante no art. 116 da Lei nº 8.112/90,[619] o qual disciplina os deveres dos agentes estatais submetidos à lei mencionada. O dispositivo em pauta trata dos deveres dos servidores públicos civis da União. Essas obrigações podem ser subdivididas em *funcionais* ou em *profissionais*. Pode-se dizer que o inciso VI desse dispositivo é típico dever funcional, pois reflete um compromisso que possui relação com o exercício do cargo, e não necessariamente ligado ao desenvolvimento profissional do funcionário, ou seja, ligado ao seu desempenho.[620]

A mudança, além de alterar a redação da primeira parte do dispositivo, acrescenta uma segunda disposição, constante, agora, na parte final. Em resumo, o art. 116, inciso VI, pretende impor ao servidor o dever de levar ao conhecimento das autoridades superiores ou competentes informação sobre irregularidade que saiba em razão do exercício de suas funções, evitando com que deixe de ser punido o agente estatal ímprobo.

A grande mudança produzida, constante, como dito, na parte final do dispositivo, determina que o servidor público, quando suspeitar que a autoridade pública hierarquicamente superior está

---

[619] Legislação esta que trata do estatuto dos servidores públicos civis da União.
[620] Classificação exposta por Paulo de Matos Ferreira Diniz. (*Lei nº 8.112/90 comentada*: Regime Jurídico dos Servidores Públicos civis da União e legislação complementar, p. 414). Ainda, conferir a crítica feita por Ivan Barbosa Rigolin sobre a generalidade das condutas ali previstas, muito arraigado a padrões morais de conduta (*Comentários ao Regime Único dos Servidores Públicos Civis*, p. 248-247.

envolvida nessas irregularidades, deva comunicar tal fato a quem seria competente para apurar tais ilícitos. Assim, o servidor público não tem somente o dever de comunicar à autoridade superior as irregularidades de que saiba, de que tenha ciência, mas, igualmente, quando do envolvimento desta, deve passar este dado à autoridade competente para investigar e apurar a veracidade dos fatos.

2 Sistematização

Sendo assim, podemos resumir de maneira lógica e sistemática o dispositivo da Lei nº 8.112/90, que foi modificado, assim:
(a) quando o agente estiver de fronte a irregularidades *de que tenha ciência*, deve levá-las ao conhecimento da *autoridade superior;*
(b) quando houver *suspeita de envolvimento da autoridade superior*, deve levar esta situação ao conhecimento de *outra autoridade competente* para apuração.

Assim, a LAI pretende deixar claro que o servidor público não pode se escusar de comunicar eventuais atos irregulares praticados pela sua chefia, sob o argumento de que está inserido em uma relação de subordinação. Veja que é seu *dever* levar esses fatos ao conhecimento das autoridades competentes para apurar os fatos ilícitos. As teses de que sofreria perseguições, de que está sob os auspícios de uma relação de mando, de que detém obediência hierárquica não têm mais sustentação jurídica e aptidão para absolver o funcionário quando ele se omitisse em dar conhecimento das faltas de qualquer outro sujeito e, *inclusive,* dos seus superiores.

3 Princípio da estabilidade

O *princípio da estabilidade*[621] justamente intenta preservar a mínima autonomia do servidor público nesse sentido, autorizando que leve ao conhecimento das autoridades eventuais faltas de

---

[621] É justamente no instituto da *estabilidade dos servidores públicos* que marca a distinção entre poder político, de titularidade do Governo, e o exercício das funções administrativas, de titularidade da Administração Pública. Por meio desta premissa, acentua-se a dicotomia entre os *atos políticos* ou *atos de governo* e os *atos administrativos*.

que tenha ciência e que foram cometidas por outrem. Trata-se, portanto, de garantir a autonomia do servidor e a impessoalidade na compreensão das funções públicas, justamente porque os servidores não são um *longa manus* do Governo, devendo estar afetos às questões de Estado. Essas premissas justamente fundamentam o dever catalogado no art. 116, inciso VI, da Lei nº 8.112/90. Logo, via princípio da estabilidade, o servidor público está desobrigado de cumprir ordens que sejam ilegais, violadoras dos princípios administrativos etc., de sorte que as determinações feitas por superiores hierárquicos e que estejam arraigadas no interesse pessoal deste, de uma pessoa jurídica específica, de um partido político, não precisam ser levadas a cabo. Da mesma forma, a estabilidade que fundamenta uma espécie de "blindagem" à perseguição pessoal do servidor pelo governante franqueia que aquele funcionário cumpra com o seu dever de informar, a quem de direito, eventuais irregularidades de que tenha ciência, sem que possa, com base nessa comunicação, ser exonerado ou demitido. Aliás, será justamente sua omissão que poderá lhe imputar falta disciplinar por violação aos deveres funcionais.[622]

---

[622] "[...] A manifestação considerada ofensiva, feita com o propósito de informar possíveis irregularidades, sem a intenção de ofender, descaracteriza o tipo subjetivo nos crimes contra a honra, sobretudo quando o ofensor está agindo no estrito cumprimento de dever legal. Precedentes" (STJ, Apn nº 348/PA, Rel. Min. Antônio de Pádua Ribeiro, Corte Especial, j. 18.05.2005).

Art. 44. O Capítulo IV do Título IV da Lei nº 8.112, de 1990, passa a vigorar acrescido do seguinte art. 126-A:

"Art. 126-A. Nenhum servidor poderá ser responsabilizado civil, penal ou administrativamente por dar ciência à autoridade superior ou, quando houver suspeita de envolvimento desta, a outra autoridade competente para apuração de informação concernente à prática de crimes ou improbidade de que tenha conhecimento, ainda que em decorrência do exercício de cargo, emprego ou função pública".

Na verdade, a alteração produzida na Lei nº 8.112/90 que insere o art. 126-A complementa a modificação operada no art. 116, inciso VI. O conteúdo jurídico introduzido pelo art. 44 da LAI visa a dar sistematicidade ao estatuto dos servidores públicos civis da União, deixando expresso que o dever de comunicar eventual falta funcional e/ou irregularidade não pode gerar qualquer tipo de responsabilidade, seja civil, administrativa ou penal. Significa dizer que, nesse caso, minimiza-se (ou se anula) a incidência do tipo penal de denunciação caluniosa (art. 339 do CP), dada a "imunidade" conferida pela dicção do art. 126-A.[623]

Além disso, se de um lado a LAI impôs o dever de comunicar o conhecimento de determinado ilícito, sob pena de responsabilidade funcional (art. 116, VI, da Lei nº 8.112/90, com redação conferida pelo art. 43 da LAI), de outro lado disciplina-se que esta conduta não pode ser reputada como uma falta funcional (art. 126-A da Lei nº 8.112/90, com previsão feita pelo art. 44, da LAI). Dessa forma, consegue-se perceber como a Lei nº 12.527/11 foi cuidadosa no sentido de proporcionar sistematicidade ao sistema jurídico-normativo.

---

[623] Só para constar: "Para a configuração do delito previsto no art. 339 do Código Penal [crime de denunciação caluniosa], é mister que a imputação seja objetiva e subjetivamente falsa, exigindo-se do sujeito ativo a certeza quanto à inocência daquele a quem atribui a prática do ilícito penal" (STJ, HC nº 109658/PB, Rel. Min. Jane Silva (Desembargadora convocada do TJ/MG), Sexta Turma, j. 17.03.2009).

Art. 45. Cabe aos Estados, ao Distrito Federal e aos Municípios, em legislação própria, obedecidas as normas gerais estabelecidas nesta Lei, definir regras específicas, especialmente quanto ao disposto no art. 9º e na Seção II do Capítulo III.

Esse artigo trata-se de típico dispositivo de natureza nacional, ou seja, refere-se a todos os entes federados ali citados. Significa dizer que aqui, como em outras regras da LAI, o Congresso Nacional legislou como *parlamento da federação* e não como *legislador federal*. Em resumo, o art. 45 acaba por impor o poder normativo dos demais entes federados em uma matéria específica.

A partir do conteúdo desse dispositivo, podemos entender que a lei de acesso se preocupou em determinar que os Municípios, Estados e o Distrito Federal estabelecessem regras, a partir do seu âmbito de competência, sobre o serviço de informação ao cidadão (inciso I do art. 9º), sobre a necessidade de se realizarem audiências ou consultas públicas a fim de incentivar a participação popular ou divulgar a LAI (inciso II do art. 9º) e, por fim, sobre o sistema de recursos administrativos das decisões que denegam os pedidos de acesso, bem como das decisões que denegam o pedido de desclassificação ou de reclassificação. Logo, neste último caso, a Lei nº 12.527/11 preocupou-se em estender a ampla defesa do administrado, obrigando que os demais entes federados estruturem normativamente o duplo grau de jurisdição em cada unidade.

É importante ter em mente que a LAI não fixou prazo para essa providência, o que não impede que o Poder Judiciário possa reconhecer a mora qualificada do legislador estadual, municipal ou distrital, caso estes se omitam em legislar neste sentido. Essa providência não necessariamente agride a autoadministração de cada unidade da federação.

Art. 46. Revogam-se:

I – a Lei nº 11.111, de 5 de maio de 2005; e

II – os arts. 22 a 24 da Lei nº 8.159, de 8 de janeiro de 1991.

A Lei nº 11.111/05 instituiu, entre outros institutos, *mecanismos de acesso à informação* e tinha como foco justamente o *direito à verdade*. Ela pode ser considerada uma legislação que contribui francamente com a transparência da Administração Pública,[624] tendo alterado, por meio de medida provisória, dispositivos da Lei nº 8.159/1991. A partir desse arcabouço normativo, permitia-se que o Poder Executivo fixasse as categorias de sigilo, sendo ambas as legislações atacadas pela ADI nº 4.077/DF, do STF, ainda sem um julgamento final, que, na nossa ótica, acabará por ser extinta por perda de objeto.

Hoje, todo o procedimento que tutela o requerimento de acesso a documentos foi regulado pela LAI, bem como a classificação das informações em sigilosas ou não. Assim, a partir da edição e vigência da Lei nº 12.527/11, todo o dado pode ser acessado, desde que não tachado como sendo sigiloso, porque se estabeleceu que somente por exclusão seria vedado o acesso. Já a Lei nº 11.111/05 estabelecia uma disciplina normativa diferente, uma vez que se preocupava em estabelecer diretrizes no que se refere aos documentos secretos, sem dar foco ao direito de acesso.

---

[624] Comentamos as premissas gerais da Lei nº 11.111/2005 no item "1.3 Antecedentes normativos referentes ao acesso à informação" do capítulo 1 desta obra.

Art. 47. Esta Lei entra em vigor 180 (cento e oitenta) dias após a data de sua publicação.

Em 16 de maio de 2012, a lei entrou em vigor e passou a gerar efeitos. Não foi aplicado o comando constante no art. 1º, *caput*, da Lei de Introdução ao Código Civil: "Salvo disposição contrária, a lei começa a vigorar em todo o país 45 (quarenta e cinco) dias depois de oficialmente publicada". Assim, a lei que dá tema a este livro não seguiu a regra geral de vigência da maioria das normas, ou seja, não passou a produzir efeitos no momento em que foi publicada. Foi prevista uma *vacatio legis* de seis meses, como interregno suficiente, segundo o entendimento do legislador, para que os sujeitos passivos, enfim, aqueles que estão obrigados a prestarem informações, se adaptassem à nova sistemática da legislação estabelecida. Significa que todos os sujeitos do art. 1º e 2º tinham esse ínterim para cumprir com as determinações, por exemplo, ligadas à transparência ativa, fornecendo os dados do §1º do art. 8º, na forma do §3º do mesmo dispositivo. Ainda, nesse ínterim, deveriam criar os SAC, conforme art. 9º, entre outros deveres.

REFERÊNCIAS

AGUIAR, Afonso Gomes. *Direito financeiro*: a Lei nº 4.320 comentada ao alcance de todos. Belo Horizonte: Fórum, 2008.

ALEXY, Robert. Direitos fundamentais no Estado constitucional democrático: para a relação entre direitos do homem, direitos fundamentais, democracia e jurisdição constitucional. *Revista de Direito Administrativo*, Rio de Janeiro, n. 217, p. 55-66, jul./set. 1999.

ALMEIDA JÚNIOR, Fernando Osório. *Interpretação conforme a Constituição e direito tributário*. São Paulo: Dialética, 2002.

ALMEIDA, Djalma Fiuza. *Governança pública, interoperabilidade e interoperatividade*: desafios para a gestão do dado institucional na UNEB. Disponível em: http://www.uneb.br/gestec/files/2013/06/Dissertacao_Djalma_Fiuza_Almeida.pdf. Acesso em: 29 jul. 2021.

AMARAL, Antônio Carlos Cintra do. *Motivo e motivação do ato administrativo*. São Paulo: Revista dos Tribunais, 1979.

AMMIRATO, Aurélio L. El derecho de acceso a la información pública y algunas oscuridades de la reglamentación legal vigente en la ciudad de Buenos Aires. *In*: SCHEIBLER, Guillermo (Coord.). *Acceso a la información pública en la ciudad autónoma de Buenos Aires*: Ley 104 anotada y concordada. Buenos Aires: Ad-hoc, 2012.

AMORIM, João Pacheco de; GONÇALVES, Pedro Costa; OLIVEIRA, Mário Esteves de. *Código de procedimento administrativo comentado*. Coimbra: Almedina, 2006.

ANDRADE, José Carlos Vieira de. *O dever de fundamentação expressa dos actos administrativos*. Coimbra: Almedina, 1992.

ARAÚJO, Edmir Netto de. *Curso de direito administrativo*. São Paulo: Saraiva, 2009.

ARBELÁEZ, Grabriel Rojas. *El espíritu del derecho administrativo*. Bogotá: Temis, 1972.

ATALIBA, Geraldo. *Pareceres de direito tributário*. São Paulo: Revista dos Tribunais, 1980. v. 3.

ATALIBA, Geraldo. *República e Constituição*. Malheiros: São Paulo, 2001.

ÁVILA, Humberto. *Teoria dos princípios*: da definição à aplicação dos princípios jurídicos. São Paulo: Malheiros, 2005.

BANDEIRA DE MELLO, Celso Antônio. *Curso de direito administrativo*. São Paulo: Malheiros, 2007.

BANDEIRA DE MELLO, Celso Antônio. *Elementos de direito administrativo*. São Paulo: Malheiros, 1992.

BANDEIRA DE MELLO, Oswaldo Aranha. *Princípios gerais do direito administrativo*. São Paulo: Malheiros, 2010. v. 1.

BANDEIRA DE MELLO, Oswaldo Aranha. *Princípios gerais do direito administrativo*. Rio de Janeiro: Forense, 1969. v. 2.

BARROSO, Luís Roberto. *Interpretação e aplicação da Constituição*. São Paulo: Saraiva, 1996.

BASTERRA, Marcela. *El derecho fundamental de acceso a la información pública*. Buenos Aires: LexisNexis, 2006.

BASTOS, Celso Ribeiro. *Comentários à Constituição do Brasil*: promulgada em 5 de outubro de 1988. São Paulo: Saraiva, 2001. v. 2.

BELLINI, Leonardo. Inovações republicanas da lei de acesso à informação. *Revista digital de direito público*. São Paulo: USP, v. 2, n. 1, 2013, p. 2-15

BINENBOJM, Gustavo. O princípio da publicidade administrativa e a eficácia da divulgação de atos do poder público pela internet: o caso da supressão da revista oficial impressa do INPI, substituída por versão eletrônica. *Revista de Direito do Estado*, Rio de Janeiro, n. 21, jan./dez. 2011.

BINENBOJM, Gustavo. *Uma teoria do direito administrativo*: direitos fundamentais, democracia e constitucionalização. Rio de Janeiro: Renovar, 2008.

BOBBIO, Norberto. *As ideologias e o poder em crise*. Brasília: Universidade de Brasília, 1999.

BOBBIO, Norberto. *Dicionário de política*. Brasília: Universidade de Brasília, 1998. v. 1.

BOBBIO, Norberto. *O futuro da democracia*. Rio de Janeiro: Paz e Terra, 1986.

BONAVIDES, Paulo. Teoria constitucional da democracia participativa. In: GRAU, Eros Roberto; GUERRA FILHO, Willis Santiago (Org.). *Direito constitucional*: estudos em homenagem a Paulo Bonavides. São Paulo: Malheiros, 2001.

BRAIBANT, Guy; STIRN, Bernard. *Le droit administratif français*. Paris: Presses de Sciences Po et Dalloz, 1997.

BRANCO, Paulo Gustavo Gonet; COELHO, Inocêncio Mártires; MENDES, Gilmar Ferreira. *Hermenêutica constitucional e direitos fundamentais*. Brasília: Brasília Jurídica, 2009.

BRANCO, Paulo Gustavo Gonet; COELHO, Inocêncio Mártires; MENDES, Gilmar Ferreira. *Curso de direito constitucional*. São Paulo: Saraiva, 2009.

BRITTO, Carlos Ayres. *Teoria da Constituição*. Rio de Janeiro: Forense, 2003.

CAETANO, Marcelo. *Direito constitucional*. Rio de Janeiro: Forense, 1978. v. 2.

CAMARGO, Ricardo Lucas. *Direito econômico*: aplicação e eficácia. Porto Alegre: S. A. Fabris, 2001.

CAMPOS, Ronaldo Cunha. *Comentários ao Código de Processo Civil*. Rio de Janeiro: Forense, 1979.

CANOTILHO, José Joaquim Gomes. *Direito constitucional e teoria da Constituição*. Coimbra: Almedina, 2003.

CANOTILHO, José Joaquim Gomes. *Estado de direito*. Cadernos democráticos. Lisboa: Gradiva, 1999.

CANOTILHO, José Joaquim Gomes; MOREIRA, Vital. *Constituição da República portuguesa anotada*. São Paulo: Revista dos Tribunais. Coimbra: Coimbra Ed., 2007. v. 1.

CAPLAN, Ariel R. Acceso a la información ¿pública?. In: SCHEIBLER, Guillermo (Coord.). *Acceso a la información pública en la Ciudad Autónoma de Buenos Aires*: Ley 104 anotada y concordada. Buenos Aires: Ad-hoc, 2012.

CARNELUTTI, Francesco. *Sistema del diritto processuale civile*. Padova: CEDAM, 1938. v. 1.

CARVALHO FILHO, José dos Santos. *Manual de direito administrativo*. Rio de Janeiro: Lumen Juris, 2011.

CARVALHO, Raquel Melo Urbano de. *Curso de direito administrativo*. Salvador: JusPodivm, 2008.

CARVALHO, Raquel. *O direito à informação administrativa procedimental*. Porto: Universidade Católica, 1999.

CASSAGNE, Juan Carlos. *Derecho administrativo*. Buenos Aires: Abeledo-Perrot, 2002. t. 1.

CASTRO, Catarina Sarmento. *Direito da informática, privacidade e dados pessoais*. Coimbra: Almedina, 2005.

CHAPUS, René. *Droit administratif géneral*. Paris: Montchrestien, 2001. t. 1.

CHAPUS, René. *Droit du contentieus administratif*. Paris: Montcherestien, 2008.

CHAVES, Luis Fernando Prado. Art. 33. In: BLUM, Renato Opice; MALDONADO, Viviane Nóbrega (Coord.). *LGPD – Lei Geral de Proteção de Dados comentada*. São Paulo: Revista dos Tribunais, 2020.

CHEVALLIER, Jacques. *O Estado pós-moderno*. Belo Horizonte: Fórum, 2009.

CINTRA, Antônio Carlos de Araújo; DINAMARCO, Cândido Rangel; GRINOVER, Ada Pelegrini. *Teoria geral do processo*. São Paulo: Malheiros, 2009.

COPOLA, Gina. Jurisprudência comentada: Lei de Acesso à Informação – publicação dos vencimentos de servidores – responsabilidade civil do Estado. *Boletim de Direito Municipal*, São Paulo: NDJ, ano 29, n. 12, dez. 2013, p. 770-774.

CORSO, Guido. *Maunale di diritto ammninistrativo*. Torino: G. Giappichelli Editore, 2010.

COSTA JÚNIOR, Paulo José da. *O direito de estar só*: tutela penal da intimidade. São Paulo: Revista dos Tribunais, 2007.

CRETELLA JÚNIOR, José. *Comentários à Constituição brasileira de 1988*. Rio de Janeiro: Forense Universitária, 1994. v. 2.

CRETELLA JÚNIOR, José. *Direito administrativo brasileiro*. Rio de Janeiro: Forense, 2000.

CRUZ, Flávio da (Coord.). *Comentários à lei nº 4.320*: normas gerais de direito financeiro orçamento e balanços da União, dos Estados, dos Municípios e do Distrito Federal. São Paulo: Atlas, 2001.

DAËL, Serge. *Contentieux administratif*. Paris: Presses Universitaires de France, 2006.

DALLARI, Adilson Abreu; FERRAZ, Sérgio. *Processo administrativo*. São Paulo: Malheiros, 2001.

DALLARI, Dalmo de Abreu. *O futuro do estado*. São Paulo: Saraiva, 2001.

DE LOS SANTOS, Felipe Estrela. O valor do silêncio da Administração Pública na hipótese de ausência de pronúncia em face do reclamo do administrado. *Revista da Procuradoria-Geral do Estado*, Porto Alegre, n. 69, p. 89-124, 2012.

DEBBASCH, Charles. *Science administrative*. Paris: Dalloz, 1980.

DELPIAZZO, Carlos E. Triple dimensión del principio de transparencia en la contratación administrativa. *Revista Trimestral de Direito Público – RTDP*, São Paulo, n. 46, p. 5-14, 2004.

DI PIETRO, Maria Sylvia Zanella. *Direito administrativo*. São Paulo: Atlas, 2001.

DIEZ, Manuel Maria. *Manual de derecho administrativo*. Buenos Aires: Editorial Plus Ultra, 1981. t. II.

DINIZ, Paulo de Matos Ferreira. *Lei n° 8.112/90 comentada*: Regime Jurídico dos Servidores Públicos civis da União e legislação complementar. Brasília: Brasília Jurídica, 2006.

DROMI, Roberto. *Derecho administrativo*. Buenos Aires: Ciudad Argentina, 2004.

FARIA, José Eduardo. *Poder e legitimidade*. São Paulo: Perspectiva, 1978.

FARIAS, Edilson Pereira. *Colisão de direitos*: a honra, a intimidade, a vida privada e a imagem *versus* a liberdade de expressão e informação. Porto Alegre: S. A. Fabris, 1996.

FERRAZ JÚNIOR, Tércio Sampaio. Sigilo de dados: o direito à privacidade e os limites à função fiscalizadora do Estado. *Revista da Faculdade de Direito da Universidade de São Paulo*, São Paulo, v. 88, p. 439-459, jan./dez. 1993.

FERREIRA FILHO, Manoel Gonçalves. *Curso de direito constitucional*. São Paulo: Saraiva, 2001.

FIGUEIREDO, Lúcia Valle. *Curso de direito administrativo*. São Paulo: Malheiros, 2007.

FORSTHOFF, Ernst. *Traité de droit administratif allemand*. Bruxelles: Établissements Émile Bruylant, 1969.

FREITAS, Juarez. *O controle dos atos administrativos e os princípios fundamentais*. São Paulo: Malheiros, 1999.

FRIER, Pierre-Laurent; PETIT, Jacques. *Précis de droit administratif*. Paris: Montchrestien, 2010.

GARCÍA DE ENTERRÍA, Eduardo; FERNÁNDEZ, Tomás-Ramón. *Curso de direito administrativo*. São Paulo: Revista dos Tribunais, 2014.

GARCIA-PELAYO, Manuel. *Las transformaciones del estado contemporáneo*. Madrid: Alianza Editorial, 1983.

GASPARINI, Diogenes. *Direito administrativo*. São Paulo: Saraiva, 2011.

GIDDENS, Anthony. *Modernidade e identidade*. Rio de Janeiro: J. Zahar, 2002.

GIGENA, Julio Isidro Altamira. *Lecciones de derecho administrativo*. Córdoba: Advocatus, 2005.

GONÇALVES, José Renato. *Acesso à informação das entidades públicas*. Coimbra: Almedina, 2002.

GONDOUIN, Geneviève; INSEGRGUET-BRISSET, Véronique; VAN LANG, Agathe. *Dictionnaire de droit administratif*. Paris: Sirey, 2012.

GORDILLO, Agustín. *Princípios gerais do direito público*. São Paulo: Revista dos Tribunais, 1977.

GORDILLO, Agustín. *Tratado de derecho administrativo*. Buenos Aires: F.D.A., 2004. t. I.

GORDILLO, Agustín. *Tratado de derecho administrativo*. Buenos Aires: F.D.A., 2004. t. II.

GORDILLO, Agustín. *Tratado de derecho administrativo*. Buenos Aires: F.D.A., 2004. t. III.

GRECO FILHO, Vicente. *Tutela constitucional das liberdades*. São Paulo: Saraiva, 1989.

GUASTINI, Riccardo. *Estudios de teoría constitucional*. Colonia del Carmen, México: Doctrina Jurídica Contemporánea, 2001.

GUERRA FILHO, Willis Santiago. *Processo constitucional e direitos fundamentais*. São Paulo: IBDC, 2001.

HEINEN, Juliano. Administração Pública. *In*: SCHWARTZ, Rodrigo Garcia. *Dicionário de direito do trabalho, direito processual do trabalho, direito previdenciário aplicado ao direito do trabalho*. São Paulo: LTr., 2012.

HEINEN, Juliano. Aspectos relevantes dos consórcios públicos: delimitações teóricas a partir da Lei nº 11.107/2005. *In*: SCHWARTZ, Rodrigo Garcia (Org.). *Direito administrativo contemporâneo*. Rio de Janeiro: Elsevier, 2010.

HEINEN, Juliano. *Curso de direito administrativo*. Salvador: JusPodivm, 2022.

HEINEN, Juliano. Em defesa do positivismo jurídico dos direitos humanos. *Antídoto*, Goiânia, ano 2, n. 2, p. 147-163, 2007.

HEINEN, Juliano. *Interpretação conforme a Constituição*: análise a partir da doutrina e da jurisprudência. Porto Alegre: Verbo Jurídico, 2011.

HEINEN, Juliano. Os níveis de relativização dos direitos fundamentais: uma abordagem sobre as causas eficazes e instrumentais harmonizadas pelo princípio da proporcionalidade. *Revista do Ministério Público do Rio Grande do Sul*, Porto Alegre, n. 55, p. 153-171, maio/ago. 2005.

HESSE, Konrad. *Elementos de direito constitucional da República Federal da Alemanha*. Porto Alegre: S. A. Fabris, 1998.

HOMERCHER, Evandro T. O princípio da transparência: uma análise de seus fundamentos. *Interesse Público – IP*, Belo Horizonte, ano 10, n. 48, p. 275-303, jan./abr. 2008.

JUSTEN FILHO, Marçal. *Comentários à lei de licitações e contratos administrativos*. São Paulo: Dialética, 2002.

JUSTEN FILHO, Marçal. *Curso de direito administrativo*. Belo Horizonte: Fórum, 2011.

KNOERR, Fernando Gustavo. Representação política e globalização. *In*: FONSECA, Ricardo Marcelo (Org.). *Repensando a teoria do Estado*. Belo Horizonte: Fórum, 2004.

KOZICKI, Katya. Democracia radical e cidadania: reflexões sobre a igualdade e a diferença no pensamento de Chantal Mouffe. *In*: FONSECA, Ricardo Marcelo (Org.). *Repensando a teoria do Estado*. Belo Horizonte: Fórum, 2004.

LAFERRIÈRE, Édouard. *Traté de la jurisdiction administrative et des recours contentieux*. Paris: Berger-Levrault, 1896.

LEITE, Luciano Ferreira. *Discricionariedade administrativa e controle judicial*. São Paulo: Revista dos Tribunais, 1981.

LÉVY, Pierre. *Cibercultura*: informe al Consejo de Europa. Ciudad de Mexico: Universidad Autónoma Metropolitana, 2007.

LÉVY, Pierre. *Cybercultura*. São Paulo: Editora 34, 1999.

LIMA, Ruy Cirne. *Princípios de direito administrativo*. São Paulo: Revista dos Tribunais, 2007.

LIMBERGER, Têmis. Transparência administrativa e novas tecnologias: o dever de publicidade, o direito a ser informado e o princípio democrático. *Interesse Público – IP*, Belo Horizonte, ano 8, n. 39, p. 55-72, set./out. 2006.

MACHADO JÚNIOR, José Teixeira; REIS, Heraldo da Costa. *A Lei 4.320 comentada e a Lei de Responsabilidade Fiscal*. Rio de Janeiro: Lumen Juris, 2011.

MAFFINI, Rafael. *Direito administrativo*. São Paulo: Revista dos Tribunais, 2009.

MARRARA, Thiago. Direito administrativo e novas tecnologias. *Revista de Direito Administrativo – RDA*, Rio de Janeiro, v. 256, p. 225-251, jan./abr. 2011.

MARRARA, Thiago; NOHARA, Irene Patrícia. *Processo administrativo*: Lei 9.784/99 comentada. São Paulo: Atlas, 2009.

MARTEL, Letícia de Campos Velho. *Devido processo legal substantivo*: razão absoluta, função e características de aplicabilidade: a linha decisória da Suprema Corte Estadunidense. Rio de Janeiro: Lumen Juris, 2005.

MARTINS JÚNIOR, Wallace Paiva. *Transparência administrativa*: publicidade, motivação e participação popular. São Paulo: Saraiva, 2010.

MARTINS, Ricardo Marcondes. Direito fundamental de acesso à informação. *A&C – Revista de Direito Administrativo & Constitucional*, Belo Horizonte: Fórum, ano 14, n. 56, abr./jun. 2014, p. 127-146.

MATTELART, Armand. Para que "nova ordem mundial da informação"?. *In*: MORAES, Dênis de (Org.). *Sociedade midiatizada*. Rio de Janeiro: Mauad, 2006.

MAZZUOLI, Valério de Oliveira. *Direito dos tratados*. São Paulo: Revista dos Tribunais, 2011.

MEDAUAR, Odete. *A processualidade do direito administrativo*. São Paulo: Revista dos Tribunais, 2008.

MEDAUAR, Odete. *Direito administrativo moderno*. São Paulo: Revista dos Tribunais, 2005.

MEDAUAR, Odete; OLIVEIRA, Gustavo Justino de. *Consórcios públicos*: comentários à Lei 11.107/2005. São Paulo: Revista dos Tribunais, 2006.

MEDEIROS, Antonio Paulo Cachapuz de. *O poder de celebrar tratados*: competência dos poderes constituídos para a celebração de tratados, à luz do direito internacional, do direito comparado e do direito constitucional brasileiro. Porto Alegre: S. A. Fabris, 1995.

MEIRELLES, Hely Lopes. *Direito administrativo brasileiro*. São Paulo: Malheiros, 2011.

MEIRELLES, Hely Lopes. *Mandado de segurança, ação popular, ação civil pública, mandado de injunção e "habeas data"*. São Paulo: Malheiros, 2000.

MELO, José Eduardo Soares de. *Curso de direito tributário*. São Paulo: Dialética, 2010.

MENDES, Gilmar Ferreira. *Jurisdição constitucional*. São Paulo: Saraiva, 1996.

MENDONÇA, João Josué Walmor de. *Fundamentos da supremacia do interesse público*. Porto Alegre: Núria Fabris, 2012.

MESQUITA, Rogério Garcia. A processualidade do direito administrativo contemporâneo. *Revista da Procuradoria-Geral do Estado*, Porto Alegre, v. 33, n. 69, p. 203-230, jan./jun. 2012.

MILESKI, Hélio Saul. A transparência da Administração Pública pós-moderna e o novo regime de responsabilidade fiscal. *Interesse Público – IP*, Belo Horizonte, ano 12, n. 62, p. 15-51, jul./ago. 2010.

MIRABETE, Julio Fabbrini. *Código de Processo Penal interpretado*: referências doutrinárias, indicações legais, resenha jurisprudencial. São Paulo: Atlas, 1997.

MIRAGEM, Bruno. *A nova Administração Pública e o direito administrativo*. São Paulo: Revista dos Tribunais, 2011.

MORAIS, José Luis Bolzan de. *As crises do Estado e da Constituição e a transformação espacial dos direitos humanos*. Porto Alegre: Livraria do Advogado, 2002.

MOREIRA NETO, Diogo de Figueiredo. *Apontamentos sobre a reforma administrativa*. Rio de Janeiro: Renovar, 1999.

MOREIRA NETO, Diogo de Figueiredo. *Curso de direito administrativo*. Rio de Janeiro: Forense, 2005.

MOREIRA NETO, Diogo de Figueiredo. *Direito da participação política legislativa, administrativa, judicial*: fundamentos e técnicas constitucionais da democracia. Rio de Janeiro: Renovar, 1992.

MOREIRA NETO, Diogo de Figueiredo. Juridicidade, pluralidade normativa, democracia e controle social. In: ÁVILA, Humberto (Org.). *Fundamentos do Estado de direito*: estudos em homenagem ao Professor Almiro do Couto e Silva. São Paulo: Malheiros, 2005.

MOREIRA NETO, Diogo de Figueiredo. *Mutações do direito administrativo*. Rio de Janeiro: Renovar, 2000.

MOREIRA, Egon Bockmann. *Processo administrativo*: princípios constitucionais e a Lei 9.784/1999. São Paulo: Malheiros, 2010.

MOTA JÚNIOR, João Francisco da. A Lei de Acesso à Informação (LAI) e a cultura da transparência. *Boletim de Direito Administrativo – BDA*, São Paulo, v. 28, n. 9, p. 1046-1051, set. 2012.

MOTTA, Carlos Pinto Coelho. Transparência e divulgação institucional. *Fórum de Contratação e Gestão Pública – FCGP*, Belo Horizonte, ano 9, n. 105, set. 2010.

MUKAI, Toshio. *Direito administrativo sistematizado*. São Paulo: Saraiva 1999.

NALINI, José Renato. Anotações sobre corrupção e honestidade. *Revista dos Tribunais*, São Paulo, n. 768, p. 439-456, out. 1999.

NERY JÚNIOR, Nelson; NERY, Rosa Maria de Andrade. *Código Civil anotado e legislação extravagante*. São Paulo: Revista dos Tribunais, 2003.

NESPRAL, Bernardo. *Derecho de la información*: periodismo, deberes y responsabilidades. Montevideo: Editorial B. de F., 1999.

OLIVEIRA, Gustavo Justino de. *Contrato de gestão*. São Paulo: Revista dos Tribunais, 2008.

OLIVEIRA, Rafael Carvalho Rezende de. Democratização da Administração Pública e o princípio da participação administrativa. *Boletim de Direito Administrativo – BDA*, São Paulo, ano XXII, n. 8, p. 909-919, ago. 2006.

OTERO, Paulo. *Conceito e fundamento da hierarquia administrativa*. Coimbra: Coimbra Ed., 1992.

PASSOS, José Joaquim Calmon de. *Mandado de segurança coletivo, mandado de injunção e habeas data*. Rio de Janeiro: Forense, 1989.

PAULSEN, Leandro. *Curso de direito tributário*. Porto Alegre: Livraria do Advogado, 2008.

PAZZAGLINI FILHO, Marino. *Princípios constitucionais reguladores da Administração Pública*: agentes públicos, discricionariedade administrativa, extensão da atuação do Ministério Público e do controle do Poder Judiciário. São Paulo: Atlas, 2003.

PEDROMO, Jaime Vidal. *Derecho administrativo*. Santa Fé de Bogotá: Temis, 1994.

PEREIRA JÚNIOR, Jessé Torres. *Comentários à Lei de Licitações e Contratações da Administração Pública*. Rio de Janeiro: Renovar, 2009.

PEREIRA, André Gonçalves. *Erro e ilegalidade no acto administrativo*. Lisboa: Ática, 1962.

PEREIRA, Fábio Soares. A divulgação nominal dos vencimentos dos agentes públicos e a Lei de Acesso à Informação: análise legal e constitucional. *Revista CEJ*, Brasília, ano 17, n. 60, maio /ago. 2013, p. 6-15.

PLATÃO. *A república*. Lisboa: Fundação Calouste Gulbenkian, 2001.

PULICI, Elena. *Il silenzio della pubblica amministrazione*: questioni processuali. Milano: Dott A. Giuffrè, 2007.

QUEIROZ, Cristina M. M. *Direitos fundamentais*: teoria geral. Coimbra: Coimbra Ed., 2002.

RAMONET, Ignacio. *A tirania da comunicação*. Petrópolis: Vozes, 2010.

RANIERI, Nina. A obtenção de certidões em repartições públicas: hipóteses constitucionais de expedição e de indeferimento: tentativa de identificação. *Cadernos de Direito Constitucional e Ciência Política*, São Paulo, Revista dos Tribunais, ano 5, n. 19, abr./jun. 1997, p. 150-168.

RIGOLIN, Ivan Barbosa. *Comentários ao Regime Único dos Servidores Públicos Civis*. São Paulo: Saraiva, 2007.

RIGOLIN, Ivan Barbosa. Transparência não é devassa, nem na Lei nº 12.527/11. *Fórum administrativo de direito público*, Belo Horizonte, Fórum, ano 12, n. 138, ago. 2012, p. 32-35.

ROCHA, Cármen Lúcia Antunes. *Princípios constitucionais da Administração Pública*. Belo Horizonte: Del Rey, 1994.

ROCHA, Cármen Lúcia Antunes. *Princípios constitucionais dos servidores públicos*. São Paulo: Saraiva, 1999.

RODRIGUEZ, Daniel Piñero; RUARO, Regina Linden. O direito à proteção dos dados pessoais: uma leitura do sistema europeu e a necessária tutela dos dados sensíveis como paradigma para um sistema jurídico brasileiro. *Revista Brasileira de Direitos Fundamentais e Justiça*, ano, 4, n. 11, 2010. Disponível em: http://www.dfj.inf.br/sumarios2.php. Acesso em: 12 nov. 2014.

SAAD, Marta. *O direito de defesa no inquérito policial*. São Paulo: Revista dos Tribunais, 2004.

SALES, Tainah Simões. Acesso à informação, controle social das finanças públicas e democracia: análise dos Portais de Transparência dos Estados brasileiros antes e após o advento da Lei nº 12.527/2011. *Direito Público*, Brasília, v. 9, n. 48, p. 28-48, nov./dez. 2012.

SAMPAIO, José Adércio Leite. *Direito à intimidade e à vida privada*. Belo Horizonte: Del Rey, 1997.

SANTOFIMIO, Jaime Orlando. *Acto administrativo*: procedimiento, eficácia y validez. Bogotá: Universidad Externado de Colombia, 1994.

SANTOS, Sérgio Honorato dos. Princípio da publicidade, de magnitude constitucional, nas licitações públicas. *Boletim de Licitações e Contratos – BLC*, São Paulo, v. 20, n. 7, p. 651-657, jul. 2007.

SARLET, Ingo Wolfgang. *Dignidade da Pessoa humana e direitos fundamentais na Constituição Federal de 1988*. Porto Alegre: Livr. do Advogado, 2001.

SCHEIBLER, Guillermo. Ley 104 de acceso a la información de la Ciudad Autónoma de Buenos Aires: anotada y concordada. In: SCHEIBLER, Guillermo (Coord.). Acceso a la información pública en la ciudad autónoma de Buenos Aires: Ley 104 anotada y concordada. Buenos Aires: Ad-hoc, 2012.

SCHWABE, Jürgen. Cinqüenta anos de jurisprudência do Tribunal Constitucional Federal alemão. Berlin: Konrad-Adenauer-Stiftung E.V., 2005.

SICHES, Luis Recaséns. Experiencia jurídica, naturaleza de la cosa y lógica "razonable". México: Fondo de Cultura Económica, UNAM, 1971.

SILVA, Vasco Manuel Pascoal Pereira Dias da. Em busca do acto administrativo perdido. Coimbra: Almedina, 2003.

SILVEIRA, Marco Antônio Karam. Lei de Acesso a Informações públicas (Lei nº 12.527/2011): democracia, república e transparência no Estado constitucional. Revista da Procuradoria-Geral do Estado, Porto Alegre, v. 33, n. 69, p. 231-260, 2012.

SOUZA JÚNIOR, Cezar Saldanha de. Consenso e constitucionalismo no Brasil. Porto Alegre: Sagra Luzzatto, 2002.

SUNDFELD, Carlos Ari. Princípio da publicidade administrativa (direito de certidão, vista e intimação). Revista de Direito Administrativo – RDA, Rio de Janeiro, v. 199, p. 97-110, jan./mar. 1995.

TÁCITO, Caio. Os novos instrumentos de controle jurisdicinais da Administração. In: TÁCITO, Caio. Temas de direito público: estudos e pareceres. Rio de Janeiro: Renovar, 1997. v. 1,

TAVARES, André Ramos. Publicidade dos salários dos servidores públicos: posição contrária. Carta Forense. São Paulo. 01 set. 2012 Disponível em <http://www.cartaforense.com.br/conteudo/artigos/publicidade-dos-salarios-de-servidores-publicos-posicao-contraria/9320>. Acesso em 16 out. 12.

TEPEDINO, Gustavo. Temas de direito civil. Rio de Janeiro: Renovar, 2008.

UGARTE, José M. El derecho de acceso a la información. Buenos Aires: La Isla de la Luna, 2007.

UYEDA, Massami. Da competência em matéria administrativa. São Paulo: Cone, 1997.

VALADÃO, Rodrigo Borges. Dimensões do princípio da publicidade. Revista de Direito da Procuradoria Geral do Estado do Rio de Janeiro, Rio de Janeiro, v. 58, p. 220-238, 2004.

VALLE, Vanice Regina Lírio do. Direito fundamental à boa administração e governança. Belo Horizonte: Fórum, 2011.

VÁZQUEZ, Emilio Fernández. Diccionario de derecho público. Buenos Aires: Astrea, 1981.

VEDEL, Georges. Droit administratif. Paris: Presses Universitaires de France, 1964.

VERNADAT, F. B. Enterprise modelling and integration: principles and applications. Londres: Chapman & Hall, 1996.

WALINE, Jean. Droit administratif. Paris: Dalloz, 2010.

WALINE, Marcel. Précis de droit administratif. Paris: Montchrestien, 1969. v. 1.

ZIMMER JÚNIOR, Aloísio. Curso de direito administrativo. São Paulo: Método, 2009.

ZYMLER, Benjamin. Princípio da publicidade nos contratos administrativos. Fórum de Contratação e Gestão Pública – FCGP, Belo Horizonte, ano 5, n. 58, p. 7899-7900, out. 2006.

Esta obra foi composta em fonte Palatino Linotype, corpo 10,5 e impressa em papel Pólen Bold 70g (miolo) e Supremo 250g (capa) pela Gráfica Formato, em Belo Horizonte/MG.